관상의힘

南北相法 · 修身錄【全卷】

관상의 힘

– 일본 에도시대 관상가 미즈노남보쿠의 남북상법 / 수신록

초판발행 2023년 01월 01일
초판인쇄 2023년 01월 01일

원저 미즈노남보쿠 水野南北
편역 지평 地平
펴낸이 김 민 철

등록번호 제 4 -197호
등록일자 1992.12.05

펴낸곳 도서출판 문원북
주 소 서울시 마포구 토정로 222 한국출판콘텐츠센터 422
전 화 02-2634-9846
팩 스 02-2365-9846
메 일 wellpine@hanmail.net
카 페 cafe.daum.net/samjai
블로그 blog.naver.com/gold7265

ISBN 978-89-7461-493-5
규 격 152mmx225mm
책 값 30,000원

관상의 힘

南北相法·修身錄【全卷】

문원북
BOOK

머리말

남북상법, 수신록을 이해하기 위해서는 남부코가 생존했든(1757년~1834년) 에도시대의 사회상을 조금 이해할 필요가 있다. 1868년 근대화를 선언한 메이지유신 전(前) 이미 일본은 포르투칼, 네덜란드 등으로부터 서양 문물을 받아들여 공업화와 토속 풍습이 함께 공존하여 몹시 혼돈된 사회였다. 책을 읽다 보면 그 당시 우리나라(조선시대)와 사회상과 맞지 않은 용어들이 자주 등장한다. 직공(職工), 검난(劍亂), 가독(家督_가업), 짐꾼 등 그리고 미즈노남부코 약력을 보면 목욕탕 때 밀이 "산스케"라 하여 남자가 목욕탕에서 여자 몸의 때를 밀어주었다. 또, 밤에는 여자들이 맹인 안마사를 불러 안마를 받는 것이 성행하였다고 한다. 이렇듯 우리사회와 풍습 차이가 있었다. 하지만 일본의 근대화 전(前) 후(後) 어지러운 사회적 상황을 관상을 통해 조금 엿볼 수 있다.

미즈노남부코의 기행(奇行) 중 유명한 일화는 회국수행(回國修行)으로 임상실험을 통해 터득한 관상 내용이다. '이발소 3년'동안 사람의 두상을 연구하고, '목욕탕 때 밀이 3년'동안 신체의 구조를 연구하고, '화장터 3년' 동안 골격을 연구하며 9년 동안 떠돌아다녔다. 전국을 다니든 중 오주금화산(奧州金華山) 법화경약왕보살본사품(法華経薬王菩薩本事品)에서는 사신분신(捨身焼身_몸의 일부를 불 태우는 공양)을 감행하였고, 10년간에 걸쳐 처절한 수행을 통해 상법(相法)의 비법을 터득하여, 이렇게 태어난 것이 남북상법(南北(相法)이다,

남북상법(南北相法)은 중국의 마의상법, 유장상법과 비교될 만큼 독창적이다. 특히 유년(流年)과 기색(氣色)이다. 중국의 유장상법에서 유년법은 얼굴 전체를 1세~100세를 나눈 방법과 다르게, 이마의 경우 1세부터 20세까지로 나눈 다음 춘하추동(春夏秋冬)으로 구분하고, 다시 1월부터 12월까지 세분화한 것이 특징이다.

　기색(氣色)은 상법 후편 5권에 수록된 내용으로 얼굴 나타난 혈색을 보고 운을 점치는 것으로 기색은 심기(心氣)로 일반인이 보기 어렵다 하였다. 어떻게 보면 허무맹랑(虛無孟浪)할 수도 있지만, 한(韓), 중(中), 일(日) 어느 나라에서도 볼 수 없는 자신만의 이론을 수립한 것은 사실이다. 그리고 1814년 58세때 발간한 수신록(修身錄)은 철학서에 가깝다. 사람의 그릇에 따라 하늘이 주는 음식의 양이 있는데, 이것을 "녹(祿)"이라고, 녹(祿)은 자신의 분수에 맞는 식사량 이므로 천록(天祿)을 받았다고 한다. 인생에서 길흉은 음식에 의해 생겨나니 두려워할 것도 음식(飮食)이며, 삼가야 할 것은 음식(飮食)이다.

　남부코는 시작은 사람의 얼굴의 상을 보고 점을 치는 관상가로 시작했으나, 인생 초로(初老)에서는 철학자로 삶의 오욕(五慾)의 절제하므로 성공된 인생을 살수 있다고 역설하고 있다.

壬寅年 丁未月

地平

목차

남북상법 전편

제3권 南北相法 前篇三卷

남북상법 후편

제5권 南北相法 後篇五卷

수신록

南北相法 前篇 一卷

상은 무상(無相)을 최고다.

상을 보려고 하는 마음을 갖고 보면 본래의 상을 보이지 않는다.

우주를 보는 눈이 있어야 달의 뒷부분까지 볼 수 있다.

1. 관상을 볼 때 마음가짐

　관상을 볼 때는 먼저 마음을 차분하고 자세를 바르게 하며, 7번 심호흡을 한 다음 마음을 ①기해(氣海)로 깃들게 하고, ②육근(六根)을 멀리한다. 호흡은 단전(丹田)부터 끝까지 끌어올리고 몸과 마음이 편안해지면 육근(六根)을 통해 비로소 관상을 볼 수 있다.

水野南北과 제자와 문답 ▶

문　바른 자세는 어떻게 취하는 것입니까?

답　자세를 바르게 한다는 것은 머리를 바로 세우고 부리지 않으며, 눈을 감고 복부(腹部)를 앞으로 내밀며 엉덩이를 바닥에 붙이고 마치 큰 돌을 올려놓은 것 같은 자세를 말한다. 또 7번 조용히 심호흡 하여 숨을 고른 후 단전(丹田)으로부터 끝까지 끌어올리면 몸과 마음이 편안해진다. 그리고 관상을 보는 동안은 일체의 감각과 의식을 멀리하고, 새 소리, 바람 소리도 들리지 않으며, 아무것도 생각하지 않는 상태에서 보아야 하며, 자연의 이치를 깨닫고, 6가지 감각을 열릴 때 올바른 관상을 볼 수 있다.

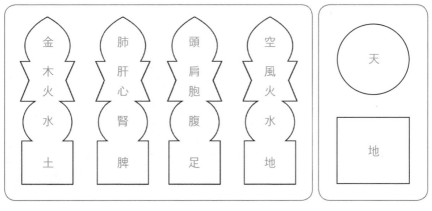

【그림1】 오대(五台)　　　　　　【그림2】 음양(陰陽)

관상을 볼 때는 제일로 먼저 그 사람의 일상행동을 통해 전체를 본 후 기력(氣力)의 강약, 충효(忠孝)에 대한 생각, 타인을 배려하는 마음, 음덕(蔭德)이 있는지 그리고 일을 할 때 처음부터 끝까지 일괄된 생각으로 진행하는지를 살피고, 말과 행동을 관찰한다. 그 후에 골격, 혈색, 연령의 상태를 보고 종합적으로 운명이 좋고 나쁨을 판단해야 한다.

천(天)은 공(空)하늘이며, 북방의 차가운 기운이 수(水) 물을 만들며, 땅(地)에서는 남방의 뜨거운 열기로 화(火)를 만들고, 동방에서 열기가 흩어져 바람(風)이 생겨난다. 이것을 '지수화풍공(地水火風空)' ③오대(五台)라고 한다.

몸은 땅에 해당하고, 몸에 흐르는 피는 물이며, 체온은 불이요, 호흡은 바람이며, 마음은 하늘에 해당한다. 천은 하늘이며, 정신을 낳고, 땅은 어머니이며, 몸을 만든다. 그러므로 사람의 몸과 마음은 부모와 그대로이며 거기에는 상(相)은 없고 자아(自我)만 있는 것이다. 사람은 본디 태어나면서부터 악상(惡相)은 없고 악(惡)은 스스로 만든 것이다. 다시 말하면 부모로부터 받은 몸과 마음을 자신이 스스로 괴롭히고 있는 것과 같다. 그러므로 사람 관상은 태어나면서 완성된 것이 아니라는 것을 깊이 생각해야 한다.

역주譯註

① 기해(氣海)
한방의학에서 배꼽 아래 한치 정도의 되는 곳을 가리킨다. 호흡의 근원인 곳으로 정기의 근원이 된다. 기해의 아래가 단전이다.

② 육근(六根)
불교 용어로 안근, 이근(귀), 비근, 설근, 신근, 의근 여섯 지각을 가리킨다. 육식을(안식, 비식, 설식, 신식, 의식의 총칭) 대상으로 하는 육경에 대하여 인식 작용을 가져오는 망설임의 여섯 의식.

③ 오대(五大)
불교 용어로 지, 수, 화, 풍 하늘을 오대종(五大種)이라 칭하며 우주 만물을 태어나게 하는 원소라고 생각하였다. 중국 동양철학에서는 목(木) 화(火) 토(土) 금(金) 수(水)로 본다.

2. 수상(手相)에 대한 문답(問答)

손은 몸에서 뻗어나온 가지다. 나뭇가지 상태가 좋으면 대들보가 될 수 있고, 가지 상태가 좋지 않은 잡목(雜木)은 갱목으로 사용된다. 사람의 손금도 나무와 마찬가지다. 그러나 들판의 풀이라도 때를 잘 만나면 아름다운 꽃을 피울 수 있다. 사람도 주변이 좋은 환경일 경우 손에서 윤이 나고, 주변 환경 좋지 않을 때는 손금이 흐려진다. 즉 손금은 주변 환경에 따라 변한다. 이것이 자연의 섭리다.

【그림3】 손가락의 명칭과 역할

1) 손가락이 담당하는 역할과 의미

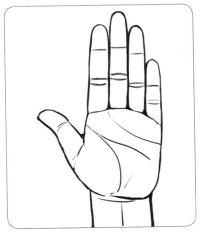

【그림4】 엄지와 검지사이가 벌어진 손

- 엄지와 인지(검지)사이가 크게 벌어져 있는 손은 부모와 인연이 멀다. 또한 부모로부터 받은 은혜를 자식에게 베풀지 못한다.
- 엄지와 검지 사이가 조금도 틈이 없이 붙어있는 손은 충, 효의 마음이 깊고 정직한 사람이다.

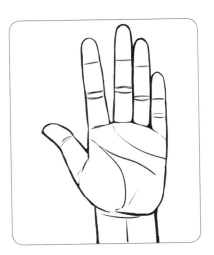

【그림5】 인지와 중지가 벌어진 손

- 인지와 중지 사이가 조금이라도 벌어져 있는 손은 나에게 힘이 되어줄 사람이 적고, 크게 벌어진 손은 대인관계가 나쁘며 적을 만 들기 쉽다.
- 또한 인지와 중지 사이가 틈도 없이 붙어있는 손은 대인관계는 좋지만, 가족과 자신의 일은 제쳐 놓고 주변 사람의 일을 먼저 해결하는 경향이 있다.

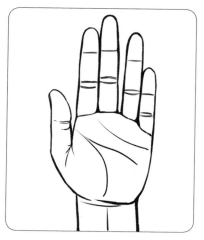

【그림6】 중지와 약지가 벌어진 손

- 중지와 약지(무명지) 사이가 조금이라도 벌어진 손은 가족 인연이 약하고, 친인척과의 관계가 좋지 않으며 이혼 또는 재혼 가능성이 높다. 특히 많이 벌어진 손은 어려울 때 힘이 되어 줄 친척이 없고, 자식과 인연이 약하다.
- 중지와 약지 사이가 조금의 틈도 없는 손은 친척과 왕래가 좋으며 부부 사이도 좋고 자식들이 많다. 또한 좋은 부인을 맞아들이고 좋은 운이 들어올 것이다.

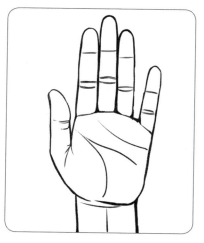

【그림7】 약지와 소지가 벌어진 손

- 무명지와 새끼손가락(소지) 사이가 특히 크게 벌어져 있는 손은 자식과 인연이 약하고, 만약 자식이 있어도 도움이 되지 않으며, 조금 벌어져 있어도 자식과 연이 약하다.
- 무명지(약지)와 새끼손가락의 사이가 벌어지지 않고 붙어 있는 손은 친자식이 없어도, 양자를 얻어 노년에 부양을 받는다.

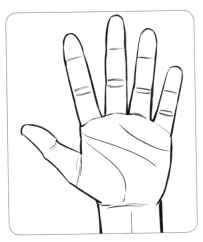

【그림8】손가락을 펼쳐서 내미는 손

• 악수를 청할 때 다섯 손가락 모두 붙지 않고 펼쳐서 내미는 사람은 망설임이 있고, 마음이 흔들리고 있는 상태라 할 수 있다.
• 반대로 다섯 손가락 모두 붙여 모아서 손을 내미는 사람은 마음이 안정되어 있는 상태다.

【그림9】손가락을 오므려서 내미는 손

• 손가락을 오므려서 손을 내미는 사람은 소심한 성격으로 모든 일에 신중히 판단하고 행동하며 살아가는 동안 큰 풍파는 없다.

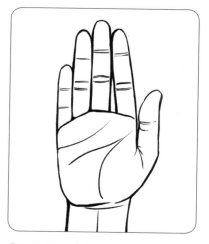

【그림10】인지와 중지에 틈이 보이는 손

• 손을 들어 하늘에 비추어 중지와 인지(검지) 사이 시작 부분 점에 틈이 보이는 손은 다른 사람 일로 손실이 많다. 또 다른 사람을 돕는 일을 많이 하게 된다.

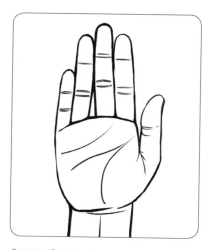

【그림11】중지와 약지에 틈이 보이는 손

• 중지와 무명지(약지) 사이에 틈이 보이는 손은 친척의 일로 손실을 입는 일이 많고, 친척을 돌보는 일을 많이 하게 된다.

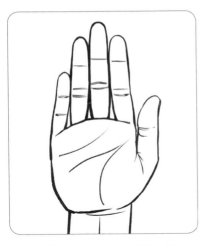

- 넷 손가락의 시작 부분에 전부 틈이 보이는 손은 재산을 잃고 고생이 끊이지 않는 상이다.
- 엄지의 근원이 가늘어 보이는 손은 빈상이지만 극단적인 빈상은 아니고, 일생 먹을 것이 떨어지지는 않는다.

【그림12】넷 손가락 전부 틈이 보이는 손

　　손가락을 보고 운(運)을 판단하는 것은 육체적 노동을 하는 사람, 또는 손을 많이 사용하는 직업은 판단하기가 좀 어렵지만, 손가락의 방향, 모양, 손바닥 잔금, 두께 등으로 기본으로 운을 판단할 때는 아래의 설명과 같다.

그러나 손을 많이 사용하는 직업을 가진 사람은 각자가 버릇이 있기 때문에 참고 것이 좋다.

- 중지의 끝이 위로 향한 손은 가슴에 품은 뜻은 높으나 고집이 있다.
  반대로 굽어져 있는 사람은 가슴에 품은 희망이 소박하다.
- 중지의 끝이 무명지(약지)를 내려다보는 모양을 하는 손은 가족위에 군림하기를 원하지만 가족과 의견이 맞지 않고 관계가 나쁘다.
- 중지의 끝이 인지(검지)를 내려다보는 모양을 하는 손은 품은 뜻이 높으며, 많은 사람 위에 서게 될 것이다.
- 인지(검지)가 중지에 기대어 있는 것처럼 되어 있는 손은 타인을 돕는 일이 많다.

- 무명지(약지)가 중지에 기대어 있는 것처럼 되어 있는 손은 의지할 수 있는 사람이 많다.
- 중지의 끝이 인지(검지) 또는 무명지(약지) 쪽을 향하지 않고 뒤로 제쳐져 있는 사람은 다른 사람에 게 의지하지 않고 자신의 힘으로 자수성가(自手成家)한다.
- 귀인, 부자 등 편안한 생활을 하는 사람은 잔손금이 많다. 반대로 지위가 낮고 신분이 천한 사람이 잔손금이 많은 것은 마음고생이 많기 때문이다. 또한, 어느 정도의 지위에 있어 아랫사람(하인)을 부리는 사람이 손바닥의 잔손금이 적은 것은 검소하고 부지런하다. 아랫사람(하인)에게 시켜야 할 것을 자신이 직접 하기 때문이다.
- 손바닥의 살이 두터우며 부드러운 사람은 그 나름 상응의 복이 많으며, 운세도 강한 편이다. 손바닥의 살이 얇은 사람은 고생이 많고 평생 재산이 모이지 않는다.

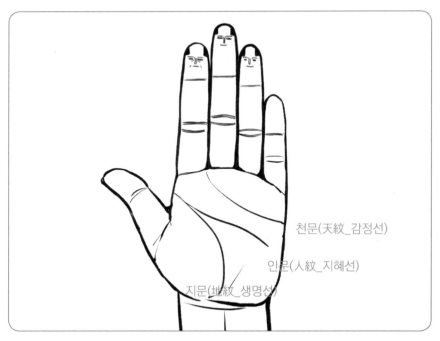

천문(天紋_감정선)

인문(人紋_지혜선)

지문(地紋_생명선)

【그림13】손바닥 (삼문三紋)

2) 손바닥(삼문三紋) 대하여

– 손바닥에 기본선 3가닥이 있는데 이것을 삼문이라 하며, 서양의 집시 손금, 중국 마의상법에서 생명선, 지혜선, 감정선에 해당한다.

천문(天紋_감정선)은 윗사람과 운세(運勢)를 의미한다
인문(人紋_지혜선)은 자신의 신체와 복운(福運)을 의미한다.
지문(地紋_생명선)은 집과 인생의 굴곡 부침(浮沈)을 의미한다.

천문(天紋)

선이 뚜렷하고 선명한 사람은 운세가 강하며, 위기가 닥쳐도 잘 해결해 나간다. 반대로 가늘고 흐린 사람은 운세도 약하고 고생이 많으며, 부모 와 인연도 약하다.
천문(天紋)이 끊겼거나 얽혀 있는 손금은 일생 부침(浮沈)이 크고 일을 옮겨 다니거나 이직이 잦다.

인문(人紋)

선이 뚜렷하고 선명한 손금은 병이 잘 걸리지 않으며 건강하고, 편안한 생활을 한다.
인문(人紋)이 강하고 힘이 있는 사람은 병에 먼저 걸리는 일이 없다. 반대로 가늘고 약한 손금은 몸이 약해 고생이 끊이지 않고 하는 일이 잘 풀리지 않는다. 인문(人紋)이 끊겼다가 얽혔다가 하는 손금은 고생이 많고 일생 굴곡이 심하며, 가산(家産) 또한 기운다.
인문(人紋)의 끝이 위를 향하고 있는 것은 좋은 모양으로 운이 들어와서 발전하며, 나이를 먹으면서 점점 좋아진다.
인문(人紋)은 자신의 신체에 해당하므로 일생 육십 년(60갑자) 동안 끊기는 곳이나 얽혀 있는 모양에 따라 길흉을 알 수가 있다.

지문(地紋)

시작점에 줄이 많이 보이는 사람은 가정이 편하지 않다.

손금을 볼 때 가는 선이 잘 보이 않으므로 주의해서 관찰해야 한다. 만약 잔손금이 보이지 않을 때는 천지인(天地人)의 삼문(三紋)만 보도록 한다. 격한 노동을 사람은 손바닥 손금이 닳아서 삼문(三紋) 이외의 가는 선이 거의 없다. 따라서 가는 선은 무시하고 삼문(三紋)을 중심으로 관찰하는 것이 바람직하다.

손을 볼 때에는 먼저 손을 들어 손목 위쪽을 보는 것처럼 하면서 손가락과 손바닥을 본다. 그렇게 하면 상대의 주의가 손가락에서 비켜가 본래의 길, 흉이 나타나 잘 볼 수 있다. 남자는 왼쪽 손을 초년으로 보고, 오른쪽 손을 만년으로(후반) 보지만 여자는 그 반대이다.

※일반적으로 서양, 중국에서는 왼손은 갖고 태어난 운명선, 오른손은 성장하면 바뀌는 손금으로 본다.

손을 들러 하늘에 비추어 왼쪽 손의 손가락 사이가 전부 틈이 보이는 사람은 초년이 나쁘고, 오른손이 틈이 보이는 사람은 인생 후반이 나쁘다.

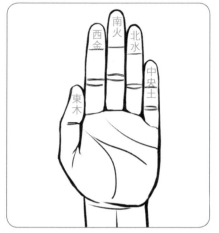

【그림14】손가락의 오행(五行)과 방위(方位)

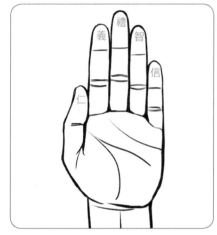

【그림15】손가락의 오상(五相)

3) 손가락의 오상(五相)과 오행(五行)에 관하여 문답

문 엄지손가락을 가리켜 인(仁)이라고 하는 것은 어떤 이유에서 입니까?

답 엄지손가락은 움직여 각각의 넷 손가락에게 붙일 수 있기 때문에 인(仁)이라고 한다.

문 엄지손가락을 동목(東木)이라 하는 것은 어떤 이유에서 입니까?

답 태양은 동쪽에서 떠올라 만물을 자라게 하고, 나무도 자연스럽게 자라 인간을 이롭게 하므로 동목(東木)은 인(仁)과 같은 것이다.

문 인지(人指_검지)를 의(義)라 하는 것은 어떤 이유에서 입니까?

답 눈앞에 확실한 것을 가리킬 때 인지(人指)를 사용한다. 즉 바른 것이 당연히 의(義)에 가치인 것이다.

문 인지(人指)를 서금(西金)이라 하는 것은 어떤 이유에서 입니까?

답 금(金)은 바르며 순수한 것이기에 당연히 의(義)에 해당한다.

문 중지(中指)를 예(禮)라 하는 것은 어떤 이유에서 입니까?

답 중지(中指)는 다섯 손가락 중앙에 위치하여 넷 손가락을 대신하여 뒤에서 바르게 받들어 예의를 배울 수 있기 때문이다.

문 중지(中指)를 남(南)쪽의 화(火)라 하는 것은 어떤 이유에서 입니까?

답 남쪽은 군자의 얼굴이 향하는 방위이기 때문에 불과 같다. 또한 그 덕이 나날이 퍼져나가기에 신분이 낮고 높음을 가리지 않고 예(禮)를 하루도 거르지 않고 실천하는 것이기 때문이다.

문 무명지(無名指_약지)를 지(智)라 하는 것은 어떤 이유에서 입니까?

답 손으로 무엇인가를 할 때, 수중의 물건을 파악할 때 모두 무명지(無名指)가 중심적인 역할을 한다. 당연히 지(智)의 기능과 같다고 할 수 있다.

문 무명지(無名指)를 북방(北方)의 수(水)라 하는 것은 왜 그렇습니까?

답 북방의 수(水)는 음(陰)이며 밤에 해당한다. 또 음은 정적이며 그 속에서 생물이 잘 자라기 때문에 수(水)라고 할 수 있다. 또한, 만물은 무(無)에서 태어나 자연의 한 부분에 속한다. 이것은 자연의 묘한 이치며, 지(智)가 무(無)에서 생기는 것도 음(陰)이 지(智)를 관장하기 때문이다.

문 새끼손가락을 신(信)이라 하는 것은 어떤 이유에서 입니까?

답 우리가 약속을 할 때 새끼손가락을 거는 것은 신의를 나타내기 때문이다.

문 새끼손가락을 중앙의 토(土)라 하는 것은 어떤 이유에서 입니까?

답 흙은 만물의 어머니이다. 만물을 풍요롭게 하며 성심성의를 다하는 것은 당연한 것이다. 그러므로 흙을 신(信)이다.

문 엄지손가락과 새끼손가락은 어째서 인신(仁信)이 되는 건가요?

답 엄지와 새끼손가락은 다섯손가락의 양 끝에 위치하여 음(陰)과 양(陽)을 나타낸다. 즉 집에 부모님과 같은 의미로 부모님의 신뢰와 믿음은 다른 것과 비교할 것이 없다고 생각하면 된다. 또 인지(人指), 중지(中指), 무명지(無名指)의 세 손가락은 부모의 사이에 있으므로 삼음삼양(三陰三陽)의 자식에 해당한다. 세 손가락의 순서는 첫째 장자(長子), 둘째 중자(中子) 막내 말자(末子)인 것이다. 그러므로 자식은 부모에 대하여 예의(禮儀)를 지키며 지(智)로 모시는 것은 자식의의 당연한 도리다.

4) 손톱에 관하여

- 손톱은 신체의 강약을 나타내며, 정력이 좋고 나쁨을 알 수 있다.
- 손톱이 두꺼우며 윤기가 나는 사람은 정력이 강하고 병(病)에 잘 걸리지 않는다.
- 손톱이 두꺼워도 모양이 나쁜 사람은 병이 잘 걸리지 않지만 좋은 상은 아니다.
- 손톱이 얇으면서 밑부분에 하얀 반달이 있는 사람은 신체가 약하므로 기운을 보충해야 한다.
- 손톱이 거울처럼 빛날 때는 일이 잘 풀리지 않는다.
- 손톱에 세로 줄이 있는 사람은 정력이 약하며, 손톱이 두꺼우며 세로줄이 있는 사람은 좋은 상(相)이 아니다.
- 손톱이 얇은 것은 피(혈血)가 부족한 상태이며, 심신이 불안한 상태이다.
- 손톱의 밑부분에 하얀 반달이 있는 사람은 신체 강건하며, 정력 또한 왕성하다.
- 반달이 말라버린 것처럼 엷어질 때는 일이 생각한 것처럼 뜻대로 잘 풀리지 않는다.
- 손톱이 구부러진 것처럼 안쪽으로 휘어진 사람은 항상 기분이 어둡고, 허약하기 때문에 성공도 늦다. 그러나 이것은 일률적으로 적용할 수 없으므로 잘 관찰해서 판단해야 한다.
- 손톱이 찌그러진 모양은 몸도 약하고 운세도 좋지 않다.
- 손톱이 둥근 모양은 큰 성공은 기대할 수 없지만 애교가 있는 상이다.
- 손톱이 미끈하게 똑바로 자란 사람은 운세가 좋다.

문 손톱이 두껍고 윤기가 있는 사람이 신체가 강건하다고 하는 것은 왜 그 렇습니까?

답 손톱은 뼈가 되고 남은 부분이므로 신장과 관계가 깊어 손톱이 두껍고 윤 기가 있을 때는 신장(腎臟)도 튼튼하고 왕성하다. 신장이 좋은 것은 오장 육부도와 관련되어 있어 몸이 강건하다. 반대로 손톱이 벗겨지는 것은 신 장과 뼈가 말라버린 것 같은 것이므로 정력도 약하고 할 수 있다.

문 손톱 밑 흰 반달부분 색이 엷어질 때 일이 잘 풀어지지 않는 것은 왜 그 렇습니까?

답 손톱 밑부분 반달이 흰색인 것은 정력의 강함을 나타낸다. 즉, 흰 부분이 넘칠 때는 마음도 기력도 충실하여 심신이 좋은 상태이고, 흰색이 엷어질 때는 정력이 떨어지는 조짐으로, 자연히 기력도 떨어져 신통치 못하다. 그러므로 모든 일이 뜻하는 대로 잘 풀리지 않는 것이다.

문 손톱이 둥근 모양은 큰 발전은 기대할 수 없지만 애교가 있다고 하는 것 은 왜 그렇습니까?

답 손톱은 신장에는 모종과 같아서 물을 필요로 한다. 물이라고 하는 것은 위 로 올라가는 것이 아니고 아래로 내리는 것이 당연하다. 그래서 운세가 좋 아지기를 기대할 수 없다.
또 물은 사람이 먹지 않고 하루도 살 수가 없듯이, 신분이 높고 낮음과 관 계없이 모두가 똑같이 먹는 것이다. 그래서 애교가 있다고 한다.

문 손톱이 미끈하게 똑바로 자란 사람은 운세가 좋다고 하는 것은 어떤 이유
　에서 입니까?

답 손톱은 간장(肝臟)에 속하며 신장으로 통하고 있다. 미끈하게 똑바로 자란
　것은 나무가 곧바로 쭉 뻗어 있는 것과 같은 이치다. 그래서 운세가 발전
　할 수 있는 근거로 본다.

3. 안면(顔面)삼정(三停)에 대하여

상정(上停) 하늘과 운, 윗사람을 의미하며 또 초년(20세 이전) 운(運)을 살피는 곳이다. 상정의 살이 두터우며 넉넉하게 보이는 사람은 운이 강하며, 윗사람과의 관계가 좋고 초년 운이 특히 좋다. 그러나 상정의 피부가 얇고 뼈가 보일 정도로 빈약한 사람은 운세가 나쁘다. 윗사람과의 의견이 맞지 않아 관계가 나쁘며, 도움을 받기 힘들고 초년 운이 좋지 않다.

중정(中停)은 자신의 신체와 권위를 의미하고 복(福)과 운(運)을 알 수 있다. 또, 중년의 운을 살피는 곳이다. 중정(中停)의 살이 두텁고 넉넉하게 보이는 사람은 복운(福運)이 많으며, 중년의 운세가 특히 좋고 사람들에게 존중을 받게 될 것이다. 그러나 중정(中停)의 살이 얇고 뼈가 드러나 보이는 사람은 중년에 고생이 많고, 복운(福運)이 없으며 사람들로부터 중히 여겨지는 일이 별로 없다.

하정(下停)은 땅과 집, 아랫사람을 의미하며, 노년의 운을 살피는 곳이다. 하정의 살이 단단하고 넉넉하게 보이는 사람은 집안을 잘 다스려서 노후 운세가 좋다. 그러나 하정의 살이 넉넉하게 보여도 부풀은 것처럼 살이 늘어져 있는 사람은 노년에 고생이 많다. 또, 아랫사람과의 인연이 약하여 집안을 굳건히 안정시키는 것이 동년배보다 늦다. 그리고 살고 있는 집에 대해서 말이 많지만, 사람들의 이야기에 귀 기울여야 한다.

이상으로 말한 삼정(三停)에 관해서는 고서(古書)에 자세하게 설명되어 있기 때문에 여기에서는 대략적인 것만 설명하였다. 그러나 삼정(三停) 각 부분의 청탁(淸濁)이나 살집이 두텁거나 얇음 것에 대해서 다양한 이론이 있기 때문에 생각하고 공부하여야 한다.

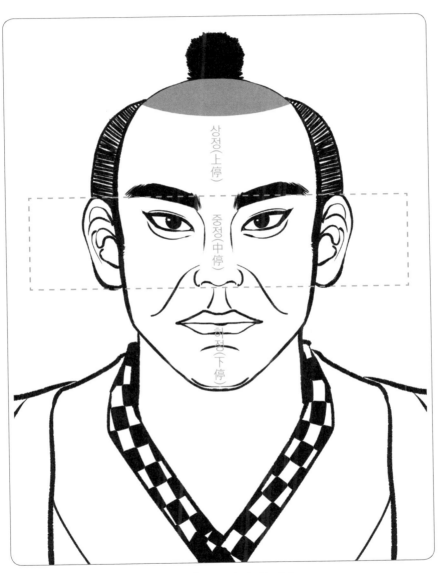

상정(上停)

중정(中停)

하정(下停)

【그림16】 얼굴의 삼정(三停)

4. 삼문(三紋)에 대하여

이마에 세 가지 근본이 되는 줄이 있는데 이것을 삼문(三紋)이라 한다. 맨 위의 줄을 천문(天紋)이라 한다. 중간줄을 인문(人紋)이라고 한다. 아래줄을 지문(地紋)이라 한다. 이것이 이른바 천지인의 삼재(三才)라 고한다.
천문은 운과 윗사람을 의미하며, 인문은 자아(自我)와 복운(福運)을 의미하고 지문은 집과 아랫사람을 의미한다. 또, 삼문(三紋)은 의식주(衣食住)를 의미한다.

삼문(三紋)이 잘 갖춰져 있는 사람은 일생에 큰 발전을 기대할 수 없지만, 의식주에 곤란은 없다. 다시 풀이하면 천지인의 삼재가 갖춰져 있을 때는 의식주가 풍부하다고 말할 수 있다. 그러나 가득 차면 빠지는 것이 세상의 이치이기에 큰 발전을 기대할 수 없다고 하는 것이다.

천문(天紋) 중간에 주름이 끊어진 사람은 일을 추진할 때 윗사람과 생각이 잘 맞지 않아 도움을 받기가 힘들고, 천문에 힘이 서려 있지 않으면 도움을 줄 윗사람을 만나기 힘들다. 반대로 천문 주름이 깊고 강한 힘을 느낄 수 있는 사람은 어려운 일을 직면할 때 배경이 되어주거나, 끌어줄 위 사람이 있어 운(運)이 강하게 작용한다.

인문(人紋) 중간에 주름이 끊어져 있는 사람은 일생에 한번 큰 파란을 만나 고생한다. 그러나 인문주름이 깊이 새겨져 있는 사람은 그 나름의 상응하는 복운(福運)이 있어 발전을 기대할 수 있다. 그래서 천문, 지문주름에 비해 인문(人紋)주름이 깊고 힘이 강해 보일 때 천지에 반하여 크게 발전할 상(相)으로 본다. 그러나 인문이 천지보다 빼어난 것은 자아가 발달해 가정(부모, 집)을 잘 지키지 못한다. 단, 관직에 있는 사람은 가정을 잘 지키고 승진도 한다.

지문(地紋) 중간에 주름이 끊겨있는 사람은 집과 인연이 약하여 가정도 쉽게 안정이 되지 않고, 직원(아랫사람)과 관계도 좋지 않다. 지문에 힘이 없는 사람은 가정생활에 어려움이 많고, 풍파가 끊이지 않는다. 그러나 지문주름이 깊고 풍부한 사람은 일직이 가정이 안정되며 아랫사람의 도움을 많이 받는다.

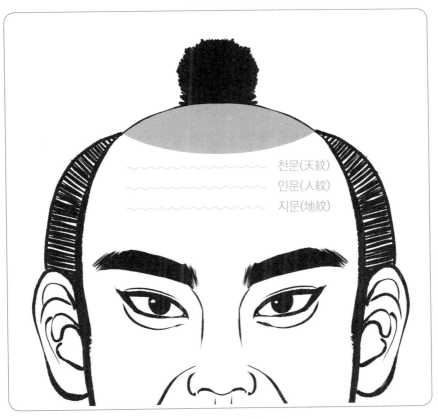

천문(天紋)
인문(人紋)
지문(地紋)

【그림17】 이마 삼문(三紋)

정리하면 운세의 하향세를 파악할 때는 선명한 천, 지, 인 주름에 끊김 등 이상 유무를 본다. 즉, 천문(天紋)주름에 끊김이 생길 때는 그 무렵부터 운세가 내리막길에 들어서며, 윗사람과 관계도 악화하기 시작한다. 똑같이 인문주름이 희미하고 끊어질 때는 신상에 어려움이 생기거나 큰 근심거리가 찾아온다. 그리고 지문주름이 흐리고 끊길 때는 가정에 문제가 생겨 가족이 뿔뿔이 헤어지게 된다.

반대로 선명하지 못하고 힘이 없던 천문에 깊고 힘이 깃들면 개운의 조짐이다. 또 인문에 똑같은 현상이 생기면 그 무렵의 신상에 행운이 찾아오고, 안정된 지위를 갖게 된다.

천문위에 또 천문이 생겼을 때는 신분에 변화가 생겨 직업을 바꾸게 될지도 모르고, 지문의 아래에 또 지문이 생길 때는 집(주거)의 변화가 있다. 만약 이마의 세로줄이 생길 때는 어떠한 경우에도 좋지 않기 때문에 주의해야 한다.

이마에 줄이 많은 사람은 천지인의 삼문을 판별하기 어렵다. 그때는 상하의 줄은 무시하고 중앙부의 3줄을 삼문으로 보면 된다. 만약, 10개의 주름이 있을 때는 위의 3줄과 아래의 4줄을 빼고 한가운데의 3줄을 삼문으로 본다. 만약, 전체가 짝수 경우 위쪽부터 짝수개수를 빼고, 전체가 홀수 경우 아래쪽부터 홀수개수를 빼면 된다.

5. 안면 십혈(十穴) 위치와 구별하는 방법

천양天陽 천중(天中)에 왼손을 눕혀 놓았을 때 4번째 손가락 위치가 천양궁
이다.

신광神光 천정(天庭)에 왼손을 눕혀 놓았을 때 5번째 손가락 위치가 신광궁
이다.

산림山林 사공(司空)으로부터 왼손을 눕혀 놓았을 때 7번째 손가락 위치가
산림궁이다.

교우交友 중정(中正)에 왼손을 눕혀 놓았을 때 3번째의 손 가락 위치가 교우
궁이다.

역마驛馬 중정(中正)에 왼손을 눕혀 놓았을 때 9번째 손가락 위치가 역마궁
이다.

어미魚尾 눈꼬리부터 뒤로 다섯 손가락을 붙이고 1번째 손가락 위치가 어미
궁이다.

간문奸門 똑같이 다섯 손가락을 붙이고 앞에서 2번째 손가락 위치가 간문
궁이다.

인중人中 코 아래에 중지를 세로로 붙이고 손가락 아랫부분이 인중궁이다.

승장承漿 아랫입술 아래에 새끼손가락을 가로로 붙이고 아랫부분이 승장궁
이다.

가속家續 눈 위 뼈가 없는 부분을 가르키며 전택궁이라고 한다.

이상을 십혈(十穴)이라고 하며, 공부가 충분하지 않은 사람은 십혈을 관상
에 적용하면 안 된다. 그 외 눈썹 사이 미간(眉間)의 반대쪽에 해당하는 머리
뒤쪽을 진골(鎭骨)이라고 하며 이곳은 복운(福運)을 의미하고, 또 귀 뒤쪽의
뼈를 수골(壽骨)이라고 하는데 사람의 수명(壽命)의 길고 짧음을 알 수 있다.

6. 안면 십혈(十穴)의 흉터와 점(사마귀, 검은 점)에 관하여

흉터나 검은 점이 흐릿한 것은 관상을 볼 때 좋고 나쁨의 판단 기준에 포함하지 않는다. 단, 흉터, 점은 작아도 뚜렷하게 눈에 띄는 것은 길흉(吉凶)을 판단한다. 또 크게 베인 상처가 있는 경우 때에 따라서 길흉이 달라지는 것이니 잘 관찰해서 판단해야 한다. 그러나 보통은 큰 상처는 관상을 볼 때 고려하지 않는다. 천연두(마마) 흔적이 많은 사람은 관상을 볼 때 무시하는 것이 좋지만 2개, 3개 이상인 경우에는 위치에 따라 판단 근거로 삼아도 좋다. 이러한 내용은 전해져 오는 구전(口傳)은 없다.

천양에 검은 점(사마귀) 또는 흉터가 있는 사람은 생각지도 못한 재난을 만난다.
신광에 검은 점 또는 흉터가 있는 사람은 가정을 어지럽게 만든다.
역마에 검은 점 또는 흉터가 있는 사람은 가정이 쉽게 안정되지 않으며, 집 문제로 고생한다.
산림에 검은 점 또는 흉터가 있는 사람은 부모로부터 유산을 받지 못하거나, 재산을 관리하지 못하여 흩어진다.
교우에 검은 점 또는 흉터가 있는 사람은 친구관계가 좋지 않으며, 손실(損失)을 부르거나 재난을 당한다.
가속에 검은 점 또는 흉터가 있는 사람은 부모로부터 상속받은 집, 재산을 유지하지 못하고, 가정을 어렵게 하는 일이 있을 것이다.
어미에 검은 점 또는 흉터가 있는 것은 이혼, 재혼의 상(相)이며, 부부사이도 나쁘며, 잘살고 있는 경우라도 부인이 병약하니, 잘 보고 판단하는 것이 좋다.
간문에 검은 점 또는 흉터가 있는 사람은 여자문제로 고생이 많다. 또 사람의 원망을 듣는 일이 있을지도 모른다.
인중에 검은 점 또는 흉터가 있는 것은 마음을 정리해 안정시켜도, 잠시후면 혼란스러워지는 상(相)이다.
승장에 검은점 또는 흉터가 있는 사람은 하루에 3끼만 먹는 사람이다.

【그림18】 안면 십혈(十血)

※ 일본 에도시대 때는 무사나 귀족들은 3끼가 아닌 더 많은 횟수의 식사를 하였다.
   즉, 하루에 3끼는 소식 또는 적게 먹는다. 의미로 해석됨

7. 안면 18혈(十八穴) 관하여

　얼굴의 상(相)을 판단할 때 130혈로 구분하는데 명칭이 너무 많아 공부하기가 만만치 않다. 크게 음면(陰面), 양면(陽面), 음혈(陰穴), 양혈(陽穴)로 구분하고 각각의 위치를 정한다. 정면을 양면으로 하고 옆면을 음면으로 그 위에 혈관 임맥(任脈)이 통과하는 중심선을 따라서 대양(大陽) 좌우를 소양(小陽) 바로 옆의 면을 대음(大陰), 정면을 향하는 각(角)을 소음(小陰)으로 한다. 그리고 얼굴 앞면 130부위 명칭 중 대음, 소음, 대양, 소양의 글자가 갖는 의미를 잘 생 각하고, 양의 의미를 갖는 글자는 양면으로, 음의 의미를 갖는 글자는 음면으로 보고 각각 음혈, 양혈 의미를 부여하고 잘 살펴 판단하면 된다. 또, 앞서 설명한 얼굴 안면을 천(天), 지(地), 인(人)이라 하는 삼재(三才)로 구분하였는데 하늘을 의미를 갖는 글자는 천(天), 땅의 의미를 갖는 글자는 지(地), 사람의 의미를 갖는 글자는 인(人)으로 나누고 있으므로, 구분하면 명칭에 따라 위치를 알 수 있다.

안면부 130혈의 기본은 13부위로 13혈이라고 한다. 천중부터 왼쪽으로부터 10손가락을 맞추어서 하나하나 손가락 끝이 닿는 부분을 1혈로 하고, 그러면 10손가락은 10혈(十穴)이 된다. 10혈(十穴)을 다시 13부위에 맞추면 130혈이 된다. 또, 이마를 대양으로 하고, 코를 중앙으로 하여 아래턱을 소양으로 나누는 방법도 있다. 또 얼굴은 음(陰) 중의 음(陰), 양(陽) 중의 양(陽), 양 중의 음, 음 중의 양이라는 의미가 있어 매우 복잡하며 습득하기 어렵기에 여기에서는 부위의 대강만을 표시해 둔다. 깊은 것은 각자가 공부해 주길 바란다.

역주譯註

임맥(任脈)
한방의학에서 말하는 경락(経絡) 중에 기경팔맥의 하나로 회음부부터 똑바로 위로 향하여 배꼽을 지나 목부터 입술에 이르기까지 말하자면 몸의 중심선이다. 또 경(経)은 동맥, 락(絡)은 정맥의 뜻으로 침구의 급소와 급소를 연결하는 길이라 생각하면 된다.

천중天中

천정天庭

사공司空

중정中正

인당印堂

산근山根

연상年上

수상壽上

준두準頭

인중人中

대해天海

승장承漿

지각地閣

【그림19】 안면 13부위

8. 안면 18혈(十八穴) 위치

1. 천중궁(天中宮)

   중지를 천중에 가로로 대서 한촌(손가락 마디) 폭 안에 있다.

2. 관록궁(官祿宮)

   이마 중앙에 중지를 대서 한촌(寸) 사방(四方) 안에 있다.

3. 인당궁(印堂宮)

   양쪽 눈썹사이에 엄지 손가락을 옆으로 대서 한촌(寸) 폭 안에 있다

4. 토성궁(土星宮)

   인당 아래부터 코 끝 까지다.

5. 식록궁(食祿宮)

   코 아래에 다섯손가락을 대서 중지를 빼고 인지(검지)와 약지가 닿는 곳
   을 말하며, 왼쪽은 식(食), 오른쪽을 록(祿)으로 분리해서 본다.

6. 지각궁(地閣宮)

   아래턱 중앙부에서 인지(검지)의 한마디 사방에 해당하는 부분이다.

7. 주골궁(主骨宮)

   천정부터 왼쪽으로 4손가락을 대서 4번째의 손가락 끝이 닿는 곳, 눈썹
   의 중앙부터 한촌(寸) 정도 윗부분이다.

8. 일월각궁(日月角宮)

   관록궁으로부터 왼쪽으로 손가락 3개를 대서 3번째 손 가락 끝부분의 왼
   쪽을 일각(日角) 똑같이 오른쪽 3번째 손가락 끝이 월각(月角)이다.

9. 번지궁(邊地宮)

   관록궁으로부터 왼쪽으로 손가락을 대서 9번째의 손가락이 닿는 곳, 관
   자놀이라고 한다.

10. 복당궁(福堂宮)

    중정에서 왼쪽으로 다섯 손가락을 대서 5번째의 손가락 끝에 해당하는
    곳, 눈꼬리 약간 윗부분 눈썹 끝부분 주변에 해당한다.

11. 형제궁(兄弟宮)

엄지손가락을 옆으로 해서 눈썹위로 대서 아랫부분에 해당한다.

12. 처첩궁(妻妾宮)

눈꼬리 바깥쪽에서 다섯손가락을 대서 3번째 손가락이 닿는 부분이다.

13. 관골궁(觀骨宮)

눈꼬리부터 아래로 3번째의 손가락 끝에 닿는 부분이다.

14. 도적궁(盜賊宮)

눈 안쪽 아래로 3번재 손가락의 끝이 시작되는 부분이다.

15. 법령궁(法令宮)

입 끝에서 왼쪽으로 2번째 손가락 끝이 닿는 부분이다.

16. 노복궁(奴僕宮)

입 끝에서 아래로 3번째 손가락 끝에 닿는 부분이다.

17. 남여궁(男女宮)

눈 아래 뼈가 없는 부분이다.

18. 명궁(命宮)

눈과 눈사이 부분이다.

이상의 18혈은 얼굴 안면을 볼 때에는 가장 주목해서 관찰해야 할 곳이므로 각별히 유의해야 한다. 또 앞에서 언급한 혈(穴)들의 위치는 관상을 보는 사람의 손가락이 아니고 상을 보러 온 사람(손님) 손가락 크기로 재는 것이다. 또 고서에는 130부위가 기록되어 있지만 배우고 익히는 것은 어렵다.

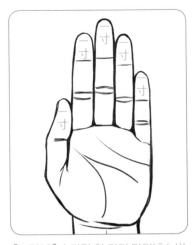

【그림20】손가락 한 마디 단위 '촌(寸)'

혈처(穴處)를 많이 알고 있다고 관상을 잘 보는 것은 아니다.

앞에서 언급한 18혈은 130부위에 모두 통한다. 나는 수년에 걸쳐 사람의 관상을 보며 많은 실수를 저질러 사람을 헷갈리게 하는 일도 있었다. 그리하여 18혈은 많은 실수 끝에 깨달음을 얻은 것이다. 아직도 공부가 모자라고 부족하지만 가르치게 된 것이다.

18혈에 대하여 자세한 것은 후편 '血色의 편'에서 자세히 설명하겠다.

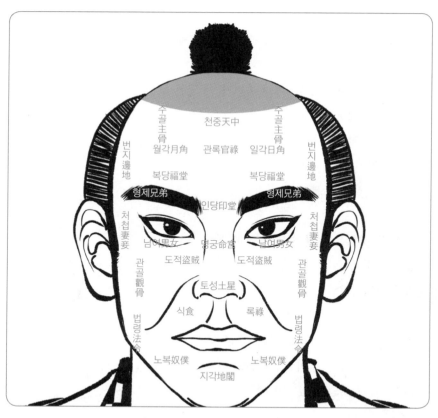

【그림21】안면 십팔혈(十八血)

9. 검정 사마귀(점)와 흉터에 대하여

- 천중에 검정 사마귀(점)이나 흉이 있는 사람은 윗사람과 의견이 맞지 않는다.
- 관록에 검은 점이나 흉터가 있는 사람은 좋은 일이 있어도 반드시 장애를 동반한다.
- 인당에 검은 사마귀나 흉터가 있는 사람은 추진하는 일이 완성단계에서 결국은 도로아미타불이 된다.
- 명궁에 검은 사마귀나 흉터가 있는 사람은 신체가 약하므로 주의해야한다. 집안에 여러가지 어려운 일이 생길지도 모른다.
- 토성에 검은 사마귀나 흉터가 있는 사람은 추진하는 일이 진행되지 못하고 고생이 많다.
- 식록에 검은 사마귀나 흉이 있는 사람은 가정을 안정시키는 것이 늦으며, 생활이 가난한 경우는 주거를 전전하며 이사가 잦다.
- 주골에 검은 사마귀나 흉터가 있는 사람은 주인이나 윗사람과 의견이 맞지 않기 때문에 일을 처리할 때 주의해야한다.
- 복당에 검은 사마귀나 흉터가 있는 사람은 산재가 많으며(돈을 낭비하는 일) 또 가정을 혼란스럽게 하는 일이 있다.
- 형제에 검은 사마귀나 흉이 있는 사람은 친인척과 인연 약하고, 인척이 먼 타지에 사는 경우가 있다.
- 처첩에 검은 사마귀나 흉터가 있는 사람은 처(妻)와 인연이 약해 이혼 또는 재혼하는 경우가 발생한다.
- 남여에 검은 사마귀나 흉터가 있는 사람은 자식과 인연이 약하고, 자식이 있어도 의지하기 힘들며, 도움이 되지 않는다.
- 관골에 검은 사마귀나 흉터가 있는 사람은 다른 사람 일로 고생하며, 또 사람들로부터 재난을 입기 쉽다.
- 도적에 검은 사마귀나 흉터가 있는 사람은 물건을 잃어버리는 일이 많다.

- 법령에 검은 사마귀나 흉터가 있는 사람은 부모로부터 물려받은 가업이 적성에 맞지 않아 대를 있어 계승하지 못한다
- 노복에 검은 사마귀나 흉터가 있는 사람은 도움이 되는 아랫사람을 얻지못하고, 아랫사람의 실수로 손실을 보게 된다.
- 변지에 검은 사마귀나 흉터가 있는 사람은 타지로 가면은 좋지 않다.

  천지자연에 만물이 존재하기 시작하면서 마음이 존재하였다. 마음의 존재한다는 것은 사람이 사람 로서 존재하는 것이다. 사람의 마음과 천지의 상(相)은 원래 하나로서 둘이 아니다.
즉, '무의(無意)의 상(相)'이다. 사람은 모습이 있고 모양과 상(相)이 있으며 그것을 보는 법이 나중에 생겼다. 상(相)도 법(法)도 역시 둘이 아니다. 그러나 사람의 상(相)은 마음에 따라 생기는 것이기에 이것은 '유의有意의 상相'인 것이다.

상법(相法)을 배우는데 뜻을 두는 사람은 먼저 스승에게 배워 스승의 가르침을 충분히 받은 후 책으로 공부해야 한다. 그러면 책으로 공부하는데 별문제가 없다. 또, 초심자가 상법(相法)을 알고 싶을 때는 역시 먼저 스승에게 상법을 사사받은 후 사람의 말과 행동 그 외에 사물에 대한 관찰을 게을 리하지 않으며, 많은 시간을 투자해서 상(相)을 연구해야 된다.
이것이 관상 공부의 기본이다. 나는 무학이지만 해상海常선생님에게 상법에 대해 3일간 배우고, 그 후 만물을 사람을 비교하며 연구하여 겨우 그 이치를 절반밖에 깨우치지 못했다.

지금 여기에 그것을 기록하였다. 그 예로 2가지만 설명하겠다.
남녀가 성교를 즐길 때 순간 즐거움이 멈출 때가 있다. 왜냐하면 성교를 할 때는 근육이 부풀어 오르고 혈액(정액)이 체내로부터 방출되면 얼굴 표정에 경직되기 때문이다. 이것은 인간의 감정이나 의지를 초월한 자연의 섭리다.

또, 수목(樹木)을 보아도 어린 나무는 꽃도 아름다우며 그 열매도 크고 맛도 좋다. 하지만 노목(老木)은 쇠퇴하여 열매는 작고 맛도 없다. 또한, 3살의 어린아이가 음부를 만지기 시작할 때 여자아이는 음이기 때문에 음부를 숨기지만, 남자아이는 양이기 때문에 성기를 밖으로 노출한다. 이것은 천지자연의 모습, 상(相)인 것이다. 또, 천지자연의 상(相)에 대하여 공부하지 않은 관상가는 자신을 볼 수 없다. 자신을 볼 수가 없는 사람은 책을 보아도 도움이 되지 않으며, 책을 보지 않는 것과 같다. 그러므로 관상가는 먼저 자신을 알고, 다른 사람의 상을 보 아야 한다.

南北相法 前篇二卷

하늘은 인연이 없는 사람을 태어나게 하지 않는다.

1. 머리에 관하여

* 머리의 생김새로 마음의 깊고 얕음을 알 수 있다.
* 머리가 큰 사람은 마음을 결정하는 것이 늦고 신중해 마무리 단계까지 순조롭게 풀리는 것 같지만 결국에는 망치는 일이 많다.
* 머리가 작은 사람도 머리가 큰 사람도 같다.
  운세가 좋아지는 것은 기대할 수 없고, 성공은 헛된 꿈이다.
* 머리 뒤가 튀어나온 사람은 마음 씀씀이가 깊고 의지가 강하다.
* 반대로 머리가 뒤가 들어간 사람은 사려가 깊지 못하고 소심하고 변덕스럽다.

水野南北과 제자와 문답 ▶

문 머리가 마음을 의미한다는 것은 어떤 이유에서입니까?

답 머리는 하늘에 비유될 만큼 원형이며, 모든 양(陽)이 모이는 곳이다. 또한 여러 가지 감정이 움직이는 곳인 이유로 마음을 다스리는 곳이라고 한다. 머리 뒤가 튀어나온 사람은 마음에 깊이가 있다. 이런 사람은 마음이 넓고 야무진 사람이다. 반대로 머리가 뒤가 들어간 사람은 생각도 좁고, 소심하다. 머리가 큰 사람은 결정이 늦어 가정을 이루는 것이 늦고. 머리가 작은 사람은 마음이 좁아 발전을 기대하기 어렵다.

2. 두정(頭頂)에 관하여

- 정수리는 성스러운 것을 품은 곳이며, 만물의 보존 유무를 살피는 곳이다.
- 정수리가 높이 솟아 있는 사람은 일생 고생이 많고, 애교가 부족하다.
- 정수리에 살집이 있어 둥글고 높이 솟아오는 사람은 마음이 올바르고, 무리 위에 서는 상(相)으로 출세한다. 학자 승려에게 많이 볼 수 있다.

【그림1】 정수리 중앙이 낮은 사람

【그림2】 정수리가 뒤부분이 솟아 있는 사람

【그림1】과 같이 정수리 중앙이 낮은 사람은 처(妻), 자(子)와 인연이 약하고 고생을 많이 한다. 열심히 일해도 자신의 공은 별로 없다. 약간 낮은 정도라면 신경 쓸 필요는 없다.

【그림2】와 같이 정수리 부분이 뒤에 갈수록 높아지며 이마와 정수리 구별이 안되는 사람은 기(氣)가 세고 애교가 부족하다. 또한, 가정을 잘 건사하지 못하고, 잘 풀리지 않는 일이 많다. 처(妻), 자(子)와 인연이 약하며, 고향을 떠날 운명이다.

- 이마는 정위치에 바르게 있고, 정수리가 뒤로 갈수록 높은 사람은 운세가 강하고 그 나름의 복운(福運)이 있으며, 사람들로부터 존경을 받는다. 그러나 정수리에 큰 흉이 있거나 울퉁불퉁한 곳이 있으면 안 된다.
- 정수리가 넓은 사람은 운세가 강하며, 위험에 처해도 자연스럽게 위기를 모면한다. 그러나 정수리에 큰 흉터나 대머리는 윗사람과 의견이 잘 맞지 않으며, 돈이나 그 밖의 것을 손에 쥐어도 오래 간직하지 못한다. 또한, 좋은 사람과 가까워져도 관계를 오랫동안 유지하지 못한다. 단, 승려는 해당하지 않는다.

水野南北과 제자와 문답 ▶

문 두정(頭停_머리 꼭대기)은 고귀한 것을 품고 만물을 지키는 곳이라는 어떤 이유에서입니까?

답 정수리는 신체의 봉우리로 청정(淸淨) 하기 때문에 고귀함을 품는 곳이라 한다.

문 노(魯)나라 공자(孔子) 님은 정수리 중앙이 요(凹)형으로 함몰되어 고생하다 늦게 명성을 얻었는데 어떤 이유에서입니까?

답 공자(孔子)님과 출생과 관련된 일화가 있다. 공자님의 어머니는 자식을 얻지 못해 니구산(尼丘山)을 향해 자식을 갖게 해달라고 빌었다. 그 덕에 공자님을 낳게 되었는데 아이의 정수리의 모양이 니구산을 닮아, 산 이름을 따서 부르는 이름을 중니(仲尼), 본명은 구(丘)라고 불렀다. 그래서 공자님 이름이 공구(孔丘) 되었다. 공자님은 정수리의 중앙이 낮아 숙명적으로 고생 많은 삶을 살았으나, 학식이 풍부하고 덕이 높은 학자였기에 훗날 이름을 떨치게 되었다. 그러나 현재의 사람이 이런 상(相)을 가졌다면 일생 동안 처(妻), 자(子)와 인연이 약해 가정을 잘 이루지 못하고 고생 많은 삶을 살게 된다. 또, 노력은 하지만 자신의 공적은 없다.

문 정수리가 뒤로 갈수록 높아, 이마와 정수리가 구별이 안되고 똑같이 보이는 사람은 어떠 상(相)인가요?

답 정수리는 신체에서 산(山), 이마는 남양(南陽)에 해당한다. 이마와 정수리가 한 번에 이어져 보일 때는 산이 남쪽의 햇볕을 막는 것과 같아서, 음(陰)기가 많은 산이 되고 음(陰)기가 많은 산은 얼굴의 기색이 무섭기 때문에 사람이 가까이 가지 않는다. 그렇기 때문에 이런 상(相)의 사람은 마음이 날카롭고 애교가 없다.

문 이마가 훤하고(이마가 잘생긴) 정수리가 뒤로 갈수록 높은 사람은 어떤 상(相)인가요?

답 이마는 남면(南面)을 가리키고, 정수리가 뒤쪽으로 높아져 있는 것은 남양(南陽)을 한 면으로 모두 받고 있는 형상이며, 정수리는 천양(天陽)을 받는 곳이다. 때문에 정수리 뒤쪽으로 높은 것은 하늘의 양기와 남쪽의 빛이 많이 들어와 기(氣)가 왕성하게 움직인다.

이런 사람은 당연히 운세가 강하다. 그러나 정수리가 울퉁불퉁한 사람은 운(運)을 받아도 고이지 못하고, 재물을 써서 없애는 상(相)이다.

문 정수리에 큰 흉이 있거나, 머리가 많이 벗겨진 사람은 어떻습니까?

답 정수리는 맑고 깨끗해서 귀인(貴人)을 머무는 곳이다. 때문에 정수리에 큰 흉이 있으면 귀인이 머물기에는 문제가 있어 좋은 사람과 가까워져도 관계를 지속해서 유지하기 힘들며, 위 사람과도 의견이 잘 맞지 않는다. 그러나 정수리가 둥근 사람은 신체의 산이 둥글다는 것이므로 자연과 하늘의 기운을 골고루 받는 길상(吉相)이다.

3. 머리카락과 수염에 관하여

- 머리카락이 붉은 사람은 신장(콩팥)이 약하고 근기(根氣)가 부족하고, 부모부터 물려받은 가업을 계승하지 못할 상(相)이다.
- 곱슬머리는 신장(콩팥)이 약하고 자식과 인연이 약고, 집안을 어지럽히며 가정을 파탄으로 몰고 간다. 또한, 끈기와 열정이 없는 상(相)이다.
- 머리카락이 두꺼운 사람도 위에 말한 것과 같다.
- 머리카락이 가늘고 촉촉하고 부드러운 사람은 자식 운이 좋고 끈기가 강하며, 장수하고 마음이 풍요롭다.
- 나이 불문하고 이마와 언저리(머리카락 경계 부분) 머리가 진한 사람은 윗사람과 의견이 맞지 않고, 가정을 잘 관리하지 못하며, 운세도 좋지 않다.
- 머리카락 언저리 부분의 머리털과 색이 나이와 맞은 사람은 운세가 강하다.
- 나이는 젊은데 머리카락 언저리가(이마 위 머리카락이 자라기 시작하는 부분) 어느 정도 벗겨진 사람은 운세가 강하고 출세가 빠르다.
- 머리카락 언저리가 제멋대로 벗겨져 올라간 사람은 윗사람과 의견이 맞지 않고 운세도 좋지 않다.
- 머리숱이 많고 이마 언저리가 진하면 천박한 상이다.
- 머리숱이 적고 이마 언저리가 옅으면 품위가 있다.
- 신분이 낮은 사람이라도 머리카락 언저리가 젊을 때부터 벗겨져 올라갈 때는 출세가 빠르다. 또한, 출세는 못해도 다른 사람 밑에 오래 있지 않는다. 지배인, 관리인 같은 사람들은 젊어서 머리숱이 옅어지는 것은 자연스러운 현상이다.
- 나이를 먹었는데도 머리카락 색이 진하고 이마가 벗겨져 올라가지 않는 사람은 재산상 손해를 입으며, 나이를 먹으면서 운세가 기운다.
- 항상 머리카락을 아끼고 소중하게 다루는 사람은 신장(콩팥)이 약해 근기(根氣)가 부족하다.

- 이마의 머리카락 언저리에 가마가 있는 사람은 윗사람과 의견이 맞지 않고, 만사가 순조롭게 풀리지 않는다.
- 젊은 나이에 흰머리가 있는 사람은 신장(콩팥)이 약하며 부모가 물려준 가업을 계승하지 못하고, 자식과도 인연이 약해 자식을 많이 낳아도 잘 성장하지 못한다.
- 붉은색 머리가 날 때는 만사에 장애가 많고 고생이 끊이지 않는다. 또한, 기력과 정력이 떨어질 즘 머리카락이 붉게 될 때가 있다. 단, 병이 있는 사람은 별개이다.
- 신장(콩팥)이 원래 좋지 않은 사람은 조금만 고생해도 수염이 붉게 되므로 주의해서 관찰해야 한다.
- 언제나 정력이 왕성한 사람이 갑자기 붉은 수염이 났을 때는 큰 재난을 만날 가능성이 크다. 재산이 흩어지거나, 큰 고생을 피할 수 없다.
- 수염이 가늘고 파랗고 밀집한 사람은 마음이 풍요롭다. 그 나름의 복운(福運)도 많고, 혜택을 받는다. 정력도 강한 편이다.
- 수염이 푸르고 듬성듬성 조금 자라는 사람은 고생이 많다.
- 수염이 적은 사람은 정력이 약하고 끈기도 모자란다.
- 수염의 끝부분이 휘어질 때는 만사가 잘 풀리지 않고 고생이 찾아온다.
- 수염이 많고 숯처럼 검은 사람은 운세가 나쁘고 또한 천박한 상(相)이다. 또한, 가정을 파탄으로 몰아가는 굴곡이 많은 인생을 보내거나, 떠도는 인생을 보내게 될지도 모른다.

문 머리카락, 수염은 몸의 일부인데, 신체의 어떤 기관에 해당합니까?

답 머리카락과 수염은 자연의 초목에 해당하고, 피의 씨앗이며(혈의 묘목) 심
장을 의미하고, 신장과 관계가 있다. 심장과 신장은 음(陰)과 양(陽)으로
피를 만들고 걸러낸 후 머리카락과 수염을 만든다. 그런 까닭으로 이것을
부모의 혈맥(血脈)이라 말하며 머리카락과 수염으로 자손의 유무(有無)를
알 수가 있다. 또한, 콩팥의 강약을 판단할 수 있다. 피가 마를 때는 신장
이 마를 때이다. 늙어서 피가 연해져 백발이 되는 것은 초목이 마르는 것
과 같은 이치다. 또한, 피는 신체의 물과 같으며, 나무가 물을 먹고 자라는
것과 같이 피를 통해 머리카락과 수염이 자란다고 생각하면 된다.

문 머리카락이 굵어지는 현상이 콩팥(신장)의 피(血)가 옅어지는 것과 무슨
관계가 있나요?

답 머리카락은 혈의 묘목이며 신장과 관계가 깊다. 굵은 머리카락은 잡아당
기면 늘어나지 않고 끊어져 버린다. 한편 가는 머리카락은 잡아당겨도 잘
끊어지지 않고 늘어난다.
그 이유는 굵은 머리카락은 신장혈이 옅기 때문에 쉽게 끊기고, 머리카락
이 가늘고 부드러운 사람은 정력이 왕성하고 끈기가 있기 때문에 잘 끊어
지지 않고 늘어나는 것이다.
정력과 신장혈은 오장 육부를 기르는 근원이기 때문에 강할 때는 오장 육
부도 건강하고 신체 강건하다. 그래서 장수한다고 한다.

문 나이가 젊은데 머리가 백발인 경우는 어떤 의미인가요?

답 피가 옅기 때문에 머리카락이 마르는 것이다. 때문에 젊은 나이에 백발은
부모의 혈맥을 끊어 놓는 것과 같다. 자식과 인연이 약해 부모가 물려준
가업을 계승하지 못한다.

문 나이에 맞게 머리카락 색 옅어지고 이마가 벗겨져 올라가는 것은 어떤 의미인가요?

답 나이에 맞게 머리카락 색이 옅어지고 이마가 벗겨져 올라가는 것은 자연과 세상이 순조롭게 운행하는 것과 같은 것으로 운세도 순탄하게 돌고 있다고 볼 수 있다. 이마의 머리카락 언저리가 듬성듬성 벗겨져 올라갈 때 하늘에 먹구름이 나타난 것과 같다. 하늘에 먹구름이 나타날 때는 풍우서한(風雨暑寒)으로 바람이 불고, 더운 공기가 차갑게 변하기 때문에 사람의 운세도 변화무상하다. 또, 젊은 나이에 이마가 벗겨져 올라가는 사람은 하늘이 빠르게 쾌청해지는 것과 같이 출세가 빠르고, 운(運)도 빨리 열린다. 나이를 먹었는데도 이마가 벗겨지지 않는 사람은 하늘이 쾌청하지 않는 것과 같아서 운세가 열리는 것도 늦다.

문 머리카락도 많은데 옅어 보이는 사람은 어떤 의미인가요?

답 머리카락도 많은데 옅어 보이는 것은 하늘이 풍요로운 것과 같고, 하늘이 풍요로울 때는 마음도 자연이 풍요해지기 때문에 복운(福運)이 함께 쌓인다.

문 천박한 상(相)에 신분이 낮은 사람은 머리카락이 진하고 이마를 덮은 모습을 하고 있는데 어떤 이유에서입니까?

답 머리카락이 진하고 이마를 가린 것 같은 사람은 자기 자신을 알지 못한다. 그런 까닭에 신분이 낮은 것이다. 또한, 직원이라도 책임자 같은 지위에 있는 사람은 머리카락이 옅으며 이마 또한 자연스럽게 벗어지며 하늘이 열려 자신을 알고 있는 것과 같다. 그런 까닭에 신분이 낮지만 사람들 위에 있을 수 있는 것이다. 이것은 귀천을 가리지 않고 신분이 높은 사람에게도 해당하기 때문에 잘 관찰해야 한다.

문 이마 언저리의 머리카락이 색이 진한 것은 어떤 의미인가요?

답 이마는 하늘(天)에 해당한다. 머리카락 언저리가 진한 것은 하늘에 흩어져 있는 먹구름과 같기 때문에 운(運)이 잘 열리지 않는다. 또한, 이마는 윗사람과 소통하는 곳으로 이마 언저리에 머리카락이 색이 진한 것은 윗사람과 서로 마음이 맞지 않아 관계가 원만하지 않다고 볼 수 있다.

문 푸른 수염은 길(吉) 하고 검은 수염은 흉(凶) 하다고 하는 것은 왜인가요?

답 수염은 피(血)의 싹이고, 심장은 불(火)에 해당하므로 수염이 거뭇거뭇하게 있는 것은 음(陰)에 해당하고, 물(水) 도 음(陰)이다. 물(水)는 불(火)를 극(剋)하므로 검은 수염은 흉(凶)하다고 본다. 또한 수염이 푸른 것은 나무에 해당한다. 나무(木)는 불(火)를 생(生)하기 때문에 길조(吉兆)라고 보는 것이다. 또한, 붉은 수염이 날 때는 심장 나쁜 상태임을 알려주는 신호다. 심장은 붉은색으로 피(血)색을 의미한다. 이것은 심장기능이 떨어져 수염이 붉은색으로 나타난다고 생각하면 된다. 그런 까닭으로 몸과 마음이 고생할 때 붉은 수염이 생기는 것이다.

※ 오행 배색 ☞ 목-푸른색, 화-붉은색, 토-노란색, 금-흰색, 수-검은색

4. 얼굴에 관하여

얼굴은 정신(精神)과 신체(身體)의 꽃이 피어나는 곳으로, 신상(身上)의 길흉(吉凶)을 살필 수 있다. 얼굴 정면 폭이 넓으면서 뒤로 갈수록 좁아지는 얼굴은 처자식(妻子息)과 인연이 약하며, 만사(萬事)가 저축이 안되고, 일생 동안 의지할 사람을 만나지 못한다. 반대로 정면보다 뒤쪽으로 갈수록 넓어지는 얼굴은 사람은 자식과 연이 깊고 친자(親子) 없다 해도, 양자를 들여 가업 승계와 노년을 의탁할 수 있다.

얼굴 가운데가 낮은(凹) 사람은 마음은 비속(卑俗) 하지만 애교가 많고, 얼굴 가운데가 높은(凸)은 사람은 고귀하지만 애교가 부족하다.

얼굴에 조급함을 드러내지 않는 사람은 마음도 조급하지 않으며, 얼굴이 풍부한 느낌의 사람은 마음도 후덕하다.

水野南北과 제자와 문답 ▶

문 얼굴 정면보다 뒤쪽이 넓은 사람은 어떻습니까?

답 얼굴의 정면은 양(陽)으로 양면(陽面), 뒷면은 음(陰)으로 음면(陰面)이라고 하는데, 정면보다 뒤가 넓은 것은 음(陰)이 양(陽)을 안고 있는 모양새와 같아 음양화합(陰陽和合) 얼굴이라고 한다. 이런 얼굴은 처와 자식 운이 좋은 관상이다. 또한 음면이 양면을 안고 있을 때는 미래가 준비되어 있는 것 같기 때문에 이런 상(相)은 일에 실패가 없고 걱정하지 않아도 된다. 반대로 뒤가 좁고 정면이 넓은 얼굴은 양면(陽面)이 왕성하기 때문에 마음이 밝고 무슨 일이든 드러내 놓고 하는 성격이다.

문 얼굴 가운데가 낮은 것은 어떤 상입니까?

답 얼굴의 가운데는 군자(君子)를 의미한다. 군자의 위치가 낮다는 것은 마음이 낮고 세속(世俗)적이다. 자연히 애교가 있다. 신분이 높고 고귀한 사람 중 얼굴 가운 데가 낮은 사람이 없다. 신분이 높은 사람은 애교가 필요하지 않기 때문이다. 신분이 낮은 사람 중 얼굴 가운데가 낮은 상이 많은 까닭에 자연히 애교가 생기게 된다. 신분이 높다고 해도 애교가 있으면 주위에 신분이 낮은 사람이 많다.

水野南北 1757年~1834年

5. 목덜미에 관하여(목선)

- 목덜미 형태로 장수(長壽)할지 단명(單名)할지 판단할 수 있다.
- 목덜미가 두꺼운 사람은 장수하며 질병이 걸리는 일이 별로 없다
- 목덜미가 가는 사람은 단명하고 신체가 약하다.
- 목덜미가 두꺼워도 뒤에서 볼 때 힘이 없고 외롭게 보이면 얼마 살지 못하고 죽을 상(相)으로 만약, 죽지 않는다 해도 큰일을 당하게 된다. 이런 사람을 그림자가 없는 사람이라고 부른다. 하지만 원래부터 마른 사람은 목덜미가 가늘어도 괜찮다.
- 목덜미가 길게 똑바로 서있는 사람은 그 나름의 신분에 맞는 생활을 한다.
- 목덜미가 짧고 돼지 목과 같이 두꺼운 사람은 강건하고 장수하며, 체격이 좋고 됨됨이가 좋다. 또한 그 나름 복운(福運)이 따른다. 무사(武士) 라면 지위가 올라가고 녹봉(祿俸)도 올라가는 대길(大吉) 상(相)이다. 그러나 천박한 상(相)이 짧고 굵은 경우(돼지 목) 일생 안락한 생활은 할 수 없으며, 좋은 사람과 만나도 인연이 없다.
- 목젖(목뼈)이 높이 튀어 사람은 외고집이며 눈에 띌 정도 출세는 할 수 없다. 목젖의 크기가 약간 튀어나온 정도는 신경 쓸 필요가 없다.

水野南北과 제자와 문답 ▶

문 고서(古書)에서 목 밑 좌우에 살이 늘어져 있는 사람은 장수한다 하는데 어떤 이유에서입니까?

답 목 밑 좌우에 살이 늘어지는 것은 젊을 때가 아니고 노인(老人)이 돼서 생기는 것이다. 젊을 때는 목덜미에 살이 두꺼워도 탄력이 있으나, 늙으면 목 밑으로 쳐진다. 그래서 목 밑에 살이 처져 있는 것을 장수한다고 말한다. 옛날 사람도 노인의 몸을 보고 장수 상(相)을 생각하였을 것이다. 생각해 볼 만한 질문이다.

문 목덜미가 굵은 사람이 장수한다는 것은 어떤 이유에서입니까?

답 사람을 인묘초(人苗草)라 하여 나무에 비교하면 머리는 뿌리, 목덜미는 줄기, 손발은 가지로 본다. 어린 수목일 때 뿌리가 굵고 힘이 강해야 성장하면 대목(大木)이 된다. 사람도 목덜미가 굵은 사람이 장수한다.

문 목덜미가 두꺼워도 뒤에서 볼 때 힘이 없고 외롭게 보이면 얼마 살지 못하고 죽을 상(相)이라고 하는 것인 어떤 이유에서입니까?

답 나무도 마를 때는 줄기가 힘이 없고 외롭게 보인다. 사람도 똑같이 목덜미가 굵다 하더라도 힘이 없고 쓸쓸하게 보일 때 가까운 시일에 죽는다. 이것은 수목이 마르는 것과 같다. 만약, 마르지 않더라도 큰 바람이나 다른 이유로 크게 고통을 받는다. 사람도 마찬가지로 큰 화를 당하게 된다. 또한, 줄기가 두꺼운 나무가 튼튼한 것과 마찬가지로 목덜미가 두꺼운 사람이 신체가 강건하다고 할 수 있다.

문 목젖(목뼈)이 특히 높은 튀어 사람은 어떻습니까?

답 목젖(목뼈)이 높이 튀어나온 것은 나무 마디와 비교할 수 있다. 마디가 있는 나무는 똑바르고 굵게 자라지 못한다. 사람도 외고집이다. 또한, 마디가 있는 나무는 집을 지을 때 기둥으로 사용하지 못한다. 사람도 마찬가지다. 이미 눈 밖에나 출세가 힘들다. 간혹 의자로 쓰일 수 있지만, 마디가 있어 보기 흉하기 때문에 마루 바닥재로 밖에 쓰이지 못한다. 사람도 마찬가지다. 고생은 많이 하지만 자신의 공적은 아무도 알아주지 않는다.

【그림3】 목 젖이 크게 튀어나온 사람

혹, 목젖이 높게 튀어나와 있어도 전체 상(相)이 좋으면 길(吉)하나, 보기 흉한마디 때문에 마루바닥재로 밖에 쓰이지 못하는 것과 같아서 이런 사람은 출세를 한다 해도 안락한 생활은 기대할 수 없으며 고생이 많다. 다만, 사람의 관상을 전체로 봐야 하므로 부분적인 것으로 판단해서는 안 된다. 더욱 심도 있는 연구하지 않으면 안 된다. 여기는 간단한 원리만 설명하겠다.

6. 진골(鎭骨)에 관하여

(고서에는 침골枕骨 되어 있음. 여기서는 진골이라 바꾸어 씀)

침골枕骨 두개골 뒤쪽 하부를 이룬 뼈. 바로 누울 때에 베개에 닿는 부분이다

- 진골은 수명(壽命)의 장단과 복운 (福運)의 유무를 살피는 곳이다.
- 진골이 높은 사람은 장수하며, 나름 복운도 있다. 또한, 위험에 처해도 큰일은 피해 간다.
- 진골이 없는 사람은 위험이 많고 고생이 끊이지 않으며, 진골에 큰 흉이 있는 사람은 모든 일에 파탄이 많고 재난이 끊이지 않는다.
- 진골이 눈에 띄게 두드러진 홍법 대사(일본(日本) 밀교 창시자) 같은 머리형(形)은 평범하게 태어나도

【그림4】 진골(鎭骨)이 튀어나온 사람

한 번은 의사 또는 학자와 같은 명성을 얻는다. 상인(商人) 되는 것은 좋지 않다.

- 귀 뒤의 수골(壽骨)이 높은 사람은 장수하며 운세가 강하나, 수골(壽骨)이 눈에 띄지 않는 사람은 삶에 굴곡이 많은 만큼 끈기가 없다. 진골(鎭骨), 수골(壽骨) 둘 다 높은 사람은 대길(大吉)의 상(相)이다.

문 진골(鎭骨)이 머리 뒤에 있는 것은 왜인가요?

답 진(鎭)은 침(沈) 잠기다는 의미가 있는 글자다. 또 진골은 남극성(南極星)
에 속하고, 남극성은 지평선 아래에 있어 눈에는 보이지 않는다. 때문에
머리 뒤의 보이지 않는 곳에 진골이 있다. 남극성은 높은 곳에 떠있는 별
과 같이 사람 몸의 높은 곳에 위치해 복(福)과 수명(壽命)을 지킨다. 그래
서 남극성에 큰 흉이 있을 때는 신체를 상처 주는 것과 같기 때문에 재난
이 많다.

문 귀 뒤의 뼈를 수골(壽骨)라고 하는 것은 왜인가요?

답 귀 뒤의 수골은 진골에 이어져 마치 남극성과 나란히 연결된 3개의 별처
럼 보인다. 그런 까닭으로 수골(壽骨)이라고 불린다. 수골(壽骨)이 높게 뛰
어나와 있는 사람은 수명 이 길다. 또한, 진골, 수골(壽骨)이 높이 뛰어나
와 있는 사람은 머리 뒤를 3개의 별이 완벽하게 감싸는 모양으로 대단한
길상(吉相)이다.

7. 어깨에 관하여

- 어깨는 일생(一生)의 운세(運勢)와 빈부(貧富)을 관찰하는 곳이다.
- 어깨가 두터우며 모양이 좋은 사람은 그 나름의 행운(幸運) 있어, 위험에 처해도 피해 간다. 평소 물건을 짊어지는 노동을 하지 않는 사람인데, 목덜미가 짐꾼처럼 어깨에 살이 붙은 경우, 부모보다 훌륭한 사람이 되어 집안을 일으킨다. 또한, 장수(長壽)의 상이기도 하다. 반대로 어깨가 얇고 모양이 나쁜 사람은 고생이 많고 운이 나쁘다.
- 짐을 운반하는 노동을 하지 않는데, 짐꾼 어깨처럼 보이는 사람은 몸을 쓰지 않고 생계유지할 수 없다. 혹, 부유한 사람이라도 신체 모양이 아무리 봐도 짐꾼 같은 모양이라면 역시, 몸을 쓰지 않고 가정을 책임질 수 없다.
- 어깨의 살이 없고 뼈가 드러나 보이면, 짐꾼 일을 하는 사람이 드물며, 머리를 쓰는 일을 하고, 몸을 쓰는 일을 하지 않는다. 그리고 어깨의 살이 많고 뼈가 살에 감추어진 사람은 몸을 쓰는 노동자로, 머리를 쓰지 않고 생활을 하는 천박한 상(相)이다.
- 평소 신체를 사용하지 않는 사람이 어깨에 힘이 들어가 보일 때는 현재 운세가 좋아 만사가 순조롭게 풀리기 때문이다. 반대로 어깨가 빈약하고 구부정한 모양을 한 사람은 자식과 인연이 약하고, 출세도 힘들다.
- 어깨의 좌우 중에 어느 한쪽이 화가 난 것처럼 걷는 사람은 극단적으로 가난하게 되는 일은 없고 어느 정도 복운(福運)이 있다. 단, 머리를 기울이고 걷는 사람의 그렇지 못하다.
- 어깨가 순수하고 모양이 좋은 사람은 마음도 바르며 주위 사람들로부터 추대 받아 높은 지위를 얻는다. 그러나 구부정한 어깨는 안된다.
- 어깨가 쓸쓸하고 초라하게 보이는 사람은 자식 인연이 약하고, 만사 결과를 맺기가 힘들다.
- 어깨에 힘이 있는 사람은 기가 세고 처세가 뛰어난 사람이다.

- 어깨가 힘이 없고 쓸쓸하게 보이는 사람은 고생이 많고, 걱정이 있어 고민 하고 있을 때도 그렇게 보인다.
- 어깨가 벌어져 있는 사람은 나락에 떨어지는 일이 있어도 재기가 가능하다.
- 신분이 고귀한 사람은 어깨의 살이 얇고 골격도 똑바르게 밖으로 나타난다.
- 신분이 하천(下賤)한 사람은 어깨에 살이 많고 골격이 숨겨져 있다.
- 신체노동을 하지 않는 사람은 어깨살이 얇다.
- 데릴사위로 들어간 사람은 주눅이 들어 어깨가 자연스럽게 위축된다.

水野南北과 제자와 문답 ▶

문 어깨가 쓸쓸하게 보이는 사람은 어떤 이유에서 입니까?

답 어깨, 머리는 몸의 위쪽부분에 있어 항상 하늘의 기운을 받고 있기 때문에 양(陽)의 기운을 자연히 받을 수 있다. 마음이 탁할 때는 천양(天陽)의 흐름이 나빠져서 몸에 힘도 빠져 어깨도 쓸쓸하게 보이는 것이다. 또한, 마음이 깨끗하고 바를 때는 천양(天陽)이 마음에 화답하여 순조롭게 돌기 때문에 몸상태도 좋고 어깨에 양기(揚氣)가 나타나며, 어깨의 기운이 바람을 가를 정도로 순조롭고 운세가 최고조가 된다. 또한, 어깨의 모양이 좋은 사람은 어깨가 좋은 사람이라고 말하고, 어깨의 모양이 나쁜 사람은 운이 좋지 않아, 어깨가 나쁜 사람이라고 한다.

8. 손과 팔에 관하여

- 손(手)은 하인(下人)이 있고 없고, 많고 적음, 귀천(貴賤)을 살피는 곳이다.
- 왼손잡이는 다른 사람 위에 설 수 없다. 또한, 아랫사람이 많아도 자신이 직접 손대지 않으면 안 되는 성격으로 천한 상이다.
- 손은 몸의 비례에 맞게 윤택하고 길게 보이는 것이 좋으며, 가족이 많고 다른 사람 밑에서 일하지도 않으며 사람들에게 존경을 받는다.
- 손끝이 천박하고 팔힘이 세 보이는 사람은 몸을 사용해 힘쓰는 일을 하며 살아가야 한다. 또, 일생 동안 운(運)도 좋지 않다. 무사(武士)는 예외다.
- 손끝이 크고 팔이 짧게 보이는 사람은 몹시 흉악한 상(相)으로 다른 사람으로부터 귀하게 대접받지 못하고, 아랫사람을 부릴 일도 없다. 만약에 사람을 쓰는 입장이 되어도 생각하는 데로 움직여 주지 않는다.
- 손의 형태가 좋고 윤택한 사람은 다른 사람 밑에서 일하지 않고 귀한 대접을 받는다.
- 손끝의 살이 적고 뼈가 보이는 사람은 손은 쓰지만 몸을 쓰지 않는 편안한 생활을 한다. 이런 사람은 버드나무에 눈이 내려도 부러지지 않는 상(相)이다.
- 신분이 높은 사람은 손마디가 길고 윤택하게 보이고, 신분이 낮은 사람은 손마디가 짧아 보인다. 혹, 신분이 높은 사람이라도 손 마디가 짧은 사람은 마음이 하천(下賤) 하다. 또한, 집안을 흩트리거나 스스로 자신의 격(格)을 떨어뜨리는 일이 있다. 단, 무사의 경우 예외로 하되, 이러한 무사는 무용(武勇)은 있어도 학문은 없다.

문 손을 보고 귀천(貴賤)과 하인(下人)이 있고 없고, 많고 적음을 알 수 있는
   것은 어떤 이유에서입니까?

답 손은 몸의 좌우에 있으므로, 좌(左)백호(白虎) 우(右)청룡(靑龍)과 같은 신
   하(臣下)를 의미한다. 하지만 손이 용호(龍虎)같은 신하에 맞는 모양을 하
   고 있나 없나는 그 사람의 귀천으로 알 수 있다. 손이 가지런하다면 용호
   와 같은 신하를 얻은 것과 같고, 몸 또한 고귀하다. 반대로 손이 천하면 용
   호와 같은 신하를 얻지 못해 몸 또한 하천하다. 이런 까닭으로 손을 보고
   귀천(貴賤)과 하인이 있고 없고, 많고 적음을 알 수 있다. 그러나 이것은 마
   음의 청탁(淸濁)도 관계가 있어 많은 연구와 공부가 필요하다.

문 고서(古書)에 의하면 팔을 용(龍)과 호랑이(虎)로 나누어, 어깨부터 팔꿈치
   까지는 용(龍), 팔꿈치부터 손끝까지는 호랑이(虎)라고 하는데 어떤 이
   유에서입니까?

답 나는 아직 공부가 부족해서 그런 내용을 알지 못한다. 내 상법(相法)에는 어
   깨부터 팔꿈치까지는 짧고 힘 있어 호랑이라 하고, 팔꿈치부터 손끝까지는
   길고 완만하여 용이라 한다. 이런 연유로 용은 길고 윤택한 것을 길상(吉
   相)이고, 호랑이는 짧고 힘이 강한 것을 길상(吉相)이다. 또한, 손의 좌우(左
   右)을 군신(君臣)의 관계로 보고, 좌(左)를 군(君) 우(右)를 신하(臣)라 한다.

문 중국 삼국 촉(蜀) 나라의 현덕(유비)는 손이 무릎까지 닿을 만큼 팔이 길었
   다고 하는데 어떤 의미입니까?

답 촉나라의 현덕은 손이 길어 무릎까지 내려왔다고 말하지만 팔이 긴 것이
   아니고 몸에 비해서 팔이 넉넉하고 길어 보인 것뿐이다. 몸에 비해서 팔이
   넉넉하고 길게 보일 때 좌우(左右)의 용호(龍虎)와 같은 신하를 얻을 수 있
   다는 것이다. 그런 까닭으로 유비(현덕)는 팔이 길었다고 말하는 것이다.

문 왼손잡이는 어떠한 가요?

답 왼쪽 팔은 주군(主君)에 해당한다. 주군이 몸소 신하처럼 일하는 것은 맞지 않으므로 이런 사람은 하품(下品)의 상이라고 생각해도 좋다.

문 남자는 오른쪽을 오른팔이라 하는 것은 어떤 이유에서입니까?

답 왼쪽은 주군이므로 주군을 돕기 위하여 오른쪽의 신하가 많은 일을 하는 것이다. 그렇기 때문에 남자의 오른쪽을 오른팔이라 하는 것이다.

9. 가슴에 관하여

- 가슴은 마음이 머무는 곳이며 또한, 육근(六根 _안眼 이耳 비鼻 설舌 신身 의意) 이 모이는 곳이므로 가슴으로 마음의 귀천(貴賤)을 살필 수 있다.
- 가슴이 넓고 순수하게 넉넉한 사람은 마음도 여유 있고 정신력도 강하며, 가슴이 좁은 사람은 마음도 좁고 무슨 일을 하든 성급하다.
- 가슴 살집이 빈약하여 뼈가 드러나게 보이는 사람은 신체가 약하고 무슨 일을 해도 일이 잘 안 풀리고, 끈기가 부족하다. 단, 노인은 예외로 생각한다.
- 가슴이 높고 멍울이 있는 사람은 마음이 불안하며, 감정 조절이 힘들어 끈기가 부족하다. 그러나 골격이 단단하고 몸이 건강한 씨름선수는 가슴이 커도 별도로 생각한다.
- 가슴 멍울이 딱딱한 사람은 마음 씀이 좁다. 가슴이 멍울이 부드러워지는 정도에 따라 여유가 생겨 마음 씀씀이도 커지고 운(運)이 자연히 돌아온다. 그렇기에 가슴이 딱딱한 동안은 운이 열리지 않는다. 그러나 모든 문제는 자신에게 있으므로 잘 생각해서 판단해야 한다.
- 씨름선수라도 가슴이 높고 멍울이 있는 동안은 힘의 정도를 알 수 없어 서열도 정해지지 않는다. 가슴이 부드러워지는 것에 따라 배가 커지며 배가 커지는 것에 따라서 힘의 세기 정도가 나타난다. 힘의 세기를 알게 되면 서열도 정해진다.

문 가슴이 넓고 순수하게 넉넉한 사람은 마음이 여유가 있다고 하는 것은 어떤 이유에서입니까?

답 가슴은 신(神)이 머무는 곳이기에 넓고 순수하고 넉넉할 때, 신이 머물고, 비로소 육근(六根)도 마음도 자연히 넉넉해지는 것이다.

문 가슴 살집이 빈약하여 뼈가 드러나게 보이는 사람은 정신력이 약하다는 것은 왜인가요?

답 살집이 빈약하여 갈비뼈가 보일 때는 신(神)이 머무는 궁(宮)에 힘이 빠져 있는 것과 같기 때문에 정신력 또한 당연히 약해지는 것이다.

문 가슴의 좌우가 높으며 멍울이 있는 사람은 어떠한 가요?

답 간장(肝臟)의 기(氣)가 멍울에 모여 가슴을 막고 있어 감정 조절이 잘되지 않을 때가 많다.

문 인간의 힘은 어디에 있으며 어디에서 나오는 것인가요?

답 인간의 힘은 배에 있다. 배는 신장(腎臟)에 직결되어 있기 때문에 배가 없을 때는 신장의 움직임이 떨어져 당연히 힘이 약해진다. 또한, 간장(肝臟)도 똑같이 힘의 원천이 되기 때문에 간장의 움직임이 활발할 때는 힘도 좋아진다.

10. 젖(乳房_유방)에 관하여

- 유방을 보고 자손이 있고 없음을 알 수 있으며, 자손의 선악(善惡)을 살필 수 있다.
- 크기가 작은 유방은 자식과 인연이 약하고, 자식이 있어도 노년에 의지하기 힘들다.
- 좌우가 크기 차이가 큰 유방은 자식과 인연이 약하다.
- 위로 솟은 형상을 한 유방은 자식과 인연이 좋다.
- 아래로 향하는 유방은 자식과 인연이 약하고, 자식이 있다 해도 의지하기 힘들다.
- 검은 점(사마귀), 상처가 있는 유방은 자식과 인연이 약하다.
- 젖꼭지 주위에 털이 자란 유방은 자식과 인연이 없고 양자(養子)를 들이게 된다.
- 유방은 편안하게 넓은 것이 길상이다. 또한 촉촉한 것이 좋다.
- 유방은 살이 붙어 풍성하며 단단한 것이 길상이다.
- 젖꼭지 주위가 검붉은 것이 길상(吉相)이다. 또한, 젖은 몸에 있어 음(陰)과 양(陽)을 나타내기 때문에 좌우에 크기 차이가 약간은 있어도 괜찮다.

水野南北과 제자와 문답 ▶

문 젖꼭지 주위에 털이 자란 사람은 자식과 인연이 없고 양자를 들이게 된다. 것은 어떤 이유에서입니까?

답 털은 쉽게 말해 혈맥(血脈)이며, 혈맥은 자손을 키우는 유방에 인위적으로 갖다 붙인 형상으로 보여, 자손을 잊도록 재촉하는 것 같이 보여 양자를 들인다고 한다.
또한, 유방에 점이나 사마귀 등이 있을 때는 자손에게 영양분을 공급하는 곳에 지장이 있다고 해서 자식과 인연이 약하다고 한다.

문 유방을 보고 자손의 유무를 판단하는 것은 어떤 원리에 의한 것입니까?

답 젖은 몸의 일월(日月)이며, 비장(脾臟)의 싹이다. 원래부터 비장은 흙(土)과 같아서 만물을 키우는 근본이 되는 것이다. 자신의 몸에서 태어난 자손을 먹여 살리는 것이 젖이기 때문에 젖의 상태가 좋고 나쁨에 따라 자손의 유무를 판단할 수 있는 것이다.

남자와 여자가 함께 아이를 만들면 배속 아이를 위해 먹는 것에 신경 써야 한다. 그런데 먹는 것이 좋지 않으면 젖 또한 영향이 좋지 않아 아기는 클 수가 없다. 하늘은 인연이 없는 사람을 태어나게 하지 않는다는 것은 이러한 도리를 얘기하는 것이다.

문 유방이 작은 사람은 자식과 인연이 약하다는 것은 왜인가요?

답 젖은 자식에게 영양분을 공급한다. 그런데 유방이 작은 사람은 젖양이 부족해 자식에게 충분히 먹이기가 힘들다. 때문에 자식과 인연이 약하다는 것이다.

문 가슴이 위쪽으로 솟은 사람은 자식의 인연이 깊다 것은 왜인가요?

답 유방이 위쪽으로 솟은 모양이 하늘로부터 자식을 받아들이는 것 같은 형상을 하고 있어 자식과 인연이 깊다고 한다.

문 젖꼭지 주위가 검붉은 것을 보고 왜 길상(吉相)이라고 하는 건가요?

답 흑(黑)은 음(陰)이며 적(赤)은 양(陽)이다. 음양의 색이 자손에게 영양분을 공급하는 곳에 나타나 있으므로 길상이라고 말한다.

11. 복부(腹部)에 관하여

- 복부, 배는 신체의 강약(强弱)과 일생의 빈부(貧富)를 살피는 곳이다.
- 배가 적당히 크면서 둥글고 넉넉한 사람은 복운(福運)이 있고, 잔병치레가 적다.
- 배가 작고 거의 없어 보이는 사람은 몸이 약하고, 마음이 불안하며 복운도 적다.
- 배가 없는 것처럼 보이는 사람이 복운(福運)을 만났을 때 단명(單名) 한다. 만약, 장수하면 자손에게 복운을 물려주기 어렵다. 음덕(陰德)을 쌓아야 한다.
- 부모로부터 많은 복운을 물려받았는데도 배가 없는 것처럼 보이는 사람은 재산을 잃는다. 만약, 재산을 지키더라도 몸이 병들거나 아프다. 간혹 배가 커질 때가 있는데 그때부터 만사(萬事)가 순조롭게 풀리고, 긴 투병이 끝나며 회복해 가는 것을 의미한다.
- 배의 모양이 좋지 않을 때는 돈을 많이 벌지 못하며 어떤 일을 하든 운이 따르지 않는다. 그러나 배 모양이 좋게 변하면 일도 순조롭게 풀린다.
- 가슴이 높고 배가 작은 모양을 하고 있을 동안은 마음의 망설임이 있어 만사가 불안정하며, 가슴이 낮아지고 배가 커지면 그때부터 일이 순조롭게 풀리기 시작한다.
- 뱃가죽이 얇은 동안은 돈을 버는 것은 힘들며, 만사가 뜻대로 순조롭게 풀리지 않는다. 또한 뱃가죽이 얇은 사람이 돈을 많이 벌 때는 단명(單名) 한다. 만약, 장수한다 해도 신상에 큰 변화를 피할 수 없다. 잘 생각해서 처신해야 한다.
- 뱃가죽이 얇은 사람이 두꺼워질 때부터 운(運)이 열려서 능력에 맞게 손에 재물이 들어오고, 병을 앓고 있는 경우 건강도 서서히 회복되기 시작한다.
- 뱃가죽이 얇은 동안은 배가 작고, 배가 커지면서 뱃가죽도 두꺼워지는 것이 일반적이다.

문 배를 보고 신체의 강약과 일생의 빈복(貧福)을 알 수 있는 것은 왜 그렇습니까?

답 배는 물과 같아서 신장(腎臟)에 속해 있다. 신장은 오체(五體_머리, 두 팔, 두 다리)를 키우는 근원이 되는 것으로 일생 동안 행복을 가져주는 오체의 보물이다. 그렇기 때문에 빈복(貧福)을 알 수 있다고 한다. 또한, 배는 오체의 근원이기 때문에 배가 작은 사람은 신체가 약하고, 큰 사람은 신체가 강하다는 것은 당연하다. 그래서 배를 보고 신체의 강하고 약함을 알 수 있다고 말하는 것이다.

문 배가 작아서 거의 없어 보이는 사람은 마음이 불안한 것은 어떤 이유에서입니까?

답 배는 신장의 근원이기에 물에 해당한다. 그렇기 때문에 배가 없는 것처럼 보이는 것은 물이 없는 것과 같아서 물이 없을 때는 자연히 마음에 화(火)가 타올라 마음이 불안해지는 것이다.

문 가슴이 높고 배가 작은 사람이 가슴이 낮아지고 배가 커지면, 만사가 만족할 수 있게 되었다고 하는데 어떤 이유에서입니까?

답 간장(肝臟)의 힘이 활발해져서 마음이 흉격(胸膈)에 머무르면 가슴이 높아진다. 가끔 가슴이 낮아지고 배가 커지는 것은 마음이 단전으로 내려가 안정될 때라고 할 수 있다. 그리고 마음이 단전에 머물며 진정되었을 때 세상이 보이고, 세상 이치가 보이기 시작하며 자연의 이치와 하나가 되는 것이 가능하다. 그래서 모든 것에 만족할 수 있게 되었다고 말하는 것이다.

문 배의 삼임(三壬)은 무엇인가요?

답 배가 넉넉하고 궁근 것으로 가슴과 배사이에 3개의 주름이 나타나는데 파도와 같이 생겨 삼임(三壬)이라고 말한다. 배에 삼임(三壬)이 생겨날 때 운세가 좋아지고, 일이 힘들고 어려워도 삼임(三壬)있으면 모든 것이 다시 살아난다.

12. 배꼽에 관하여

- 배꼽 모양을 보면 신체의 강약(强弱)과 일생의 빈(貧), 복(福)을 알 수 있다.
- 배꼽 마무리 상태가 좋은 사람은 신체가 강하다.
- 배꼽 마무리 상태가 나쁜 사람은 끈기가 약하며 운세도 좋지 않다.
- 배꼽이 깊은 사람은 의지가 강하고 신분에 맞은 복운(福運)이 있다.
- 배꼽이 깊어도 시들어 빠진 것 같이 힘없는 모양을 하고 있으면, 끈기가 약해 모든 일이 순조롭게 풀리지 않을 때를 나타낸다. 노인은 예외다.
- 배꼽의 위치가 위쪽에 있는 사람은 재능이 많고, 생활에 불편함 없어 다른 사람 밑에서 일하지 않는다. 반대로 배꼽 위치가 아래쪽에 있으면 출세가 힘들고 소심하며 미련해 고생이 많다. 또한, 평생 다른 사람보다 높은 지위에서 명령할 일이 없다.
- 배꼽이 큰 사람은 신체가 강하고 마음이 여유롭고 너그럽다. 반대로 배꼽이 작은 사람은 끈기가 부족하며 만사 막힘이 많다.
- 배꼽의 깊이가 얕은데, 어느 순간 깊어질 때가 있다. 그 무렵부터 운이 들어오는 것을 암시하며, 환자는 병이 서서히 회복해 가는 것을 느낄 수 있다. 또한, 배꼽 깊이가 얕은 동안은 운이 열리기 어렵고, 마음도 안정되지 않는다.
- 배꼽의 모양이 위를 향하고 있으면 재능이 풍부하고, 아래로 향하면 재산을 지키지 못하고 탕진한다.

水野南北과 제자와 문답 ▶

문 배꼽은 무엇에 비교하며 무엇을 의미합니까?

답 배꼽은 몸의 중심 지점이며 정신력이 집중되는 곳이다. 때문에 신체의 강약을 알 수 있고 평생의 빈부(貧富)가 배꼽에 나타난다. 배꼽의 마무리가 나쁜 사람은 신체의 근원(根元)이 마무리가 좋지 못하고 벌어져 신체가 약한 것이 당연하다.

문 배꼽의 위치가 위쪽으로 있는 사람은 왜 어리석지 않나요?

답 배꼽이 위에 있을 때는 신체의 근원이 양성(陽性)임을 나타내고, 밝은 쪽을 향하고 있기 때문에 당연히 어리석을 리가 없다.

문 배꼽이 큰 사람은 어떤 특징이 있나요?

답 배꼽이 큰 사람은 오체의 근원이 크고 강하기 때문에 신체도 강하다.

문 배꼽의 모양이 아래로 향하면 재산을 지키지 못하고 왜 탕진하나요?

답 배꼽은 몸의 중심이기에 일생의 복운(福運)을 지킨다. 또 배꼽이 아래로 향하는 것은 복운을 땅에 떨어뜨리는 것과 같기 때문에 재산을 지키지 못하며 물건이 손에 잘 들어오지 않는다는 의미로 재산을 탕진한다고 한다.

문 배꼽의 깊이가 깊어지는 순간이 운이 좋아진다고 하는 것은 어떤 이유에서입니까?

답 배꼽의 깊이가 얕은데 깊어질 때 오체(五體)의 뿌리가 강해지며, 배꼽의 형태도 좋아져 그 무렵부터 운이 돌아오는 것이다. 또한, 환자도 몸이 회복되는 것을 느낄 수 있다.

13. 허리에 관하여

- 허리부터 엉덩이 사이 단전(丹田)은 사람 마음이 머무는 성곽과 같은 곳이어서 마음의 움직임을 볼 수 있다. 또한, 가정의 안정도 살필 수 있다.
- 허리부터 엉덩이 사이가 가늘고 허리가 없는 것처럼 보이는 사람은 마음이 머물 성곽이 없는 것과 같아서 안정이 늦으며, 신분도 쉽게 안정되지 못한다. 또한, 자식과 인연이 없고, 이혼하거나 재혼할 상(相)이다.
- 허리부터 엉덩이 사이의 모양이 좋고 풍부한 사람은 마음이 단전의 성곽에 안주하고 있는 것과 같아서 자연히 마음도 너그러워지고, 신분도 높아져 부합하는 복운이 들어온다.
- 허리부터 엉덩이 사이의 살집이 너무 많아 보기 흉한 것은 하상(下相)이지만, 태평하게 사는 성격이다. 흔히 말하는 종(하인) 같이 크면서 뒤로 튀어나온 엉덩이는 일생 다른 사람 위에 설 수가 없으며, 편안한 생활도 할 수 없는 나쁜 상(相)이다.
- 버들가지 같은 허리를 가진 사람은 다른 사람들 눈을 의식하지 않고 물(술) 장사에 종사하며 가정을 파탄으로 몰아간다. 또한, 호색한이기도 하다.

14. 남근(男根)에 관하여

- 남근 즉 남자의 생식기는 정력(精力)의 강약과 자손(子孫)의 유무를 살피는 곳이다.
- 남근이 포경인 상태는 불구(不具)다. 남근은 사람의 싹을 틔우는 곳이므로 귀두(龜頭)에 피부가 덮여 있는 것은 좋지 않다. 또한, 포경인 상태는 자식과의 인연이 약하며, 음소(陰所_음부)에 장애를 일으키기 때문에 여난(女難)을 당할 우려가 있다.
- 남근이 큰 사람은 정력이 강하고 마음도 풍요롭다. 단, 너무 큰 것은 남근의 불구로 보며 음소(陰所_음부)에 장애를 주기 때문에 자식과 인연이 약하고 여난(女難)을 당할 우려가 있다.
- 반대로 남근이 작은 사람은 정력이 약하고 마음이 불안한 경향이 있으며, 작은 일에 마음이 쓰는 소심한 사람이다.
- 남근의 끝(귀두)가 크면 정력은 강하지만 자식과 연이 약하고 이혼, 재혼의 상(相)이다.
- 남근이 위쪽으로 뒤로 젖혀져 있는 사람은 정력이 약하고 마음이 불안한 사람이 많으며 끈기도 약해 처자(妻子)와도 인연도 거의 없으며 인연이 자주 바뀐다.
- 남근이 아래쪽으로 휘어져 있는 사람은 자식과 인연이 없으며, 처(妻)와 인연도 바뀐다.

水野南北과 제자와 문답 ▶

문 남근이 작은 사람은 왜 마음이 초조해지는 건가요?

답 남근이 작은 사람은 신장의 기가 약한 대신 간장(肝臟)의 기가 왕성해 마음이 초조해지는 것이다. 더 자세한 것은 충분한 연구가 필요하며 여기에서는 원리만 설명하였다.

문 남근을 보고 정력의 강약이나 자손의 유무를 판단하는 것은 어떤 이유에서인가요?

답 남근은 신기(腎氣) 기력이 모이는 곳이며, 신체의 꽃이다. 남근에 기력이 잘 통할 때는 일신에 꽃이 만발하는 것과 같다. 나이를 먹으면서 신장의 기운이 약해져 남근에 기가 통하지 않게 되면 자연히 시들어 버리는 것이다. 그래서 남근으로 정력의 강약과 자손의 유무를 알 수 있다.

문 남근은 무엇에 응하는 것입니까?

답 남근은 라후성(羅睺星)에 속하기에 라(羅)의 소리를 갖고, 음문(陰門)은 계도성(計都星) 속하여 계(計)의 소리를 갖는다. 또한, 구요성(九曜星)이 돌기 시작할 때 남자는 라후성 에서부터, 여자는 계도성에서부터 돌기 시작하는 것이 천지자연의 섭리다.

남근이 위쪽으로 휘어져 있는 것은 태어날 때부터 양기가 지나치게 과하여 신기가 약한 사람이다. 그래서 잘 흥분하여 남근이 자연스럽게 솟아오르는 것이다. 이런 사람은 항상 양기가 과하기 때문에 마음이 초조하다. 반대로 태어나면서 음기가 강한 사람은 남근이 자연히 아래로 쳐지고, 소극적이다. 또한, 남근이 위로 휘어져 있는 사람은 음문(陰門)과 화합할 때 정액이 밖으로 새나가 버려서 자식과 인연이 약하다.

역주譯註

라후성(羅睺星)

중국 점성술에 사용되는 구요(九曜)의 하나다. 일(日), 월(月), 화(火), 수(水), 목(木), 금(金), 토(土) 칠요성(七曜星)에 라후와 계도의 두 별을 더해서 구요(九曜)라고 말한다. 나후성과 계도성은 다른 별과 달리 역행하여 18일에 한번 18년에 하늘을 일주한다. 또한 나(羅)는 일월의 빛을 덮어 식(蝕)을 일으킨다고 생각했다.

15. 가랑이(넓적다리)에 관하여

- 가랑이는 단전 좌우에 있는 것이기에 고굉(股肱_다리, 팔)의 신하라는 말이 있다. 때문에 가랑이(넓적다리)로 신하(아랫사람)의 유무(有無)를 살필 수 있다.

- 앉을 때 무릎이 풍성하며 형태가 좋은 사람은 신하(家臣_가신)가 벼슬할 상(相)이며, 한 사람이라도 아랫사람을 부리는 상(相)이다. 다른 사람 밑에서 일하는 상이 아니라는 뜻이다. 또한, 편안하게 정좌해서 무릎에 양기가 모일 때, 신하(家臣_가신)가 좋은 벼슬자리에 있어 운세가 좋다는 것을 나타내므로, 힘이 되어줄 아랫사람이 있는 아주 좋은 길상(吉相)이다. 반대로 정좌했을 때 무릎에 양기가 없는 사람은 신하(家臣_가신)의 벼슬이 쇠퇴하고 도움이 되지 못한다. 또한, 집안이 망할 때는 노복(奴僕)을 다스리지 못한다는 말이 있다. 이것은 신하(家臣_가신)의 관직이 먼저 힘을 쓰지 못한다는 것과 같다. 그러므로 이런 사람은 그 당시 운세가 힘이 떨어질 때며 힘이 되어 줄 아랫사람이 없는 것이다.

- 무릎에 살이 많고 풍부해 보이는 사람은 길상이다.

- 무릎에 살이 없고 빈약한 사람은 신하(家臣_가신)가 관직을 얻지 못한다는 말이 있듯이 좋지 않은 흉상(凶相)이다. 만약에 이런 상을 가진 아랫사람을 많이 거느린 경우 단명한다.

- 무릎에 살집이 풍부해도 형태가 모양이 바르지 않고 나쁘면 길상이 아니다.

16. 발에 관하여

* 발은 신체의 하부에 있어, 노복관(奴僕官)에 속한다. 그래서 신체 상부 전체를 지키는 일을 하고 있다. 또한, 군주(성주)의 정신이 올바를 때는 민초들의 삶이 윤택한 것과 같이 마음이 바른 사람은 발 또한, 윤택하고 모양이 좋다. 그러나 마음이 천한 사람은 발 또한 모양이 좋지 않고 자신이 천하다고 생각한다.
* 다리 장딴지가 살이 없어 말라 보이는 사람은 정신력이 약하고 신체도 약하다.
* 발에 뼈만 있는 것 같이 허전한 느낌이 드는 사람은 신체가 약하고 끈기도 부족한 편이다. 또한, 노복의 벼슬이 쇠퇴하였다고 보아야 한다.
* 발이 가늘어도 양기가 왕성하면 노복의 벼슬이 힘이 있다고 보면 된다.
* 발이 두껍고 힘이 있는 것처럼 느껴지는 사람은 오체(五體) 내부에 노복관이 군림하는 것과 같아서 천한 상이다. 당연히 사람의 위에 군림하는 일은 없다.
* 의복을 걸쳤을 때 허리부터 아래까지 풍만하며 보기 좋고 자세가 바른 사람은 가업을 상속받을 신분이거나 그렇지 않으면 덕(德)을 갖춘 사람이다. 또한, 집안을 흥하게 할 수 있다.
* 장딴지 살집이 풍부하고 모양이 좋은 사람은 그 나름 복운(福運)이 따른다
* 장딴지 살집이 너무 많아도 신분이 높은 사람과 교류할 수 없는 하품상(下品相)이다.
* 발등이 높은 것은 좋지 않으며, 유난히 낮은 것도 좋지 않다
* 발이 유난히 큰 사람은 집안일로 고생이 많다.
* 발이 작은 것은 좋지 않다.
* 발은 길지 않고 짧지도 않으며 크지도 않고 가늘지도 않으며 너무 살찌지도 않고 작 지도 않으며 신체의 크기에 맞게 살이 붙어 있고 윤택한 것을 길상이다.

- 발가락은 목(木) 금(金) 수(水) 화(火) 토(土)라고 하여 땅의 오행(五行)에 속한다.
- 발가락이 윤택한 것은 땅의 오행이 윤택한 것과 같이 길상이며, 거기에 맞게 복운이 있다.
- 발가락이 특히 긴 것은 땅의 오행(五行)이 단단하지 않은 것과 같아 좋지 않은 상이다. 하는 일마다 막히는 것이 많다.
- 발가락이 특히 짧은 것은 땅의 오행(五行)이 약한 것으로 역시 좋지 않은 상이다. 가정과 인연이 약하고 고생이 많다.
- 발가락이 5개가 전부 벌어져 있는 것은 땅의 오행이 모이지 않는 것과 같기 때문에 좋지 않다. 가정이 불안정하고 집안사람들과 사이가 나쁘다.
- 엄지발가락 사이가 크게 벌어져 있는 사람은 부모와의 인연이 약하고, 새끼발가락 사이가 크게 벌어져 있는 사람은 자식과의 인연이 약하고 자식이 있어도 의지할 수 없다.

南北相法 前篇三卷

상(相)은 스스로 만들며 나 자신을 알면 상(相)은 문제가 되지 않는다.

1. 몸의 삼정(三停)에 관하여

- 머리는 둥글기 때문에 하늘에 해당하며, 윗사람의 운세를 살피고, 초년의 운(運)을 관장하는 곳이다.
- 몸(胴体_동체)은 자아(自我)에 해당한다. 그러므로 자기 자신의 운세를 의미하며, 평생의 빈(貧)과 복(福)을 살필 수 있고, 중년의 운(運)을 관장한다.
- 허리부터 아래쪽은 땅에 해당하고 가정의 운과 아랫사람의 운을 살피는 곳이며, 노년의 운(運)을 관장한다.
- 머리가 큰 사람은 초년이 좋지 않으며 윗사람과 의견이 맞지 않아 등을 돌린다. 머리가 작은 사람도 마찬가지다. 이런 사람은 부모와 인연 약하고 운세도 좋지 않다.
- 몸(胴体_동체)이 크고 풍성한 사람은 일가 친인척 중에서 제일 먼저 출세한다. 동체가 작은 사람은 덕(德)이 없어 신체도 약하고 끈기도 부족하다.
- 허리 아래가 가는 사람은 집안 일로 고생이 많고 몸도 약하다. 허리 아래가 풍성한 느낌의 사람은 집안을 잘 다스리고 마음도 여유롭다. 그러나 허리 아래가 굵지만 자세가 나쁘고 모양이 볼품없는 사람을 무리를 이끌 수 있는 인재는 못 된다.

水野南北과 제자와 문답 ▶

문 허리 아래가 가는 사람은 주거와 집안일로 고생이 많다는 것은 어떤 이유에서입니까?

답 허리 아래가 가는 사람은 땅의 기운을 충분히 받지 못한 모양새이다. 그래서 주거문제로 고생이 많다고 한다. 반대로 허리 아래가 두꺼우며 넉넉한 사람은 땅이 비옥하고 풍부한 것과 같아서 집안을 잘 다스린다고 할 수 있다.

문 몸통이 크면서 머리가 작은 사람은 윗사람에게 등을 돌린다는 것은 어떤 이유에서입니까?

답 몸(동체)은 자아(自我)이며 머리는 윗사람과 관계를 의미한다. 때문에 머리가 작은 것은 자아가 윗사람보다 더 뛰어나다는 것을 의미한다. 또한, 하늘(머리)과 땅(하체)이 크고 상체가 작은 사람은 하늘과 땅 사이에 눌려서 발전하지 못한다. 그러므로 덕이 없다. 덕을 갖춘 사람은 몸이 건강하고 풍족하다. 그리고 신체가 풍부하기 때문에 튼튼하다. 또한, 몸이 크고 넉넉하게 보일 때는 자신의 신체가 천지에 넓게 퍼지는 모양과 같아서 출세한다고 한다.

2. 뼈와 살에 관하여

- 뼈는 몸을 받치는 기둥으로 몸의 강약과 수명의 길고 짧음을 알 수 있다.
- 뼈가 굵은 사람은 몸이 강건하며 장수한다.
- 뼈가 가는 사람은 몸을 받치는 기둥이 가늘기 때문에 신체도 허약하고 단명(短命) 한다.
- 뼈가 가늘어도 어깨가 단단한 사람은 튼튼하다. 하지만 몸을 움직이지 않고 안락한 생활을 하면 늙어서 고생한다.
- 뼈가 굵어도 신체가 씨름꾼처럼 마디가 구부러진 사람은, 몸이 편안하게 살아 수 없으며, 사람들 위에 설 수 없다.
- 몸의 살집은 평생의 복운(福運)을 살피는 곳이며, 자손의 유무에 대해서 알 수 있다.
- 몸의 살집이 빈약하고 신체의 윤기가 없는 사람은 마른 땅에 자라는 초목처럼 발육이 좋지 않다. 즉, 복운이 들어오는 것이 희박하다. 또한, 자손과 인연이 약하다.
- 몸에 근육과 살이 풍부한 사람은 거기에 맞는 복운이 온다. 그러나 몸이 돼지처럼 기름지며 살집이 좋은 사람이라도 근육이 단단하지 않으면 신분이 안정되지 않고 모든 일이 잘 정리되지 않는다. 또한, 자식과 인연이 없고 자식이 있어도 도움이 되지 않는다.
- 몸에 맞게 살이 있고 탄탄한 체격에 몸에 수분이 있으면, 복운이 많은 대길상이다. 그러나 사람들에게 부탁받을 일이 많다.
- 살집이 없고 몸에 수분이 없으며 마른 느낌의 사람은 좋은 상이 아니다. 만사에 막힘이 많고 원하는 일이 쉽게 이루어지지 않는다. 그러나 신체가 마르고 살이 별로 없어도 몸에 수분이 있을 때 만사가 순조롭고 마음도 여유가 생기고 잘 풀린다.

문 뼈가 가늘어도 어깨가 단단한 사람은 신체가 튼튼하다는 것은 왜 그렇습니까?

답 어깨가 단단하다는 것은 피부와 뼈가 보기 좋게 조합된 상태를 말한다. 피부는 밖에 있어서 신하(臣下)를, 뼈는 안에 있어 주군(主君)을 의미한다. 이것은 일신의 군(君)과 신(臣)이 잘 조화를 이루는 것과 같다. 그러므로 신체가 튼튼하다고 말한다. 또한, 뼈가 굵어 마디가 구부러진 사람은 주군(主君)이 천하게 보이는 것이기 때문에 몸이 편하게 살아가는 것이 불가능한다.

문 살집은 무엇에 비유되며, 무엇을 의미합니까?

답 살집은 땅에 비유되며, 땅은 두툼하고 풍부하여 만물을 태어나게 하는 역할을 하므로 살집이 생의 복운을 의미한다. 또한, 자손은 자신으로부터 태어난 것이므로 살집으로 자손의 유무를 알 수 있는 것이다.

문 살찐 것이 좋다 해도, 돼지같이 살쪄 살이 탄탄하지 않은 사람은 신분이 안정되기 힘들 다는 것은 왜 그렇습니까?

답 돼지처럼 뚱뚱해서 살이 탄탄하지 않은 것은 땅의 수분이 넘쳐서 땅이 단단하지 않은 것과 같다. 마찬가지로 신분 안정되지 않아 모든 일이 순조롭게 풀리지 않는 것이다. 반대로 살집이 좋고 몸의 윤기가 있는 상태를 본연의 살이라면, 마치 땅이 비옥하여 초목이 잘 자라는 것과 같다. 사람도 이것에 준하여 자연만물의 은혜를 입는다.

문 살집이 빈약하고 신체의 윤기가 없으며 말라버린 것 같은 느낌의 사람은 어떻습니까?

답 살집이 빈약하고 신체의 윤기가 없고 말라버린 느낌은, 죽은 땅에는 초목도 자라기 어렵듯, 사람도 자연만물의 은혜가 적은 것은 당연하다.

3. 피부에 관하여

* 피부는 일신(一身)에 있어 하늘이다. 그렇기 때문에 운세의 선과 악 그리고
  일생의 빈(貧)과 복(福)을 살필 수 있다.
* 피부가 윤기가 있고 두꺼운 사람은 하늘이 맑고 청명한 것과 같아서 운세
  가 강하고 상응하는 복운(福運)이 쌓이며 몸도 건강하다.
* 피부가 얇은 사람은 운세도 나쁘고 복운도 적으며 끈기도 부족하다.
* 피부가 촉촉하고 윤기가 있을 때 모든 일이 순조롭고, 운세가 좋은 때를 나
  타내며, 피부가 윤기가 없고 메마를 때는 운세가 좋지 않으며 모든 일이 잘
  풀리지 않을 때이다. 자연의 이치와 같다.

水野南北과 제자와 문답 ▶

문 피부를 하늘에 비유하는 것은 어떤 이유에서입니까?

답 피부는 몸을 감싸고, 하늘은 만물을 덮고 있다. 때문에 피부는 일신의 하
  늘에 해당하고, 운세의 좋고 나쁨을 나타낸다. 그래서 하늘이 맑고 청명
  하며, 땅은 비옥한 것이 좋고, 피부는 두꺼우며 윤기가 나는 것이 좋다.

4. 털에 관하여

- 손발이 검게 보일 정도로 털이 많은 사람은 가정을 어지럽히거나, 자식과 인연이 약하며, 가슴에 털이 많은 사람은 소심하고 작은 일에도 놀라고, 손가락에 난 털이 길고 많이 있는 사람은 몸은 편안하지만 마음고생이 많다. 고귀한 사람, 부유한 사람은 예외로 한다.
- 남근의 털이 배꼽까지 이어져 있는 사람은 여색을 즐기지만, 딱히 호색(好色)가라 할 수는 없다. 특히 음부에 털이 많거나 적은 사람의 경우 호색(好色)가이다.
- 넓적다리 뒤쪽, 장딴지, 항문의 주변, 이 세 곳에 털이 많은 것은 길상이다.
- 엉덩이 털이 많은 사람은 신체가 튼튼하다.

水野南北과 제자와 문답 ▶

문 몸 전체에 털이 많은 사람은 어떻습니까?

답 몸은 흙에 비유된다. 또한, 털은 초목에 비유된다. 몸의 앞부분은 양(陽)에 해당하며 ①번화(繁華)의 땅에 속하고, 몸 뒷부분은 음(陰)이며 ②변지(辺地)의 땅에 속한다. 그래서 변지에 초목이 잘 자랄 때 좋은 땅이라고 한다. 그래서 허벅지 뒤나 장딴지 쪽에 털이 많은 경우 변지에 초목이 자라고 있는 것과 같아서 길하다고 하는 것이다. 반대로 신체 앞부분에 털이 많이 나 있을 때는 번화(繁華)의 땅에 초목과 같아서 좋지 않다고 하는 것이다.

역주譯註 ▶

①번화(繁華)
1858년 개항이 된 에도시대 번성한 도시.

②변지(辺地)
도시 외곽 변두리 땅으로 습지와 그늘이 많은 곳.

문 남근의 털이 배꼽까지 이어져 있을 때 여색을 즐긴다고 하는 것은 어떤 이유에서입니까?

답 털은 혈(血)의 기운이 밖으로 나타난 것으로 신장에 속한다. 남근의 털이 배꼽까지 이어져 있을 때 신혈(腎血)이 음부에 집중해 있어 양(陽)으로 나타난 것이므로 여색을 즐긴다고 한다.

水野南北 1757年~1834年

5. 푸른 핏줄(青筋)에 관하여

- 핏줄(핏대)는 기혈(氣血)의 순환 통로로, 피가 도는 상태를 보고 길흉(吉凶)을 알 수 있다.
- 얼굴과 손발에 파란 핏줄이 많이 있는 사람은 마음이 초조하고, 모든 일에 신경을 많이 쏟아 안전하게 살지만, 자식과 인연은 약하다.
- 핏줄이 근육에 쌓여 있는 것 같이 보이는 사람은 신체가 튼튼하여 병에 걸리는 일이 없고 자식과 인연도 좋다.
- 마른 체형의 사람은 핏줄이 표면에 나타나고, 살찐 사람은 핏줄이 안으로 들어가 잘 보이지 않지만, 간의 기가 역류할 때는 표면에 나타난다. 즉, 마른 체형의 사람은 핏줄이 피부밑으로 보일 때는 신체 강건하고 복운(福運)이 따른다.
- 살찐 사람이 핏줄이 많이 표면에 나타나는 것은 하상(下相_천한 상)이기에 굉장히 좋지 않다. 그러나 무사(武士)는 예외다.
- 발에 지렁이가 꿈틀거리는 것처럼 핏줄이 보이는 사람은 장수한다.

水野南北과 제자와 문답 ▶

문 파란 핏줄이 많이 보이는 사람은 어떻게 판단해야 합니까?

답 파란 핏줄은 간목(肝木)을 의미하고, 살은 땅에 비유된다. 핏대가 보이는 것은 땅이 말라서 간목(肝木) 나타나는 것이다. 그래서 간의 기가 활발해져서 파란 핏줄이 온몸에 나타나는 것이다. 또한 핏대라고 하는 것은 간의 기가 밖으로 나타나는 것이며 기혈(氣血)의 통로다.

6. 언어(말씨)에 관하여

- 언어(말씨)는 그것을 사용하는 사람의 귀천(貴賤)을 나타내는 것이다.
- 말이 천한 사람은 마음도 천하다.
- 고귀한 사람은 그 말도 고귀하다.
- 마음을 고귀하게 가질 때 자연히 말도 고귀하게 되는 것이다.
- 말이 급한 사람은 마음도 조급하고 침착하지 못해 품의가 없다.
- 말이 부드러운 사람은 마음도 안정되어 자연히 여유가 있어 끈기가 강하다.
- 말이 산뜻한 사람은 마음도 상쾌하고 애교가 많다.
- 말이 청아한 사람은 마음도 깨끗하다.
- 말이 산뜻하지 않은 사람은 고생이 많다.
- 말이 활발한 사람은 마음도 활발하다.
- 말이 빠른 사람은 마음이 급하고 속이 깊지 못하다.
- 말에 허풍이 많은 사람은 일을 도모하지 못하고, 금방 들통난다.
- 언어가 풍부한 사람은 기량이 있지만, 속에 품고 있는 속셈이 있다.
- 말이 청아하고 부드러운 사람은 큰 계획을 세우고 겉으로는 유순하지만 내심은 사악한 사람이 많다. 잘 생각하지 않으면 안 된다.
- 여자와 같은 말투를 쓰는 사람은 기량이 부족하고, 출세하기 어렵다.
- 목소리가 크고 여운이 느껴지는 사람은 매우 좋다. 자연히 윗사람에게 쓰이게 된다.
- 목소리가 몸통에서 나오는 느낌이 나는 사람은 건강하고 병에 잘 걸리지 않는다.
- 말이 입술(입언저리)에서 나오는 사람은 마음 씀이 얕고, 정신적 안정이 늦다.
- 말을 더듬거리는 사람은 마음이 초조해 작은 일에도 신경 쓰는 경향이 있다.
- 말투가 어눌한 사람은 마음에 덕이 없고 속이 좁다.
- 말이 탁한 사람은 중풍의 위험이 있다.

7. 숨에 관하여

- 숨은 단전에서 나오는 것이므로 신장(腎臟)의 기(氣)에 해당한다.
  때문에 정력의 강약과, 마음의 길흉(吉凶)을 알 수 있다.
- 숨이 여유 있는 사람은 정력이 강하며, 끈기 또한 좋다.
- 배가 큰 사람은 숨도 여유가 있고, 배가 작은 사람은 숨이 가쁘고 빠르다.
- 정력이 약해질 때는 숨도 저절로 약해지고 빨라진다.
- 숨을 코로 쉬는 사람은 기력(氣力)이 유지하기 때문에 병이 걸리는 일이 적고 장수한다.
- 숨을 입으로 쉬는 사람은 기력을 유지하기 어렵기 때문에 정력이 약하고 끈기가 부족해 단명(短命) 할 수 있다.
- 한숨을 쉬는 사람은 정력도 기력도 자연히 약해져 끈기마저 약하다.
- 잠들었을 때 코를 골며 숨소리가 울리는 사람은 정력이 강하고 신체도 튼튼하다.
- 잠들었을 때 코를 골지 않는 사람은 정력이 약하고 끈기도 부족하다.
- 숨이 여유 있고 긴 사람은 마음이 풍족하며 신체도 튼튼하고 장수한다.

8. 언어의 오행(五行)에 관하여

* 목언(木言) 목소리가 맑고 신뢰를 주는 목소리다. 인간성이 좋으며 자연히 사람에게 사랑받고, 복운(福運)을 받는다.
* 화언(火言) 목소리가 소란스럽고 들썩거리는 느낌을 주는 목소리다. 마음이 항상 들썩거리며, 사람에게 신뢰받지 못하고 상처를 준다.
* 토언(土言) 목소리가 무거우며 몸통에서 나오는 것 같은 느낌을 주는 소리다. 다른 사람을 잘 도와주고, 눈물이 많다. 평생 먹는 것에 곤란함을 겪지 않는다.
* 금언(金言) 목소리가 청아하고 깨끗하며 멀리 가지 잘 들리는 소리다. 마음이 바르며 다른 사람의 슬픔과 걱정을 같이하는 사람이다.
* 수언(水言) 말이 맑고 풍부하며 목소리가 깨끗한 소리다. 몸이 튼튼한 사람이긴 하나 작은 일에도 놀라고 애교쟁이다.

水野南北과 제자와 문답 ▶

문 언어(목소리)로 사람의 귀천(貴賤)을 알 수 있다는 것은 어떤 이유에서입니까?

답 언어(목소리)는 단전(丹田)에서 나오지만 법계(法界)의 소리에 답하고 있는 것이다. 바람은 나무 꼭대기에서 불고, 파도가 바위를 치는 것 또한 법계의 소리에 답하고 있는 것이다. 바람이 없으면 나무 꼭대기에서 우는 소리도 없고 파도가 없으면 바위를 치는 소리도 없다. 그렇기에 언어(목소리)는 자신을 나타내는 것이기에 언어에 의하여 귀천(貴賤)을 알 수 있다고 하는 것이다.

숨이 느린 사람은 신체가 약하고, 들이 마시는 숨이 긴 사람은 길상(吉相)이다.

머리는 하늘이며 양혈(陽穴) 6곳과 6근이 있다. 똑같이 얼굴 세로를 6촌 (寸_치)로 정한다. 땅은 그 모양은 사각형이므로 숫자 4가 포함되어 있다. 또한, 땅의 오행을 갖추고 있기 때문에 이것을 더하면 9가 된다. 9의 숫자 이것을 9촌(寸_치)로 정한다. 하늘 6, 땅 9를 곱하면 6 X 9 = 54, 5 척 4촌을 사람의 키 수치라 한다. 그러나 사람에 따라 크고, 작고가 차이가 있으므로 크기에 따라 길흉을 판단한다. 상법(相法) 매우 중요한 내용이다.

9. 걸음걸이에 관하여

• 걸음 걸을 때는 한 곳에 시선을 두고 천천히 길을 걸어야 한다. 자세를 바르게 하고 여유 있게 걷는 사람은 일진(一陣)을 갖춰 무너지지 않는다. 마음이 풍족하고 거기에 상응하는 생활을 할 수 있다.

• 몸이 안정되지 못하고 불안한 걸음걸이는 일진의 열이 무너진 것과 같다. 이런 사람은 마음을 잡지 못하고 신분도 확실히 정해지지 않는다.

• 위를 보면서 두리번거리면서 걷는 사람은 세력이 꺾여 마음이 떠있어 매우 좋지 않은 상이다. 또한, 만사 불안정하고 기력도 없다.

• 체격이 좋고 넉넉하며 옆을 보지 않고 조금 아래를 보듯이 걷는 사람은 마음이 단전에 놓여있어 매우 좋은 상이다. 무리의 수장(首將)이 될 수 있고, 신분에 맞는 좋은 생활을 한다. 또한, 기력도 좋다.

• 초라한데 고개를 숙인 것처럼 걷는 사람은 자식과 인연이 약하고 평생 고생이 많다. 검소하고 절약하는 것 제일 중요하게 여긴다.

• 초라하게 뛰는 것 같이 걷는 사람은 자식과 인연이 약하며 자식이 있어도 의지할 수 없고 복운(福運)을 만나도 마음은 항상 가난하다.

• 길을 걸을 때 길가 쪽으로 걷은 사람은 마음이 안정되지 못하고, 직업이나 신분이 정해져 있지 않다. 또한, 마음이 저열(低劣) 한 사람이다.

• 길을 걸을 때 불안정하게 자꾸 뒤를 돌아보는 사람은 가까운 시일 내 도망갈 일이 생긴다.

• 머리는 하늘이며, 귀인(貴人), 하늘에 비유된다. 귀인은 스스로 존엄하며 머리를 움직이지 않고 걸으며, 하늘의 덕을 받은 사람이다. 하천(下賤) 한 사람은 땅의 덕을 받아 옷자락을 움직이지 않고 머리를 움직이면서 빠르게 걷는다.

10. 앉은 자세에 관하여

• 앉은 자세는 편안하고 태연하게 군중 속에 일진(一陣)을 갖춘 것 같은 모양으로 좌상(坐像)이 잘 갖춰져 있어야 한다. 마음이 맑으며 솔직한 사람은 앉은 자세도 자연히 바르다. 때문에 앉은 자세에 따라 마음의 청탁(淸濁), 신분의 안정 유무를 알 수 있다.

• 체구가 넉넉하며 태어날 때부터 방바닥에서 태어난 것처럼 편안히 앉는 사람은 마음이 넉넉하며 상응한 복운이 있다. 또한, 저절로 사람들에게 존경받는다.

• 자세가 불안정하며 앉아 있을 때 차분하지 못한 사람은 마음이 안정되지 못하며 집안 일로 고생을 많이 한다. 이것을 사지(死地)에 진(陣)을 세운다고 말한다. 자세가 불안정하고 사지에 진을 세우는 상태라도 마음이 솔직하고 열심히 일하는 사람은 반드시 복운을 만난다.

• 신체가 안정되고 생지(生地)에 진(陳)을 세우는 경우라도 마음이 차분하지 못하고 자신의 생업에 열심히 임하지 않는 사람은 사지의 진보다 못하다. 말로 다하지 못할 만큼 최악의 나쁜 상(相)이다.

• 아랫사람은 귀인을 마주하면 반드시 무릎을 구부리는데 이것은 일진(一陣)을 감추는 것과 같다. 때문에 앉았을 때에 항상 무릎을 구부리는 것은 반드시 자기가 섬길 상전이 있는 사람이다. 그리고 자기보다 아랫사람을 대할 때는 어려워하는 마음이 없기 때문에 한껏 무릎을 펴는 것이다. 이것은 일진(一陣)을 강하게 세우는 것과 같다. 때문에 앉았을 때 무릎을 펴는 사람은 다른 사람 밑에 들어가서 하는 일은 하지 않는다.

• 앉았을 때 발을 포개서 몸이 뜬 것 같은 자세는 가정이 아직 안정되지 있지 않고 마음 또한 편치 못해, 아직 일진(一陣)을 세울 준비가 되어 있지 않은 것과 같다. 그러므로 이런 사람은 하상(下相)이다.

- 앉았을 때 엉덩이가 편안하게 안정되어 조금의 움직임도 없는 사람은 마음이 여유가 있고 집안도 저절로 안정된다. 오랜 시간 앉아있을 때 힘들어하는 사람은 마음에 악의는 없지만, 집안을 단단히 다스릴 의지가 없다.
- 여유로운 모습으로 편안하게 앉아 안정돼 보여도 위축되어 있는 사람은 일진이 힘을 잃은 것과 같아서 몸도 기울고, 집안도 혼란하게 한다. 또한, 큰 마음고생을 하게 된다. 고독한 사람에게 나타나는 상(相)이다.

11. 잠자는 자세에 관하여

- 잠자는 모습은 마음의 솔직함이나 기력(氣力)의 강약을 나타낸다.
- 잠들었을 때 웃는 얼굴을 한 사람은 마음에 악의가 없다. 또한, 한 번은 출세할 운을 만난다.
- 잠들었을 때 슬프거나, 쓸쓸해 보이는 사람은 끈기가 약하고 단명의 상이다.
- 잠들었을 때 모습에 양기가 서려 있는 사람은 운이 좋으며 마음에 기력이 모여 있다.
- 몸을 내밀고 자는 사람은 출세하고, 웅크리고 자는 사람은 출세하지 못한다.
- 잠들었을 때 우울한 얼굴은 출세가 힘들고 고생이 많다.
- 쪼그리고 자는 사람은 끈기도 약하고 신체도 약하다.
- 자유롭게 편안한 자세로 자는 사람은 신체가 튼튼하고 마음도 온화하다.
- 옆으로 누워서 머리를 숙이는 모양으로 잠을 자는 사람은 자연스럽게 기력이 모여 건강하며 끈기가 있고 운세도 좋다.
- 위로 보고 똑바로 누워 잠자는 사람은 자연히 기력이 빠져나가 끈기가 부족하지만 간(肝)의 기(氣)은 강하다.
- 입을 다물고 잠자는 사람은 스스로 기력은 보존하여 끈기가 강하고 그만큼 상응하는 복운이 들어온다.
- 입을 벌리고 잠자는 사람도 기력이 빠져나가지만, 이것은 그 기력의 길흉(吉凶)에 따라 다르기 때문에 잘 생각해서 판단해야 한다.
- 잠든 자세가 나쁜 사람이라도 기력이 모일 때 잠자는 모습에 힘이 있다. 기력이 떨어질 때는 잠자는 자세도 나쁘다.

12. 오행의 상(相)에 관하여

- 오행에 관하여 고서(古書)에도 논하고 있지만 너무 내용도 많고 어렵다. 여기서는 목(木), 화(火), 토(土), 금(金), 수(水) 오행의 형태와 특징, 상(相)에 대해 설명하겠다.
- 목형(木形) 상은 형태가 자유로우며 허리매가 바르고 위쪽이 넓은 느낌이다. 나무가 번성할 때 형태를 갖고 있기에 목형의 상이라 정한다.
- 화형(火形) 상은 살이 별로 없고 뼈가 튀어나온 것처럼 보이며, 모습은 안정되지 않으며 날카로운 느낌이다. 불의 원리와 통하기에 화형의 상이라고 정한다.
- 토형(土形) 상은 뼈가 굵고 마디가 짧으며 모습은 천박한 느낌이 든다. 스스로 땅의 원리를 갖기 때문에 토형의 상이라 정한다.
- 금형(金形) 상은 신체가 다부지고 행동거지가 바르고 늠름하다. 스스로 금의 원리를 갖기 때문에 금형의 상이라 정한다.
- 수형(水形) 상은 입, 엉덩이, 배가 크고 신체 전체가 비대하고 물기를 머금은 것 같이 보인다. 스스로 물의 원리를 갖기 때문에 수형의 상이라 정한다.

지금까지 이야기한 오행의 상은 제각각 청(靑), 황(黃), 적(赤), 백(白), 흑(黑) 색으로 풀어 설명할 수 있다. 그러나 만약에 화형(火形) 상의 색이 붉은색이지만 마음이 움직이는 상태에 따라 얼굴에 청(靑)색이 나타났다가 보라색이 나타났다가 하는 일이 있다. 그렇기 때문에 오행의 상에 대해 얼굴색만으로 보고 판단해서는 안 된다. 하늘에 오행이 있으며, 땅에도 오행이 있고 사람에게도 오행이 있다. 때문에 사람의 상을 설명할 때는 오행을 제일 먼저 보아야 한다.

- 목형(木型)의 상을 가진 사람은 진행하는 일이 실패로 끝나도 고민하지 않으며, 큰 병으로 고생하거나 몸이 안 좋아도 나무가 그렇듯 다시 꽃이 피고 일어난다.
- 화형(火型)의 상을 가진 사람은 진행하는 일을 흩트려 놓거나, 만족하지 못하기 때문에 기뻐하지도 않으며, 실패에 대해서는 억울해하는 마음이 크다.
- 토형(土型)의 상을 가진 사람은 사람을 잘 키운다고 한다. 다른 사람의 뒤치다꺼리하는 일이 많기 때문에 자신은 편안히 살아가는 것이 안된다.
- 금형(金型)의 상을 가진 사람은 무슨 일에도 핑계를 만들어 헤쳐 놓는 경향이 있지만, 사람을 키우는 면도 있다. 또한, 마음이 너그럽고 재능이 많은 사람이기도 하다.
- 수형(水型)의 상을 가진 다른 사람들에게 잘 베풀고. 신분 귀천에 관계없이 사람을 잘 사귀고 애교가 있다. 타인에 마음의 상처를 주거나, 일이 실패로 끝나도 마음에 두지 않는다.

지금까지 말한 오형(五形)의 상은 단일(單一) 상이 아니고 오행이 서로가 바뀌는 경우가 있으므로 주의해서 관찰해야 한다. 목극토, 토극수, 수극화, 화극금, 금극목을 상극(相剋)이라고 하고, 목생화, 화생토, 토생금, 금생수, 수생목을 상생(相生)이라 한다. 관상 고서(古書)에는 상극(相剋)은 흉(凶)하고 상생(相生)은 길(吉)하다고 하지만, 오행의 상은 서로 바뀌는 경우가 있어 그 변화의 많고 적음에 따라 생(生)한 후 극(剋)하며. 극(剋)한 후 생(生)하는 일도 있다.

13. 오행의 체용(體用)에 관하여 - 상생상극의 문답

* 화형(火型)의 상이 많으며 수형(水型)의 상이 조금 섞여 있는 경우 운이 강하다.
* 토형(土型)의 상이 많으며 수형(水型)의 상이 조금 섞여 있는 경우 운이 강하다.
* 금형(金型)의 상이 많으며 화형(火型)의 상이 조금 섞여 있는 경우 운이 강하다.
* 토형(土型)의 상이 많으며 목형(木型)의 상이 조금 섞여 있는 경우 운이 강하다.
* 목형(木型)의 상이 많고 금형(金型)의 상이 조금 섞이는 경우 운이 매우 좋지 않다. 금(金)은 목(木)을 극(剋)하기 때문이다.
* 금형(金型)의 상이 많고 목형(木型)의 상이 조금 섞이는 경우에도 매우 좋지 않다. 금(金)은 목(木) 극(剋)하기 때문이다.
* 목형(木型)의 상이 많은데 수형(水型)의 상이 조금 섞이는 경우는 운이 나쁘다.
* 화형(火型)의 상이 많은데 목형(木型)의 상이 조금 섞이는 경우는 운이 나쁘다.
* 토형(土型)의 상이 많은데 화형(火型)의 상이 조금 섞이는 경우는 운이 나쁘다.
* 금형(金型)의 상이 많은데 토형(土型)의 상이 조금 섞이는 경우는 운이 나쁘다.
* 수형(水型)의 상이 많은데 금형(金型)의 상이 조금 섞이는 경우는 운이 나쁘다.

위에서 설명한 오행의 상은 상생상극(相生相剋)의 원리를 깊이 생각해 보면 일생의 운의 좋고 나쁨을 알 수 있다. 또한, 사회적 신분의 득과 실을 알 수가 있다.

얼굴 상(相)에는 오행이 2, 3가지가 서로 썪여 있기도 하고, 바뀌는 일도 있기 때문에 위에서 설명한 상생상극의 원리를 깊이 생각해야 한다. 또한, 상생(相生)을 다 좋다고 할 수 없지만, 상극(相剋)을 다 나쁘다고 만할 수도 없다. 하늘과 땅 사이에는 상생상극의 원리가 존재하므로 잘 생각하며 습득해야 한다.

* 목(木)은 금(金)에 의해서 반응하고 그 지위를 정할 수 있다.
* 화(火)는 수(水)에 의해서 반응하고 그 지위를 정할 수 있다.
* 토(土)는 목(木)에 의해서 반응하고 그 지위를 정할 수 있다.

- 금(金)는 화(火)에 의해서 반응하고 그 지위를 정할 수 있다.
- 수(水)는 토(土)에 의해서 반응하고 그 지위를 정할 수 있다.

위의 원리는 오행의 상극(相剋)이지만 오행은 상극한 후에 상생하며 서로에게 작용하는 것이다. 호사다마(好事多魔)라 좋은 일이 있으면, 나쁜 일도 있다. 흉사(凶事)가 있으면 길사(吉事)로 돌아온다고 생각하고 음덕을 베풀어 스스로 나쁜 것을 쫓아 버려야 한다. 자신에게 우환이 있을 때는 왜 그렇게 되었는지 먼저 자신에게 자문할 필요가 있다.

水野南北과 제자와 문답 ▶

문 토형(土型)의 상이 많으며 수형(水型)의 상이 조금 섞인 경우 길상(吉相)이라고 하는 것은 왜 그렇습니까?

답 토(土)가 많아도 수분이 없으면 만물이 자라날 수 없다. 또한, 흙에 수분이 섞일 때 초목도 스스로 자랄 수 있다. 수기(水氣)에 의해 토(土)의 체(體_몸)를 살리는 것으로 물이 작용하여 토의 몸을 비옥하게 만드는 것이므로 길상이라 하고, 수형(水型)의 상이 많고 토형(土型)의 상이 조금 섞일 때 수형(水型)을 흙이 탁하게 만들어 극(剋)하기 때문에 악상이라고 한다.

문 금형(金型)의 상이 많은데 화형(火型)의 상이 조금 섞인 경우 어떻습니까?

답 쇠金는 불火의 열기로 스스로 물水을 만든다. 불의 열기에 쇠金가 반응하여 물을 만들어내기에 길상(吉相)이라 하고, 화형의 상이 많은데 금형의 상이 조금 섞일 때는 불火이 더 강하기 때문에 쇠金가 녹아버린다. 그래서 악상(惡相)이라고 한다.

문 화형(火型)의 상이 많고 수형(水型)의 상이 조금 섞인 경우 길상(吉相)이라 하는 것은 어떤 이유에서입니까?

답 불火은 스스로 물기를 머금고 있다. 또한, 물水기가 없을 때는 숯불과 같이 약한 불씨일 뿐 스스로 활활 불이 타오를 수 없다. 불은 물기를 갖고 스스로 체(體_몸)를 이루기 때문에 길상(吉相)이라고 한다. 또한, 불이 활활 타오르는 때에 물을 조금만 뿌려도 불은 더욱 강해진다.

반면에 수형(水型)의 상이 많은데 화형(火型)의 상이 조금 섞일 때는 물이 많기 때문에 작은 불을 물을 이기지 못하고 꺼져버린다. 그래서 악상(惡喪)이라고 한다.

문 토형(土型)의 상이 많으며 목형(木型)의 상이 조금 섞인 경우 길상(吉相)이라 하는 것은 왜 그렇습니까?

답 나무가 자랄 때 흙의 기운을 빼앗지만, 나무는 물기水를 불러 땅을 비옥하게 만들고, 흙은 나무를 잘 자라게 하기 때문에 길상이라고 한다. 반면에 목형의 상이 많으며 토(土)형의 상이 약간 섞인 경우 많은 나무는 자라야 하는데 땅이 비좁으면 나무는 잘 자랄 수가 없고 땅 또한 메말라버리게 된다. 그래서 악상(惡相)이라고 한다.

문 화형(火型)의 상이 많은데 목형(木型)의 상이 조금 섞인 경우 운이 좋지 않다고 하는 것은 왜 그렇습니까?

답 불火은 나무木에 의해서 체(體_몸)을 만든다. 그런데 이경우 나무의 양이 적기 때문에 불은 자연히 꺼져버린다. 즉 나무木가 있어도 불이 스스로 꺼져 버리기 때문에 악상이라고 한다. 반대로 목형의 상이 많고 화형의 상이 조금 섞일 경우 불의 체(體)를 키우는 땔감이 많아 불은 자연히 활활 타오르게 된다. 나무의 임무를 다하여 불火의 체(體)를 크게 만들기 때문에 길상(吉相)이라고 한다.

문 토형(土型)의 상이 많은데 화형(火型)의 상이 조금 섞인 경우 운이 좋지 않다고 하는 것은 왜 그렇습니까?

답 흙土은 불火에서 태어난다. 그런데 불씨만 있고 큰 불을 이루지 못하면 흙으로 돌아가지 못한다. 즉 불의 임무를 다하지 못하고 흙의 체(體_몸)에 충분한 영양을 공급하지 못하기 때문에 악상(惡相)이라고 한다. 반면에 화형(火型)의 상이 많으며 토형(土型)의 상이 조금 섞인 경우, 불火기운이 강할 때 자연히 흙으로 돌아가게 된다. 즉 불火이 임무를 다하여 흙土의 몸체(體)를 비옥하게 만들기 때문에 길상(吉相)이라 한다.

문 금형(金型)의 상이 많은데 토형(土型)의 상이 조금 썩인 경우 운이 좋지 않다고 하는 것은 왜 그렇습니까?

답 금(金)은 흙土에서 태어난다. 흙이 풍부하지 못하면 금(金)을 태어날 수 없다. 즉 흙의 임무를 다하지 못하였으므로 이것을 악상이라고 한다. 반면에 토형의 상이 많으며 금형의 상이 조금 섞인 경우 흙土이 풍족하기 때문에 금(金)으로 태어난다. 즉 흙土의 임무를 다하여 금(金)의 몸 체(體)을 단단하게 만들기 때문에 길상(吉相)이라고 한다.

문 목형(木型)의 상이 많은데 금형(金型)의 상이 조금 섞인 경우 운이 좋지 않다고 하는 것은 왜 그렇습니까?

답 목형의 상이 많아도 금형의 상이 조금이라도 섞여 있으면, 금이 나무를 해(害)하게 된다. 즉 작은 쇠(金_도끼)로 커다란 나무를 쓰러뜨리는 것과 같다. 금의 본연의 일이라고 해도 이렇게 되면 나무를 해하기 때문에 매우 나쁜 악상이라고 한다. 또한, 금형의 상이 많으며 목형의 상이 조금 섞인 경우 역시 금의 체(體)에 섞인 나무는 자라지 못하기 때문에 운이 좋지 않다고 한다. 금의 기(氣)가 많은 광산에는 초목이 잘 자라지 못하고 큰 나무도 없다. 그래서 금극목(金克木)은 매우 나쁜 악상(惡相)이다.

문 수형(水型)의 상이 많은데 금형(金型)의 상이 조금 섞인 경우 운이 좋지 않
다는 하는 것은 왜 그렇습니까?

답 물(水)는 금(金)에서 생겨난다. 그런데 금이 적으면 생겨나는 물 역시 적
다. 금의 임무를 다하지 못하면, 물水의 체(體_몸)를 풍부하게 만들지 못하
기 때문에 악상이라고 한다. 반면에 금형의 상이 많으며 수형의 상이 조금
섞인 경우 금이 많기 때문에 물은 자연히 생기기 쉽다. 즉 금의 임무를 다
하여 물의 체(體)를 생산하기 때문에 길상이라고 한다.

문 목형(木型)의 상이 많은데 수형(水型)의 상이 조금 섞인 경우 운이 좋지 않
다고 하는 것은 왜 그렇습니까?

답 나무(木)는 물水로 길러진다. 그런데 물이 적으면 대목으로 자리기 힘들
다. 물의 임무를 다하지 못하기 때문에 악상이라고 한다. 반면에 수형의
상이 많으며 목형의 상이 조금 섞인 경우 나무를 키우는 물이 풍부하기 때
문에 나무는 자연히 잘 자란다. 즉 물의 임무를 다하여 나무의 체(體)를 크
고 단단하게 자라게 하기 때문에 길상이라고 한다.

문 목형(木型)의 상과 수형(水型)의 상이 균등하게 반반 섞인 경우 부모 자
식 간에 상생(相生)이라고 하여 대길상 이라고 하는 것은 왜 그렇습니까?

답 목과 수가 균등하게 섞인 경우 물水은 부모의 역할로 자식인 나무木를 잘 자
라게 물을 공급하여 부모 자식 간의 상생(相生) 하므로 대길상(大吉相)이다.

문 화형(火型)의 상과 토형(土型)의 상이 균등하게 반반 섞일 경우 부모 자식
간의 상생(相生)이라고 하여 대길상이라 하는 것은 왜 그렇습니까?

답 불火은 부모이며 자식인 흙土을 태어나게 한다. 즉 불火이 소멸하면 재가
되어 임무를 완수하여 상생(相生)하니 대길상이라고 말한다.

문 토형(土型)의 상과 금형(金型)의 상이 균등하게 반반 섞여 있는 경우 어떻습니까?

답 흙土은 부모로 금金을 태어나게 하므로 부모 자식 간의 상생이라 하고, 흙土은 금의 체(體_몸)를 완성하기 때문에 길상이라고 한다.

문 금형(金型)의 상과 수형(水型)의 상이 균등하게 반반 섞여 있는 경우 어떻습니까?

답 금金은 부모로 수水를 만들어 부모 자식 간의 상생이라 하고, 금은 수의 체(體_몸)를 완성하기 때문에 길상이라고 한다.

문 화형(火型)의 상과 목형(木型)의 상이 균등하게 반반 섞여 있는 경우 어떻습니까?

답 목木은 부모로 화火를 살아나게 하므로 부모 자식 간의 상생이라 하고, 목은 화의 몸 체(體)를 키우기 때문에 길상이다. 만약, 상극(相剋)일 경우 금형(金型)의 상과 화형(火型)의 상이 똑같이 균등하게 반반 섞일 경우, 이것을 신(信_믿음)의 상극이라 하여 대악상으로 본다. 즉 불火의 일도 하지 못하고 금(金)의 체(體_몸)도 약하게 만들어 매우 나쁜 상이다.

앞서 말한 오행의 상생상극은 다른 관상 책의 내용과 차이가 있으며, 내 경험과 생각에 기초하여 설명한 것이다.

오행의 여러 상(相)이 섞이지 않고 오행 중 하나의 상만 갖추고 있는 경우 대길상이다. 만약 목형(木型)의 상만 있을 때는 진정한 상생이라 하여 대단히 좋다. 왜냐하면 체(體_몸)가 진(眞)목형의 상이라면 스스로 화(火)를 생하여 목생화(木生火)의 상생이 되기 때문이다. 이것이 곧 상생에 따라 이루어지는 대길상이다. 또한 화형(火型) 토형(土型) 금형(金型) 수형(水型)도 다음과 같은 이치로 생각하면 된다.

- 오직 화형(火型)의 상만 있는 경우 진정한 상생이라 대길상이다.
  이것은 불이 흙을 만들어 화생토(火生土)의 상생이 되기 때문이다.
- 오직 토형(土型)의 상만 있는 경우 진정한 상생이라 대길상이다.
  이것은 흙이 금을 만들어 토생금(土生金)의 상생이 되기 때문이다.
- 오직 금형(金型)의 상만 있는 경우 진정한 상생이라 대길상이다.
  이것은 금이 물을 만들며 금생수(金生水)의 상생이 되기 때문이다.
- 오직 수형(水型)의 상만 있는 경우 진정한 상생이라 대길상이다.
  이것을 수가 나무를 자라게 하여 수생목(水生木)의 상생이 되는 것이다.

문 검난(劍難), 화난(火難), 재난(災難)등 흉사와 경사가 오는지 아닌지 골격(骨格)을 보고 알 수 있습니까?

답 그것은 혈색(血色)으로 보고 판단한다.

문 저는 아직 미숙하여 혈색을 보고 판단하기 힘듭니다. 혈색 외 다른 방법으로 판단할 수 있을까요?

답 혈색을 보고 판단할 수 없을 때에는 마음의 움직임을 보고 판단해야 한다. 만약, 검난(劍難)이 가까운 시일에 일어날 것 같은 때는 마음의 움직임이 크며, 모든 것이 원망스럽고 의외의 모습이 자연스럽게 마음에 떠오른다. 이런 때 반드시 검난에 휘말린다. 충분히 생각하고 판단해야 한다.

- 재난을 당하는 상(相)을 갖고 있는 사람을 마주하였을 때 딱 꼬집어서 뭐라 할 수는 없지만 눈동자가 불안정하게 움직이고 똑바로 응시하지 못한다. 또 천하가 구름에 덮여 큰 변화가 일어나는 것같은 움직임이 관상가의 눈에 자연스럽게 보이게 된다. 이런 사람은 반드시 재난을 만나게 된다. 자세한 사실관계는 관상을 보고나서 알 수 있다.

• 경사스러운 일이 생기는 상(相)을 갖고 있는 사람을 마주하였을 때 마음이 상쾌하며 또한 뭐라고 말할 수는 없지만 명랑하고 떠들썩해진다. 상대의 얼굴을 보아도 확실히 이것이 다라고 말할 수는 없지만, 관상가의 마음에 선 경사스러운 일이 올 것 같은 생각이 든다. 이런 사람은 가까운 시일 내 반드시 좋은 일이 생긴다. 잘 생각하여 신중하게 판단하여야 한다.

14. 팔상(八相)에 관하여

1) 악상(惡相)은 마주했을 때에 뭐라고 할 수 없지만, 관상을 보는 사람의 마음에 날카로움이나 거친 느낌이 떠오른다. 어찌 됐든 관상을 보는 사람의 마음에는 피해야 할 상대라고 느껴질 때 이런 상을 악상이라고 한다.

2) 귀상(貴相)은 얼굴에 광채가 나는 사람을 마주하였을 때 관상을 보는 사람의 마음에 신사불각(神社佛閣)에 들어가는 때와 같은 느낌이 든다. 이런 사람은 귀상이라고 한다.

3) 위상(威相) 위엄 있는 상(相)을 마주했을 때 보통 사람이 잘나가는 사람 앞에 나갔을 때와 같이 딱 꼬집어 말할 수는 없지만 경외감이 생긴다. 이런 사람은 위상이라고 한다.

4) 빈상(貧相)은 마주했을 때 어째서인지 쓸쓸하고 마음은 모퉁이 음지(陰地)에 홀로 피는 꽃처럼 잎이 시들은 것 같은 느낌이다. 이런 사람은 빈 상이라고 한다.

5) 복상(福相)은 마주하였을 때 그 모습이 따뜻하고 좋은 계절에 산야를 즐기는 느낌이다. 또한, 자연히 고생이 없는 인상이라고 느끼며 관상을 보는 사람의 마음이 자연히 편안해진다. 이런 사람은 복상이라고 한다.

6) 단명상(短命相)은 어떻게 표현할 수 없지만 그 모습이 꽃이 시들어버린 느낌이다. 권세가 있어도 호롱 불에 기름이 없어 불이 꺼질 것 같은 모양과 닮아 있다. 이런 사람은 단명할 상이라고 한다.

7) 고독상(孤獨相)은 마주하였을 때 모습이 쓸쓸하고 마치 닭이 비에 젖은 모양과 같다. 또한, 관상을 보는 사람의 마음도 마치 자신이 힘없는 노후를 생각하는 것 같은 기분이 든다. 이런 사람은 고독할 상이라고 한다.

8) 장수상(長壽相)하는 상을 대면했을 때 관상을 보는 사람의 마음도 여유 있고 편안 해진다. 또한, 몸은 건강하고 모든 일을 마음에 담아두지 않는 것처럼 보인다. 예를 들어 말한다면 작은 배를 타도 있어도 큰 배를 타고 지나가는 것을 바라보고 있는 것과 같은 느낌이 든다. 이러한 사람은 장수할 상이라고 한다.

팔상(八相)은 관상을 보는 사람이 사물을 바라보는 입장에 따라 다르다. 또 순수하게 팔상 중 어느 하나의 상만 갖고 있는 사람은 거의 없다. 귀상, 복상 등 서로 섞이었기 때문에 잘 관찰해서 판단해야 한다. 또한, 관상을 보는 사람이 덕이 있고, 없고 따라 귀인 상인데도 천박한 상으로 보거나 천박한 상인데도 귀한 상으로 보는 일이 있다. 때문에 관상을 보는 사람은 자신의 상을 충분히 살핀 후에 다른 사람의 상을 보아야 한다.

15. 국풍(國風)에 관하여

  국풍(國風_나라, 지역)의 풍토(風土), 풍속(風俗)의 특성에 따라 사람의 상을 파악하는 것은 관상가의 당연한 일이다. 나라(지역)마다 풍토에 따라 초목(草木) 금석(金石)이 다르듯 사람 또한 다르다. 때문에 그 지역의 풍토, 풍속을 파악한 후에 사람의 상을 보는 것이 중요하다. 여기에서는 큰 개요만 이야기하지만 자세한 것은 각자가 연구하야 한다.

  대국(大國)은 자연(自然)이 풍부하여 사람은 오체(五體)도 넉넉하며 크다. 그러나 정력의 많고 적음에 따라 크고 작은 차이는 있다. 또한, 대국은 자연(自然)이 풍부해 기풍(氣風)도 풍부하고, 나라가 풍족하지만 세상일에 어두운 면도 있다. 때문에 오체가 큰 사람은 재주와 지혜가 부족하면 세상일에 어둡다. 그러나 몸은 크지만 재주와 지혜가 많은 사람은 지(智), 인(仁), 용(勇)의 삼덕(三德)이 갖추고 있다.

  소국(小國)은 좁기 때문에 오체도 작고 기풍(氣風)도 풍부하지 못하다. 그렇지만 세상 일에 대해서는 밝다. 그렇기 때문에 오체가 작은 사람은 자연히 지혜와 재능이 많다. 활발히 돌아가는 번화가에 사는 사람은 많은 사람과 교류하기 때문에 세상일에 밝다. 또한, 번화한 땅에 살지 않아도 사람들과 교제가 많은 사람은 자연히 재능이 풍부해진다.

  남국(南國)은 양(陽)지라 기풍도 왕성하고, 북국(北國)은 음(陰)지라 기풍도 그늘에 가려져 있어 쇠약하다. 또한, 남국은 이마가 햇볕을 쬐어 탄 느낌이며, 북국은 얼굴 아랫부분 하정(下停)이 어두운 느낌이다.

  수기(水氣)가 많은 곳에 사는 사람은 얼굴 아랫부분 하정(下停)이 어둡다. 남국에 사는 사람 중 수기의 병(病), 즉 신장(腎臟) 병을 앓는 사람의 경우 얼굴 아랫부분이 어둡다. 더 자세한 것은 '후편 혈색'에서 말하는 것으로 하겠으니 참조하기 바란다.

그리고 북국 높은 산에 사는 사람도 얼굴 하정(下停)이 어둡다. 반면에 해가 골고루 잘 드는 곳에 사는 사람은 얼굴도 행동도 자연히 양기(陽氣)를 머금는다. 그러나 북쪽에 사는 사람은 얼굴도 행동도 자연히 음기(陰氣)가 있다. 또 도로변에 거주하는 사람도 얼굴과 행동에 음기가 있다.

물이 동쪽에서 서쪽으로 흐를 때는 순조로우며 그곳에 거주하는 사람은 마음도 자연히 솔직하다. 그러나 물이 서쪽에서 동쪽으로 역류하는 곳은 태양이 반대로 회전하는 거와 같다. 즉 서쪽 금(金)이 동쪽 나무(木)를 극(剋)하기 때문에 이곳에 거주하는 사람은 기질이 솔직하지 못하고 마음이 날카로우며 살벌한 분위기를 갖는다. 번화가에 거주하는 사람은 해당하지 않는다.

물이 남쪽에서 북쪽으로 흐를 때는 음(陰)인 물水이 그늘진 북쪽으로 떨어져 음지(陰地)가 되고, 그래서 기풍도 음기(陰氣) 이지만 마음은 솔직하다. 또, 북국(北國)에는 많은 강물이 북쪽으로 흐르지만 북국이 본래 음지의 땅이므로 당연히 기질도 솔직하다.

물이 북쪽에서 남쪽으로 흐를 때는 음지의 물이 남(南)의 양(陽)에 들러가는 것이므로 이 땅은 양지(陽地)이다. 때문에 기풍(氣風)은 양기(陽氣)로 자연히 활기차다. 남국(南國)은 많은 강물이 남쪽을 향하여 흐르지만 물이 남쪽으로 흐르는 것은 음(陰)인 물水이 남(南)의 기운 불火를 이기는 형국이라, 남쪽 강변에 거주하는 사람은 살벌한 기운(氣運)이 있다.

지방이나 외딴섬에 거주하는 사람은 어째서인지 모르게 불안정한 상(相)을 하고 있다. 또한, 평지보다 높은 곳이 있는 강 주변에 거주하는 사람도 마찬가지다.

에도(江戶_동경의 옛 이름)는 넓고 영지를 소유한 무사가 여기저기서 모여들어, 무사의 기질을 닮아 에도(江戶)의 기질도 자연히 대범하며 호탕한 기질을 갖고 있다.
교토(京都)는 천황이 계시는 도읍지(都邑地)라 존경하는 마음을 갖게 된다. 도시 분위기는 점잖으며 만사 조심성이 많다. 사방에 산이 높이 솟아 있어 엄하게 보일 수 있지만, 사방의 신(神)이 있는 땅이라, 도읍지(都邑地) 같이 보이는 것도 당연하다.
오사카(大阪)는 강이 많은 땅이다. 강은 멈추지 않고 시원하게 흐르는 것이 본연의 임무다. 강은 주변을 풍요롭게 하고, 신분의 귀천에 관계없이 여러 분야의 사람과 교류하기 좋은 기질을 가진 곳이다.

동국(東國)은 혀가 위에 붙은 것 같은 말투를 쓴다. 서국(西國)은 혀가 아래로 붙은 것 같은 말투를 쓴다.
북국(北國)에서는 말이 음지에 깃들어서 귀에 거슬리는 말투를 쓴다. 남국(南國)에서는 말투도 밝고 빠른 말투를 쓴다.

한 나라를 다스리는 지도자가 마음이 안정되지 못할 때, 나라는 번창하지 못하며 또한, 지역을 다스리는 영주가 마음이 바르지 못할 때, 그 땅도 자연히 음지(陰地)가 되어버린다. 이것을 사지(死地)라 한다.

나라를 다스리는 지도자가 희로애락원(喜怒哀樂怨)의 오상의 덕을 바르게 지키고 백성을 불쌍히 여겨 잘 다스릴 때 양지(陽地)가 되어 번성한다. 이것을 생지(生地)라 한다. 그러나 상이 좋으며 개운(開運)의 상을 가진 사람이라도 죽은 땅에 살면 그 기운 때문에 성공하지 못한다. 때문에 살 땅을 잘 보고 선택하지 않으면 안 된다. 사지(死地)에 살아도 마음이 바르고 열심히 일하는 사람은 반드시 성공하고, 생지(生地)에 살고, 상(相)도 좋아도 마음이 들떠 일을 대충 하는 사람은 집안을 망하게 한다. 집도 마찬가지다. 햇볕이 잘 드는 곳에 집을 갖고, 인상(人相), 가상(家相) 둘 다 좋아도 집 주인이 마음이 안정되지 않고 일을 대충 할 때 집안은 몰락한다.

사지(死地)에 거주하며 가상(家相), 인상(人相) 둘 다 나빠도 집 주인의 마음이 안정되고 일에 소홀하지 않고 열심히 하면 반드시 출세할 것이다. 그렇기 때문에 상(相)은 스스로 만들며 나 자신을 알면 상은 문제가 되지 않는다.

수기(水氣)가 적은 산은 초목도 무성하게 자라지 못하다. 그런데 물기가 적은 산에 초목을 무성할 때는 2, 3년 안내에 이변이 일어날 것이니 빨리 떠나는 것이 좋다. 또한, 초목이 무성한 산은 물기를 머금을 때는 숲이 푸르고 우거져 산이 물기를 많이 머금은 것 같이 보이지만, 수기(水氣) 빠져 꽃에 물을 주지 않아 시들어가는 모습과 닮아 있다. 또한, 산의 기세는 가을 저녁에 서산으로 기우는 해처럼 보인다.

16. 관상(觀相)의 본래의 의미를 되새겨 본다.

  고전 상법에는 『마의(麻衣)상법』 『진박(陳博)상법』 『유장(柳荘)상법』이 있다. 그 외 관상 책에도 상을 보는 내용이 담겨 있고, 책에 의존하지 않은 '하늘(天)의 상법'이 있다. 내가 말하는 상법은 나의 독창적인 상법이 아니라, 하늘의 상법 즉, 천(天)의 상법이며, 무상(無相)의 상법이다.

원래 상(相)이라고 하는 것은 의신군신(意臣君神) 즉, 사람의 마음을 신(臣)이라 하고 신(神)의 마음을 군(君)이라고 보아야 하는 것이다. 그런데 관상을 배우는 많은 사람들이 신(臣)을 군(君)으로 생각하고 상(相)을 논하려고 하기 때문에 잘못 보는 오류를 범하고, 권선징악(勸善懲惡)의 도리에 맞지 않다. 또 관상을 배우는 많은 사람이 상술(相術)을 비사(祕事) 또는 비술(祕術)이라고 말하지만, 비밀스러울 정도의 재주라 하기에는 모자란다.

상술(相術)은 인술(仁術)이다. 어떻게 비밀스러울 수가 있는가? 상술(相術)에 깊은 뜻이 있지도 없지도 않다. 위대한 것도 아니며 비열 것 또한 아니다. 하늘도 아니고 땅도 아니다. 자신도 아니고 타인도 아니다. 대충 골고루 천지사방에 존재하는 것이 아니다. 아득히 넓은 공적(空寂) 속에 한 귀한 노인이 있다. 노인은 코도 없고 눈도 없고 그림자도 없고 형체도 없다. 이름을 무의상(無意相)이라고 한다. 이 노인을 스승으로 삼아 상법의 묘미(妙味)를 깨우쳐야 한다.

만약 무의상(無意相)선생에게 상법을 배우고 싶다고 생각한다면 출가(出家)를 하던가 아니면 학식이 있는 사람에게 선생이 있는 곳을 묻는 것이 좋다. 선생이 살고 있는 성곽 근처에는 팔만 사천의 마왕이 있으며, 각각의 이름이 있는데 그 마왕들은 선생이 살고 있는 성곽에 들어가는 것을 싫어해 여러 가지 방법으로 들러가는 것을 막으며 방해한다. 만약 용기를 갖고 8만 4천 마왕을 물리치고 선생이 살고 있는 성곽에 들어갔다면 상법의 오묘하고 깊은 이치를 배울 수가 있다.

南北相法 前篇四卷

눈의 선(善) 악(惡)에 의해서 정신의 청탁을 알 수 있다.

정신은 원래 무념무상(無念無想)하며 정신은 자체는 선과 악이 없다.

1. 이마에 관하여

- 이마는 귀인(貴人), 윗사람과의 관계를 의미하며, 운(運)의 길흉을 살필 수 있다.
- 이마가 좁으며 살이 빈약한 경우 윗사람과 의견이 맞지 않고 운도 나쁘고 고생이 많다. 그러나 이마가 좁아도 살집이 두툼한 경우는 상응한 복운(福運)을 만난다.
- 이마가 넓고 넉넉한 사람은 윗사람의 도움으로 운이 강하다. 그러나 울퉁불퉁하거나 각져 보이는 경우 윗사람과 의견이 맞지 않다.
- 깎인 듯 일그러진 것처럼 보이는 못생긴 이마는 운이 좋지 않으며, 윗사람과 마음이 맞지 않아 고생이 많다. 또, 이마에 흉이 있거나 울퉁불퉁한 사람은 윗사람과 의견이 맞지 않는다. 무사(武士)는 주인 또는 상관과 의견이 맞지 않아 낭인(浪人)이 되는 경우가 있다. 하늘의 보살핌도 자연히 희박하다.
- 이마가 사각인 사람은 출세가 늦다. 한번 큰 고생을 한다. 만약 학문을 한다면 큰 명성을 얻을지 모르지만 윗사람과 의견이 맞지 않아 고생을 한다.
- 이마가 좁은 사람은 형제 중 동생이 많고, 장남으로 태어난 사람은 보통 이마가 넓다. 혹, 이마가 좁아도 관록궁(官祿宮)에 살집이 좋은 경우 동생이 가업을 이어받아 집안을 이끌며, 장남이라도 이마는 넓지만 관록궁(官祿宮)에 살집이 빈약한 경우 가업을 계승 못하고, 장남의 지위를 잃게 된다. 어떤 일을 하든 운이 나쁘고 고생이 많다.
- 이마의 살이 두툼한 경우 가난한 상이라 해도 반드시 가난하다고 볼 수 없다. 나름의 복운이 있으며 운이 강하다.
- 이마가 앞으로 나온 사람은 윗사람과 의견이 잘 맞지 않으며, 집안을 힘들게 만들고, 고생이 많다.

문 이마가 귀인, 윗사람을 의미하는 것은 어떤 이유에서입니까?

답 이마는 천제(天帝)를 의미하므로 귀인과 윗사람을 의미한다.

문 이마가 넓은 사람은 장남으로 보는 것은 어떤 이유에서입니까?

답 이마는 하늘의 뜻을 따르니 풍족한 것을 당연한 일이다. 한 집안에 장남으로 태어난 사람은 부모의 핏줄을 처음으로 이은 사람이며, 집안의 대(代)를 잇는 것이다. 때문에 귀천에 상관없이 장남이 태어난 것은 크게 기뻐할 일이다. 장남으로 태어난 사람은 태어났을 때부터 부모의 마음을 기쁘게 하고 하늘도 저절로 넉넉해진다. 또한, 당연히 넓고 넉넉하다.

문 이마가 사각인 사람이 출세가 늦다는 것은 어떤 이유에서입니까?

답 이마는 하늘이다. 하늘은 둥글고 풍족한 것이 상식이다. 그런데 이마가 각(角)져 있다면 하늘의 모양에 반하는 것이므로 하늘을 얻을 수 없다. 하늘을 얻지 못하면 운은 들어오지 않는다. 때문에 출세가 늦다. 또, 이마는 윗사람과의 관계를 나타낸다. 넓으며 모나지 않고 둥글둥글한 이마는 윗사람의 도움을 받아 천기(天氣)를 얻을 수 있다. 이마가 둥근 모양은 하늘의 부합하고, 이마가 네 모진 모양은 땅의 모양에 부합한다. 즉 이마가 각(角)진 것은 하늘에 땅의 모양이 존재하는 것과 같다.

다시 말하면, 사각인 이마는 천지음양(天地陰陽)을 얼굴 위에 올려놓은 것으로 학문에 재능이 있다고 할 수 있다. 이러한 얼굴은 학문을 하면 출세가 빠르다. 이마가 좁고 살집이 빈약한 사람은 하늘이 둥글지 않다는 의미이기에 운이 나쁘다. 즉, 하늘의 은혜를 입지 못하는 것과 같다. 이런 사람은 윗사람의 도움을 받지 못한다. 이마가 넓으며 살집이 넉넉한 사람은 하늘이 둥글고 넉넉한 것과 같아서 운이 저절로 들어온다. 하늘의 은혜를 입는 것과 같다.

문 이마에 흉이 있는 무사(武士)는 낭인(浪人)이 된다는 것은 왜인가요?

답 이마에 흉이 있는 것은 윗사람에게 상처를 주고 있는 모양이라 무리에 속하지 못하고 낭인이 된다. 또한, 이마가 일그러져 있는 것은 윗사람으로부터 받는 도움이나 후원이 충분하지 못하다. 즉, 하늘이 넉넉하지 못한 것과 같아서 운이 들어오지 못한다. 때문에 윗사람으로부터 지원도 자연히 적다.

문 이마가 좁아도 관록궁(官祿宮)에 살집이 좋은 경우 동생이라도 가업을 이어받아 집안을 이끌게 되는 것은 어떤 이유에서입니까?

답 자신이 성과를 내어 높은 위치에 올라도 그것은 내 공적이 아니다. 신체발부(身體髮膚)는 부모로부터 받은 것이기에 부모님의 덕분이다. 관록궁에 살이 있는 것은 부모의 관록을 받은 것과 같기 때문에 동생이라도 집안의 가장으로 부모의 관록을 지킬 수 있다.

문 이마에 힘줄이 많이 보이는 사람은 고생이 많다고 하는 것은 왜인가요?

답 이마에는 삼문(三紋)이라고 하여 3개의 주름이 있다. 이것은 하늘의 삼성(三星)을 의미하는데, 이마에 힘줄이 많이 보이면 삼성이 흐트러져 있는 것과 같아서 고생이 많다고 한다. 삼문(三紋)의 상하(上下)는 부모이고 가운데 자신이다. 또 위에 주름을 윗사람, 밑에 주름을 아랫사람으로 본다. 때문에 이마의 힘줄로 인해 삼문이 흐트러져 보일 때 집안에 사람이 모이지 않는다.

2. 눈썹에 관하여

- 눈썹을 형제궁(兄弟宮)이라고 하며, 눈썹은 혈맥에 해당한다. 또한, 눈썹은 피血가 밖으로 나타난 싹과 같아서 자손궁(子孫宮)이라고도 하며, 집안사람과의 관계를 살피는 곳이다.

- 눈썹이 옅은 사람은 자식의 인연이 약하며, 눈썹의 길이가 눈보다 짧은 사람도 자식과 인연이 약하고, 자식이 있어도 노후에 의지하기 힘들다.

- 눈썹은 얼굴의 상부(하늘)에 위치하고 고정되어 있는 것이 아니라 변한다. 그런 이유로 눈썹을 구름에 비유한다. 눈썹이 어지럽게 엉켜 있어 정돈되어 있지 않을 때 하늘에 구름이 끼어 있는 것과 같다. 하늘에 구름이 어지럽게 있을 때 한서풍우(寒暑風雨)로 크게 걱정시킨다. 즉, 눈썹이 이리저리 엉켜 정리되어 있지 않을 때 반드시 재난이 찾아오고, 하늘이 흐릴 때 기분 또한 좋지 않아 마음고생을 한다.

- 대화를 할 때 눈썹을 움직이는 사람은 윗사람의 뜻을 거역하고, 부모와 의견이 맞지 않아 가업을 계승하지 못하고 어지럽게 한다.

- 눈썹꼬리가 휘어져 쳐져 있는 사람은 눈물이 흔하고 자비심이 깊으며, 일찍이 자신의 분수를 아는 사람이다. 불법(佛法)에서 말하기를 이런 눈썹을 나한미(羅漢眉)라고 한다.

【그림1】 나한미(羅漢眉)

- 눈썹이 옅은 사람은 가족과 인연이 약하고 무리의 수장이 될 수 없으며, 유달리 검고 굵으며 가지런하지 못한 눈썹을 가진 사람은 반드시 집안을 헤쳐 놓는다. 또한, 많은 재난을 만나고, 한 번은 파탄하며, 가정이 붕괴되어 고생한다. 일생 동안 재산을 모으지 못하고 가족과의 관계도 나쁘며 자식과 인연도 약하다.

- 눈썹이 두껍지 않지만 풍성하게 보이면 장남의 상이다. 동생이라 해도 부모의 가업을 이어받고, 그 나름의 복운도 있다.

- 눈썹 위에 걸쳐 조금 옆에 힘줄이 있는 사람은 자식과 인연이 없다. 또한 가족, 친척, 아랫사람 일로 고생하게 된다.

【그림2】 장수미(長壽眉)

- 눈썹 끝이 풍성하며 무엇인가를 지키는 것처럼 눈썹 끝이 처져 있는 사람은 장수한다. 장수한 노인에게 많다. 젊은 사람의 눈썹을 볼 때도 이런 종류의 눈썹을 판단 기준으로 하면 된다.

- 눈썹이 가지런하지 않고 앞이 서있으면, 집안 단속이 안되고 마음이 안정되지 않는다.

【그림3】 앞이 서있는 눈썹

- 눈썹이 위아래로 끌어안은 모양으로 자라면 단명(短命) 한다. 또한 스스로 자신을 괴롭혀 마음이 불안정할 때가 많다.

- 눈과 눈의 사이(미간眉間)에 눈썹이 자라면 부부 사이가 다정하지 못하고 성격이 급해 부부의 인연이 약하다. 또한, 출세도 힘들다.

- 평소에는 가는 눈썹이 어느 순간 두꺼워질 때 운이 조금 좋아지는 것을 의미한다.

【그림4】 단명(短命)의 눈썹

- 눈썹 끝부분에 솜털 같은 눈썹이 8,9개 정도 자랄 때 마음에 무엇인가 부담되는 일이 생긴다. 솜털 같은 눈썹이 힘 없이 처지거나, 빠지면 순조롭게 일이 풀리지 않고, 당연히 운세도 약해진다.

- 눈썹에 흉이 없는데도 중간에 갈라진 것처럼 보일 때는 집안사람과 의견이 맞지 않는 일이 발생한다. 또한 가족과 이별하는 일이 있을 때는 반드시 눈썹의 중간이 끊어진 것 같이 갈라진다.
- 눈썹은 풍성한 것을 길하다고, 눈 길이보다 긴 것이 좋다.
- 눈썹의 형태는 두꺼우며 풍성한 것이 좋고, 눈썹의 형태가 가는 것은 흉하다.
- 눈썹이 특히 검은 것은 흉하고, 집안을 문란하게 하는 일이 생긴다.
- 눈썹의 털이 특히 굵은 것도 흉하고, 집안을 파탄으로 몰고 갈 수 있다.

【그림5】 풍성하고 길한 눈썹

水野南北과 제자와 문답 ▶

문 눈썹 끝부분에 솜털 같은 눈썹이 8, 9개 정도 자랄 때 마음에 부담되는 일이 생긴다고 하는 것은 왜 그렇습니까?
답 눈썹은 제각각의 기가 모이는 곳이다. 그렇기 때문에 마음속에 화가 났을 때 눈썹도 자연히 화를 낸다. 또한, 마음속에 기쁜 일이 있을 때 눈썹도 풍성하고 자연히 아름다워진다. 이익을 얻고자 마음이 부담스러울 때 그 기분도 저절로 자라는 것이다. 이것은 신의 마음이 아닌 인간의 마음의 움직임인 것을 잊어서는 안 된다.

문 눈썹 위에 걸쳐 조금 옆에 힘줄이 있는 사람은 자식과의 인연이 약하다는 것은 어떤 이유에서입니까?
답 눈썹은 자손의 관(官)이다. 눈썹을 힘줄이 통과하는 것은 힘줄이 자손을 관을 해치는 것과 같다. 그래서 자식과의 인연이 약하다고 하는 것이다.

문 대화를 할 때 눈썹을 움직이는 사람은 윗사람의 뜻을 거역한다고 것은 어
떤 이유에서입니까?

답 이마는 윗사람의 관(官)에 해당한다. 눈썹이 움직일 때는 이마도 같이 움
직인다. 자신의 의지로 윗사람 전체를 움직이는 것과 같아서 윗사람의 뜻
을 거역한다고 한다고 한다.

문 나한미(羅漢眉)는 자신의 분수 잘 아는 사람이라는 것은 어떤 이유에서
입니까?

답 만약 출가할 상이 있어도 나한미(羅漢眉)가 아닌 사람이 출가하면 승려가
될 수 없다. 나한미는 깨달음을 얻을 때 불교의 연을 맺는 것과 같다. 불교
는 부드럽고 온화하며 분수를 아는 것이 본래의 모습이다. 때문에 나한미
를 가진 사람은 자신의 분수를 분별할 줄 안다고 한다.

3. 가속(家続_전택궁)에 관하여 -가속은 눈과 눈썹 사이를 가리킨다

- 가속(전택궁)은 가업의 계승, 상속을 살피는 곳이다.
- 가속이 깊고 우묵하게 들어간 사람은 집안을 문란하게 한다. 또한, 정력도 약하고 마음이 불안정하다.
- 중년에 가속에 살이 마른 것처럼 가는 주름이 많이 나타날 때 집안일로 마음고생이 많다. 또한, 집안을 문란하게 한다. 농부라면 수확이 좋지 않아 마음고생을 하며 재운도 없다.
- 가속에 검은 점이나 흉이 있는 사람은 집안을 파탄 시키거나, 가업을 이어 받지 않으며, 만약 가업을 계승하여도 몸에 좋지 않은 일이 있다. 부인과 관계도 좋지 않다.
- 가속이 좁은 사람은 태어났을 때 부모가 가난하거나, 가세(家勢)가 기울었을 때 태어났는 지도 모른다.
- 가난한 집에 태어난 사람의 경우 일반적으로 가속(전택궁)이 좁다.
- 부잣집에 태어나 가속이 좁은 사람은 부모의 가업을 계승하지 않고 집안을 파탄으로 몰아간다.
- 가속이 좁고 눈썹이 눈을 덮은 것 같은 사람은 마음이 불안하고 항상 기분이 가라앉아 있다. 끈기도 약하고 위험한 상황에 처하는 일이 많다.
- 눈 위가 부은 것처럼 보이는 사람은 불효자이며 한 번은 큰 고생을 한다.
- 가속이 넉넉한 사람은 마음도 넉넉하고 그 능력에 맞는 복운을 만난다.
- 가속이 넓은 사람은 가난한 집에 태어나도 승려, 학자가 될 출세할 상이다. 가업을 계승하지 않고, 출세를 못해도 평생 평안하게 살수 있다. 여난(女難)이 많지만 관직에 있는 사람은 충분히 생각한 뒤 판단해야 한다. 여성의 경우 창녀가 되거나, 아니면 부잣집의 남자와 결혼해서 운이 좋아진다.

문 가속(전택궁)이 깊고 우묵하게 들어가 있는 사람은 집안을 문란하게 한다
　는 것은 어떤 이유에서입니까?

답 가속의 속(続)자는 계속 이어진다는 뜻
　으로 가업의 계승, 상속을 살피는 곳이
　다. 가속(전택궁)에 살집이 있고 넉넉한
　경우는 관(官)을 성취하여 본연의 역할
　을 한다고 볼 수 있다. 살집이 빈약할
　때 관(官)을 파괴하는 것이므로 집안이
　파탄할 수도 있다. 가속의 살집이 나쁠

【그림6】 점, 흉이있는 가속(전택궁)

때는 가정이 불안하고 어려운 일을 겪게 된다. 즉 가속에 검은 점이나 상
처가 나을 때 여러 가지 장애로 부모의 가업을 계승하지 못하고, 집안의
음양화합이 잘 되지 못하며 집안 단속도 안된다.

문 중년에 가속에 살이 마른 것처럼 잔주름이 나타날 때는 집안일로 마음고
　생이 많고 집안을 문란하게 하는 것은 왜 그렇습니까?

답 가속(전택궁)의 살이 빠져 마르며 잔주름이 생긴 것은 전택궁에 관(官)이
　마르고 힘이 빠져 마음고생과 집을 문란하게 한다고 하는 것이다.

문 가속이 좁으며 눈썹이 눈을 덮은 것처럼 되어 있는 사람은 항상 기분이 가
　라앉은 것은 왜 그렇습니까?

답 눈썹은 구름이고 눈은 해와 달로 비유된다. 즉 눈썹이 눈을 덮을 때 구름
　이 해와 달을 덮는 것과 같기 때문에 하늘이 흐릴 때 사람의 기분도 자연
　히 어두워지는 것이다.

문 가난한 집에 태어난 경우 일반적으로 가속이 좁다고 하는 것은 왜인가요?

답 가속은 가업의 계승, 상속을 살피는 곳이다. 복이 있는 사람은 당연히 태어난 집도 넓고 풍족하다. 그렇기에 부잣집에 태어난 사람은 가속(전택궁)이 자연스럽게 넓고 발달되어 있다. 반면에 가난한 사람은 집도 좁고 살림 형편도 좋지 않아 가속이 좁은 것이다. 때문에 가

【그림7】좁은 가속(전택궁)

속이 좁은 사람은 마음이 천하다고 한다. 그리고 가난한 집에서 태어난 사람은 세상 일에 밝고 가속이 좁은 사람은 재능이나 학식이 있다. 반면에 부잣집에 태어난 사람은 세상 일에 둔감한 것이 일반적이지만, 그래도 사람들과 많이 사귀다 보면 세상 일에 밝아진다.

또한, 부잣집을 이끌어 나가는 사람은 마음이 넉넉하며 일에 대한 두려움이 없다. 그러나 가난한 집안을 끌고 가는 사람은 마음이 넉넉하지 못하다. 잘 생각하여 상을 관찰할 필요가 있다.

4. 눈(眼)에 대하여

- 눈을 보고 마음의 청탁(淸濁)과 현재의 고락(苦樂)을 알 수 있다.
- 눈이 매서운 눈은 마음도 매섭다.
- 눈에 용기가 있는 사람은 마음도 용기가 있다.
- 눈이 어리석게 보이는 사람은 마음도 어리석다.
- 눈이 탁한 사람은 마음고생을 많이 한다.
- 눈이 불안하게 자주 움직이는 사람은 마음이 침착하지 못하고 불안정하다. 가정이 이루지 못했거나, 아직 결혼할 여자를 결정하지 못하거나 둘 중 하나다.
- 눈을 자주 깜빡이는 사람은 마음이 불안하며 기력이 없고 끈기가 부족하다. 또, 가정을 문란하게 한다. 겁쟁이지만 머리는 좋다.
- 눈동자 부분에 갈색이 도는, 원숭이 눈 같은 사람은 거만하며 자신의 뜻이 강하고 고집이 세다. 주위 사람에게 베풀 줄도 모르며, 사람이 쓰러져도 신경 쓰지 않는다. 그러나 자신의 이익과 관련된 일은 적극적이다.
- 눈이 깊고 움푹 파인 눈은 성격이 급하고 선(善), 악(惡) 모두 강하다. 부모의 가업을 계승하지 못하지만, 정력이 왕성하고 재능도 있다. 눈물이 흔한 것이 특징이다.
- 눈이 크고 튀어나온 듯한 눈은 가정을 붕괴시키며, 끈기도 부족하다. 부인, 자식과 인연이 약하고 부모의 가업을 계승하지 않는다.
- 눈을 조금 치켜뜨고 눈동자 움직임이 많으며, 눈동자에 표면에 빛이 도는 사람은 반드시 광기(狂氣)가 있다. 자신을 고통스럽게 하는 일이 많다.
- 눈에 먼지가 앉은 것처럼 흐린 눈은 노쇠한 말이 많은 짐을 등에 지고 가는 것과 같아서 고생이 많고 하는 일에 막힘이 많다.
- 눈에 활기가 없고 약간 나온 것 같으면서 맑고 깨끗하게 보이는 눈은, 자세히 보면 탁(濁)하고 빛이 나는 것처럼 보여도 반드시 맹인이 된다. 맹인을 잘 살펴보면 바로 알 수 있다.

- 눈동자가 연기가 낀 것같이 흐려져 있는 사람은 가까운 시일 내에 병이 걸리거나, 재난으로 큰 고생을 할 우려가 있다.
- 눈 동자가 상하, 좌우로 움직임이 많은 사람은 반드시 도벽(盜癖)이 있다. 도둑의 눈을 보면 알 수 있다. 마치 고양이가 사람을 살피는 눈매를 하고 있다. 그러나 날카로움도 없고 솔직한 눈으로 보이는 사람도 많으니 잘 관찰하고 판단해야 한다.
- 눈을 살피려고 할 때 겁먹지 않고 눈을 크게 뜨는 사람은 계획한 일이 크고, 의지가 견고하다. 그러나 가정을 흩트리는 일도 있기 때문에 잘 관찰하고 판단해야 한다.
- 눈을 살피려고 할 때 우물쭈물하며, 눈을 아래로 깔고 뜨지 않으려 하는 사람은 소심하며 작은 일에도 놀라고 기력(氣力)이 부족하다.
- 눈을 살피려고 할 때 겁먹지 않고 눈을 뜨지만, 검은 동자가 아래로 방향으로 내리 까는 눈은 계획하는 일을 다른 사람에게 알리지 않고, 마음속에 담아두는 사람이다. 자기의 생각이 다른 사람에게 들키는 것을 싫어한다. 특히 여자의 경우 마음이 약하기 때문에 모든 일을 명확하게 하지 못한다.
- 검은 동자가 항상 위에 있는 사람은 자존심이 강하며 지기 싫어한다. 계획하는 일도 크기 때문에 가정이 파탄 나기도 한다.
- 여자 눈의 검은자위가 항상 위에 있는 경우는 음란한 상이다. 남편과 인연이 바뀔 것이며 자식과 인연도 약하다.
- 눈이 큰 사람은 생애 한 번은 큰 파국을 만난다. 가업도 계승하지 못하고 끈기도 부족하다.
- 평소에는 평범한 눈이지만, 화가 나 있는 것도 아닌데 힘주어 말하며 검은 동자를 약간 아래로 내리깔고 있는 눈은, 자신의 의지가 강하고 자존심이 세다는 것을 나타낸다. 또, 재능도 있고 언변이 좋으며 사람에게 약간 아첨하는 느낌이 드는 사람이다.

- 눈물이 고인 것 같이 촉촉한 눈은 바람둥이다. 그러나 특별히 호색가는 아니다. 눈 아래 눈두덩이 두꺼운 사람도 마찬가지다.
- 눈동자가 작은 사람은 야무지고 신중하며, 진행 중인 일이 순조롭다. 반대로 눈동자가 큰 사람은 마음이 독하지 못해서 일의 망설임이 있고 잘 풀리지 않는다. 또한, 마음고생이 많으며, 끈기가 부족하다. 눈동자가 크게 했다가 작게 오므리거나 하는 사람도 마찬가지다.

水野南北과 제자와 문답 ▶

문 눈은 무엇에 비유되고 무엇을 의미합니까?

답 눈은 몸의 일월(日月)이며 청결히 하여 몸을 지키고, 정신이 통하는 길이며 정(情)이 모이는 곳으로 감정이 노니는 곳이다. 사람이 잠들었을 때 마음은 어디에 있는 것인가? 눈을 떴을 때 마음은 눈 속에 머문다. 정신을 집중해서 사물을 바라볼 때 정신은 안중(眼中)에 머무른다. 그렇기 때문에 눈을 깜박거리지 않는다. 눈을 통해서 마음의 청탁(淸濁)을 알 수 있고, 모든 것이 안중(眼中)에 머물기에 눈의 선(善), 악(惡)에 의해서 정신의 청탁을 알 수 있다. 정신은 원래 무념무상(無念無想) 하며 정신은 자체는 선과 악이 없다. 즉 눈에 정(情)이 모이고, 눈의 선악에 따라 마음의 청탁(淸濁)을 아는 것이 진의(眞意)를 깨닫는 것이다.

문 어지러운 마음(亂心_난심)은 어떻게 해서 생겨나는 것인가요?

답 눈으로 보는 것은 간사하고, 의지는 약하기 때문에 자연히 간(肝)의 기(氣)가 역류한다. 간의 기가 정신을 극(剋)해서 정신을 빼앗아버리면 간기(肝氣)가 위, 아래, 옆으로 돌아다니게 된다. 이것은 한 나라에 군주가 없어 난이 일어나는 것과 같으므로 난심(亂心)이 일어난다고 한다. 다행히 때를 만나 군주가 단전(丹田)의 성곽에 들어가면 나라는 자연히 평화롭고 풍족하게 된다. 난심이 가라앉는 것과 같다.

문 눈을 살피려고 할 때 검은 동자를 아래로 내리 까는 사람은 계획하는 일을 다른 사람에게 알리지 않고, 자기 마음에 담아두는 것은 왜인가요?

답 눈은 마음이다. 검은 동자를 아래로 내리는 것은 그 마음을 감추는 것과 같다. 때문에 계획하는 일을 다른 사람에게 밝히지 않고 가슴에 담아둔다고 한다.

문 항상 검은 동자가 위에 있는 사람은 어떻습니까?

답 항상 검은 동자가 위에 있는 사람은 마음이 위로 향하고 있는 것과 같아서 자존심이 강하다. 가난하고 천한 상에 이런 눈을 하고 있는 경우, 사람들이 싫어하고 악상이다.

문 여자 눈의 검은자위가 항상 위에 있는 것은 난심(乱心)의 상(相)이라 하는 것은 왜 그렇습니까?

답 원래 여자의 눈은 부드러우며 온화하며 솔직하다. 또한, 눈은 간기(肝氣)의 씨앗이기도 하다. 검은자위가 항상 위에 있는 것은 간의 기가 흥분해서 마음이 동요하고 있다는 것을 나타낸다. 그래서 난심이 일어난다고 한다. 일반적으로 의지가 약하고 마음이 넓지 못하면 모든 일의 망설임이 많다. 정신은 자신을 표현하는 것이므로 의지가 부족하면 망설이게 되는 것이다.

문 눈이 깊게 움푹 들어간 사람은 신장(腎臟)의 기가 약하고 마음이 불안정하다고 하는 것은 왜 그렇습니까?

답 신장(腎臟)의 기가 강한 사람은 눈의 살집이 좋으며 넉넉하다. 신장의 기가 약한 사람은 눈의 살이 빈약하며 깊이 들어가 있다. 그래서 눈이 깊게 움푹하게 들어간 사람은 신장의 기가 약하다고 한다. 신장의 기가 약하다고 하는 것은 간(肝)의 기(氣)가 역류하기 때문에 마음이 불안정한 것이다.

문 눈을 살피려고 할 때 겁먹지 않고 눈을 크게 뜨는 사람은 계획한 일이 크다고 하는 것은 왜 그렇습니까?

답 기력이 충만할 때는 세상만사 무서울 것이 없다. 그렇기 때문에 관상가가 눈을 보려고 해도 겁내지 않고 눈을 크게 뜨게 된다. 기력이 충만하기 때문에 자연히 계획한 일도 크다.

문 눈동자가 갈색으로 원숭이 눈과 같은 사람은 거만하고 주위 사람들에게 베풀 줄 모른다고 하는 것은 왜 그렇습니까?

답 원숭이 눈이라고 하는 것이 그런 것이다. 일반적으로 4발 달린 동물은 똑같이 음식을 나누어 줘도 서로의 음식을 탐한다. 거만하고 타인에게 베풀 줄을 모른다. 또한, 4발 달린 동물은 밤, 낮을 돌아다니며 먹을 것을 구하는 것이 가장 중요한 일이다. 그렇기에 이러한 눈을 가진 사람은 자신의 이익에 관련된 일에는 적극적이다.

문 눈에 먼지가 앉은 것처럼 흐려 있는 사람은 고생이 많다는 것인 왜 그렇습니까?

답 눈은 일신(一身)의 일월(日月)이다. 하늘이 흐릴 때 기분도 저절로 흐려진다. 눈이 흐릴 때 건강이나 모든 일이 순조롭지 못하다. 때문에 눈이 흐릴 때는 고생이 많다고 한다.

문 눈동자에 연기가 낀 것 같이 흐려져 있는 것은 가까운 시일 내 병에 걸리거나, 재난으로 큰 고생을 할 우려가 있다는 것은 어떤 이유에서입니까?

답 정신이 온전할 때 오체(五體) 또한 온전하며 눈동자도 맑다. 오체가 불순(不順)할 때는 기력에 영향을 주어 자연히 눈동자가 탁하다. 때문에 눈동자가 흐릴 때는 병을 얻는다고 한다. 이것은 천지가 불순하고 일월의 빛을 빼앗는 것과 같아서 재난이 찾아온다.

문 눈동자가 커졌다가 오그라들었다가 하는 사람은 기력이 모자란다고 하는 것은 어떤 이유에서입니까?

답 몸에 기력이 넘칠 때는 눈동자가 저절로 조인다. 기력이 모자랄 때는 눈동자도 자연히 열린다. 기력이 모자란 사람은 숨을 뱉어낼 때 눈동자가 열리고, 숨을 들이켤 때는 기력을 모아야 하므로 눈동자가 저절로 조여진다. 그래서 눈동자가 커졌다 오므렸다 하는 사람은 기력이 모자라며 끈기도 부족하다고 한다. 또, 기력이 모자라기 때문에 마음이 느슨하고 망설임이 많다. 기력이 충분한 사람은 숨을 쉴 때 건강하기 때문에 눈동자가 움직이지 않으며, 숨을 마실 때 기력을 기른다. 즉 기력이 충분한 사람은 눈동자가 작고 단단하게 조여져 있다. 이런 사람은 마음 또한 단단하다.

문 눈을 자주 깜빡이는 사람은 마음이 불안하며 기력이 없고 끈기가 부족하다 것은 왜 그렇습니까?

답 정신을 집중하고 무언가를 바라볼 때는 눈을 깜박이지 않는 것이 일반적이다. 때문에 기력이 충만한 사람은 눈 깜빡임도 적으며, 눈 깜빡임이 많은 사람은 기력이 없고 끈기도 부족하다. 또한, 눈은 간기(肝氣)의 모종이므로 기력이 부족할 때 간의 기가 눈에 집중되어 눈 깜빡임이 많아지고 마음도 불안정해진다.

문 눈을 자주 깜빡이는 사람은 마음이 불안하며 기력이 없고 끈기가 부족하다 것은 왜 그렇습니까?

답 정신을 집중하고 무언가를 바라볼 때는 눈을 깜박이지 않는 것이 일반적이다. 때문에 기력이 충만한 사람은 눈 깜빡임도 적으며, 눈 깜빡임이 많은 사람은 기력이 없고 끈기도 부족하다. 또한, 눈은 간기(肝氣)의 모종이므로 기력이 부족할 때 간의 기가 눈에 집중되어 눈 깜빡임이 많아지고 마음도 불안정해진다.

문 눈이 크고 튀어나온 듯한 사람은 가정을 파괴시키고 끈기가 부족하다 것
은 왜인가요?

답 눈이 크고 튀어나온 사람은 스스로 기력을 밖으로 흘려 버리기 때문에 끈기
가 약하다고 말한다. 그래서 눈이 크고 튀어나온 사람은 마음을 잘 다스릴 수
없어 가정과 집을 파괴시킨다고 한다. 눈이 맑으며 가는 사람은 스스로 기력
을 지키기 때문에 끈기가 강하고, 눈을 통해 마음이 움직임을 살필 수 있다.

문 눈을 전택(田宅)이라고 부르는 것은 어떤 이유에서입니까?

답 전택이라고 하는 것은 아랫단전(下丹田)과 같은 것이다. 즉 단전은 정신의
성곽이기 때문에 단전이라고 불리고, 눈은 마음이 모이는 곳이기 때문에
전택(田宅)이라고 한다. 눈은 마음이다. 눈 빛이 안정되지 않는 사람은 마
음도 안정되지 않고, 눈 빛이 안정되면 정신과 마음도 안정된다. 마음이 안
정되고 넉넉한 사람은 단전(丹田)도 자연히 큰 힘이 깃들고, 마음이 안정
되지 않으면 정신이 단전(丹田)에 깃들어 있지 않기 때문에 자연히 단전에
기력도 약해진다.

문 눈물이 고인 것 같이 촉촉한 눈을 가진 사람은 여색을 즐긴다는 것은 어
떤 이유에서입니까?

답 물水기라고 하는 것은 신장(腎臟)의 기(氣)와 같다. 신장의 기가 항상 눈에
감돌고 있기 때문에 여색을 즐긴다고 한다. 또한, 신장의 기가 눈에 넘쳐
흐르는 것같이 보이면 음란하다고 본다.

문 눈 동자가 상하, 좌우로 움직이는 사람은 반드시 도벽(盜癖)이 있다는 것
은 어떤 이유에서입니까?

답 눈은 마음이 노니는 곳이다. 눈이 바르다면 마음도 정직하고, 눈을 아래,
위, 옆으로 움직인다는 것은 마음이 부정하다는 것을 나타낸다. 그래서 도
둑질하려는 마음을 품고 있다고 하는 것이다.

문 보통은 평범한데 대화를 할 때 검은자위가 약간 아래로 내려보는 눈을 건방지고 자존심이 세고, 말주변이 좋은 사람이라고 하는 것은 왜 그렇습니까?

답 대화를 할 때 검은자위가 아래로 내려가는 눈은 자기 아래로 보는 것과 같아서 건방지고 자존심이 세다고 본다. 또한, 눈은 마음이 모이는 곳이기에 검은자위가 아래로 내려가는 것은 자신의 마음을 숨기기 위해 말주변이 좋은 것이다.

水野南北 1757年~1834年

5. 귀(耳)에 관해서

- 귀는 지혜(智慧)를 담당하는 곳이다.
- 곧게 서있는 귀는 지혜와 재치가 있고 기억력이 좋다.
- 부드러우며 낮은 귀는 기억력이 나쁘며 어리석고 끈기가 부족하다.
- 귀가 낮고 천륜(天輪)이 짧고 오그라든 듯한 풍아(風雅)한 귀를 가진 사람은 고상하고 멋이는 일에 재능이 있는 상이다.
- 귀의 인륜(人輪)이 나와 있는 사람은 부모의 재산 상속이나 도움 없이 분가한다. 이런 귀를 가진 사람은 동생(차남)의 상(相)이다.
- 단단한 귀는 가난한 상(相)이어도 가난하지 않다. 능력만큼 복운이 있어 위험에 처해도 헤쳐 나갈 수 있다. 씨름 선수는 생각해 보면 알 수 있다.
- 작은 귀는 마음도 좁고, 별일 아닌 작은 일에도 화를 내며 눈물도 흔하다. 끈기는 부족하나, 귀가 작아도 곧게 서있고 펴져 있는 사람은 재능이 많다.
- 곧게 서있으면서 펴진 귀는 다른 사람의 아래에서 일하지 없다. 재(才)와 지(智)가 있고 대담하다. 상응하는 복운이 있는 대단히 좋은 상(相)이다.
- 크고 넓으며 단단하게 서있는 귀는 덕이 몸에 배어 있으며 재치도 있어 타인을 배려할 줄 안다. 상응하는 복운이 굴러와 명성을 얻는 대길상이다.
- 귓불이 큰 귀는 마음이 넉넉하지만 재주가 부족해 큰 출세는 힘들다. 그러나 얼굴이 날카로운 대신 마음이 어진 사람은 재주가 있어 출세할 수 있다. 귓불이 없는 것처럼 작은 귀는 침착성은 없지만 재능을 타고났다.

문 귀를 채청관(採聽官)이라 하는 것은 어떤 이유에서입니까?

답 귀는 신장(腎臟)의 싹으로, 여러 가지 소리와 말을 듣는다. 글자 그대로 듣고 일을 채택하기 때문에 채청관이라 한다. 듣지 못하면 사물을 제대로 인지하기 힘들다. 때문에 귀는 지혜를 담당한다고 한다. 그래서 귀가 높이 솟아 있는 사람은 재치가 있다고 한다. 사람은 늙으면 정력도 쇠퇴하여 귀가 잘 들리지 않는다. 귀가 잘 들리지 않으면 지력(智力)이 떨어져 바보같이 변한다.

문 단단한 귀는 가난한 상(相)이라고 해도 복운이 있다는 것은 왜 그렇습니까?

답 귀는 신장(腎臟)의 싹이기 때문에 귀가 단단한 것은 신장의 기가 강한 것이다. 그리고 신장의 기가 강할 때는 정신도 건강하고 기력도 양호해져 자연히 운이 들어온다. 때문에 상응한 복운이 있다.
또한, 귀는 신장의 싹이라고 하는 것은 오행(五行)으로 볼 때 물水이며, 단단하다는 것은 금(金)에 비유된다. 그러므로 금생수(金生水)의 상생관계로 길상이라고 한다.

문 귓불이 없는 것처럼 작은 귀는 심리적으로 불안정하고, 귓불이 두툼하며 둥글고 처져 있는 귀는 마음이 넉넉하다고 하는 것은 어떤 이유에서입니까?

답 귀는 신장의 싹이고, 오행의 물水 속한다. 그렇기에 귓불이 두툼하고 둥글고 처져 있는 사람은 정력이 충만하여 마음의 화를 다스려 간(肝)의 기(氣)를 누른다. 그래서 이런 귀를 가진 사람은 마음이 넉넉하다고 하는 것이다. 반면에 귓불이 없으면 풍족하게 보이지 않는다. 그리고 귀 크기에는 대소(大小)가 있기 때문에 유의해서 잘 보고 판단해야 한다.

문 귀의 인륜(人輪)이 나와 있는 사람은 부모로부터 재산상속이나 도움 없이 분가한다 것은 어떤 이유에서입니까?

답 귀에는 천(天), 지(地), 인(人)로 구분하며, 천은 부(夫), 지는 모(母), 인륜(人輪)은 자신을 뜻한다. 귀에는 곽(廓)과 륜(輪)이 있는데 곽은 부모, 륜은 자신을 나타낸다. 때문에 륜(輪)이 나와 있는 경우 부모의 성곽으로부터 독립을 하는 모양으로, 부모의 가업을 계승하지 않는다고 한다. 만약, 가업을 계승한다고 해도 자신과 맞지 않는 일이다.

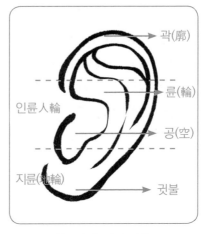

【그림8】 귀의 명칭

문 선생님의 말씀에 의하면 귓불이 큰 사람은 출세가 힘들다고 하셨는데. 그러나 촉(蜀)나 라의 유비 현덕은 귀가 어깨까지 늘어질 정도였다고 합니다. 이것은 어떻게 된 일입니까?

답 촉 나라의 유비 귀가 어깨까지 늘어져 있던 것은 아니다. 유비의 귀가 넉넉하고 혈색이 좋아 얼굴 다른 곳보다 눈에 띄게 아름다웠기 때문이다. 세상 사람들은 유비의 머리를 지(智), 왼쪽 귀를 인(仁), 오른쪽 귀를 용(勇)이라 이름 붙이고, 유비를 지(智), 인(仁), 용(勇)의 삼덕을 다 갖춘 인물이라고 했다. 귀가 어깨까지 늘어져 있었다면 그것은 불구다.

문 작은 귀는 마음도 좁고 사소한 일에도 놀란다는 것은 왜인가요?

답 남자는 양(陽)이므로 귀가 크고, 여자는 음(陰)이므로 귀가 작은 것이 일반적이다. 그래서 남자가 귀가 작은 것은 여자의 모습을 갖고 있는 것과 같아서 마음이 좁다고 하고, 귀는 신장의 싹이기에 귀가 작은 것은 신장의 기가 약하기 때문에 작은 일에도 놀라는 것이다.

문 크고 넓으며 단단하게 서있는 귀는 몸에 덕이 있어 상응하는 복운을 만난
　　다는 것은 어떤 이유에서입니까?

답 귀는 지혜를 상징하므로 귀가 넓고 단단하게 서있는 사람은 지혜도 넓고
　　커서 하늘을 향해 있는 것 같아서 그 몸 또한 덕이 있다고 말한다.
　　또한, 귀는 신장의 싹이기에 귀가 크고 단단하게 서있는 사람은 신장의
　　기가 활발하여 정력도 강해 자연스럽게 기력도 충만하여 오장육부 전체
　　가 건강하다. 그리고 마음도 항상 상쾌하여 무슨 일을 해도 잘 풀리기 때
　　문에 상응하는 복운이 있다고 한다. 운은 자연히 기력(氣力)을 동반한다.

문 오그라든 듯한 풍아(風雅) 한 귀는 고상하고 멋있는 일에 재능이 있는 상
　　이라고 말하는 것은 어떤 이유에서입니까?

답 귀는 지혜의 근원이다. 풍아하다는 것은 멋있고 고상하다는 뜻이다. 또한,
　　풍아한 마음이 있는 사람은 한곳에 정착하지 못하고 여러 곳을 떠돈다. 때
　　문에 음식을 구걸한다. 이런 귀는 불교, 선문(禪門)에 출가한 사람에게서
　　많이 보인다.

6. 코(鼻)에 관하여

- 코는 얼굴 중앙에 위치하는 군주를 의미하고, 자신의 신체에 해당한다.
- 코가 낮은 사람은 중앙의 군주 위치가 낮은 것과 같아서 자존감이 낮다. 하지만 애교가 있고 욕심이 적다. 신분이 높고 고귀한 사람은 코가 낮은 예가 없고, 신분이 낮고 하천한 사람은 코가 낮은 경우가 많다. 그러나 신분이 높은 귀인이라도 코가 낮은 경우 자연히 마음이 천하여 그 지위를 온전히 지킬 수 없다.
- 코가 마른 사람은 몸도 넉넉하지 못해 고생이 많다.
- 코가 풍요롭고 크면서 긴 사람은 신분에 상응하는 복운이 있다. 또한, 마음이 넉넉하여 장수하지만 사람들의 입에 많이 오르내린다.
- 코가 짧은 사람은 신분이 높지 못하며 성격이 급하고 단명한다.
- 코의 모양이 이상하거나 문제가 있는 코를 가진 사람은 신분에도 이상이 있거나 문제가 있다. 또한, 자손에게 문제가 생길지도 모른다.
- 코가 작은 사람은 마음이 좁고, 또한 고생이 많다.
- 코의 모양이 얼굴과 균형에 맞게 살집이 있는 사람은 운이 강하며 상응한 복운을 만난다.
- 코가 높고 살이 없으며 날카롭게 보이는 사람은 계획했던 일이 생각대로 풀리지 않는 경우가 많다. 또한, 자식과 인연이 약하고 가족과도 인연이 좋지 못하다.
- 코 끝이 구부러진 코를 가진 사람은 함부로 낭비하지 않으며 절약하고 검소하다, 또한, 하늘의 이치에 맞기에 일생 먹을 것으로 고생하지 않는다. 그러나 마음은 하천(下賤)하다. 만약 이런 코를 가진 얼굴이 인당(印堂)이 넓은 경우 절약하지 못하고 낭비가 심하다.
- 코에 살집이 없고 매우 높으며 끝이 빨간 사람은 처자식과 인연이 약하다. 즉, 자식이 있어도 도움이 안 되고, 부인이 있어도 사이가 나쁘며 고생이 끊이지 않는다.

- 코에 주름같이 세로줄이 많은 사람은 고생이 많고 자식과의 인연이 약하다. 또한, 신분도 안정이 늦다.
- 코가 매우 크고 높은 사람은 처 자식과 인연이 약하다. 또 자식이 있어도 사이가 나쁘며 도움이 되지 않는다. 일생에 한번 큰 파탄을 비켜가지 못한다.
- 코가 단단한 사람은 고집이 세지만 장수한다.
- 코가 마르고 뼈가 보이며 코끝이 뾰족한 사람은 부모의 가업을 계승하지 못하고 파탄 시킨다. 또한, 자존심이 강하며 거만해 몸을 고통스럽게 하는 일이 많다.
- 콧방울이 솟아 있는 사람은 운세가 강하여 위험에 처해도 쉽게 헤쳐 나가는 경우가 많고, 내리막길에도 주위의 도움을 받아 재기한다. 빈 상이라 해도 절대로 가난하게 살지 않으며 그 나름의 복운이 따른다.
- 콧방울이 없는 듯한 사람은 운세가 약하다. 가족의 인연이 없어 외롭게 살아가는 사람이다. 자식과도 인연이 약하다.
- 코가 부드러운 사람은 마음이 진솔하고 눈물이 흔하고, 스스로 단명한다고 생각한다.
- 코가 크고 입이 작은 사람은 자식의 인연이 약하고 일에 막힘이 많다. 하지만 몸가짐이 조심스럽고 얌전하다.
- 코가 높으며 얼굴 살집이 별로 없으며 홀쭉한 사람은 자존심이 강하며, 주변 사람들이 싫어하는 면도 있다. 또한, 부인과의 인연에 변화가 생길 수 있으며, 자식과의 인연도 좋지 않다
- 코가 휘어진 것은 인생의 부침(浮沈)이 많으며 자주 위험에 처하는 상이다.
- 코에 마디가 있는 사람은 가정을 문란하게 하며 가업을 계승하지 않는다.
- 콧방울이 눈에 띄는 사람은 의복(衣服)을 좋아하기 때문에 옷과 인연이 많다.
- 콧방울이 없는 사람은 의복(衣服)을 좋아하지 않아 옷과 인연이 없다.
- 콧구멍이 큰 사람은 기력이 약하며 단명(短命) 한다.

- 코가 넉넉하면서 길게 보이고 콧방울에 어느 정도 살집이 있으며 사마귀, 점도, 흉이 없고 완벽 하게 갖추어 진 코를 가진 사람은 자연스럽게 존경을 받으며 중용된다. 또, 집안의 우환이나 재앙이 없으며 장수할 상이다.
- 코가 작으며 살이 없고 끝이 뾰족한 사람은 자식과 인연이 약하며 고생이 많다.
- 코의 중간 정도에 옆으로 줄이 있는 사람은 일생 동안에 한번은 큰 파국이 있어 나락으로 떨어진다. 옆줄은 자연히 생긴 것으로 판단되며, 코를 풀고 위쪽으로 닦아내거나 찡그리는 사람은 자연스럽게 줄이 생긴다.
- 콧구멍이 보이는 들창 코는 윗사람의 뜻에 잘 따르지 않는다. 또한, 가산을 탕진하고 고향을 떠나 떠도는 경우가 많다.
- 코가 모양이 좋으며 콧날이 곧게 뻗어 있는 사람은 귀인이나 윗사람의 도움으로 성공이 빠르나, 다른 사람 밑에서 일하지 않는다. 그러나 얼굴에 애교가 없는 경우 좋지 않다.
- 사자코 같이 코 끝만 높이 솟아 있는 사람은 운세가 강하다. 또한 그 나름의 복운이 있다. 선(善), 악(惡)에 강한 마음을 가진 사람이다

水野南北과 제자와 문답 ▶

문 코가 넉넉하면서 길게 보이고 콧방울에 어느 정도 살집이 있으며 사마귀, 점도, 흉도 없고 완벽하게 갖춘 코를 가진 사람은 주위의 존경받으며 집안의 우환이나 재난이 거의 없는 것은 어떤 이유에서입니까?

답 코는 자신의 신체를 의미한다. 코의 살집은 신체의 복(福)을 나타내므로 코에 살집이 넉넉할 때는 신체가 건강하며 복운이 있다고 본다. 또한 코는 중앙에 위치하므로 군주(君主)를 의미한다. 군주가 풍족하고 사마귀, 점, 흉터 같은 장애물이 없을 때 군주가 본분을 바르게 지키고 있는 것과 같아 자연히 존경받는다. 또한 사마귀, 점, 흉터 같은 장애물이 없기 때문에 우환이나 재난이 없고 마음이 편안하여 장수할 상이라 말한다.

문 콧방울이 솟아 있는 코가 운세가 강
한 것은 어떤 이유에서입니까?

답 코방울의 왼쪽을 난대(蘭台), 오른
쪽을 정위(廷尉)라고 하는데 천자의
옥전(玉殿_대궐)을 난대(蘭台)에 비
유하며, 수호하는 병사를 정위(廷
尉_군사)에 비유한다. 그렇기 때문
에 콧방울이 솟아 있는 코는 수호하
는 병사가 충분히 갖춰져 있는 것과
같아 군주도 강하다. 그래서 콧방울

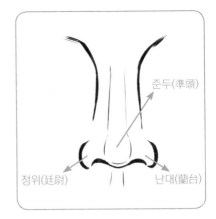

【그림9】코의 구조

이 솟아 있는 사람은 운세가 강하다고 말한다. 고서(古書)에는 콧방울을
준두(準頭) 왼쪽을 난대(蘭臺), 오른쪽을 정위(廷尉)라고 하지만 지금 내가
설명한 것과는 다르다.

문 코가 크고 입이 작은 사람은 자식의 인연이 없다고 하는 것은 왜 그렇습
니까?

답 코는 중앙의 흙土이며, 입은 대해(大海)로서 수기(水氣)를 지킨다. 때문에
코가 크고 입이 작은 사람은 흙이 많은데 물이 적은 것과 같다. 땅에 물
이 부족할 때 땅의 힘이 약하고 역할을 다할 수 없어 초목도 잘 자라지 못
한다. 내 몸으로부터 태어나는 것이 자손이라고 생각해 보면, 이런 입과
코를 가진 사람은 자식과 인연이 약하다는 것을 이해할 수 있을 것이다.

문 코가 높으며 얼굴 살집이 별로 없는 사람은 자식의 인연이 약하다는 것
은 왜인가요?

답 코는 중앙의 군주이며 얼굴 전체는 신하와 같다. 그렇기 때문에 코가 높
은데 얼굴 전체에 살이 별로 없는 것은 군주가 신하를 극(剋)과는 것과 같
은 형국이라 고독의 상이라고 한다. 그래서 자식과도 인연이 약하고 한다.

문 콧구멍이 큰사람은 단명하고, 작은 사람은 장수한다는 것은 왜 인가요?

답 콧구멍이 큰사람은 기력이 자연히 쇠(衰)는 일이 많기 때문에 단명하고, 또한 콧구멍이 작은 사람은 자연히 기력을 보호하기 때문에 장수한다. 또한, 콧구멍이 큰사람은 잠을 잘 때 코를 골기 때문에 단명(短命)한다. 코를 골아 기력이 빠져나가기 때문이다.

문 코가 마르고 뼈가 보이며 코끝이 뾰족한 사람은 부모의 가업을 계승하지 못하고 파탄 시키는 것은 왜 그렇습니까?

답 얼굴에는 천(天), 지(地), 인(人)이 있다. 즉, 코는 쉽게 말해 인(人)이며 자신의 신체를 의미한다. 신체가 엄하고 날카롭게 보일 때 천지(天地)에 등을 돌리고, 부모에게도 등을 돌리는 것같이 닮아 있다. 때문에 가업을 계승하지 못한다고 한다. 또한, 신체가 날카롭기에 마음도 날카롭다.

문 콧방울이 눈에 띄는 사람은 의복이 풍부한 것은 왜 그렇습니까?

답 코는 자신의 신체에 비유된다. 즉 콧방울은 코의 장식품에 비유돼 의복의 해당한다. 반대로 콧방울이 없는 사람은 코 전체 어딘가 쓸쓸하게 보이며, 왠지 몸에 옷을 걸치지 않은 것과 같다. 그래서 콧방울이 빈약한 사람은 의복과 인연이 약하다고 한다. 또한, 콧방울이 우뚝 솟아 있는 사람은 옷을 잘 거친 것과 같다. 만약, 가난한 삶이라도 의복으로 곤란한 일은 없다.

문 코가 모양이 좋으며 콧날이 곧게 뻗어 있는 사람은 윗사람의 도움을 받아 성공이 빠른 것은 어떤 이유에서입니까?

답 코는 자신의 신체에 비유하며, 코는 윗사람을 가는 통로에 해당한다. 그렇기 때문에 콧대가 똑바로 뻗어 있는 것은 위로 잘 통하는 모양으로 윗사람의 도움을 받아 성공이 빠르다. 반대로 콧대가 낮은 사람은 윗사람과의 소통의 통로가 낮고 좁기 때문에 귀인이나 윗사람의 도움을 받을 기회가 적다.

문 코에 주름같이 가는 세로줄이 많은 사람
은 고생이 많다는 것은 왜 그렇습니까?

답 코에 주름같이 세로줄이 많이 있는 사
람은 몸에 기력이 충분하지 못하고 떨
어져 있는 상태이기 때문에 고생이 많
다. 또한, 몸이 건강할 때는 마음도 편
하고, 기력이 떨어지면 마음도 여유롭
지 못하다.

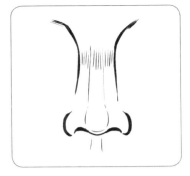

【그림10】세로 주름이 있는 코

문 코의 중간 정도에 옆으로 줄이 있는 사람은 일생 동안에 한 번은 큰 파국을
맞는 것은 어떤 이유에서입니까?

답 코는 자신을 의미하고 옆줄은 재난을
의미한다. 그래서 큰 파국을 맞아 나락
으로 떨어진다고 한다. 또한, 옆줄은 자
연히 생긴 것으로 판단되며, 코를 풀고
위쪽으로 닦아내거나 찡그리는 사람은
자연스럽게 생기는 것이므로 잘 관찰하
여야 한다.

【그림11】가로 주름이 있는 코

문 코 끝이 구부러진 경우 함부로 낭비하지
않고 검소한 것은 왜 그렇습니까?

답 코는 내 몸과 같다. 매부리코 모양을
보면 땅의 만물을 둘러싸고 있는 것과
같은 형국으로 몸가짐이 조신한 느낌
이 들며, 이런 사람은 모든 일에 조심
스럽다.

【그림12】끝이 구부러진 코

문 콧구멍이 보이는 들창 코는 윗사람의 뜻에 잘 따르지 않는다 것은 왜 그 렇습니까?

답 코가 들창 코인 사람은 자신의 신체 가 하늘을 향해 있어 윗사람 뜻을 따르지 않고 등을 돌린다고 말한다. 또한, 코가 단단한 사람은 그 신체 가 단단하고 유연하지 않아 그 마음 도 자연히 옹고집인 데가 있다. 여 자는 일반적으로 부드러운 코를 갖 고 있는 것이 보통이다. 때문에 마 음도 부드러우며 솔직한 것이 일반

【그림13】 들창 코

적이다. 여자가 단단한 코를 가지면 마음이 순수하지 않기 때문에 남편 을 이긴다고 한다.

문 코가 삐뚤어져 있는 것은 어떻습니 까?

답 코가 삐뚤어져 있는 것은 내 몸 자세 가 정상적이지 않고 휘어져 있는 것 과 같은 것이다. 그렇기 때문에 인 생에 부침(浮沈)이 많다. 또한, 코에 일자의 줄이 있는 사람은 그 줄이 신 체를 어지럽히기 때문에 일생에 한 번 큰 파국을 만난다.

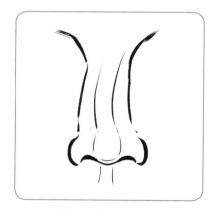

【그림14】 휘어진 코

문 코가 단단하면 장수한다고 하는 것은 어떤 이유에서입니까?

답 기력이 충만하면 자연히 코도 단단해진다. 즉, 내 몸이 건강하기 때문에 장수한다.

문 코에 마디가 있는 사람은 가정을 문란하게 한다는 것은 어떤 이유에서입니까?

답 코에 마디가 있는 것은 내 몸을 흩트리는 것과 마찬가지므로, 가정을 문란하게 한다고 한다.

7. 관골(顴骨_광대뼈)에 관하여

- 관골은 세상의 일을 의미하고, 사회적 활동력의 강약(强弱)을 알 수 있다.
- 관골이 높은 사람은 마음이 불안하고 초조하며 생각이 깊지 못하다. 또한, 마음 씀씀이가 얕아서 가정을 어지럽힌다.
- 관골이 앞으로 돌출된 사람은 활동력이 강하고 권위의식이 강해 권위를 휘두를 때가 있다. 한 번은 권위의식 때문에 큰 고생을 한다. 선(善)과 악(惡)에 모두 강하지만 눈물에 약한 면이 있다.
- 관골이 옆으로 돌출된 사람은 활동력은 강하지만 대인관계가 원만하지 못하다. 또한. 마음이 초조하며 눈물이 많기 때문에 가정을 어지럽힌다.
- 관골이 높으며 광대뼈가 귀까지 이어져 있는 사람은 천한 상(相)이지만, 한가지 재주가 있어 장인(匠人) 또는 스승이 될 것이다. 그러나 가정은 편하지 못하다.
- 관골 좌우 균형이 비대칭인 사람은 맡은 일을 완성하지 못한다. 또한, 사람들과 친분 관계도 길게 유지하지 못하고, 무슨 일이든 결정하는 것이 다른 사람에 비해 늦다.
- 관골이 높은 사람은 마음속 깊이 질투심이 강하다.
- 관골이 없는 듯 낮은 사람은 도량이 부족해, 문제가 있어도 잘 표현하지 않는다. 또한, 큰 것을 바라지 않으며, 목적은 있어도 성공하는 일이 별로 없다. 그러나 눈썹이나 눈이 날카로운 사람은 다르게 판단해야 한다.
- 관골이 높으며 이마와 아래턱이 좁은 사람은 자식과 인연이 약하다. 또한, 고생이 많으며 가족과의 인연이 약하다. 쉽게 말해서 고독(孤獨) 상이다.
- 관골이 낮은 사람은 몸의 권위가 없으며 마음 도량(度量)이 부족하다. 만약, 있다 해도 사람을 부릴 수 있는 정도는 못 된다.
- 관골이 높으며 위쪽으로 매달려 있는 것 같은 사람은 활동적이며 자신의 권위를 휘두른다. 또한, 큰 것을 바라며, 가정을 붕괴시키는 일도 있다.

- 얼굴에 적당히 살이 있고 관골도 적당히 높으며 또한, 코도 보기 좋게 높은 사람은 활동력이 강해 가정을 어지럽히는 일도 있지만, 세상에 이름을 떨친다. 또한, 윗사람들에게 중히 쓰이며 사업도 번창한다. 이런 상(相)이 무사(武士)의 경우 계급이 높아지고 권위가 몸에 밴다. 학자, 승려의 경우 크게 이름을 떨치고, 한 가지 기예(伎藝) 있다면 장인(匠人) 또는 스승이 된다. 단, 이런 얼굴은 길면 좋지 않고, 약간 둥글고 조금 긴 정도가 좋다.
- 관골이 눈보다 높이 있는 사람은 활동력이 있으며 상응하는 복운이 있다. 운세도 강하다.

水野南北과 제자와 문답 ▶

문 관골이 높은 사람은 마음이 불안하고 초조하며 생각이 깊지 못한 것은 왜 그렇습니까?

답 안면에는 다섯 개의 산(山)이 있다. 이마를 남악(南岳) 아래턱을 북악(北岳). 오른쪽 광 대뼈를 서악(西岳) 왼쪽 광대뼈를 동악(東岳) 코를 중앙의 산이라 생각한다. 고서에는 이것을 오악(五嶽)이라고 부르고 있지만 오악은 한조(漢朝_중국)의 산이다. 오악을 얼굴에 적용할 경우 양쪽 관골이 높을 경우 얼굴에 높은 산이 있다고 생각한다. 높은 산은 기세(氣勢)가 날카로우며 험하다. 그렇기 때문에 이런 사람은 자연히 마음이 까칠하며 모든 일에 성급하다.

문 관골이 높은 사람은 활동적이라고 하는 것은 왜 그렇습니까?

답 코는 중앙의 군주요, 관골은 장군의 위치라 할 수 있다. 그러므로 관골이 높은 사람은 지위와 권위가 높음을 나타낸다. 때문에 관골이 높은 사람은 활동적이라고 말한다.

문 관골이 높은 사람은 마음속 깊이 질투심이 강하다는 것은 왜 그렇습니까?

답 관골이 높은 사람은 질투심이 강하다고 그렇게만 생각해서는 안 된다. 관골은 자신의 생각이 모여 나타나는 곳이기도 하며, 기쁨, 분노, 색정 등 관골에 먼저 나타난다. 그래서 세상이 말하는 악녀(惡女)는 질투심이 깊기 때문에 관골이 높은 것이다. 그렇기 때문에 관골이 낮은 것은 악녀의 상(相)이 아니다.

문 관골이 얼굴에 맞게 적당히 높으며 또한, 코도 얼굴에 맞게 적당히 높은 경우는 활동력이 좋으며 이름을 떨친다고 하는 것은 왜 그렇습니까?

답 코는 중앙의 군주이며 관골은 장군의 일을 하는 곳이다. 그렇기 때문에 코가 높으며 관골도 높은 것은 군(君)과 신하(臣下)가 조화를 이루면서 힘이 강해져 천하에 그 이름을 세상에 떨치는 것이다.

문 관골이 높으며 처첩궁(妻妾宮_눈꼬리 주위 부분) 쪽으로 잡아당겨지는 듯한 느낌의 사람은 어떻게 보아야 합니까?

답 관골이 높으며 처첩궁 쪽으로 끌려가는 사람은 나의 권위가 부인의 내조 이루어지는 것이기 때문에 처가(妻家)로부터 도움을 받는다.

문 관골의 좌우가 균형이 비대칭인 사람은 어떻습니까?

답 관골의 좌우가 균형이 비대칭인 사람은 장군의 지위에 맡는 임무가 정해져 있지 않은 것과 같아서, 어떤 일을 이루고자 하나 성취하지 못한다.

【그림15】 비대칭 관골

문 관골이 높으며 위쪽으로 매달려 있는 것 같은 사람은 활동력이 있으며 이름을 세상에 떨친다고 하는 것은 어떤 이유에서입니까?

답 관골이 위로 향해 있는 것은 자신의 권위가 위를 향하고 있는 것과 같아서 세상에 이름을 떨친다고 한다. 단, 상인의 경우에는 권위가 너무 강하여 집안을 망친다. 그러나 매우 활동적이기 때문에 장사는 잘 된다. 반대로 관골이 없는 듯 낮은 사람은 장군이 힘이 없는 것과 같아서 활동력이 모자라고 마음의 도량도 부족하다.

【그림16】 높은 위치에 관골

문 관골이 높으며 그 뼈가 귀까지 이어져 있는 사람은 천한 상(相)이지만, 한 가지 재주가 있어 장인(匠人) 또는 스승이 된다는 것은 어떤 이유에서입니까?

답 관골은 세상을 의미하고, 귀는 지혜를 뜻한다. 그러므로 관골이 높으며 귀까지 다다를 때는 나의 지혜가 세상에 통하고 있는 것과 같다. 그래서 이런 사람은 미천하여도 스승이 된다고 한다.

【그림17】 귀까지 이어진 관골

문 관골이 높으며 이마와 아래턱이 좁은 사람은 자식과 인연이 약하다 것은 왜 그렇습니까?

답 얼굴에는 천(天), 지(地), 인(人) 삼재(三才)가 있다. 이마는 하늘에 해당하고, 턱은 땅에 해당하고, 관골은 자신을 나타낸다. 관골이 높은데 이마와 턱이 좁은 경우 내가 천지(天地)를 극(剋)하는 것은 형국이기 때문에 운이 나쁘다고 한다. 또한, 내가 천지를 극(剋)하는 모양은 부모를 이기는 것과 같아 이런 사람은 고독하다.

【그림18】 이마와 턱이 좁고 높은 관골

8. 법령(法令)에 관하여_코에서 입 주변까지 양쪽에 내려간 주름

- 법령은 장사와 관련된 곳을 살피는 곳이다.
- 법령이 넓으며 긴 사람은 살고 있는 집이 넓고, 장사 규모도 크다. 또한 아랫 사람의 도움을 받으며, 가난해도 아랫사람을 부리는 위치가 된다. 또, 사람 들로부터 존경을 받는다.
- 법령이 좁은 사람은 살고 있는 집이 좁다. 만약, 넓다 해도 한정된 공간만 사용한다. 또한, 어느 정도 복운이 있는 사람이 팔자주름이 좁은 경우 검소 한 사람이다.
- 법령이 짧은 사람은 단명(短命) 하고, 법령이 긴 사람은 장수(長壽) 한다.
- 법령이 입으로 안으로 들어간 있는 얼굴은 평생 먹을 것에 곤란을 겪지 않 는다. 상응하는 복운이 따르지만 물건을 함부로 낭비하지 않고 검소한 생활 을 하는 사람이다.
- 법령이 넓으며 잘 갖춰져 있는 사람은 장사 규모가 크고 번창하며, 복운이 있어 아랫사람을 많이 부린다.
- 법령에 주름이 많은 사람은 장사로 전 업하거나, 여러 가지 일을 한다.
- 법령이 길며 지각(池閣)에 닿을 정도 로 길며, 지각과 아주 근접해 있다면 80살까지 장수한다.

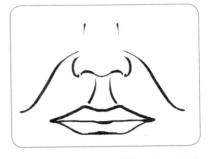

【그림19】입 꼬리 밖으로 흐르는 법령

  이것을 기본으로 수명이 길고 짧음을 알 수 있다.
- 법령이 넓으며 뒤 입꼬리 밖으로 흐르는 사람은 활동력이 왕성하여 자수 성가하거나 중히 쓰인다. 또한, 장사가 규모가 크고 많은 사람을 부리며 넓 은 토지를 소유한다. 복(福)과 수명(壽命)이 있으며 귀천에 관계없이 대단 히 좋다.

문 법령은 장사와 관련된 곳을 것은 살피다는 것은 어떤 이유에서입니까?

답 법령은 법칙(法則)과 같은 것이다. 법령이 코에서 시작되는 것은 코는 군주이기 때문이다. 군주가 백성을 다스리기 위해 법령을 내리고, 백성은 법령을 준수하며 살아야 한다. 무사(武士)는 무사로서, 출가한 승려(僧侶)는 승려로서, 상인(商人)은 상인으로 각자의 법칙(法則)을 지켜야 한다. 법칙에 어긋나게 행동하면 법령에서 벗어난다고 한다. 즉, 법(法)이 유지되지 못하는 것이다. 때문에 법령은 장사를 담당한다고 한다.

문 법령이 넓으며 긴 사람은 집이 넓으며 장사 규모도 큰 것은 어떤 이유에서입니까?

답 법령이 넓을 때는 장사를 담당하는 범위가 넓기 때문에 당연히 장사 규모도 크다. 또한, 지각(턱)과 노복은 법령의 안쪽에 있는데 지각(地閣)은 집을, 노복(奴僕)은 아랫사람을 의미하므로 법령이 넓고 길 때는 당연히 살고 있는 집이 넓고 부리는 아랫사람이 많다. 반대로 법령이 좁을 때는 지각, 노복 또한 당연히 좁기 때문에 집이 좁고 아랫사람이 없다고 한다. 그래서 가난한 상(相)은 법령이 좁다.

문 젊은 사람은 법령이 잘 보이지 않는데, 무엇을 보고 법령이라 하면 좋을까요?

답 젊은 사람은 살집이 많고 탄력이 있기 때문에 법령이 잘 나타나지 않는다. 젊은 사람의 법령이 길고 짧음을 알 수 있는 방법은 입을 크게 벌리게 하여 이빨을 전부 드러나 보이게 하면, 입 좌우에 법령 주름이 저절로 나타나는데 주름이 깊고 길게 뻗어 있나 아닌가를 갖고 판단하고, 수명의 장단(長短)도 알 수 있다. 또한, 법령은 자신의 직업을 나타낸다. 직업이 안정되지 않으면 법령의 모양도 잘 나타나지 않는다. 직업이 정해지고 안정되면 법령도 저절로 모양을 갖춘다.

문 집도 넓고 부리는 아랫사람도 많은데 법령이 좁은 사람은 어떻게 보아야 합니까?

답 집이 넓으며 노복이 많은데 어울리지 않은 상(相)을 갖고 있으면, 결코 큰 집의 주인 그릇이 아니다. 노복이 해야 할 일을 자신이 직접 처리한다. 즉, 마음에 여유가 없기 때문이다. 하지만, 이런 사람은 자연히 일 처리가 좋다. 일 처리가 좋다는 것은 빈상(貧相)이라 해도 하늘의 도리에 맞게 살기 때문에 부자가 되는 것이다.

문 살고 있는 집이 작으며 노복이 없는데도 법령이 넓은 것은 어떻게 보아야 합니까?

답 만약에 가난하게 살아도 마음은 큰 집을 갖고 있을 정도의 도량(度量)이 있으며 가난한 것을 불편해하거나 부끄러워하지 않는 것이므로, 마음의 복상(福相)이라고 말할 수 있다. 그러나 이 경우는 그 사람의 기력의 움직임을 보고 판단해야 한다.

문 법령이 긴 사람은 장수한다고 하는 것은 왜 그렇습니까?

답 법령은 장사를 담당하는 곳이다. 장사를 통해, 의(衣), 식(食), 주(住)를 해결하므로 법령이 길게 뻗어 있을 때 의, 식, 주를 동시에 길게 지킬 수 있는 것과 같은 것이다. 그러므로 자연히 명(命)이 길어지고 장수한다.

문 동생으로 태어난 사람은 법령의 선이 얇고 희미한 것은 왜 그렇습니까?

답 동생으로 태어난 사람은 부모의 가업을 물려받을 우선순위에서 밀리기 때문에 법령이 희미하고, 장남으로 태어난 사람은 부모가 하고 있는 장사를 운영하거나, 농사를 지어야 하기 때문에 법령이 자연히 깊고 선명하게 나타나는 것이다.

문 법령이 입으로 들어가면 반드시 굶어 죽는다고 고서(古書)에 있으나, 선생님의 오늘 가르침은 일생 먹을 것에 곤란을 겪지 않는다고 하는 것은 어떤 이유에서입니까?

답 법령은 법칙을 담당하는 곳인 동시에 사람을 먹여 살리는 직업을 나타내는 곳이다. 법령이 입으로 들어가는 것은 먹고사는 것에 대한 고민이 많기 때문에 굶어 죽는다고 한다. 그러나 아사(餓死)라고 반드시 할 수 없다. 단지, 먹을 것이 모자라다는 것을 나타내는 것일 뿐, 이런 관상은

【그림20】 입으로 들어간 법령

먹고 싶은 것이 있어도 먹지 않기 참기 때문에 굶어 죽는다고 하는 것이다. 또한, 근검 검약하며 물건을 함부로 낭비하거나 사치하지 않고 하늘의 뜻에 따른 생활을 하고 있기 때문에 빈상(貧相)이라 해도 일생 먹을 것에 곤란을 겪지 않는다. 다시 말해 타고난 복을 갖고 태어난 사람은 아니지만 후천적 복자(福者)라고 할 수 있다.

9. 입(口)에 관하여

- 입은 자손의 유무(有無)와 기력(氣力)의 강약(强弱)을 살피는 곳이다.
- 입이 작은 사람은 마음도 좁고, 작은 일에도 놀란다. 또한, 끈기가 부족하며 눈물도 많고, 자식과 인연도 약하다.
- 입이 뾰족한 모양으로 튀어나온 사람은 자식과의 인연이 약하고, 자신에게 이익이 없는 일에 나서지 않는다. 또, 문맹(文盲)이 많다.
- 항상 입안에 침이 많고, 침을 흘리는 사람은 한쪽 부모를 빨리 여읜다. 또한, 끈기가 부족하고 자식과 인연도 약하다. 남의 집 양자로 가는 일도 있다.
- 입이 큰 사람은 마음이 넓고 꿈도 크다. 단, 가정을 망치거나 파산하는 경우도 있다.
- 입술이 얇은 사람은 자식과의 인연이 없다고 하지만 윗입술이 약간 얇은 것은 좋다.
- 윗입술이 조금 까져 올라간 사람은 자식과의 인연이 약하며 끈기도 부족하고 마음이 모질지 못하다. 또한, 눈물도 많다. 단, 젊은 사람의 경우는 자식이 없다고 단언해서는 안 된다.
- 아랫입술이 윗입술보다 약간 나와 있는 사람은 윗사람과 마음이 맞지 않아 등을 돌리고 이직을 자주 한다.
- 입술은 기력의 문(門)이다. 그래서 입을 벌리고 있는 사람은 기력이 새어 나가기 때문에 몸이 약하고 끈기가 모자란다. 반대로 입을 다물고 있는 사람은 기력을 유지하기 때문에 건강하고 끈기도 강하다.
- 입이 모양이 삼각형인 사람은 계획하는 일은 많지만 제대로 성공하는 일은 없다. 또한, 자식과 인연이 약하고 마음 씀씀이가 천박하고 어리석으며 고생이 많다.
- 입꼬리가 조금 올라간 사람은 평생 먹는 것 때문에 곤란을 겪지 않는다.
- 입꼬리가 쳐져 있는 사람은 재산을 탕진한다.

문 입을 보고 자손의 유무(有無)를 판단하는 것은 어떤 이유에서입니까?

답 입은 생명의 근원이며, 기력의 문이기도 하다. 그래서 남자의 양기는 입을
다문 모양새를 하고, 여자는 음기는 입을 벌리는 모양새를 하는 것이다.
즉, 음양(陰陽)이 화합하여 자손이 태어나기 때문에 입을 보고 자손 유무를
판단하는 관(官)인 것이다. 따라서 음양의 이치에 어긋나는 입을 가진 사
람은 당연히 자손과 연이 적다고 한다.

문 아랫입술이 윗입술보다 약간 나와 있
는 사람은 윗사람과 마음이 맞지 않
아 등을 돌린다 것은 왜 그렇습니까?

답 입술은 비장(脾臟)의 싹이며 흙에 비
유한다. 또한 윗입술은 하늘에 비유
하며 아랫입술은 땅에 비유한다. 그
리고 하늘은 만물을 덮고 있다. 즉,
윗입술이 아랫입술을 덮고 있는 것은

【그림21】 아랫입술이 조금 나온 입

자연의 본 모습인데, 아랫입술이 윗입술을 덮고 있으면, 자연의 이치에 어
긋난 것과 같다. 그래서 후자(後者)는 모든 일에 잘 화합하지 못하고, 윗사
람과 부딪쳐 갈등을 만들어 등을 돌리고 이직을 자주 한다.

문 입이 작은 사람은 마음도 좁고, 작은 일에도 놀라며, 입이 큰 사람은 마음
이 넓고 꿈도 큰 것은 왜 그렇습니까?

답 남자는 양(陽)이므로 입이 크고, 여자는 음(陰)이므로 입이 작다. 남자가 입
이 작은 것은 여자의 입을 갖고 있는 것과 같아서 마음이 좁고 작은 일에도
놀란다고 말한다. 또한, 음양의 이치에 맞지 않은 입(口)을 갖고 있기 때문
에 자식과 인연이 약하다고 한다.

문 항상 입안에 침이 많고 침을 흘리는 사람은 한쪽 부모를 빨리 여읜다는
   것은 왜 그렇습니까?

답 위가 움직이기 위해서는 침이 필요로 한다. 만약, 어릴 때 일찍 부모와 떨
   어졌다면 먹고사는 것이 쉽지 않았을 것이다. 때문에 위(胃)가 약해져 항
   상 침을 흘리게 되는 것이다.

문 입이 모양이 삼각형인 사람은 계획하는 일은 많지만 제대로 성공하는 일은
   없는 것은 왜 그렇습니까?

답 입은 대해(大海)라고 하는데 물기를

【그림22】 삼각형 모양의 입

   보존하는 곳이다. 또한 입 모양이 삼
   각형이라는 것은 불火의 형태를 띠는
   것이다. 이것은 수극화(水克火)로 음
   양오행 이치에 맞지 않기 때문에 어떤 일을 계획하여도 성공하지 못한다고
   말한다.

문 입이 뾰족한 모양으로 튀어나온 사람은 자식과의 인연이 약하고 또한, 어
   리석다고 말하는 것은 왜인가요?

답 입은 언어의 문이다. 사용하는 언어

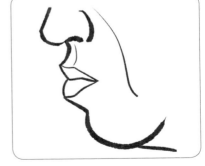

【그림23】뾰족한 모양으로 튀어나온 입

   를 통해 그 사람의 지혜와 어리석음
   을 알 수 있다. 입이 튀어나온 사람은
   말이 서투르고 생각한 것을 제대로
   전달하지 못해 어리석다고 한다. 또
   한, 입은 자손의 유무를 살피는 곳이
   므로 입이 튀어나온 것은 자손의 관
   계가 원만하지 않다는 것을 의미한다. 그래서 자식과 인연이 약하다고 하
   는 것이다.

문 윗입술이 조금 까져있는(올라간) 사람은 자식과의 인연이 약하다는 것은 왜 그렇습니까?

답 윗입술이 조금 올라간 입술은 기력이 새어 나가기 때문에 끈기가 약한 것이다. 또한, 입꼬리가 약간 올라가 있는 것은 하늘의 은혜를 입는 모양으로 먹는 것에 곤란함이 없으나, 입꼬리가 처져 있는 모양은 하늘의 은혜도 받지 못하고 땅에 업뜨여드린 자세와 같아서 재산을 탕진한다고 한다.

【그림24】 윗입술이 조금 올라간 입

10. 치아(齒)에 관하여

- 치아를 보면 신장(腎臟)과 신체의 강약(强弱)을 알 수가 있다.
- 치아가 작으면서 희고 짧은 사람은 하상(下相)이다. 평생 사람들에게 먹을 것을 구걸하거나, 다른 사람 위에 설 수가 없으며 검난(劍難)을 주의해야 한다.
- 치열이 고르지 못한 사람은 부모와의 인연이 약하다. 만약, 부모를 오랫동안 봉양한 자식이라면 부모가 소중하게 애지중지하게 기른 자식이다. 하지만 기력이 없고 끈기가 부족한 사람이다.
- 치아 사이가 띄엄띄엄 벌어져 있는 사람은 끈기가 부족하고 가족과의 인연이 약하다. 가족이 많아도 서로 사이가 나쁘다.
- 앞니 두 개가 틈새가 벌어져 있는 사람은 끈기가 부족하고 마음이 씀씀이가 넉넉하지 못하다. 또 눈물이 많으며, 부모의 가업을 계승하지 못한다.
- 치아가 긴 사람은 빈상(貧相)이라고 해도 결코 가난하지 않으며 상응하는 복운(福運)이 있다. 또한, 위험에 처해도 잘 피해 간다.
- 윗니의 모양이 휘어진 사람은 다른 사람에게 피해를 입거나, 화가 났던 일을 잊지 않는다. 또, 집념이 강하다. 여자 맹인에게 이런 치아가 많다.
- 앞니 2개 사이에 끝이 뾰족한 이가 나 있는 사람은 한 번은 큰 불효를 한다. 또한, 처자식과 인연이 없으며, 가정을 파탄으로 몰고 가거나, 고향을 떠나 떠돌이 생활을 한다.
- 앞니 2개의 좌우 치아 끝이 뾰족한 사람은 친인척과 관계가 좋지 않으며, 절대로 부모의 가업을 계승하지 않는다.
- 백골처럼 윤기가 없고 흰 치아를 가진 사람은 죽을 때의 모양이 좋지 않다. 또한, 사람에게 먹을 것을 구걸한다.
- 앞니 2개가 병풍을 세운 것처럼 안쪽으로 들어가 있는 사람은 타인의 일을 도와주거나 뒤치다꺼리를 해주는 일이 많지만 상응하는 복운이 있다. 가난한 사람에게는 이런 상은 없다.

문 치아는 무엇에 비유되며 무엇을 지키나요?

답 치아는 신장에 비유되며, 뼈의 나머지다. 이것은 부모의 뼈와 살이기도 하기에, 윗니는 하늘이며 양(陽)이요, 아랫니는 땅이며 음(陰)이다. 그렇기에 이것을 천지음양, 부모의 관(官)이라고 한다. 세상에서 말하기를 윗니가 빠졌을 때는 하늘에 돌려주

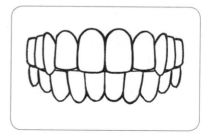

【그림25】바른 치열

고, 아랫니가 빠졌을 때는 땅에 돌려보낸다고 하지만 이것은 천지자연의 이치이다.

문 앞니 2개가 틈새가 벌어져 있는 사람은 끈기가 부족하고 하는 것은 왜 그렇습니까?

답 앞니 2개는 숨을 들이쉬고 내뱉는 곳이기에 당문(当門)이라고 부르며, 기력(氣力)의 문이라고 한다. 기력의 문이 항상 열여 있을 때 기력이 새나가는 것은 당연하다. 때문에 끈기가 부족한 것이다. 또한, 앞니 2개는 부모를 의미하고 좌우에 늘어서

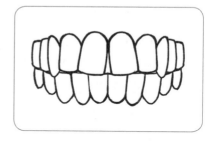

【그림26】앞니가 벌어진 치아

있는 치아는 친척을 의미한다. 그래서 치아가 사이에 틈새가 있는 사람은 일가친척이 따로따로 떨어져 있는 것과 같아서 인연이 약하다고 한다. 또한, 친척 사이가 친밀하지 못하기 때문에 관계가 좋지 않다. 또, 앞니 2개 즉 당문(当門) 좌우의 치아가 뾰족한 경우 집안사람에게 검을 휘두르는 것과 같으므로 역시 일가친척과 관계가 나쁘다.

문 치아의 끝이 뾰족한 사람은 육식을 즐긴다는 것은 어떤 이유에서입니까?

답 네발 동물은 치아 끝이 뾰족하고 육식을 주식으로 한다. 그래서 치아 끝이 뾰족한 경우 육식을 즐기는 경향이 있고 한다. 그러나 사람을 4발 달린 짐승과 똑같이 눈과 치아를 비교할 수는 없다. 만약, 4발 달린 사람이 있다면 어떻게 판단하는 것일

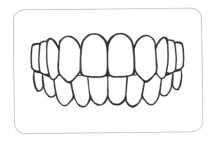

【그림27】 뾰쪽한 치아

까? 설령 4발을 갖고 태어난 인간이 있다 해도 억지로 짐승에 끼워 맞추어 비교해서는 안 된다.

문 치열이 고르지 못한 사람은 부모와 인연이 약하다는 것은 어떤 이유에서 입니까?

답 치아는 신장에 해당하고 뼈의 나머지이다. 부모가 나이가 많을 때 태어난 아이는 당연히 신장이 약하고 뼈가 가늘고 치열이 고르지 않은 것이 일반적이다. 그렇기 때문에 치열이 고르지 못한 사람은 부모와 인연이

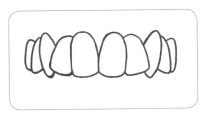

【그림28】 고르지 못한 치열

약하다고 말하는 것이다. 또한, 부모가 젊어도 신체가 약하고 신장도 약해져 있을 때에 태어난 사람은 역시 치열이 고르지 못하다. 또, 가끔 노산(老産)으로 어서 태어난 아이 중 뼈가 두꺼운 경우가 있으나, 그 뼈에는 신(神)이 없다. 치열이 고르지만 치아에 신(神)이 없을 때는 신장의 기가 약하다.

문 치아에 신(神)이 없다고 말하는 것은 무슨 뜻인가요?

답 초목의 뿌리가 얕은 것과 같은 것이다. 그러한 것을 치아에 신이 없다고 하는 것이다.

문 부모를 오랫동안 봉양한 자식 중 치열이 고르지 못하다는 것을 두고 부모가 애지중지하게 기른 자식이라 고 하는 것은 무슨 이유인가요?

답 치아는 한번 나고 빠지면 본(本) 치아가 자라게 된다. 그런데 치아를 갈 때에 부모가 너무 예뻐한 나머지 잘못된 사랑으로 인하여 치열이 고르지 못하게 하는 경우가 있다.

南北相法 前篇五卷

하늘의 이치에 맞게 삶을 살 때 하늘이 내려준 명(命)을
온전히 받으며 이치와 맞지 않을 때 명(命)은 끊긴다.

1. 인중(人中)에 대하여

- 인중이란 코끝과 입까지 사이를 말한다. 인중을 통해서 기력(氣力)의 강약, 수명(壽命)의 장단, 자손(子孫)의 유무를 알 수 있다.
- 인중이 부드러우며 선명한 사람은 성격이 솔직하고 부드러우며 눈물이 많다. 또한 작은 일에도 잘 놀란다.
- 인중이 선명하고 뚜렷한 사람은 마음가짐이 단단하고 상응하는 복운이 따른다.
- 인중이 선명하지 않은 사람은 마음이 느슨해 운이 잘 들어오지 않는다.
- 좋은 인상을 갖고 있어도 인중이 선명하지 않으며, 윗입술이 약간 올라간 사람은 운이 좋지 않다. 어떤 일을 하든 막히는 경우가 많으며, 끈기가 부족하고 참을성이 부족하다. 그러나 앞니가 빠질 무렵부터 자연히 운(運)이 열린다. 만약, 인중이 선명한 사람이 앞니가 빠질 때 운(運)도 쇠퇴한다.
- 인중의 수염이 많은 사람은 주어진 일을 빠르게 처리하지 못하지만 마음은 넉넉하다. 일찌감치 자신의 분수를 알고 현실에 만족할 줄 안다.
- 인중의 수염이 적은 사람은 눈치가 빠르고 재능은 있지만 자신의 분수를 모르고 불평불만이 많으며, 원하는 일을 성취하기 힘들다.
- 인중에 옆줄이 있는 사람은 자식과 인연이 약하며, 만약에 자식이 있어도 의지가 되지 않는다. 자식이 많을 경우 늙어서 오히려 고생한다.
- 인중이 길며 윗입술이 잇몸을 보이지 않게 가리고 있는 얼굴은 매운 좋은 상(相)이다. 무리의 수장(首將) 되고, 사람들로부터 존경을 받으며, 가난한 사람들에게 힘이 되어준다. 집기, 물건을 원하는 대로 배치하거나 사용하며, 집안을 생각대로 지배할 수 있는 상(相)이다.

【그림1】 휘어진 인중

- 인중의 골이 깊을 때는 마음이 안정되지 않아 운(運)이 열리지 않으며, 인중의 골이 얕아지는 상태에 따라 마음도 안정되고 운도 열리게 된다.

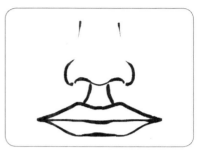

【그림2】 짧은 인중

- 인중이 짧은 사람은 끈기와 배려하는 마음이 부족하다. 또, 눈물이 많으며 작은 일에도 놀라고, 사람들과 관계를 오래 유지하지 못한다.
- 인중이 휘어진 사람은 신의가 없다.

水野南北과 제자와 문답 ▶

문 인중은 기력의 강약을 살피고, 자손의 유무를 알 수 있는 것은 어떤 이유에서입니까?

답 인중은 입과 마찬가지로 정신과 기력이 모이는 곳이다. 마음이 기뻐서 웃을 때 인중도 자연히 열리고, 정신을 집중할 때는 입을 다물기 때문에 인중도 저절로 죄어들기 때문에 기력의 강약을 판단할 수 있다. 또, 인중은 임맥(任脈)에 해당하는 것으로 기혈의 통로로 자손의 관(官)을 지키고, 수명의 길고 짧음을 알 수가 있다.

문 인중에 수염이 많은 사람은 일찌감치 자기 분수를 안다고 하는 것은 왜 그렇습니까?

답 인중 좌우에 식록(食祿)의 관(官)이 있다. 인중에 수염이 많이 날 때 식록이 충분해 스스로 넉넉하다는 것을 빨리 알아차린다. 또한, 가난한 사람이 넉넉하다고 느끼게 되면 마음의 복이 있는 사람이라고 말할 수 있다. 이런 상은 가난한 사람에게도 있고 부자에게도 있다.

문 인중이 선명하고 뚜렷한 사람은 마음가짐이 단단한 것은 왜 그렇습니까?

답 기력을 모을 때 육근(六根)도 긴장하며 일신의 문을 닫는다. 이 모양이 입

을 다문 것과 같으며, 입을 다물면 자연히 인중도 뚜렷해 보여 마음가짐이 단단해 보인다.

【그림3】 선명한 인중

인중이 뚜렷한 사람은 마음이 안정되고 집중력이 좋다. 그런데 마음이 안정되지 않으면 군주의 마음이 왔다 갔다 하는 것과 같다. 또한, 일신(一身)의 문(門)이 굳게 닫혀 있지

못하면 육근(六根)신하가 멋대로 움직여 마치 군주를 무시하는 것과 같다.

문 인중에 옆줄이 있는 사람은 자식과 인연이 약하며, 만약에 자식이 있어도 의지가 되지 않는다고 하는 것은 왜 그렇습니까?

답 인중은 기혈의 통로로 자손의 관(官)을 지키는 곳이기에 인중에 가로줄이 있는 것은 자손의 관(官)을 해(害)하는 것과 같아 자식과 인연이 약하다고 한다.

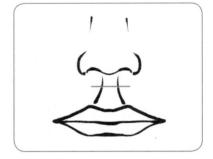

【그림4】 옆줄이 있는 인중

문 인중의 골이 깊을 때는 마음이 안정되지 않아 운(運)이 열리지 않으며. 인중의 골이 얕아지는 상태에 따라 마음도 안정되고 운도 열리게 되는 것은 왜 그렇습니까?

답 인중은 기력이 모이는 곳이다. 기분이 좋을 때는 인중도 넓어지고 골도 얕아진다. 또한, 기력이 좋을 때는 마음도 안정되어 운이 열리는 것은 당연하다고 본다.

문 인중이 길며 윗입술이 잇몸을 보이지 않게 가리고 있는 얼굴이 좋은 상(相)인 것은 어떤 이유에서입니까?

답 치아는 금(金)에 속하며 입술은 수(水)에 속한다. 치아와 입술이 나란히 가지런할 때 이것을 입의 상생(相生)이라고 한다. 즉, 금생수(金生水)로 대길상(大吉相)이다. 그리고 치아와 입술은 언어(言語)의 문(門)이므로 언어의 문과 상생하므로 말 솜씨가 좋다.
또한 입은 대해(大海)로 가는 물길이 드나드는 통로로, 이런 입모양은 갖고 있는 사람은 만사가 순조롭고 일이 진행됨에 막힘이 없다.

문 좋은 인상을 갖고 있어도 인중이 선명하지 않고 윗입술이 약간 올라간 사람은 운이 좋지 않으며 무슨 일을 하든 막힘이 많다고 하는 것은 왜 그렇습니까?

답 예쁜 얼굴을 꽃에 비유하고, 입은 대해(大海), 인중은 물 길에 비유한다. 얼굴이 좋을 때 꽃이 만발한 것과 같다 한다. 그런데 인중 끝이 당겨 올라가 있으면 항구의 입구가 막혀 있는 것과 같다. 만약, 얼굴이 화려하게 피어난 꽃과 같은 번화(繁華)의 땅이 되기 위해서는 항구에 여러 방향에서 자유롭게 막힘이 없이 들어오고 나갈 때 번창하고 화려한 번화의 땅이 된다. 그런데 인중 끝이 약간 위로 올라가 있을 때는 물길에 방해물이 생겨 통로가 막는 것과 같다. 그러나 앞니가 빠지면 그 부분이 자연히 아래로 처지면서 대해(大海)로부터 번화한 땅에 닿는 통로가 좋아진다. 그래서 그 무렵부터 운이 좋아진다고 한다.

역주譯註

임맥(任脈)

경락(經絡)의 하나. 회음부에서 생겨, 배꼽을 똑바로 지나 상행(上行)하여 흉골(胸骨)을 따라 목을 통(通)하여 입술에 도달함.

2. 처첩(妻妾), 어미(魚尾_눈꼬리), 누당(淚當_눈 밑살, 남녀궁)에 관하여
– 처첩은 눈 옆, 어미는 눈꼬리 줄, 남녀는 눈 밑살

- 처첩, 처첩궁(妻妾宮)이라 하며 처(妻_부인), 여자는 부(夫_남편)을 보는 곳 이며 남녀궁(男女宮)은 누당(淚當_눈 밑 살)이라 하며 자손을 살피는 곳이다.
- 처첩궁이 극단적으로 낮은 사람은 처와의 인연이 없으며 변하기 쉽다. 또한, 자식과 인연도 희박하다. 기혼자는 부부 사이가 나쁘며 집안을 잘 다스리지 못한다.
- 처첩궁에 검은 점이나 흉이 없고, 주름도 없으며 아름답게 보이는 사람은 현모양처를 얻는다. 부부 사이도 원만하며 집안을 잘 다스리는 길상이다.
- 처첩궁이 극단적으로 높은 사람은 처와 인연이 없어 부인이 여러 번 바뀌며, 처를 누르는 상이다.
- 처첩궁에 검은 점이나 흉이 있는 사람은 부부사이가 나쁘며 처를 바꿀 것이다.
- 여자가 처첩궁이 아주 낮은 경우 여러 가지 병을 얻는다. 또한, 남편 때문에 고생을 하며 인연이 바뀌는 경우도 있다.
- 누당(淚當_눈 밑살)에 탄력이 없는 사람은 자식과 인연이 없다.
- 눈 밑이 깊게 패어 늘어져 있는 사람은 자식과 인연이 약하며 가정을 어지럽힌다.
- 어미(魚尾_눈꼬리)에 주름이 많은 남자는 부인성격이 사납다.
- 어미(魚尾)가 올라간 남자는 성격이 사납고 재능은 있으나, 부인에게 엄하다.
- 눈꼬리의 주름이 처져 있는 사람은 마음의 기량(器量)이 부족하며 출세가 늦다. 또한, 나를 이기려는 성격의 사나운 부인을 얻게 된다.
- 눈꼬리 주름이 길게 뻗어 귀밑까지 닿는 사람은 마음이 안정되는 것이 늦다.

【그림5】 눈꼬리 주름

문 처첩이 낮은 사람은 처와 인연이 바뀐다고 하는 것은 왜 그렇습니까?

답 처첩은 부부의 연을 지키는 곳이다. 처첩이 아주 낮을 때는 처첩의 관(官) 즉, 벼슬이 완성되지 않았다고 보고, 처와의 연이 바뀐다고 하는 것이다.

문 처첩의 살집이 좋으며 극단적으로 높은 사람은 처와의 인연이 바뀐다고 말하는데 왜 그렇습니까?

답 처첩의 살이 너무 많아서 높은 것도 처첩의 관(官) 즉, 벼슬을 갖지 못하였기 때문이다. 넘치면 모자란 것과 같다. 때문에 처와의 연이 바뀐다고 한다. 또한, 처첩의 살집이 얼굴과 조화로우며 검은 점, 상처, 주름이 없이 깨끗하게 보일 때 처첩의 관(官) 즉, 벼슬을 얻는다고 말하며 자연히 좋은 현모양처를 얻는다. 처를 얻으면서부터 삶이 영화로워진다. 또, 처첩에 검은 점이나 흉이 없는 것은 부부 사이에 장애가 없는 것과 같으며 이것을 처첩의 관(官)이 바르다 한다.

문 누당(淚當_남녀궁, 눈 밑살)에 탄력이 없는 사람은 자식과 인연이 없다고 하는 것은 어떤 이유에서입니까?

답 누당은 자손을 지키는 곳이므로 눈 밑 살이 단단하지 않을 때는 자손의 관(官)이 단단하지 않는 것과 같다. 당연히 자식과 인연이 약하다.

문 눈꼬리의 주름이 아래로 처져 있는 사람은 처의 성격이 사납다고 하는 것은 왜 그렇습니까?

답 눈꼬리의 주름이 처지면 처첩궁의 살집이 위쪽으로 올라오게 된다. 때문에 처의 기세가 드세고 남편을 이긴다고 한다.

3. 인당(印堂_좌우 눈썹 사이), 명궁(命宮_좌우 눈사이)에 관하여

- 인당은 현재의 운세를 살피는 곳이며, 명궁은 수명, 질병을 살피는 곳이다.
- 인당의 사이가 좁은 사람은 마음이 초조하며 끈기가 부족하다. 또한 눈물이 흔하며 가정을 어지럽힌다.
- 인당에 검은 점, 상처가 있는 사람은 모든 일이 완성 직전에 실패가 많다. 또한, 부모의 가업을 계승하지 않으며, 윗사람과 의견도 맞지 않는다.
- 인당에 주름처럼 세로줄이 많이 있는 사람은 가정이 안정되기 어렵고 또한, 일을 시작하지만 실패가 잦고, 고생이 끊이지 않는다.
- 인당이 많이 넓은 사람은 병에 걸리는 일이 드물지만, 마음 굳건하지 못하고 끊고 맺음이 분명하지 못해 출세가 어렵다. 또한, 이런 사람은 검약의 상(相)이 긴하나, 근검절약하지는 않는다.
- 인당의 크기가 가운뎃손가락 2개가 들어갈 정도의 넓이로 검은 점, 흉, 주름이 없이 깨끗하게 보일 때 귀인이나 윗사람과의 관계가 좋다고 본다. 또한, 집안을 일으키며 그 나름의 복운(福運)이 있다.
- 눈과 눈 사이 명궁(命宮)이 좁은 사람은 가족의 인연이 약하고, 가정을 어지럽히며 고생이 많다. 고독(孤獨)의 상이다.
- 눈과 눈 사이가 명궁(命宮)이 넓은 사람은 재능이 모자라며 무슨 일이든 움직임이 좋지 않다. 단, 넓어도 똑똑한 사람은 세상일에 아둔하다.
- 눈과 눈 사이가 좁은 사람은 마음이 불안하고 세상일에 밝지만 단명(短命)한다.
- 눈과 눈 사이 명궁(命宮)이 높지도 낮지도 않으며 검은 점, 흉도 없이 깨끗하고 넉넉하게 보이는 사람은 일가친척과 관계도 좋으며 상응하는 복운이 있다.

문 인당이 좁은 사람은 마음이 불안하다 것은 왜 그렇습니까?

답 인당은 기혈(氣穴)이 충만한 곳이다.
신체의 신혈(腎血)이 부족할 때 인당
의 기혈 또한 옅어지기 때문에 털이
자라 자연히 인당이 좁아지게 되는
것이다. 즉 사람의 왕래가 많은 길
에는 초목이 자라지 못하고, 인적이
드문 길에 잡초가 무성한 것과 같다.
그렇기 때문에 인당이 좁은 사람은

【그림6】 좁은 인당

신혈이 부족하다고 한다. 또한, 신혈이 부족할 때는 저절로 마음이 흥분하
여 초조해지는 것이다.

문 인당이 많이 넓은 사람은 병에 걸
리는 일이 드물지만, 마음 굳건하지
못하고 것은 왜 그렇습니까?

답 인당은 간(肝)의 기(氣)가 모이는 곳
이므로 여러 가지 깊은 생각이나 고
민을 할 때는 자연스럽게 세로줄이
생기는데 흔히 근심주름이라고 한
다. 그런데 평소에 고민을 담아두지

【그림7】 근심주름

않는 사람은 인당이 저절로 깨끗하고 넓어진다. 이것은 마음이 편안한 것
과 같아 인당이 넓은 사람은 마음이 넓다고 하는 것이다. 그리고 마음이
넓은 사람은 자연히 마음고생이 별로 없기 때문에 병에도 잘 걸리지 않
고 건강하다.

문 인당에 검은 점, 상처가 있는 사람은 모든 일이 완성 직전에 실패하는 일이 많다 하는 것은 어떤 이유에서입니까?

답 인당에 검은 점이나 상처가 있는 것은 자신으로부터 하늘에 통하는 길에 장애가 있는 것과 마찬가지로 계획한 일이 실패하며, 운 또한 나쁘다.

【그림8】 인당에 장애(점)

문 명궁(命宮)이 좁은 사람은 가족과 인연이 약하고 것은 왜 그렇습니까?

답 눈썹은 가족에 비유되고, 자신의 코는 신체에 비유된다. 그리고 명궁은 나와 가족의 중간에 위치한다. 명궁이 좁은 사람은 가족과 소통의 통로가 좁은 것으로 인연이 약하다고 한다. 또한, 명궁이 가늘며 날카롭고 뾰족하게 솟은 것 같이 보이는 사람은 일가친척에 검을 휘두르는 모양과 같아 관계가 좋지 않다. 명궁에 어떤 장애도 없고 깨끗하게 보일 때 일가친척과 관계도 좋다.

문 명궁이 낮은 사람은 끈기가 부족하다는 것은 왜 그렇습니까?

답 명궁은 코의 시작이며 비장(脾臟)에 속한다. 명궁이 낮은 것은 비장이 약하기 때문에 끈기가 부족하다. 또한, 코는 자신의 몸을 의미하고, 명궁이 낮은 것은 몸을 스스로 움츠리기 때문에 자존감도 낮다고 한다.

문 명궁이 좁은 사람은 마음이 불안하다고 하는 것은 왜 그렇습니까?

답 명궁은 인당과 똑같이 간의 기가 모이는 곳이다. 간의 기가 역류하면 기(氣)가 명궁에 집중되어 자연히 좁아지게 된다. 때문에 명궁이 좁은 사람은 마음이 불안하고, 명궁이 넓은 사람은 간기가 약하고 둔감하다.

문 인당이 좁은 사람은 귀인이나 윗사람과의 관계가 원만하지 못한 것은 왜 그렇습니까?

답 코는 중앙에 있으며 자신을 의미하고 인당 위쪽은 윗사람을 나타낸다. 즉, 인당이 좁은 것은 윗사람까지 가는 통로가 가늘고 막혀 있는 것과 같다. 그렇기 때문에 인당이 좁은 사람은 귀인, 윗사람과 소통이 원만하지 않다는 것이다. 반대로 인당이 넓으며 검은 점이나 흉터 같은 장애도 없고 깨끗하면, 코부터 눈 위까지 통하는 곳에 거칠 것이 없어, 귀인이나 윗사람과 관계가 좋다고 하는 것이다.

4. 턱(頤)에 관하여

- 턱은 품성(品性)을 살피는 곳이다.
- 날카롭게 각(角)져 있는 턱은 윗사람에게 등을 돌리고, 뽐내며 건방지다. 또한, 집안을 어지럽힌다.
- 턱 끝이 2개로 나누어져 있는 사람은 부모의 가업을 계승하지 않는다. 또한, 집안을 어지럽히며 한곳에 정착하지 못하고 이사가 잦다.
- 턱이 없는 무(無)턱은 생각이 깊지 못하며, 가족을 잘 다스리지 못해 가정을 붕괴시킨다. 또한, 사람들이 따르지 않는다. 주위에 성격이 급한 사람을 보면 알 수 있다.
- 짧은 턱은 가족관계가 나쁘고 가정이 안정되는 것이 늦다.
- 긴 턱은 가정을 붕괴시키고 가족관계가 나쁘다.
- 얼굴과 균형 있게 보기 좋은 턱은 그 나름의 복운이 있다.
- 앞으로 나와 있는 턱은 마음이 순수하지 못하기에 가정을 어지럽힌다.
- 턱이 크고 살집이 많으며 볼록하게 부은 것처럼 보이는 것은 좋지 않다. 일이 순조롭게 풀리지 않으며, 그 당시의 몸의 상태가 좋지 않음을 나타낸다.
- 턱을 둘러싸고 있는 것처럼 살집이 있으면 운이 열리고 있는 상태다. 또한 턱이 접히는 줄이 약간 돌아간 것 같이 보일 때부터 차츰 운이 열린다.
- 턱의 접히는 줄이 깊이 돌아가 있고, 힘이 없이 말라버린 것 같으며, 턱 전체가 쓸쓸하게 보이면 한때는 번성하였지만 현재는 힘이 빠져 내리막길을 걷고 있는 사람이다.

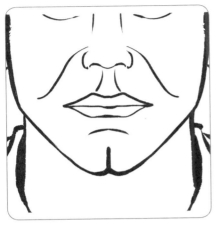

【그림9】 2개로 쪼개진 턱

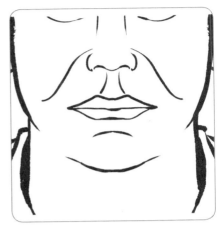

【그림10】 무(無) 턱

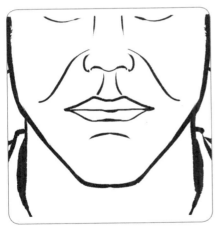

【그림11】 각(角)져 있는 턱

【그림12】 돌출된 턱

문 턱을 둘러싸고 있는 것처럼 살집이 있으면 운이 열린다는 고하는 것은 어떤 이유에서입니까?

답 얼굴 하관이 풍부하며 턱에 줄이 돌려 있는 것은 제후의 관이 풍성하게 넘쳐 왕성하다는 뜻이다. 그럴 때 군주의 권위도 높아진다. 그래서 운이 열린다고 하는 것이다.

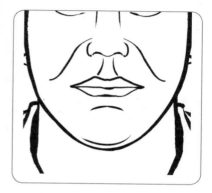

또한, 턱 줄이 약간 돌려 있는 것 같이 보일 때, 서서히 제후의 관이 왕성 해지므로 운이 차츰 열린다.

【그림13】 살집이 풍성한 턱

또한, 턱 줄이 깊이 돌려 있어도 힘이 없고 턱이 쓸쓸하게 보일 때 한때는 번창하였으나 힘이 빠진 상태를 의미한다. 군주 또한 당연히 힘을 잃는다. 그렇기 때문에 이런 상(相)의 사람은 그 당시에 운이 다한 상태라고 할 수 있다.

문 그렇다면 턱이 긴 사람은 가정을 붕괴시키고 가족관계가 나쁜 것은 어떤 이유에서입니까?

답 긴 턱은 제후의 관이 있다고는 하지만 제후가 야무지지 못하고 느슨해 가정이 파탄 난다. 이것은 신하가 똑똑하지 못하기 때문에 나라가 망하는 것과 마찬가지다. 또한, 턱이 부풀어 오른 것 같은 상(相)은 제후의 관이 단단하게 못해 몸 둘 곳이 없어 안정이 되지 않는 것과 같다. 또한, 턱은 땅에 비유하는데 땅의 물기가 너무 많아도 살아가기 어렵듯 사람이 모이지 않는다.

문 턱이 짧은 사람은 가족관계가 나쁘고 가정이 안정되는 것이 늦다는 것은 왜 그렇습니까?

답 턱은 땅에 비유하고 제후(諸侯)의 관(官)에 해당한다. 턱이 짧은 것은 땅을 지키는 제후가 없는 것과 같아서 군주의 주거가 편안하지가 못하다. 그렇기 때문에 주거가 정해지는 것이 늦으며 가정이 안정되는 것이 늦다고 한다.

5. 새골(鰓骨_귀밑에서 턱사이 아가미 뼈를 말한다)에 관하여

- 새골이 높은 사람은 욕심 많으며 윗사람에 반기를 들고 마음이 잘 맞지 않는
  다. 그러나 자신의 이익과 관련된 일은 열심이 잘한다. 단, 이런 사람의 관
  상을 볼 때 정신력을 고려해서 판단해야 한다.
- 새골이 거의 없는 것 같은 사람은 자신의 권위가 부족해 출세가 어렵다.
  그러나 정직한 성격에 평생 먹는 것으로 곤란한 일을 겪지 않는다.
- 귀 밑의 뼈가 있는 곳에 살이 없고, 턱뼈가 높이 솟아 있으며 날카롭고 각(角)
  져 있는 사람은 굉장히 운이 나쁘다. 평생에 한번은 성공하여 번창하나 말년
  에는 반드시 쇠퇴한다. 또한, 사람과 오랫동안 관계를 유지하기 어렵다. 그
  러나 마음의 청탁(淸濁)에 따라 다르다.
- 귀 밑의 뼈가 높아도 살집이 많이 있을 때는 악상이라고 해도 그렇게 나쁘
  지는 않다. 얼굴과 조화롭게 살쪄 있으며 보기 좋고 깨끗할 때 길상이다.
  마음이 순수하며 윗사람과의 관계도 좋으며 상응하는 복운이 있다.

水野南北과 제자와 문답 ▶

문 귀 밑의 뼈가 얼굴과 조화롭게 살쪄 있으며, 깨끗할 때 마음이 순수하 윗
   사람과 관계도 좋다는 것은 어떤 이유에서입니까?

답 새골에 살이 붙고 깨끗할 때는 제후의 관이 넉넉하고 바르다. 군주 또한
   여유롭게 바른 정치를 할 수 있다. 또한, 군주와 신하가 마음을 합쳐 조화
   롭게 국정을 운영해 나갈 때 윗사람과 관계도 좋은 것이다.

문 새골이 날카로우며 각(角)진 사람은 윗사람에게 등을 돌린다는 것은 왜
   그렇습니까?

답 새골이 날카로우며 각(角) 져 있을 때는 제후의 관(官)이 날카롭게 뻗어 있
   는 것과 같기 때문에 윗사람에게 등을 돌린다고 생각이 된다.

문 새골(鰓骨)이 높은 사람은 욕심이 많으며 윗사람에게 반기를 들고, 턱뼈가 날카로우며 각(角) 져 있는 사람도 윗사람을 배신한다는 것은 왜 그렇습니까?

답 코는 중앙의 군주이며 광대뼈는 장군의 관(官)이고, 귀부터 아래턱까지는 제후(諸侯)의 관이다. 그렇기 때문에 귀밑 뼈가 높은 것은 즉 장군의 권위를 제쳐 놓고 제후의 권위가 만연한 것이며 하늘의 이치에 등을 돌리는 것이다.

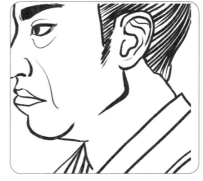

【그림14】각(角)져 있는 새골

그렇기에 한번 번창하여도 후에는 쇠퇴하는 것이다. 또한, 턱뼈가 없는 것과 마찬가지인 사람은 군주는 있는데 제후가 없으니 즉, 나의 권위가 거의 없다는 것과 같다.

6. 잡골격(雜骨格)에 관하여

- 눈썹꼬리 위(遷移宮_천이궁)에 살집이 많이 있는 사람은 그 나름의 복운(福運)이 있으며, 계획하는 일이 대체적으로 이루어진다. 빈 상이 있어도 결코 가난하다고 보아서는 안 된다.
- 젊은 사람이 눈썹꼬리부터 눈꼬리 주변까지(처첩궁) 살이 없고, 낮은 경우 처(妻)를 얻으면서부터 운이 나빠진다. 또한, 부부 사이가 좋지 않으며, 자식과 인연이 약하고 집안일로 고생이 많다.
- 손바닥의 세로주름(天下筋_천하근) 즉, 운명선(運命線)이 가운뎃손가락 중지까지 뻗어 있는 손금은 가족이나 친척 중 학자나 승려가 있을 것이다.
- 성격이 급하지만 애교가 많은 사람은 선(善), 악(惡) 모두에 강한 마음을 갖고 있다. 또한, 눈물이 많으며 소견이 좁고 경박하나 사람을 잘 도와준다.
- 목뼈(목젖)가 낮은 사람은 눈물이 많으며 마음이 좁다. 작은 일에 놀라며 끈기가 부족하다.
- 안면이 좋은 얼굴은 장남, 총괄 관리자(惣領_총령)의 상이다. 동생이라도 장남의 지위를 가지며 마음이 넓은 사람이다.
- 얼굴이 여위어 좁아 보이는 느낌은 동생의 상(相)이다. 마음이 초조하며 부모의 집, 가업을 물려받지 못하고 살고 있는 집마저 타인에게 양도하는 일이 발생한다.
- 체구가 작으며 머리도 작고 얼굴의 전체에 살집이 없어 야위어 보이는 사람은 반드시 집안을 어지럽힌다. 여자 문제가 많고 이혼과 재혼을 반복한다. 또한, 윗사람에게 등을 돌리는 일이 생기며, 평생 좋은 운(運)은 아니다.
- 머리카락이 두껍고 눈썹이 진한 것은 동생의 상이다. 마음이 초조한 편이며 끈기가 부족하다.
- 여자가 이마와 귀밑 안쪽에 검은 점이 있으면 남편과 이혼하거나, 남편(男便)이 있는 여자가 관계(關係)하는 외간 남자가 있다. 단, 검은 점은 큰 것에 한정한다.

- 머리카락이 가늘고 눈썹 옅은 경우 장남(長男), 총괄 관리자(惣領_총령)의 상이다. 동생이라도 장남, 총령의 지위를 얻어 부모의 가업을 계승한다. 또한 마음이 넓다. 그리고 머리카락이 굵은 것은 두껍고 검으며 뻣뻣하다는 것이고, 머리카락이 옅다고 하는 것은 털이 가늘고 부드러우며 곧게 뻗은 생머리를 말한다.
- 성격이 부드럽고 온화하며 애교가 많은 장남(長男)은 보통 여자아이를 많이 낳는다. 그리고 눈물이 많으며 끈기가 부족하다.
- 살이 많이 쪄 몸에 수분이 많은 팔뚝을 잡았을 때 근육이 물렁거리고 단단하지 못하고 부드러우면 반드시 중풍에 걸린다.
- 산림(山林_눈썹 끝부분에서 위)주변에 살이 깊이 패인 사람은 부모로부터 물려받은 재산을 탕진하여 집안을 어지럽힌다. 또 일찍이 은둔하며 지낼 수도 있다.

7. 잡문답(雜問答_여러가지를 섞어서 한꺼번에 설명함)

문 천창(天倉)은 왜 복당(福堂) 천이(遷移_천이궁)라고 하는 것입니까?

답 천창은 하늘의 창고이다. 천창에 살집이 좋을 때 하늘의 창고가 풍성하게
넘치는 것과 같아서 복당(福堂)이라고 한다. 또한, 하늘로부터 복운을 받
을 때 하늘 창고에 풍족함을 옮기는 것이기 때문에 천이(遷移)라고 이름
붙이는 것이다. 또한, 천창(天倉) 살집이 없을 때 하늘로부터 받는 복운
이 없는 것과 같아서 당연히 이런 사람은 복운이 별로 없으며, 반대로 천
창(天倉)에 살집이 많을 때 복운이 많은 것이다. 더 자세한 것은 '후편 혈
색'에 이야기하겠다.

문 하늘이 주는 은혜와 복운(福運)에 관해 설명하셨습니다. 자기 스스로가 불
러오는 복운은 어디를 어떻게 알 수 있나요?

답 이것은 반드시 지고(地庫_입술 밑 좌, 우)에 나타난다. 하늘의 은혜에 의한
복운은 하늘 창고에 있으며 복당에 옮겨진다. 자기 스스로 불러온 복운은
자연히 땅의 창고인 입 양쪽 법령(法令)에서 시작된다. 이것을 천지의 복
운이라고 한다. 자세한 것은 '후편 혈색'에 이야기하겠다.

문 복당에서부터 처첩(妻妾)에 이르는 곳까지 낮은 경우, 처(妻)를 얻으면서
부터 운이 나빠진다고 하는 것은 왜 그렇습니까?

답 복당부터 처첩까지 살이 빠진 것처럼 낮은 것은 처첩이 복당을 누르는 형
상으로 나의 처재(妻財)의 관이 없는 것과 같아서 처(妻)를 얻은 후부터 운
이 기우는 것이다. 반대로 이곳에 살이 풍족하게 보이는 사람은 처재(妻
財)의 관을 얻은 것과 같아 처(妻)를 얻고 나서부터 운(運)이 들어와 복운
의 은혜를 받는다고 한다.

문 손바닥의 세로 뻗은 주름을 천하근(天下筋)이라고 하는 것은 어떤 이유에서 입니까?

답 손바닥에도 이마처럼 천지인(天地人)의 삼문(三紋)이 있는데, 손목 근처에서 시작해서 중지 밑부분까지 뻗어 있는 것을 천하근(天下筋_운명선)이라고 한다. 땅에서 선이 나와 하늘을 뚫은 것을 일자출가(一子出家)하면 구족(九族)이 하늘에 살고 있다고 말한다. 그런 뜻으로 가족 친지 중 출가한 사람이 있다하고 하는 것이다. 또한, 가족, 친지 중 무가(武家_군인/무사)가 있다.

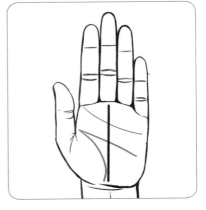

【그림15】 중지까지 이어진 운명선

문 머리카락이나 눈썹이 옅은 경우 장남(長男) 총령(惣領)의 상이고, 머리카락이나 눈썹이 두터운 것은 동생의 상이 합니다. 그런데 장남이라도 머리카락, 눈썹이 두터운 사람도 있으며, 동생이지만 머리카락, 눈썹이 옅은 사람도 있습니다. 어떤 이유에서입니까?

답 머리카락이나 털은 피(血)의 싹으로, 밖으로 나타난 것이기에 신장(腎臟)에 속한다. 장남이라고 해도 부모가 늙어서 기혈(氣血)이 쇠약할 때 태내(胎內)에 있던 경우에는 그 싹이 자라는 환경이 좋지 못해 머리카락이나 눈썹이 두터워진다. 다시 말하면 거칠다. 또한, 동생이라 해도 집안 형편이 좋고, 부모의 기혈(氣血)이 왕성할 때 태내(胎內)에 있었다면 충분한 영양공급을 받아 머리카락, 눈썹이 부드럽고 윤기가 있게 자랐기 때문이다.

문 목뼈가 낮은 사람은 눈물이 많고 작은 일에도 놀라는 것은 왜 그렇습니까?

답 남자는 양(陽)이기에 목젖이 높고, 여자는 음(陰)이기에 목젖이 낮다. 그렇기 때문에 목젖이 낮은 경우 여자의 형태를 갖고 있는 것과 같다. 그래서 눈물이 많은 것이다. 또한, 작은 일에도 놀라는 것은 여자에게는 일반적인 있는 일이다. 생각해 보면 알 수 있다.

【그림16】 낮은 목젖

문 중풍이 발생하는 원인은 무엇에 있습니까?

답 천지에는 물(水)있으며 사람에게는 혈액(血液)이 있다. 물(水)은 밤낮으로 세상을 돌고, 혈액은 오체(五體)를 돈다.

신체가 건강할 때는 혈액 순환이 좋으며, 혈액순환이 좋을 때 몸도 건강하다. 혈기(血氣)가 넘칠 때 신체도 자연히 충만하며, 피가 마를 때 신체도 약해진다.

또한, 젊은 때는 원기가 넘쳐 기혈이 불순해지는 일이 없다. 즉, 젊을 때는 중풍이 없다. 나이를 많이 먹으면서 자연히 원기가 모자라 오체(五體)를 도는 기혈도 약해지며 손발이 절여오는 것이다. 또한, 중풍에 걸리는 사람을 보면 비만하고 몸에 수분이 많고 살이 단단하지 않다. 이경우 보통 혈분이 많아 잠을 잘 때 기혈의 통로를 막아 피(血)가 원활하게 순환하지 못해 손, 발이 저린 것이다.

또한, 잠에서 깨어나 있을 때는 기혈의 통로가 열려 자연히 막히는 것없이 잘 순환하기 때문에 저린 것이 가라앉는다. 그러나 몸이 늙으면 원기도 떨어져 기혈의 통로가 원활하게 순환하지 못해 중풍을 일으키는 것이다. 여자의 경우는 조금 차이는 있지만 잘 생각하기 바란다.

문 안면이 넉넉하고 좋은 것은 장남, 총령(惣領)의 상이며 얼굴이 좁은 것은 동생의 상이라고 하는 것은 왜 그렇습니까?

답 총령(장남)으로 태어난 사람은 부모로부터 큰 총애를 받는다. 부모의 마음과 어느 정도 통하는 것이 있으며 넉넉하게 자란다. 때문에 얼굴도 넉넉하고 좋다. 또한, 장남은 태어나면서부터 가업을 계승하는 것이 정해져 있어 자연히 편안하고 후덕해진다. 반면에 동생은 정해진 가업이 없고 부모의 마음도 다르기에 얼굴이 자연히 넉넉하지 못하다.

【그림17】 장남 총령(惣領)의 상

문 성격이 급하지만 애교가 많은 사람은 선(善), 악(惡) 모두에 강한 마음을 갖고 있다고 하는 것입니까?

답 성격이 급한 것은 일시적인 악(惡)이나, 애교는 본성이 선(善)한 것이다. 그렇기 때문에 선과 악의 마음이 교차하며 생겨나는 것이다. 급한 성격은 스스로 내 몸을 망친다. 하지만 마음이 넓은 사람은 자연히 편안하고, 급한 성격이 가라앉을 때 몸과 마음이 안정되어 가정이 풍족해지며, 운도 자연히 들어와 심신이 편안해진다.

문 가난한 집에 태어나면 장남(長男)의 경우라도 얼굴이 넉넉하지 못한 것은 왜 그렇습니까?

답 가난한 집은 부모은 생활에 쫓기기 때문에 장남이라도 깊은 애정을 주지 못한다. 또한, 슬픈 일이 많아 장남이라 해도 얼굴이 밝지 못하다. 그리고 가난한 집은 대체적으로 집이 작고 비좁기 때문에 얼굴이 여유롭지 못하다. 그래서 가난한 집에 태어나면 장남이라도 해도 자연히 얼굴이 넉넉하지 못한 것이다.

문 성격이 부드럽고 애교가 많은 장남(長男)의 경우 보통 여자아이와 인연 많다는 것은 왜 그렇습니까?

답 부드러우며 애교가 많은 것은 기력이 약하기 때문이다. 또한, 기력이 약한 남자는 여자의 기력에 눌려 교합을 할 때는 여자의 기(氣)에 둘러싸여져 자연히 여자아이를 낳게 되는 것이다. 그래서 애교가 많은 장남은 딸과 인연이 많다고 한다. 이것은 자연의 이치인 것이다. 보통의 기력이 강한 남자라도 기력이 약해졌을 때 교합하면 여자의 기력에 지기 때문에 자연히 여자아이를 낳게 된다.

문 여자가 이마와 귀밑 안쪽에 검은 점이 있는 경우, 남편이 있는 여자가 관계하는 외간 남자가 있다고 하는 것은 어떤 이유에서입니까?

답 점은 혈(血)이 밖으로 나타난 것이므로 신장과 관계가 있지만, 점은 음(陰)이다. 또한 이마는 하늘이며 남편을 나타낸다. 그런데 그곳에 음의 검은 점을 꼭꼭 싸서 감추어 놓은 것이므로 관계하는 외간 남자가 있다는 것이다.

문 산림(山林)주변에 살이 패어 있는 사람은 부모로부터 물려받은 재산을 탕진하며 집안을 어지럽힌다 것은 어떤 이유에서입니까?

답 이마는 윗사람을 나타내며 산림은 윗사람의 논밭에 해당한다.
산림이 움푹하게 패일 때는 윗사람의 산림을 휘저어 놓은 것과 마찬가지로 부모가 물려준 재산을 탕진하고 집안을 파탄으로 몰고 간다고 하는 것이다.

【그림18】 산림(山林)주변에 흉

- 여자의 상을 보면 부부의 인연이 바뀌거나, 이혼(離婚) 할 상인데, 인연이 바뀌지 않는 경우는 남편의 마음이 강하거나, 그렇지 않으며 호인(好人)이다. 또한, 이런 여자는 남편을 제쳐 놓고 모든 일에 나서기 좋아하고, 남편보다 성격이 과격한 것이 보통이다. 그러나 남편이 부인보다 강하면 남편의 말에 잘 따르므로 자연히 음양화합이 잘 이루어져 부부 사이가 원만하므로 집안은 번창한다.
- 번화(繁華_도시)한 땅을 떠나서 변방 시골에 사는 사람은 부부의 인연이 바뀌거나, 이혼(離婚)하는 상이 있어도 반드시 이혼하지는 않는다.
- 번화(繁華_도시)한 땅에 사는 사람 중 인연이 바뀌지 않는 상인데도 불구하고, 인연이 바뀌는 일이 있다. 이부분은 잘 생각해 보지 않으면 안된다.
- 변방(邊方_시골)에 태어나 사는 사람은 자식이 없는 상인데도 자식이 있는 경우가 있다.
- 변방(邊方_시골)에 유녀(遊女_사창가)가 있는 주변에서 태어나 살고 있는 사람은 자손이 있는 상인데도 불구하고 자손이 없는 경우가 있다.
- 도시에 태어나서 살고 있는 사람은 자식이 있는 상인데도 자식이 없는 경우가 있다.
- 도시에 거주하며 몸과 마음 가짐이 바르게 갖고 사는 사람은 자식이 없는 상이라 해도 자식을 얻는다.
- 모든 면에서 여자를 많이 닮은 남자는 마음의 기량(器量)이 부족하고 겁이 많다. 자연히 사람들에게 존경받기 힘들며 출세도 어렵다.
- 남녀 똑같이 음부에 검은 점이 있는 경우 반드시 부부는 이혼한다. 자식과 인연이 없고 호색한(好色漢)이다.
- 다른 집으로 양자(養子)로 갈 상(相)이 양자로 가지 않는 경우, 부모 중 어느 한쪽이 바뀌는 일이 일어난다.
- 관상으로 장남인지 동생인지 구분이 안가는 경우가 있다. 이런 상을 가진 사람은 외아들일 경우가 많지만, 잘 보고 판단해야 한다.

• 지각(地閣)에 검은 점이 있는 사람은 가정과 인연이 약하다. 또 가정이 있어도 함께 살 의지가 없다. 또, 복운(福運)이 있어 상속받은 재산이 있어도 평생 집을 짓는 일에 재산을 다 써버린다.

문 모든 면에서 여자를 많이 닮은 남자는 어리석다고 하는데, 어떤 면이 여자와 닮아 있다고 하는 것인가요?

답 남자는 양(陽)이기에 그 형태는 강하며 눈, 귀, 코, 입 전부가 크고 말투가 거칠다. 이것을 소천지의 대양(大陽)이라 하며 남자의 평상시 모습이다. 여자는 그 모양이 부드러우며 눈, 귀, 입 전부가 작고 목소리도 크지 않으며 조용하다. 이것을 소천지의 대음(大陰)이라 하며 여자의 평상시 모습이다.

또한, 여자는 마음이 어리석어 사람들에게 중히 여겨지지 않는다. 때문에 남자라 해도 여자의 형태를 갖고 있는 사람은 마음이 어리석어 사람들에게 중요하게 대접받지 못한다. 게다가 대양(大陽)이어야 할 남자가 대음(大陰)인 여자와 닮아 있는 것은 음(陰), 양(陽)의 이치를 거스른 것과 같기 때문에 만사 정리가 나쁘며 출세가 어렵다.

문 번화(繁華_도시)한 땅에 태어나 살고 있는 사람은 자식이 있는 상이라도 자식을 갖지 못하는 일이 있다고 하는 것은 어떤 이유에서입니까?

답 도시에 사는 남자는 젊을 때부터 화류계 기생을 접할 기회도 많고 노는 것에 정력을 쏟아 부인 얻을 무렵 신체에 힘이 빠져 자식을 갖기가 어려워진다. 그러나 도시에 살고 있어도 몸가짐이 바른 사람은 자식이 없는 상(相)이라도 자식을 가질 수 있다.

자식은 하늘이 내려주는 것이라 갖고 싶다고 갖고, 안 갖고 싶다고 안 가질 수도 있는 것이 아니다. 모든 것이 원인은 나에게 있는 것이다. 또한, 시골 유녀(遊女_창녀) 없는 곳에 사는 남자는 정력을 소비할 곳도 없고 때가 되면 음양의 화합을 이루어 자식을 갖게 된다.

문 음부에 검은 점이 있는 사람은 호색한이라고 말하는 것은 어떤 이유에서
인가요?

답 점은 혈(血)이 밖으로 나타난 것으로 신장과 관계가 있지만 점은 음(陰)이
며, 음부에 검은 점이 있다는 것은 음(陰)에다가 음(陰)을 포개 놓은 것이
기 때문에 호색한(好色漢)이라고 하는 것이다.

문 지각(地閣)에 검은 점이 있는 사람은 가정과 인연이 약하다는 것은 왜 그
렇습니까?

답 지각은 땅에 해당하는 것이기 때문
에 가거(家居)의 관(官)이라고도 한
다. 검은 점은 피가 밖으로 나타난
것으로 신체의 물(水)에 속하고, 지
각에 검은 점이 있을 때는 땅에 물
이 고인 것과 같기 때문에 가정에
문제가 생기는 것이다.

【그림20】 지각(地閣)에 검은 점

- 양자(養子)의 상이라도 이마가 좁고 울퉁불퉁하게 각(角)져 있거나, 눈이 튀
어나와 있거나, 눈썹이 두껍고 흐트러져 있거나, 코가 크게 뾰족하게 솟아
있거나, 급한 성질을 갖고 있는 사람은 다른 집 양자로 들러 갈수 없다. 만
약, 양자로 들어갈 경우 그 집안을 망치거나 아니면 몸을 상하게 한다. 양
자로 살고 있는 사람의 경우도 마찬가지다.

- 신분이 빈천(貧賤)한 사람이 귀상(貴相)이나 위상(威相_엄한 얼굴)인 경우 사
람들로부터 미움과 질투를 받아 가정이 붕괴되거나 파탄 나기 때문에 좋은
상은 아니다. 또, 장사하는 사람이 귀상, 위상이면 자존심이 강하기 때문에
손님들이 싫어해서 장사가 안돼서 자연히 가게는 망하게 된다.

- 발등이 얇은 사람은 가족과 인연이 희박하다. 또한, 가정이 있어도 평생 함
께 살겠다는 의지가 없으며 자식과 인연도 약하고 말년이 나쁘다.

- 번화(繁華_도시)에서 태어나 사는 사람은 변지(边地_산림 아래쪽)에 장애가 있을 때 변지(시골)에 가지 말고 그대로 도시에 사는 것이 좋다. 반대로 변지(시골)에 태어나서 시골에 살고 있는 사람이 변지(边地)의 官에 장애가 있을 때는 고향을 떠나 번화한 도시에 사는 것이 좋다. 변지(시골)에 사는 것은 별 도움이 되지 않는다.

【그림21】 변지(边地)의 위치

【그림22】 인당, 산근의 흉

- 지위가 높고, 월급이 많은 사람이 애교가 있을 때는 그 지위를 오랫동안 지키지 못한다. 또한, 집안을 어지럽히고 빨리 은퇴할 수도 있다.
- 인당의 위치가 낮은 사람은 양자(養子)로 들어가서 자리를 잡는다.
- 근시(近視)인 사람은 가족과의 인연이 없으며 마음도 잘 안 맞는다.
- 첫 대면인데 무슨 말을 하기도 전에 웃는 여자는 호색(好色)으로 남자를 잘 바꾼다. 또한, 불륜(不倫)을 저질러 어려움이 있을 것이다.
- 볼살이 옅게 깎인 것 같은 느낌을 주는 사람은 부모의 가업을 계승하지 않는다.
- 인당(印堂), 산근(山根) 근처에 흉이 있는 사람은 남의 집 양자로 들어간다. 또한 흉은 3개 까지는 길흉(吉凶)을 판단하지만, 그 이상 많을 경우에는 판단하지 않는다.

- 윗사람을 누르는 상을 갖고 있지 않은 사람은 높은 관직에 앉기 어렵다. 만약 윗사람을 누르고 높은 관직에 올라간 경우 반드시 노년에 패하여 쇠퇴하게 될 것이다.
- 윗사람을 잘 받들어 열심히 일하는 사람은 직위가 올라가는 것이 늦다. 주위 사람의 방해가 있다. 또한, 윗사람을 잘 받드는 상(相)이 고위직에 올라갈 경우 후에 패하여 쇠퇴하여도 노후는 안락하게 보낼 것이다.
- 쓸모없는 빈상(貧相)이라고 해도 마음이 정직한 사람은 극빈(極貧)하게 되는 일이 없으며 신분에 맞게 살아갈 것이다. 때문에 가난한 사람의 복운(福運)은 정직함에 있다.
- 먹을 것에 곤란한 정도의 가난한 사람이라도, 애교가 있으면 극빈(極貧)하게 되지 않으며 평생 먹을 것이 떨어지지 않는다. 때문에 극빈한 사람의 복운은 애교에 있다.
- 길상이라 해도 성실하지 못한 사람이 있다. 이런 사람은 야망을 갖고 큰 것을 바라지만 반드시 말년이 좋지 않다. 또한, 귀인이나 부자에게 빠르게 다가가 친해지지만 친분을 오래 유지하지 못한다.
- 감정 기복이 심하고 정서가 고르지 못한 사람은 반드시 단명한다. 또한, 무엇인가에 의해 파탄을 맞게 된다.
- 산림(山林)의 근처부터 눈썹 위 주위의 피부를 잡아당긴 것 같이 주름이 많이 있는 사람은 비천상 관상이라도 출세하며 사람들이 많이 찾는다. 그러나 보잘것없는 남자의 용기(勇氣) 같은 것이다.
- 승려, 학자가 인내하는 마음이 없으면 출세가 힘들다. 기생, 예능을 파는 사람 또한 마찬가지다.
- 여자가 남자와 같은 상(相), 기질(氣質)을 가진 경우에는 반드시 남편을 누른다. 아니면 이혼을 하거나 남편 때문에 고생이 많다
- 얼굴의 굴곡이 크고, 작고 다소 차이가 있는 것은 당연하지만, 차이가 심한 경우에는 음양의 화합이 잘되지 않는다. 부부의 인연이 바뀌고 집을 파탄 시키는 상이다.

- 환자의 배꼽을 보았을 때 시들어 힘이 없고, 손으로 부드럽게 잡아당겨지면 반드시 죽는다. 노인은 별도로 생각해야 한다.
- 악상이라 해도 성실한 사람이 있다. 이런 사람은 뒤에서 수군거리는 나쁜 말을 듣지만 말년은 좋다.
- 산재(散財)의 관상이 아닌데 출세는 하지 못하는 경우가 있다. 반드시 빈상이다.
- 재산이 많아도 빈상(貧相)인 경우는 돈이나 물건을 함부로 쓰는 것을 싫어하는 근검절약하는 사람이다. 이런 관상을 마음의 빈상이라 한다.
- 복상이 있는데도 가난한 사람이 있다. 이런 사람은 마음이 넓고, 일이 실패로 끝나도 마음에 담아두지 않는다. 이것을 마음의 복상이라고 한다.
- 신분이 높아 귀인이라도 귀상(貴相)이 없을 때는 그 마음이 하상(下相)인 것이다. 그렇기 때문에 생활이 문란하여 가정이 몰락한다.
- 자식이 없는 상인데도 자식을 많은 사람은 자식이 결코 도움이 되지 않는다. 딸이 많던가, 자식이 있어도 죽을 때까지 몸을 써서 일을 해야 한다. 즉 자식에게 밥을 얻어먹지 못한다.
- 자식이 있는 상인데도 자식을 갖지 못하는 사람은 양자(養子)를 들여 양자에게 기대어 편안한 여생을 보낼 수 있다.

문 사부님께서 입(口)에 대하여서는 설명하셨지만, 아직 입안(內)에 대해서는 말씀이 없었습니다. 입안은 관상을 봐야 하나요, 아니면 보지 않아도 되나요?

답 음식을 먹으면 비장(脾臟)으로 들어간다. 그래서 비장을 창고(倉庫)의 관(官)이라 하고, 입안은 창고의 마당이라 한다. 입이 큰 사람은 입안이 넓으며, 입이 작은 사람은 입안도 좁다. 입안이 좁은 것은 창고의 마당이 좁은 것과 같아서 오장육부(五臟六腑)를 충분하게 먹여 살릴 수 없다. 이런 사람은 신체도 약하고 작은 일에도 잘 놀란다.
반대로 입이 큰 사람은 창고의 마당이 넓어 오장 육부가 튼튼하다.

때문에 강건하다. 또한, 입안은 오장(五臟)의 싹이 모이는 곳이기에 서로 어울려서 오장이 원하는 음식을 보낼 수 있다.

문 치아는 무엇에 비유됩니까?

답 치아는 창고에서 일하는 사람과 같은 것이다. 먹는 음식을 잘게 부수어 육부(六腑)를 먹여 살린다. 치아가 많은 사람은 창고에서 일하는 사람이 많은 것과 같다. 먹은 음식을 잘 씹기 때문에 오장 육부를 충분히 먹여 살릴 수 있다. 때문에 튼튼하고 장수한다. 또한, 많이 먹는다. 치아가 긴 사람도 마찬가지다. 반대로 치아가 고르지 못한 사람은 창고에서 일하는 사람이 잘 갖춰져 있지 않은 것과 같아서 음식을 충분히 씹을 수가 없어 오장 육부에 충분히 영양을 공급하지 못해 몸이 약하며 끈기가 부족하다. 또한, 치아가 적은 사람은 창고에서 일하는 사람이 부족한 것과 같아서 소식(小食) 하며 속마음도 자연히 천박하다.

문 혀는 무엇에 비유됩니까?

답 혀는 창고에 우마(牛馬)와 같은 것이다. 음식을 나르기 때문이다. 혀가 작은 사람은 창고에 일하는 소와 말이 적은 것과 같아서 음식을 육부(六腑)에 옮기기 바빠 자연히 소식(小食) 하게 된다. 반대로 혀가 큰 사람은 창고에 우마가 많아 음식을 육부에 옮기기에 충분해 자연히 풍족하게 음식을 섭취해 몸도 튼튼하며 상응한 복을 받는다. 혀가 날카로운 사람은 창고의 우마가 민첩해 식사 속도가 빨라 마음이 초조하기 쉬워 단명한다. 크면서 두터운 혀는 좋은 우마를 갖고 있는 것과 같다. 따라서 풍족하게 음식을 잘 먹기 때문에 신체가 튼튼하며 마음도 넉넉하다. 또, 혀는 창고의 파수꾼이기도 하다. 좋은 음식은 입으로 들며, 나쁜 음식은 통과하지 못하게 한다. 혀가 깨끗한 사람은 상한 음식을 먹는 일이 없어 건강한 식사를 할 수 있다. 또한, 혀는 언어와 소리는 내는 중요한 기관이기도 하다. 혀가 좋지 못하면 목소리, 말이 유창하지 못하다.

문 고서를 보면 왼쪽 눈썹을 나후성(羅睺星) 오른쪽 눈썹을 계도성(計都星)
이라고 되어있는데 어떤 이유에서입니까?

답 이마는 양(陽)이며 화(火)성이라 하고, 양쪽 눈썹을 라(羅)성, 계(計)성이라
고 한다. 라(羅), 계(計), 화(火) 3개의 별을 삼성이라고 하며 그 성질은 아주
거칠다. 눈썹이 흐트러져 정리되어 있지 않을 때는 큰 어려움이 닥치는데
이것은 라(羅), 계(計) 2별이 거친 것과 같기 때문이다. 또 한 이마에 붉은
기를 띨 때도 큰 재난이 닥치는 것은 화(火)성의 거친 성질과 같은 이치다.

문 고서에 의하면 눈, 귀, 코, 입을 4개의 호수라고 하는데 어떤 이유에서입
니까?

답 눈, 귀, 코, 입은 안면에 양혈(陽穴)로 기력의 출입이 자연스러운 곳이다.
4개의 호수에 비유되는 것은 그 때문이지만 따로 설명이 어렵다. 내 생각
에는 정신과 마음 2개를 기본으로 하고 눈, 귀, 코, 입은 군신(君神)의 사
방의 문이며, 문을 신하들이 항상 지키고 있다고 생각한다. 만약, 신하가
지키지 않을 때는 바깥 세계의 모든 것이 정신과 통할 수 없기 때문이다.

문 배의 삼임(三壬)에 대하여 자세히 들었습니다만, 등의 삼갑(三甲)이라는
것은 어떠 것입니까?

답 삼갑(三甲)은 등에 있으며 양(陽)이며, 삼임(三壬)은 배에 있으며 음이다.
또한 등은 하늘에 땅에 비유되고, 배는 땅에 비유되지만 이것은 천지음양
(天地陰陽)의 이치이다.
또한, 임(壬)은 음(陰)이며 갑(甲)은 양(陽)이기에 삼갑(三甲), 삼임(三壬)은
하나의 몸에 음양인 있는 것이다. 하나의 몸에 음양이 완전하게 갖추고 있
는지에 따라 등에 삼갑, 배의 삼임이라 한다. 또한, 음(陰)에 3개의 숫자가
있으며, 양(陽)에도 3개의 숫자가 있다. 그래서 음을 포함한 양이며, 양을
포함한 음인 것이다. 즉, 배에 삼임이 있는 사람은 등에 삼갑(三甲)이 있
으며, 삼갑(三甲)이 있는 사람은 삼임(三壬)이 있어, 불이(不二)의 관계다.

문 변지(辺地_시골)에 사는 사람은 이혼(離婚) 하는 관상이라고 해도 이혼하지 않는다고 하는 것은 어떤 이유에서입니까?

답 변지(辺地_시골)에 사는 사람은 부인을 얻고 난 후 마음을 밖으로 두지 않는다. 남편은 한 명의 처(妻)를 지키며, 부인은 한 명의 남편을 섬기기 때문에 자연히 음양의 화합이 잘 맞아 행복하다. 때문에 변지에 사는 사람은 부인과 연이 바뀌는 상이 있어도 인연이 바뀌지 않는다고 한다. 또한, 번화(繁華_도시)에 사는 사람은 한 명의 처(妻)를 지키지 않고 유녀(遊女_사창가)를 찾거나 첩을 들이기도 하며 바람을 피우기 때문에 부부 사이가 좋지 않다. 때문에 번화(繁華_도시)에 사는 사람은 자연히 처(妻)의 인연이 바뀌는 것이다.

문 가난한 사람은 자식이 많다고 하는 것은 왜 그렇습니까?

답 가난한 사람은 생계를 겨우 꾸리기 때문에 처와 함께 열심히 일만 할 뿐이다. 함부로 유녀(사창가)를 찾거나 하여 음욕에 빠지는 일이 없다. 정력을 함부로 허비하는 일이 없기 때문에 가난한 사람에게 자식이 많은 것이 당연하다. 얕은 이치이지만 생각해 볼 일이다.

문 신분이 빈천(貧賤)한 사람이 귀상(貴相)이나 위상(威相_엄한 얼굴)인 경우 사람들로부터 미움과 질투를 받아 가정이 붕괴되거나 파탄 나는 것은 왜 그렇습니까?

답 가난한 사람이나 장사를 하는 사람은 인상이 부드럽고 애교가 있는 것이 상식이다. 그런데 장사를 하는 사람이 애교가 없으면 장사가 잘 되기 힘들다. 즉 상인이 귀상이나 위상이 있으면 사람들이 겁먹거나 두려워하기 때문에 자연히 찾지 않는다. 자기 스스로가 사람들에게 싫어하게 만드는 것이다. 그러면 장사도 기울고 자연히 가정은 붕괴되어 파탄 나는 것이다.

문 지위가 높고, 월급이 많은 사람이 애교가 있을 때는 그 지위를 오랫동안
지키지 못한다는 것은 왜 그렇습니까?

답 직위가 높은 귀인(貴人)이 사람을 대할 때 웃는 얼굴을 보이지 않는 것이
일반적이다. 즉 애교가 필요 없다. 신분이 낮은 하천(下賤)한 사람은 항상
친한 것처럼 웃는 얼굴로 사람을 대한다. 그렇지만 귀인에게 애교가 있으
면 하천(下賤)한 상으로 보여 그 직위를 오래 유지하기 힘들다. 그로 인해
집안이 붕괴되거나 파탄이 난다.

문 발등이 얇은 사람은 가족과 인연이 희박하고 자식과 인연도 약하며 말년
이 나쁘다는 것은 왜 그렇습니까?

답 발(足)은 땅과 같은 것이다. 땅은 두터운 것이 땅의 덕을 갖춘 것과 같고,
발등이 얇은 사람은 땅의 덕을 갖추지 못한 것과 같아서 가족과 인연이 희
박한 것이다. 또한, 사람의 머리(頭)는 초년, 발(足)은 말년, 자손은 말년에
각각 비유한다. 그렇기 때문에 발등이 얇은 사람은 말년 복이 없어 자손과
인연이 없다고 한다. 즉, 말년이 좋지 않다.

문 명(命)이 긴 상(相)인데, 빨리 죽는 것은 어떤 이유에서입니까?

답 사람의 목숨은 관상가의 힘이 미치는 것이 아니다. 천명(天命)인 것이다.
그러나 명은 하늘이 내리는 것이라고 해도 근본은 자신에게 있다. 하늘의
이치에 맞게 삶을 살 때 하늘이 내려준 명을 온전히 받으며, 이치와 맞지
않을 때 명(命)은 끊긴다.

건강하게 장수하고 싶다면, 먼저 음덕을 베풀고 호색, 주색을 삼가며 천
지의 만물을 함부로 하지 말며, 낭비하지 말고 절약하며 살아야 한다. 그
러면 하늘의 이치와 맞아 자연히 장수하게 될 것이다.

그러나 음식을 절제하지 않는 사람은 자연히 단명하거나, 오래 살아도 늙
어서 먹는 것에 곤란을 겪으며 가난하게 될 것이다. 만약, 풍족한 생애를
보내는 사람이 있다 해도 자손이 단명할 것이다.

단, 조상의 덕(德)이 있어 자손을 보호하는 경우도 있으므로 잘 생각해야
한다. 음덕을 베풀며 항상 검약(儉約)하게 사는 사람은 단명(短命)의 상(
相)이라도 오래 살며 일생 먹는 것에 곤란을 겪지 않는다. 또한, 죽음을 맞
이해도 식사 때문에 곤란을 겪지 않으며, 죽음을 맞는 순간까지 고통받는
일이 없다. 때문에 명(命)은 천명이며 목숨은 자신의 행실이다.
벼슬 지위(地位)에 대해서도 앞서 말한 것과 같다.
충효를 하면 하늘로부터 지위를 받으며 불충불효를 하면 하늘이 지위를
끊어 버린다. 즉 덕(德)을 쌓으면 덕(德)이 있고, 악(惡)을 쌓으면 악(惡)이
있다. 두려워해야 할 것은 하늘이며, 삼가며 조심해야 하는 것은 자기 자
신인 것이다.

문 좌두(座頭_악기를 연주하는 악사)의 직위는 무엇에 의해 정해지는 것인가요?
답 좌두는 눈이 보이지 않는 맹인이 그 직위가 맡으며, 눈을 보고 정한다.

문 그것은 어떤 이유에서입니까?
답 만약에 거문고(琴)나 삼미선(三味線)을 솜씨 좋게 연주한다고 해도 두 눈
이 다 보이는 사람은 구당(勾当)이나 검교(檢校)의 자리에 앉힐 수는 없다.
맹인의 지위는 눈에 따라 정해지는 것이다.

문 그러면 어떠한 눈을 보고 고관(高官_높은 지위)으로 정하는 것입니까?
답 맹인은 항상 눈을 감고 아름다운 것을 판단한다. 보지 않고 소리만으로 깨
끗하며 바른 것을 판단할 수 있는 사람은 높은 지위에 오른다. 그러나 항
상 외로워 보이는 눈은 그 직위가 외로운 것 같기 때문에 하관(下官)밖에
되지 못한다. 또, 항상 눈을 뜨고 있는 맹인은 자신이 맡은 자리가 불안하
고, 맡은 일이 자신에게 맡지 않아 임무를 다하지 못한다. 또한, 눈을 뜨
고 안구가 튀어나온 듯한 맹인은 직위가 안정되지 않고 흐트러진 것 같기
때문에 역시 하관(下官)이다.

만약, 고관이 되어도 자리가 안정되지 못해 길게 직위를 유지하지 못한다. 흔히 말하는 눈 뜬 장님이라고 하여 보통 사람의 눈과 같은 맹인은 악기를 연주하는 좌두(座頭) 자격이 못된다. 또한, 항상 눈을 뜨고 싶어 하는 맹인은 직위를 떠나려고 하는 것으로 대악상(大惡相)이다.

문 집안을 망하게 하는 관상이라도 집안을 흩트리지 않으며, 번창하게 하는 사람이 있는데 이것은 어떻게 된 것입니까?

답 아무리 집을 망하게 하는 상이 있어도 참을성이 강하고, 어떤 일에도 인내(忍耐) 하며 마음의 동요가 없는 사람은 결코 집안을 망하게 하지 않는다. 그리고 의식주(衣食住) 3가지는 참을성 즉, 인내(忍耐)가 기본이 되는 것이다.

문 사부님 관상 가르침에는 집안을 어지럽게 하는 상이 많은데 왜 그렇습니까?

답 중국에서는 몰라도 우리나라(일본)는 관료가 2,3할(20~30퍼센트) 정도밖에 안되고, 무관무록(無官無祿)의 평민은 전체의 8할(80퍼센트)이 된다. 직장과 직위가 있는 사람은 가정을 파탄 시키는 일은 별로 없다. 하지만 직업도 수입도 없는 사람이 가정을 파탄 시키는 경우가 많다. 때문에 집안을 어지럽히는 상이 많은 것이다. 또한, 공업, 상업에 종사하는 사람은 수입이 있지만, 그렇지 못한 사람이 더 많기 때문이다.

문 여자는 표면이 온화하며 내심이 강하다. 하는 것은 어떤 이유에서입니까?

답 남자는 속으로는 음(陰)을 품고 표면에 양(陽)을 나타낸다. 때문에 남자는 겉으로 강하고 내면은 약하다. 여자는 내면은 양(陽)으로 나타나지만 겉은 음(陰)을 품고 있다. 그래서 여자는 표면이 온화하며 내심이 강하다. 남자는 외형이 강하고 눈, 귀, 코, 입이 크며 표면은 양을 나타낸다. 만약 여자가 외형이 강하고 눈, 귀, 코, 입이 크며 표면에 양을 나타내고 있으면 외형이 남자와 같다. 이런 여자는 남편을 극(剋) 한다.

문 정신을 맑게 하고 마음을 집중하여 관상을 보아도 잘 맞지 않는 것은 어째서입니까?

답 그것은 진정한 의미에서 정신이 맑아져 있다고 할 수 없다. 정신이 맑아졌을 때는 마음이 따로 움직이지 않는다. 관상을 보아도 잘 맞지 않는 것은 마음이 정신을 이기고 마음대로 움직이기 때문이다. 정신을 집중하면 마음과 정신이 하나가 되어 상을 꽤 뚫어 볼 수 있게 된다. 그러면 사람의 관상을 볼 때 실수가 없다. 진심으로 정신을 모으고 집중하면 육근(六根) 즉, 외부의 간섭에서 벗어나 관상을 바로 볼 수 있게 된다.

문 자식이 있는 상을 갖고 있어도 용모가 아름다운 여성은 자식과 인연이 적은 것은 어떤 이유에서입니까?

답 초목에 비유해서 말하자면 꽃이 아름답지만 열매가 열리지 않는 벚나무나 꽃을 피우면 열매를 맺지 못하는 복숭아 꽃(도화)이 있다. 일반적으로 꽃이 아름다운 초목은 그 열매를 먹을 수가 없고, 쓸쓸한 꽃을 피우는 나무는 그 열매의 맛이 좋다. 용모가 아름다운 여성은 꽃이 아름다운 초목과 같은 것이다. 그래서 자식과 인연이 적다.

문 목형(木型)의 상 5할, 토형(土型)의 상 5할의 관상을 갖은 사람이 서로 사귀는 것은 목극토(木剋土)인데 불구하고 성공하는 경우가 있습니다. 왜 그렇습니까?

문 그 사람은 항상 기세(勢)가 왕성한가?

답 예 그렇습니다.

답 기세가 왕성하다는 것은 오행 중 화(火)에 속한다. 목형의 상이 바뀔 때 목생화(木生火)가 되어 상생(相生)하고, 토형의 상과 합쳐질 때는 화생토(火生土)가 되어 상생이 된다. 그렇기 때문에 크게 성공한 것이다.

문 기량(器量)은 나쁘지만 외모가 아름다운 여자와, 기량은 좋으나 외모가 추한 여자가 있는 것은 어째서인가요?

답 신체 중에서 추한 곳은 대체로 음부(陰符_성기)이다. 음부가 청결하면 신체 전체가 청결 한 것이다. 근본이 깨끗하면 말단까지 깨끗해지는 것과 같은 것이다.

문 산재(散財)라는 말을 자주 사용하는데, 산재라는 것은 어떤 의미인가요?

답 우리가 사용하는 산재(散財)라는 말은 진정한 의미에서 산재가 아니다. 재보(財寶_보물, 재산)가 산처럼 쌓여 있어도 이것은 진짜 내 것이 아닌 것이다. 재(財)는 원래 천지의 재보이기 때문에 잃어버렸다고 해도 다시 원래의 자리로 돌아가는 것이다. 또한, 소천지(小天地)의 재보라고 하는 것은 자신의 신체발부(身體髮膚)를 말하며 몸에 상처를 입어 한 방울이라도 피를 흘릴 때는 두 번 다시 자신의 원래 몸으로 돌아오지 않는데 이것을 인간의 산재라고 한다.

문 상(相)이 묘(妙)하다는 것은 무슨 의미인가요?

답 상(相)이 묘하다고 하는 것은 자연의 밝은 덕(德)에 맞는 것이며, 자신에게 찾아보면 모두가 하나다.

문 사합이 좋다고 하는 것은 어떤 것을 말하는 것입니까?

답 신체발부(身體髮膚)가 견고한 것을 사합이 좋다고 한다. 또한, 신체발부를 사대(四大)라 하고, 머리끝부터 발끝까지의 몸 전체가 잘 갖춰진 것을 가리켜 사합이 좋다고 말하며 금, 은과 같은 재물이 풍족해도 몸(五體_오체)이 불구가 될 때 사합이 좋지 않다고 한다.

문 사람의 운세(運勢)는 천지의 무엇에 비유되나요?

답 사람의 운세는 천지자연의 흐름과 같다. 운(運)에도 흐름이 있다. 천지자연이의 흐름이 막혀 순환이 좋지 않을 때는 새로운 생물이 태어나기가 힘들 듯, 운세가 나쁠 때는 대천지의 순기가 나쁘기 때문이다. 또한, 신체의 기능이 잘 순환되지 않을 때는 기분이 나쁘며, 만사가 잘 풀리지 않기 때문에 운세 또한 좋지 않다. 사람 역시 대천지와 같으므로 하늘이 흐릴 때는 사람의 운세 또한 저절로 흐려지는 것이다.

문 정직한 사람은 길(吉)상 입니까?

답 정직한 사람은 헐벗은 사람을 불쌍하 여겨, 재물을 나뉘어 재산을 모으지 못한다. 정직한 살람은 천지의 덕과 같다. 천지는 어느 한쪽에 치우침 없이 세상 모든 사람을 위해 만물을 생산한다. 정직한 사람은 천지의 공명(公明)과 닮아 사람을 가엾게 여기며 자신을 위해 재산을 축척하지 않는다. 이것을 천지동체(天地同体)한 사람이라고 한다. 많은 사람은 천지가 생산한 것을 탐하여 자기 것으로 하려고 하지만, 정직한 사람은 저절로 재물이 주어지고, 인색한 사람이 이것을 탐한다. 또한, 천지를 탐하여 재물을 축척하는 사람을 세상의 적(敵)이라 할 수 있다.

문 운(運)이 좋으면 불성실(不誠實) 해도 괜찮습니까?

답 불성실한 것은 좋지 않다. 사람은 정직하면 하늘이 가엾게 여겨 자연히 좋은 운이 들어오고, 정직하지 않으면 하늘이 싫어해 좋은 운을 주지 않고 대신 재난을 준다. 때문에 성실하지 못한 행동을 하면 하늘의 노여움을 쌓아 이득이 없다.

문 정직하지 못하게 금은보화를 손에 넣은 사람이 있는데 어째서 그렇습니까?

답 금은보화를 손에 넣었다 해도 정직하게 얻었기 보다 탐하여 빼앗은 것과 같다. 본래 자신의 것이 아닌 재보(財寶)를 손에 넣는 것은 부실(不實)이라고 한다. 때문에 금은보화를 손에 넣어도 얼굴색은 굉장히 좋지 않다. 다시 말해 하늘을 얻지 못하는 사람이다.

문 그렇다면 운세가 약할 때에 불성실(나쁜 짓)해도 이익을 얻을 수 있는 것인가요?

답 불성실하다는 것은 하늘의 도리에 맞지 않는 것이다. 관상 법에 나쁜 짓을 하는 사람에 대해 상(相)을 보는 방법이 있다. 하지만 나쁜 짓으로 이익을 얻는 것은 운세의 좋고 나쁨과 관계없다. 기력이 강하고 위력이 왕성할 때 활을 쏘는 것과 같아서 힘이 지나치면 부정한 행동을 하여 이득을 얻는 것이다. 그렇지만 부정한 행동을 하는 사람은 스스로 자신을 축복하여 자신의 몸을 튼튼하게 하려고 노력한다. 자세한 것은 '후편 혈색'에서 다시 말하겠다.

문 저는 많은 금, 은을 빌려주고 마음고생을 하고 있습니다. 되돌려받을 수 있겠습니까?

답 재물은 천지의 보물인 것이다. 금, 은을 빌려줄 때는 천지에 돌려준다는 마음 이어야 한다. 시간이 지나 자신에게 돌아왔을 때는 하늘로부터 다시 얻었다 생각하면 오랫동안 괴로워할 필요가 없다.

문 그렇다면 빌린 돈(財寶_재보)을 갚지 않는 사람은 어떤 사람인가요?

답 빌린 돈을 갚지 않는 사람은 도적과 같다. 또한, 재보가 다니는 길을 차단시키는 것과 같은 것이다. 돈을 갚지 않는 사람은 자연히 생활이 막히고 어렵게 된다.

문 관상의 명인(名人)은 어떤 사람을 말하는 것입니까?

답 좋은 상을 봐도 그것을 말하지 않는 관상가를 명인(名人)이다. 반대로 상을 보고 좋은 상이라고 바로 얘기하는 관상가가 있는데 하수(下手)다. 이런 관상가는 결코 정확하게 맞추지도 못하고 불행한 길로 안내한다. 명인은 결코 나쁜 길로 인도하지 않는다.

문 얼굴, 몸에 있는 검은 점은 무엇에 비유됩니까?

답 검은 점이라고 하는 것은 각지(各地)역에 있는 무덤 같은 것이다. 무덤이 있는 곳에는 재난과 나름의 사연이 있어 그곳에 만들어진 것이다. 사람의 검은 점도 그 사람에게 합당한 이유가 있어서 생겨난 것이다.

문 선생님의 말씀에 의하면 '마음속 단명(短命)은 장수(長壽)의 상을 이긴다' 라고 하셨는데 어떤 의미인가요?

답 장수(長壽)의 관상을 갖고 태어나도, 마음속으로 단명이 아닐까 의심하면, 마음속 의심 때문에 장수하지 못하고 단명한다고 믿게 된다. 상(相)은 마음에 따라 변하는 것이다. 즉 형태는 마음의 움직임에 따라 변한다. 또한, 수명은 정신자세에 따라 달라진다. 정신이 약하면 신체도 약해진다. 그런 이유로 마음속 단명은 은 장수(長壽)의 상을 이긴다'라고 하는 것이다.

문 관상을 볼 때 왜 체(体)과 용(用)으로 구분하나요?

답 신체의 골격은 체(体)에 해당하고, 혈색, 기색은 용(用)에 해당한다. 그러나 기존 관상 책에서는 골격과 혈색을 체용으로 구분하지만 쓸모없는 이론이다.

문 사람에게는 체(體), 용(用), 묘(妙) 3개가 있다고 합니다만, 어떻게 된 것인가요?

답 사람은 체(體)가 있고, 체(體)의 각각의 부위의 이름을 용(用)이라고 하며, 이것을 밝히고 설명하는 것이 묘(妙)이다.

문 이마의 관록 부분에 둥글게 살이 붙어 있으면 동생이라도 부모의 가업을 계승하는 것은 어떤 이유에서입니까?

답 이마는 윗사람(부모)을 나타내는 곳이고, 관록은 월급(녹봉)에 해당한다. 관록 부분에 살집이 있는 것은 즉, 부모의 녹봉을 갖고 있는 것과 같다. 그렇기 때문에 동생이라 해도 부모의 가업을 계승한다고 하는 것이다.

문 선생님은 항상 정신(精神)과 마음을 둘로 구분하여 설명하셨고, 음덕(陰德)과 효(忠孝)를 제일 중요하게 가르쳐 습니다. 그런데 선생님께서는 손바닥에 불은 집혀 밝히거나(수등_手燈), 손가락이 손가락 끝을 태우는(指燈_지등) 수행을 하셨습니다. 손바닥의 천문(天紋_손금)을 태우는 것은 천부(天夫)를 이기는 것과 같고, 새끼손가락을 데인 것은 자손을 누르는 것과 마찬가지라고 말씀하셨습니다. 이것은 조상과 인연을 끊는 것이라, 어찌하여 부모님에게 효도라 할 수 있겠습니까?

답 신체발부(身體髮膚)는 부모로부터 받은 것이지만, 나는 젊을 때 나쁜 마음을 품고 방황하든 시절이 있었다. 그때 부모에게 등을 돌리고 신체발부를 함부로 했다. 말할 수 없는 불효로 인해 슬픈 상처를 주었다. 그러나 나쁜 마음은 쉽게 없어지지 않아 부동명왕(不動明王_대일여래)에게 참회의 기도를 하고 새끼손가락을 태우고 수등(手燈)을 행하였다. 그 공덕으로 나쁜 마음도 어느 정도 멀리할 수 있게 되어, 신체발부를 무사히 지킬 수 있었던 것이라고 생각한다. 또한, 새끼손가락을 상처 입혀 오체불구(五體不具)가 된 것을 부모에게 효라고 말할 수는 없지만, 마음은 부족한 것이 없으니 불효는 아니다. 나는 나쁜 마음 때문에 오체불구가 되었지만, 악한 마음을 쫓아버리고 장수하며 돌아가신 부모님께 못다한 효도하고 있다. 이 또한 효도의 하나인 것이다.

문 선생의 상을 보면 어느 한 곳 좋은 구석이 없습니다. 몸은 크지도, 작지도 않은 중배(中背)로 일견비속(一見卑俗) 천한하인의 용모입니다. 얼굴 생김도 좁으며, 귀는 작고, 눈빛도 날카로우며 우묵하게 들어가고, 인당은 좁으며 여드름 자국에 눈썹도 작고, 전택궁(가속)은 좁으며, 코는 낮고, 관골은 높으며, 치아는 짧으며 적고, 발은 작으며 발등은 높습니다. 게다가 왼손은 칼을 맞은 흉이 있습니다. 어느 것 하나 집어 보아도 선생님으로 어울리는 상(相)이라고는 할 수 없습니다. 어디에 선생님으로서 상(相)이 있습니까?

답 땅에 따라서 금석초목(金石草木)은 다른 것이다. 나는 가난한 집 태생으로 생활 형편이 좋지 못해 좋은 사람들과 사귈 기회도 없었고, 좋은 것을 보고 듣는 것 없이 살았다. 그렇기 때문에 내 상은 아주 하상(下相)이다. 이것이 미즈노남북쿠(水野南北)이라는 인간이다. 관상을 볼 때 모양만 보고 판단해서는 안된다. 본래 나는 작은 시골구석에서 태어났지만 지금은 넓고 큰 세상에 살고 있다. 그래서 궁한 것이 무엇인지도 모르고, 편안한 것이 무엇인지 모른다. 늙는 것도 모르고 죽는다는 것도 모른다. 다시 말해 나는 32상(相) 80종호(種好)를 저절로 갖추고 있는 것이다. 상은 무상(無相)을 최고라고 한다. 상을 보려고 하는 마음을 갖고 보면 본래의 상을 보이지 않는다. 우주를 보는 눈이 있어야 달의 뒷부분까지 볼 수 있다. 즉 관상에 있어 무생(無生)의 일(用)인 것이다. 그렇기에 내가 하는 일에 스승은 없다. 사람의 관상을 보려고 할 때는 사람을 먼저보면 안 된다. 우주의 소리를 듣고 그 사람을 둘러싸고 있는 자연만물을 먼저 살펴야 한다.

끝으로 아직 수행이 부족한 학생은 이 책을 중심으로 공부하는 것이 좋다. 내용 중 정신(精神)과 마음(意) 둘을 분리하여 설명하였는데 아마도 10가지 중 2, 3가지는 이해하기 어려울 것이다. 미숙하지만 나의 상법 취지가 충분히 전해지지 못한 점도 있다고 생각한다. 혹 부족한 부분은 나보다 명철한 관상가에게 질문하는 것이 좋다. 마직막으로 유의해야 할 점은 정신(精神)과 마음(意) 둘을 분리해서 보아야 한다.

南北相法 後篇 一卷

사람의 상(相)은 정신과 마음 구분이 되며 정신(情神)은 불변(不變)이지만

마음은 성장하는 환경에 따라 변한다.

自序

/

　도(道)란? 배우고 가르치는 사람이 있어야 세상 알릴 수 있다. 새로운 진리는 저절로 세상에 알려지는 것은 아니다. 유교는 공자(孔子)에 의하여 융성하였고, 불교는 석가모니에 의해 세상에 널리 포교가 되었다. 관상의 도(道) 역시 사람의 배우고 가르치는 사람이 없으면 세상에 널리 알릴 수 없다. 옛 성인조차도 관상의 도에 대해 자세하게 알지 못해, 공자는 자우(子羽)의 외모만 보고 하찮게 평가했음을 인증했고, 사마천(司馬遷)은 선입견만으로 장량(張良)과 생각을 달리했다. 순자(荀子)의 논리도, 장자(莊子)의 식견도 관상의 도(道)을 몰랐기 때문에 사람을 외모만으로 판단하는 과오를 저질렀다.

나는 어린 시절부터 책을 읽는 것을 좋아하지 않아 학문을 닦는 것을 게을리하였다. 무엇보다 재능이 모자라고 우매하여 글의 내용을 이해하지 못하였다. 철이 들어 해상 선생님에게 '신상전편'요점을 2~3일 정도 말씀을 경청하여 사사한 것이 전부였지만 마음속 깊이 감명을 받았다. 이후 상법에 마음을 쏟아 긴 세월이 흘렸지만, 글을 읽지 못하여 세상의 많은 상법 책이 있어도 읽어 수가 없고, 궁금한 것을 물어볼 스승도 없어 혼자서 생각과 경험으로만 상법을 연구하였다.

아무튼 나만의 방식으로 상(相)법을 깨우쳐 실제로 일반 사람들의 상을 보고 확인하고 싶어 전국을 돌아다녔다. 그러나 나의 외모가 왜소하고 보기 흉해 어느 곳에서도 내게 관상을 보고자 하는 사람이 없었다. 상황이 점점 좋지 않아 하룻밤 잠자리와 한 끼 식사를 대신하여 관상을 보아주는 것으로 하루하루를 보내게 된 것이 10년이라는 긴 세월이 흘렀다. 그러나 현장 경험을 통해 얻은 새롭게 밝혀진 사실과 많은 이치를 깨달았고, 미숙하지만 옛사람과 지금의 사람들이 말하는 관상의 일반적인 논리를 이해할 수 있었다.

세상에 길흉과 변사(変事)가 생길 때는 하늘의 일월성신(日月星辰)의 순역(順逆)있었다. 즉, 땅에 산천초목이 무성(茂盛)하다 말라죽는 것처럼 사람 또한, 소천지(小天地)이기에 사람의 길흉(吉凶) 또한 반드시 관상(觀相)에 나타나는데 이것이야말로 자연의 이치인 것이다. 또한, 천지(天地)의 변(變)이라는 것은 군주(君主)가 덕(德)이 있는지 없는지에 따라 길사(吉事)도 흉사(凶事)가 되는 것이다. 나는 이러한 이치를 많은 사람의 관상을 통해 깨달았다. 처음에는 유년(流年) 다음은 혈색(血色)을 보고 깨달았다.

전편(前篇)에는 이것에 대해서 말하지 못하였으나 후편(後篇)에는 나를 따르고 관상을 공부하는 학생들에게 전하고 싶다. 나의 얕은 학문과 옅은 재능을 사람이 다 알고 있기에 졸문(拙文)을 부끄러운 것은 아니다. 하지만, 내 식견이의 모자람을 싫어하지 않고, 관상에 대해 얻은 것이 있다면 관상의 도(道)를 세상에 널리 알려주길 바랄 뿐이며 결코 사람에게 강제할 마음은 없다.

享和壬戌 1802年 11月

水野南北

후편 제 1장 南北相法 後篇一卷 / 217

1. 혈색(血色)의 부(部)

물水은 음陰이며 혈血를 만든다. 즉 어머니에 해당한다.
불火는 양陽이며 맥脈을 만든다. 즉 아버지에 해당한다.
땅地은 음陰이며 혈血를 만든다. 즉 어머니에 해당한다
바람風은 양陽이며 맥脈을 만든다. 즉 아버지에 해당한다.

세상에는 지地, 수水, 화火, 풍風 4대 요소가 있다. 이것은 대천지의 만물을 키우는 근본이 되는 것으로, 사람은 地. 水. 火. 風의 혈맥에 의해 생명을 받았다. 그래서 사람은 태어나면서부터 천지음양(天地陰陽)의 기(氣)를 받아서 地.水.火.風의 4개의 덕을 몸에 갖추고 있다. 음(陰)안에 화(火)가 있으며 음양이 합쳐질 때는 음화양화(陰火陽火)가 서로 섞여 이것을 일원기(一元氣)라고 하고, '사람의 마음'이라 하며 5덕(五德)이 된다. 그리고 마음은 소천지(小天地)의 만사(萬事)를 움직이는 근원이며, 마음에는 악상(惡相)이 없다. 천지와 덕을 같이 하기 때문이다.

그런데 인심(人心_精神)은 의심(意心_心)을 동반한다. 즉 정신이 장군이면 마음은 병졸과 같고, 정신이 본체이며 마음은 움직임이다. 마치 그림자가 형태에 붙어있는 것처럼, 정신이 형태이며 마음은 그림자다. 때문에 마음은 하늘이며 물체와 닿아 있고, 악(惡)을 만들어 내기 쉬우며 움직이기도 쉬운 것이다. 그러나 정신은 몸에서(人身) 최고의 위치(大極)이므로 움직임이 없다. 상(相)의 변화는 마음의 움직임에 따라 생겨나는 것이므로 변화에 따라 길흉을 판단하여야 한다.
이것이 관상을 볼 때 제일 먼저 살펴야 할 것이다.

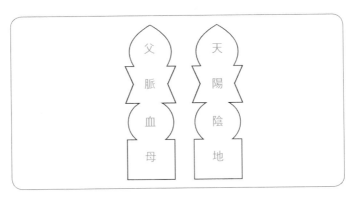

【그림1】 사람의 몸 탄생

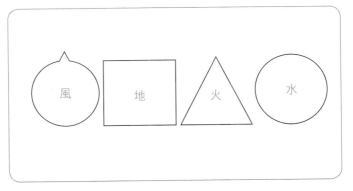

【그림 2】 지地. 수水. 화火. 풍風 4대 요소

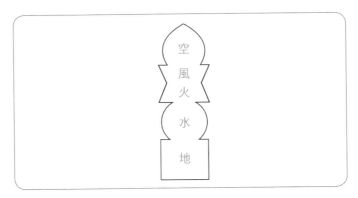

【그림 3】 인체人身에 5덕五德이 갖추어 진 상태

천양天陽陽
고광高廣
천중天中
주골主骨
일월日月
변지边地
산림山林
복당福堂
제우諸友
형제兄弟
간문奸門
처첩妻妾
남녀男女
관골顴骨
명궁命宮
토성土星
식록食祿
법령法令
승장承漿
노복奴僕
지각地閣

【그림4】 안면(顔面) 21혈(二十 一穴)

顔面 七穴圖

신광神光
관록官祿
역마驛馬
가속家績
어미魚尾
우신右身
좌신左身

【그림5】 안면(顔面) 7혈 (七穴)

2. 상색식별(常色識別_얼굴의 주요부위를 색으로 구분하는 법)

[청기 靑氣]
봄春은 청기가 변지(辺地) 근처에 있어 조금의 물기가 있다.
여름夏은 청기가 상정(上停)에 있어 쇠퇴하여 물기가 없다.
가을秋은 청기가 중순(中巡)에서 지각(地閣), 노복(奴僕) 쪽에 있다.
겨울冬은 청기가 하순(下巡)부터 삼음삼양(三陰三陽_눈 주변)에 있으며 윤(潤)
가 있고 많은 것은 왼쪽에서 볼 수가 있다.

[적기 赤氣]
봄春은 적기가 관골(顴骨)에 있어 약간의 물기가 있다.
여름夏은 적기가 중순부터 처첩(妻妾), 명문(命門)에 있어 조금 윤기가 있다.
가을秋은 적기가 안중(眼中), 백목(白目)에 있다.
겨울冬은 적기가 중순(中巡)부터 관골, 토성(土星_코)에 있다.

[황기 黃氣]
봄春은 황기가 입주변에 있으므로 말라서 윤기가 없다.
여름夏은 황기가 중순(中巡)부터 지각(地閣), 노복(奴僕) 쪽에 있다.
가을秋은 황기가 상순(上巡)부터 토성(土星) 좌우의 사이에 있다.
겨울冬은 황기가 이마 좌우에 있으므로 조금의 물기가 있다.

[흑기 黑氣]
봄春은 흑기가 상순(上巡)부터 가속(家続_전택궁), 남녀(눈 밑, 누당) 쪽에 있으
며 보통 오른쪽에 나타난다.
여름夏은 흑기가 지고(地庫)의 근처에 있어 상정(上停)쪽으로 흐르고 있다.
가을秋은 흑기가 중순(中巡)부터 명문(命門)근처에 있다.
겨울冬은 흑기가 중순(中巡)부터 상정(上停)에 있어 약간의 물기가 있다.

[백기 白氣]

백기는 사계절의 토용(土用)의 변동이 있어 확실히 정하는 것이 어렵다. 나는 심혼(心魂)을 쏟아서 백기의 상색(相色)을 보려고 했지만 지금도 알 수가 없다. 훗날 학식이 많은 관상가가 밝혀 주길 바란다.

지금까지 말한 기색(氣色)은 상색(常色)이라 하여 보통 사람에게 나타나는 것을 말하며, 선악에 대해서는 판단하지 않는다. 하지만, 미숙한 관상가는 상색(常色)을 보고 선악길흉(善惡吉凶)을 판단해버린다. 그리고 혈색을 맞지 않는다고 상법(相法)을 비난하기도 한다. 이것은 자신의 심의(心意)의 눈이 미숙한 것이다. 이 책은 관상에 처음 입문한 사람을 위해 중류층 표준의 사람을 중심으로 설명하고 있다.

그러나 일반적으로 얼굴에는 귀상(貴相)과 천상(賤相)은 섞여 있기 때문에, 귀인이 후원하는 혈색이 있어도 그 사람이 비천(卑賤)하며 무예(無芸), 무능(無能)하고 귀인과 만나야 할 분명한 이유가 없다면 부잣집에 출입하는 일이 있다고 판단하면 된다.

또, 귀인은 굶어 죽을 혈색이 있어도 난세라면 모르지만 태평성대에서는 그런 일은 일어나기 힘들기 때문에 이경우 난치병에 걸려서 식사를 못한다고 판단한다.

또한, 무사(武士)가 전직(轉職)의 혈색이 나타나는 경우 무사를 그만두는 것이 아니라 역할을 바꾸는 것이라고 보는 것이 맞다.

또, 출가(出家)한 승려가 직업을 바꾸는 혈색이 나타나면 개종이나 환속으로 본다. 앞서 설명한 내용이 상식이나 도리에 맞지 않는 경우에는 이것을 응용하여 잘 생각하여 신분의 귀천(貴賤), 노소(老少)의 차이를 분별한 다음 바르게 판단하면 된다.

- 이마에 밤이 지나고 새벽이 밝은 것 같은 윤기가 있으며, 천양부터 인당에 걸쳐 황색의 윤기가 있는 경우 반드시 귀인에게 발탁되어 출세하게 된다.

【그림6】인당

이 윤기는 처음에는 흐려 있는 것 같이 보이지만, 보고 있는 동안 해가 떠오르는 것 같이 점점 힘이 붙어 저절로 윤이 나는 것 같은 느낌이 드는데 이것을 '평탄(平坦)의 윤기'이라고 한다. 또한, 귀인에게 발탁될 때 윤기가 확실하게 나타나 누가 봐도 알 수가 있다. 이런 혈색이 있으며, 주변이 노르스름하게 될 때 귀인으로부터 녹을 받게 된다고 판단하면 된다. 이 황색은 녹을 받을 때까지는 흐려 보이지만, 나중에 자연히 윤이 나게 된다.

- 천양天陽부터 관록(官祿)에 걸쳐 노랗게 윤기가 있으며, 입 주변이 노르스름할 때 반드시 가까운 시일에 수입이 늘어난다.

【그림7】천양

이경우 이마는 당연히 밝다. 입을 감싸고 있는 노란색은 수입이 늘어날 때까지는 흐린 것처럼 보이지만 후에 노랗게 윤기가 난다. 또한, 천양부터 관록에 걸쳐 아름다운 색을 띨 때 주군으로부터 특별한 대우를 받는다. 최고의 길상이다. 만약 이런 혈색이 떠돌이 무사에게 나타날 때는 이전에 모시던 주군에게 돌아간다고 생각하면 된다.

- 이마에 회색(灰色_잿빛)서려 있으며 명궁부터 백기(白氣)가 상정(上停)을 향해 있는 경우 반드시 주군에게 간언한다.

다시 말하면 천양, 주골 근처에 회색이 눈에 띄는 경우에는 간언하여도 주군이 들어주지 않는다. 단, 천양에 머리카락이 나는 끝부분 안쪽에 윤기가 보일 때는 간언을 받아줄 수 있다. 만약, 위와 같이 간언을 받아줄 수 없는 혈색이고 식록(食祿)부터 흑기가 생겨 법령(法令) 밖에까지 나타

【그림8】 법령

날 때는 간언하기 위해서는 가독(家督_상속받을 수 있는 지위)을 버리고 낭인(浪人)이 될 것을 각오해야 한다. 똑같이 받아주지 않는 혈색이며 얼굴이 푸르고 검은 암기(暗氣)가 삼음삼양(三陰三陽_눈 주변)을 뚫고 나타날 때에는 간언한 사람은 반드시 자살한다. 회색(灰色)은 하늘에 잿빛 구름 느낌이라는 것을 명심해야 한다.

- 천양(天陽)부터 청청기가 관록(官祿)까지 퍼지며, 어두운 기운이 관골(官骨)을 덮을 때 반드시 주군에게 폐문(閉門)을 당한다.

다시 말하면 천양, 관골의 기색이 흐린 구름처럼 보이면 근신(謹愼) 처분을 받는다. 또, 오른쪽 천양부터 아래로 향하는 청기(靑氣)가 회색(灰色)으로 보인다.

【그림9】 관록

- 명궁부터 회색(灰色_잿빛)이 올라가 관록 주위를 둘러쌀 때 주군을 위급한 상황에서 구한다.

  다시 말하면 회색은 명궁부터 올라가 관록의 좌우에 흩어지는 것처럼 퍼져 혈소(血所)를 둘러 싸듯이 나타난다. 또한, 안중(眼中)이 날카로우며 핏줄이 선 것처럼 살벌한 기색을  동반하며, 천양이나 주골 주위에 어두운 암기(暗氣)가 감돈다.

【그림10】 주골

- 천양(天陽)에서 시작해서 관록(官祿)을 향하여 흑기가 퍼지고, 명궁(命宮)에서 관록을 향하여 어두운색이 타고 올라가며, 흑기가 삼음삼양(三陰三陽) 나타나는 경우 주군을 위하여 자신의 생명을 바친다.

  다시 말하면 얼굴 전체가 검푸르며 명궁에서 관록까지 어두운색에서 저절로 윤기가 난다. 또한, 삼음삼양 이란 눈(眼) 위, 아래 좌우 머리카락이 자라기 작하는 곳 까지를 말하고 이곳 주변에 검은색이 나타난다.

- 토성(코) 어두운 회색(灰色_잿빛), 하정(下停) 변지(辺地)에 토색(土色)이 나타나며 인당(印堂)부터 어두운 회색이 변지로 퍼질 때 가까운 시일에 노상에서 죽게 된다.

  이것은 변지에 토색이 강하게 나타나고 또한 코 전체에 어두운 회색에 덮이며 하정 전체가 토색(土色)이 되지만, 특히 입(口) 주위 토색(土色)이 두드러진다. 즉, 얼굴이 토색(土色)이고 어두운 회색과 함께 쓸쓸하게 보이면 노상에서 쓰러질 것 같은 혈색으로 보인다.

• 명궁부터 어두운 암기(暗氣) 올라와서 관록의 혈소를 둘러싸고 상정(上停)에 붉은 무늬가 겹칠 때 주군을 위급한 상황에서 구하지만 자신는 죽음은 피하기 어렵다.

【그림11】변지

다시 말하면 암기(暗氣)라는 것은 얼굴 전체가 어두우며 파래진 것 같이 흐려져 있는 것을 말하고, 빨간 무늬는 겹쳐져서 구겨진 것 같이 산림(山林), 변지(辺地)에 나타난 것을 말한다.

• 관록부터 명궁에 걸쳐 아름다운 색을 띠는 것은 음덕(陰德)을 쌓은 사람이다.

【그림12】명궁

음덕이 아니더라도 사람의 생명을 구할 만한 일을 했으면 이 혈색을 나타난다. 그리고 이 혈색은 만악(萬惡)을 극복할 수 있는 것이며, 다른 좋지 않은 혈색이 있어도 결코 악상이라고 보아서는 안된다. 이것은 일반 관상가는 잘 알 수가 없다. 음덕이나 충효는 관상가가 판단하기 가장 어려운 부분이다.

3. 이마(額)부분

* 이마에 윤기가 나며 빛나는 경우, 마음고생이 많으며 바라는 것은 많지만, 어느 한 가지도 성취하기 어렵고, 마음은 불안정하다.

   다시 말하면 이마가 밝고 어두운 것이 아니고 비교하자면, 기름을 바른 것처럼 번들거리는 것을 말한다. 번들거리는 것이 사라지고 혈색이 돌아오면 운이 자연히 좋아진다. 이런 사람은 얼굴에 흐린 것이 없고 혈색이 좋은 것처럼 보인다.

   역설적이지만 이러한 이치에 대해서는 후편 2권에서 다시 설명하겠다.

* 이마의 좌우가 검은색이 나타난다고 해서 결코 흉상(凶相)이 아니다. 어느 정도의 복운(福運)이 있지만, 고생을 많이 하거나 다른 사람의 일을 돌보는 일을 한다.

   다시 말하면 검은색이라는 것은 이마에 눌어붙은 것 같은 것을 말하는데, 검은 부분 중 윤기가 있으며 이마 중앙은 결코 검지 않으며 맑은 느낌이다. 큰 재난을 만나서 이마의 좌우가 검은 사람이 있지만, 여기서 검은색이라고 하는 것은 쓸쓸하고 추접스러운 느낌의 검은색이다.

* 이마가 흐리고 물결무늬의 붉은 힘줄이 아래로 나타날 때 검난(劍難)의 상이다.

   반드시 가까운 시일에 일어난다. 단, 죽음까지 가지는 않는다. 이마가 구름 낀 것처럼 흐리다는 것은 날씨가 추울 때 모공이 닭살처럼 소름이 돋은 것을 말하고, 붉은 힘줄은 진홍색보다는 피 색깔과 같은 암홍색을 말한다. 또, 길이는 머리카락 굵기로 약 4 ~ 5분(分) 정도다. 이것은 머리가 자라기 시작하는 부분부터 나타나며, 인당 근처에 나타나는 것도 있지만 보통은 산람(山林) 변지(邊地) 근처에 보인다.

- 이마가 어두우며 좌우에 붉은색이 있으며, 인당에 붉은색이 나타날 때 반드시 재난을 만난다.

이것은 이마가 잎이 말아 시들어 버린 것처럼 색이 흐리고, 산림, 변지, 복당 주위에 옅은 붉은색이 흩어진 것같이 나타나며, 인당에도 옅은 붉은색이 흩어진 것같이 올라간다. 또, 불에 놀랐을 때도 나타나고, 복운을 잃어버릴 때 강하게 나타나기도 한다. 붉은색은 화난(火難)을 만나기

【그림13】 산림

40~50일 전에는 피육(皮肉) 안에 있기 때문에 확실하게 알기가 어렵다. 하지만 화난이 가까워지면서 보이기 시작한다. 앞서 말한 화난, 검난을 알 수 있는 비결은 전편의 골격 편에서 설명하였다.

- 이마, 턱에 윤기가 없고 어두우며, 코(土星), 관골(顴骨)에 연기가 낀 것 같이 어두우면 가산(家産)을 잃지 않으면 큰 재난을 만난다.

다시 말하면 이마, 턱이 윤기가 없고 어둡다고 하는 것은 우울한 회색이며, 연기가 낀 것 같이 어둡다는 것은 암회색(灰色_잿빛)을 나타낸다.

- 습진, 피부병 등을 앓는 사람은 이마가 어둡고 흐리다.

병이 악화되고 있는데도 이마의 색이 구름이 걷히듯 밝아지면 반드시 죽는다. 만약, 완치가 되어 이마의 색이 서서히 밝아지는 경우는 몸이 회복되고 생명에도 지장이 없지만, 보통 이 병이 걸린 경우 이마가 어둡고 흐릴 때는 이미 치료가 늦은 상태다.

- 이마 좌우에 황색이 구름이 낀 것처럼 나타날 때는 반드시 근심할 일이 생긴다.

다시 말하면 황색이 이마 좌우의 산림, 변지, 역마 근처에 나타나며, 일반적으로 근심의 상(相)은 산림, 변지, 역마 주변과 얼굴 옆모습이 쓸쓸하다. 비교하자면 토지가 황폐해져 있는 것 같으며 추운 날씨에 닭살처럼 피부가 서는 것 같은 상태를 말한다. 황색이 구름이 낀 것처럼 흐리다고 하는 것은 노란색과 회색이 합쳐져 나타나는 것을 말하는데 청색처럼 보이지만 원래는 황색이다.

南北相法 修身錄【全卷】

水野南北 1757年~1834年

4. 복당(福堂)부분

• 복당 주위에 붉은 물결무늬가(波狀_파상) 많이 있는 사람은 고생이 많으
며, 어떤 일을 해도 뜻대로 잘 안 풀린다.

이 붉은색 무결 무늬는 이마 좌우 복당 근처를 손가락으로 피부를 잡아당
겨 보면 확실히 보인다. 이것은 피부 안쪽에 있는 붉은색이기 때문에 피부
를 강하게 잡아당겨 보면 알 수 있다.

• 복당에 흑색(黑色)이 있는 것은 큰 재산을 날린 사람이다.

이 검은색은 새끼손가락의 배를 누르
면 나타나는 정도의 넓이로 옅게 보
인다. 또한, 재산을 날리기 전에 복당
의 살은 말라버린 것처럼 어두우며,
재산을 잃어버린 후에는 검은색으로
변한다. 단, 적은 재산을 날린 사람은
복당에 나타나지 않으며, 큰 재산을
날리고 회복하지 못한 사람은 없어
지지 않고 계속 남아 있다.

【그림14】복당

간혹 이 흑색(黑色)을 가까운 시일 내 근심할 일이 생기는 검은색과 착각하
는 일이었다. 또 흑색(黑色)은 근심의 종류에 따라 나타나지 않기도 한다.

5. 관골(顴骨) 부분

- 관골(광대뼈) 뒤쪽부터 지고(地庫)의 근처까지 아름다운 미색(美色)을 띠고 있는 경우 누군가의 후 견인이 된다.

위에서 말한 아름다운 색이라는 것은 윤택한 기운을 말하는 것이며 관골 뒤부터 턱 주변 지고(地庫) 주위 즉, 얼굴 정면을 기준으로 뒤쪽에 나타나기 때문에 음(陰)이다. 또한 후견인이라고 하는 것은 사람의 뒤에서 만사를 도모하기 때문에 후견인이라고 한다. 만약에 내 신분이 낮아지고, 후견받는 사람의 집이 번성하다면 내 혈색도 좋을 것이요, 후견하는 내가 세

【그림15】 관골

력이 약해지면 그에 따라서 혈색도 나빠진다. 후견을 하고 있지도 않은데 아름다운 미색(美色)나타날 때는 보이지 않는 곳에 기쁨이 있다.

- 관골 뒤쪽부터 지고(地庫) 근처가지 암회색(暗灰色)이 있으면, 멀쩡해 보여도 남모르는 고생이 많다.

위에서 말하는 암회색은 훈(燻)기, 연기가 낀 것 같이 보이기도 하고 단순한 회색으로 보이는 경우도 있다. 또는 쓸쓸한 듯 피부가 소름이 돋은 것 같이 보일 수도 있다. 만약을 위해 후견인이 있는지 확인하고 상을 보는 것이 좋다.

- 관골 뒤쪽에 붉은색이 있으면 마음고생이 많으며, 뜻대로 되지 않는 일이 많다.

이 혈색은 붉은색과 암회색이 서로 섞여서 나타나 일반적으로 검붉은 느

낌이 든다. 또한, 명문(命門) 주변에서 머리카락이 자라기 시작해서 바깥쪽에 나타나며, 약 한치(一寸) 정도 길이로 가로로 흩어지는 것처럼 진하게 보인다.

- 관골 위 흑색(黑色)이 있으면 처(妻)와 인연이 약하고, 기혼자는 부인과 마음이 맞지 않아 부부간에 말싸움이 끊이지 않는다. 이것을 '여로(女勞)의 상'이라 한다.

이 흑색(黑色)은 관골 위, 눈꼬리 끝 아래 좌우(左右) 같이 나타나는 것이 보통이다. 또한, 눈 아래부터 이어져 검게 보이기도 한다. 일반적으로 관골이 높은 사람에게서 볼 수가 있다. 그리고 눈 아래가 검은 사람은 음란하다고 말하지만 반드시 그렇지만 않으며, 간(肝)의 기가 강해서 성급한 사람으로, 이런 사람은 마음이 초조하여 마음이 지칠 때 눈 밑에 검은 기운이 생기지만, 이것은 신장(腎臟)의 기가 약해져서 간(肝)의 기가 높아지기 때문이다.

- 창부(娼婦)가 매춘업이 번창할 때는 관골, 명문의 혈색이 굉장히 좋다.

그리고 낙적(落籍_기생 명부에서 빠져나감), 매춘업이 쇠퇴하여 창부가 떠날 때는 혈색이 자연히 떨어진다. 위의 상태는 관골부터 명문이 있는 곳에 혈색을 가리켜 말한다. 즉, 혈색이 떨어진다는 것은 윤이 없고 쓸쓸하게 보이는 상태를 말하는 것이며, 굉장히 좋다고 하는 것은 아름다우며 윤택한 기운이 있는 상태를 말한다.

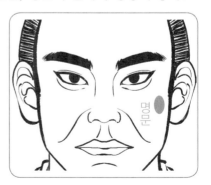

【그림16】 명문

6. 명궁(命宮) 부분

• 명궁 좌우에 청색(靑色)이 나타나면 이사, 이동, 변화가 있지 않으면 주거 (住居)와 관련한 일로 마음이 안정되지 않아 혼자 있고 싶은 마음이 강하다. 이 청색은 좌우 눈언저리에 푸른 힘줄 같은 것이 가로로 나타나는 것을 말하며, 어린아이 경우 명궁에 청색이 옆으로 나타나는 것을 볼 수 있는데 이것은 아니다.

【그림17】 명궁

• 명궁에 붉은색이 있으면 집안에 재난이 닥치거나, 불화가 생기던가, 마음 속으로 숨기고 말하지 못하고 것이 있다.

다시 말하면 붉은색을 자세히 보면 좁쌀을 뿌린 것 같이 보이지만, 붉은색이 혼합된 느낌이라고 생각하며 맞다. 때문에 집안이 시끄럽다는 의미를 포함하고 있으며 또, 몸을 다치게 하는 일이 발생하고, 인당과 명궁 사이에 옅게 나타난다.

• 명궁에 아름다운 미색(美色)이 있으면 집에 기쁨이 있고 환자는 반드시 완쾌한다.

여기서 미색이라고 하는 것은 윤기가 있는 홍색(紅色)을 말하고, 환자에게 나타나는 아름다운 미색이라는 것은 홍색이 아니고 윤기만 말한다. 만약, 환자가 명궁에 홍색을 머금을 때는 병의 차도가 있음을 나타낸다.

- 명궁에 암회색(暗灰色)이 있으며 주거(住居)에 이전이 있다.

  자세히 설명하면 암회색이라고 하는 것은 연기가 낀 것같이 보이며, 주거의 이전이라고 판단하는 것이 옳지만, 사람에 따라서는 가까운 시일에 병(病)이 발병하는 일도 있고, 집안일로 고생할 일이 발생할 때도 암회색이 나타난다.

- 명궁(命宮), 명문(命門)에 미색(美色)이 나타나면 집안에 기쁜 일이 있거나, 아니면 부인을 얻는다.

  만약, 미색 중 붉은 점 외 흉, 상처가 생기면 혼담이 정해져도 장애가 생겨 결정이 안된다. 여기에 붉은 점이라고 하는 것을 바늘 끝으로 찌른 것 같은 굵기의 붉은색을 말하며, 여드름과 같은 것은 아니다.

7. 코(鼻)부분

• 코의 우신(右身) 좌신(左身)에 황색이 보이며, 콧방울 근처까지 나타날 때는 반드시 산재(散財) 또는 그 외 무엇인가 손실이 있다.

자세히 설명하면 황색이 코 중앙부터 나타나기 시작해 좌우 콧방울 근처까지 흩어져 나타나는데, 윤택한 기운이 없고 청색에 가깝 게 보이지만, 원래는 황색이다. 그리고 산재(散財)의 상(相)이긴 하나, 상속자 또는 후계자를 찾을 때도 나타나는 것이므로 주의해서 관찰해야 한다.

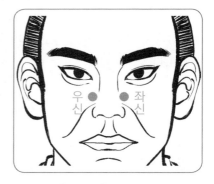

【그림18】 우신 좌신

• 암회색(暗灰色)이 콧방울 끝을 감싸고 콧구멍 안으로 들어가며, 암회색이 입 주변부터 입안에 들어가 있는 것처럼 보일 때는 반드시 수난(水難) 또는 수손(水損)을 입는다.

위에 말하 암회색은 어두운 기운을 말하는 것으로 어렴풋하게 나타나는 것이며, 수난(水難)의 상(相)에 임맥(任脈_얼굴 중앙 코 줄기)에 힘이 떨어질 때에 반드시 익사한다. 그리고 물에 빠지지 않고 당하는 수난은 진정한 수난이라고 할 수 없으며, 수손(水損) 즉, 물 때문에 발행한 손실의 상(相)이다. 때문에 물에 빠지지 않는데 수난의 상이 나타날 때는 반드시 손실의 상 또한 같이 나타난다고 할 수 있다. 또한, 수손이 있을 때는 물에 눌리는 혈색을 동반한다. 즉 토극수(土克水) 수극화(水克火)의 음양오행 이치를 생각해 볼 것이며, 말과 글로 설명을 다하기에는 곤란하다. 스스로 연구하여 익히기 바란다.

- 콧구멍의 가장자리에 황색이 나타나면 반드시 재물을 얻는다.

비록 금(金), 은(銀)이 안이라도 무엇인가를 얻게 된다. 자세히 설명하면 이 황색은 나뭇잎에 반점처럼 생긴 것으로 콧구멍 가장자리에 나타난다. 원래 콧구멍 안쪽에서 밖으로 나타나는 혈색으로 윤택한 기운을 띤다. 또한, 이것은 임병(淋病_성병)에 걸린 사람의 흰색 윤기와 착각하기 쉽기 때문에 주의해서 관찰하여야 한다.

- 콧구멍 가장자리에 백색이 있으면 반드시 임병(淋病_성병) 환자다.

다시 말하면 이 백색은 콧구멍 가장자리에 희미하게 나타나는 것이 보통이지만 병세의 정도에 따라서 백색이 진하게 나타나거나, 하얗게 윤이 나는 것처럼 보이는 경우도 있다.

어떻든 간에 남근(男根)의 질병이다. 또한 금(金), 은(銀)을 오랫동안 지니거나, 골동품을 손으로 만졌을 때도 나타나는 경우가 있어, 임병(淋病)으로 착각하는 일이 있으니 주의해서 관찰해야 한다.

- 코의 주위에 흰 기운이 있으면 음금전충(陰金田虫_음부, 사타구니에 생기는 홍색 습진)증상이 있는 사람이다.

상세히 말하면 콧방울의 약간 위에서부터 법령 줄기의 시작에 걸쳐서 흩어지는 것처럼 코밑으로 돌아서 흰 기운이 나타난다. 그러나 사람에 따라 다르므로 구분이 어렵고, 가운뎃손가락으로 둥글게 만졌을 때도 코 좌우에 나타나기도 한다. 또한, 산재(散財)가 있을 때도 흰 기운이 생기는 일이 있으니 주의해서 관찰해야 한다.

• 코가 붉은 사람은 자식과 인연이 적으며, 일생 만족할 줄 모른다.

보통 딸기코라고 부르는데, 코끝이 항상 옅게 붉은 사람을 말한다. 이런 사람은 자식과 인연이 적다. 코는 토성(土星)이며 자신의 신체에 해당한다. 그리고 적(赤)은 화(火)다. 그런데 화(火)가 신체 토(土)를 태워 없애는 형국이라. 토(土)가 타버리면 만물의 생육이 불가능 해져 만족하는 일이

【그림19】 토성

없다. 또한, 자식은 자신의 몸으로부터 생겨나는 것인데, 내 몸이 이미 망가져 있기 때문에 자식의 인연이 없다. 그리고 자식이 있어도 도움이 되지 않는다. 오행의 원리로 볼 때 토성(土星)에 화(火)가 있으면 화생토(火生土)로 상생(相生)이 되어야 하지만, 이경우 붉은색은 맞지 않다.

• 코끝이 건조한 것처럼 마르고 어두운 사람은 고생이 많으며, 어떤 일도 순조롭게 풀리지 않는다.

어두운 것은 코의 중간 정도부터 아래의 콧방울에 걸쳐 건조한 느낌이며 연기가 낀 것처럼 나타난다. 원래 윤기가 없는 황색(黃色)에 암회색(暗灰色)이 서로 섞여서 나타나기 때문에 연기가 낀 것같이 황색으로 보이기도 한다. 코는 중앙이며, 자신의 신체에 속한다. 코가 건조하여 윤기가 없어 보일 때는 몸에 기력이 떨어지는 것과 같다. 그래서 고생이 많다고 한다. 또한, 코는 흙으로 수분을 잃으면 만물이 자라기 어렵게 된다. 때문에 이런 사람은 만사가 순조롭지 못하다.

- 코와 귀가 쪼그라든 것 같으며 어둡고 특히 콧방울과 명궁이 어둡고 안광(眼光)이 희미해지면 반드시 죽는다.

다시 말해서 쪼그라든 것 같으며 어둡다는 것은 회색(灰色)을 띄는 것을 말하며, 콧방울이 특히 어둡다는 것은 암회색으로 보이는 것을 말하고, 명궁의 어둡다는 것은 윤기가 없고 몽기(蒙氣)가 나타나는 것을 말한다. 일반적으로 사상(死相) 즉, 죽을 상으로 40 ~ 50일 안에 죽는 사람의 눈을 보면 자연히 알게 된다.

덧붙여서 얘기하자면 사람은 태어나서 49일까지는 안중(眼中)에 정신(精神)이 머무는 기가 약하며, 일반적으로 탁한 물처럼 흐려져 있는 데, 죽기 전 49일 동안에도 안중에 정신이 머무는 기가 약해 눈에 힘도 약하고 흐려지는 것과 같다. 또한, 병자가 죽기 7 일전의 안광(眼光)이 생후 7일째의 안광과 같으며, 죽기 49일 전의 안광 또한 생후 49일째의 안광과 같다. 또, 오늘 죽는 사람의 눈빛과 지금 태어난 아이의 눈빛 또한 같다. 또한, 병자의 숨이 다해서 죽은 것처럼 보여도 눈, 귀, 코가 살아 있는 동안은 아직 죽은 것이 아니다. 눈, 귀, 코 즉, 심장, 비장, 신장 삼정(三停)이 아직 끊기지 않았는데 어떻게 죽었다고 할 수 있겠는가?

몸이 강건하여 매일 열심히 일하여도 심, 비, 신이 이미 다하였을 때는 아무리 명의(名醫)라고 해도 어찌할 도리가 없다. 앞으로 깊이 연구하여 사상(死相)의 신비함을 깨우치길 바란다.

8. 법령(法令) 부분

- 법령선 바깥쪽으로 미색(美色)이 있으면 현재 가업(家業)이 번창하고 있는 상태를 의미한다.

  이 미색은 법령선 바깥쪽에 있다고 하지만 실제로는 선에 걸쳐서 나타나기도 한다. 또한, 입 주위에 법령선이 많이 보이는 사람도 있지만, 코에서 시작해서 흘러나오는 선이 진정한 법령인 것이다.

- 법령선의 바깥쪽으로 지저분한 색(穢色_예색)이 있을 때는 가업(家業)이 잘 운영되지 않으며, 손실이 발생한다.

  여기서 말하는 예색(穢色)이란, 오염된 것 같이 보는데, 원래는 암기(暗氣)나타났다가 시간이 지나면서 더럽혀진 것같이 변색된 것을 말한다. 사람에 따라 암기(暗氣)의 상태로 끝나버리는 경우도 있다. 하지만, 암기(暗氣)는 보기 힘든 경우가 많다. 그리고 예색(穢色)과 암기(暗氣) 모두 어려움을 암시하므로, 입 주변부터 법령선 바깥쪽에 걸쳐 나타나기도 한다.

【그림20】법령

- 법령선의 바깥쪽으로 미색(美色)이, 안쪽으로 암기(暗氣)가 있으면 가업(家業)이 다른 사람들 눈에는 잘 되는 것같이 보여도 내실은 좋지 않다.

  여기서 말하는 미색 이란 윤택함을 뜻하고, 암회색은 멀리 있어도 어두운 기운처럼 보인다.

- 우신좌신(右身左身)에서 미색이 나타나고, 입 주변까지 나타날 때 가까운 시일에 기쁜 일이 있거나 아니면 가업이 번창한다.

  어찌 됐든 좋은 징조다 이 미색은 우신 좌신부터 생겨나 법령선에 걸쳐 입 주변까지 내려오는데, 마치 목욕을 하고 나면 몸과 마음이 아련한 것 같고 불그스름한 윤기를 띄우는 것 같지만, 붉은 윤기는 아니다.

- 법령이 시작되는 곳부터 입 주변까지 미색이 나타나면 가업(家業)에 대해 계획하고 있는 일이 있거나 아니면 장사로 이익이 생긴다.

  이 미색은 법령선부터 시작해 선을 따라 입까지 내려간다. 또한, 선의 바깥 부분에서 나타나 내려가는가 하며, 안쪽에 나타나기도 하고, 선을 따라 나타나기도 한다. 어느 쪽이든 갓난아이 새끼손가락 굵기 넓이로 나타나며, 이 혈색은 황기에 약간 홍기가 섞인 미색이다.

- 법령이 시작하는 곳부터 입 근처까지 암회색(暗灰色)이 있으면 가업(家業)이 기울거나 아니면 장사에 이익이 없든가 손실이 발생한다.

  이 암회색은 앞에 말한 것처럼 갓난아이 새끼손가락 굵기 정도의 넓이로 나타나지만, 법령선 안에 그늘이 지는 것처럼 보이는 경우도 있다. 또한 법령선을 따라 안쪽에 나타나기도 하며 바깥쪽에 나타나기도 한다.

- 가업이 정해져 있는 사람의 법령선이 분명하지 않을 때는 가업이 기울거나, 그렇지 않으면 가업을 계승하기 싫어하는 마음이다. 또한, 법령선 안에 진흙색(泥色)이 있으면 전 재산이나 지위를 잃거나, 가업(家業)이 파탄한다. 다시 말하면 이 진흙 색이라고 하는 것은 몸에 때가 낀 것처럼 보이는 것인데, 법령선안에 나타날 때 특히 그 현상이 뚜렷하다. 그리고 가업이 기울어 큰 고생을 할 때도 이 진흙색이 나타난다.

- 법령에 흙색(土色)이 있으며, 지각(地角)이나 노복(奴僕) 근처에 암회색이 있으면 가산을 탕진하거나, 가업에 문제가 발생해 큰 고생이 있을 것이다.

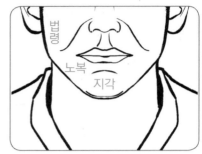

【그림21】 노복, 지각

여기서 말하는 법령에 흙색은 즉, 황기(黃氣)에 암기가 섞여서 나타나 더럽혀진 것같이 보인다. 그리고 법령선을 따라 입 주변까지 나타나며, 시작부터 입 근처까지 더럽혀진 것처럼 어두워 보인다. 또한, 지각이나 노복에 암회색이라고 하는 것은 암기와 몽(夢)한 기운이 섞여서 나타나는 것을 말하는데 날이 빠르게 저물어 어둠이 찾아오는 대흉상이다. 눈에 보이게 가운(家運)이 기우는 혈색이다.

- 법령선이 확실하지 않은 사람은 가업(家業)이 안정적이지 못하다.

일반적으로 길(路)에 등을 돌리고 살아가는 사람은 특히 법령선이 확실하지 않다. 법령선이 분명하지 않기 때문에 어딘지 모르게 외롭고 힘들어 보이는 것이다.

9. 식록(食祿)부분

- 식록(食祿)에 아름다운 색(美色)이 있으면 심중(心中)에 기쁨이 있다.

다시 말하면 가업(家業)안이면 상속
자(家督)에게 집안일로 기쁨이 있다.
이 미색은 식록에 흩어진 것처럼 넓
게 나타나고 특히 콧구멍 근처에는
확실히 나타난다. 또한, 이 혈색은 홍
윤(紅潤)의 미색이지만, 기쁨이 찾아
오기 전에는 붉은색을 띤 윤기가 아
니라 단지, 윤기만 보인다.

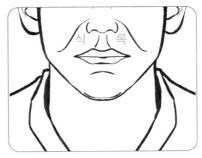

【그림22】 식록

- 식록에 미색이 법령선 밖에까지 나타날 때는 심중의 기쁨이 세상이 알
게 된다.

이 미색은 식록에 가두어진 상태가 아니라 머물러 있는 상태이므로, 일이
성취되는 것에 따라 자연히 법령의 밖으로 나타난다.

- 식록에 지저분한 색이 있으면 가업(家業)아니면 상속자(家督_가독)에게
흉상이다.

지저분한 색이라고 하는 것은 때로는 연기가 낀 것 같이 보이기도 하며, 식
록 한 면에 나타나는 것으로, 이 혈색이 보일 때는 일에 막힘이 많고 마음
편할 날이 없다. 만약에 식록에 지저분한 색이 있으며 법령선 밖에까지 나
타날 때는 가업(家業) 아니면 상속자의 지위를 잃게 된다. 그리고 마음고생
이 언젠가는 세상에 알려진다.

- 식록부터 황색(黃色)이 입 주변을 감쌀 때 반드시 가까운 시일에 좋은 일이 있다. 가업 아니면 상속자(家督_가독)에게 기쁜 일이다.

  입 주변 한 면에 황색이 나타나는 것으로서 청천평단삼(晴天平旦三)의 윤기라고 불린다. 어두운 황색 같지만, 보고 있으면 진정 선명한 노란 윤기로 보인다. 식록은 가독(家督)을 지키는 것이고, 입은 오체(五體)를 부양하는 문(門)이다. 황색은 기쁨과 번창을 상징하는 색이다. 귀천 관계없이 이치대로 상(相)을 보고 판단하면 된다.

- 식록에 윤택한 색이 나타나고, 입안으로 들어가는 느낌이 있을 때 가까운 시일에 가독(家督_상속자, 장남)에게 기쁜 일이 있다.

  다시 말하면 식록에 나타난 윤택한 색은 좌우에 흩어진 것처럼 나타나서, 입안으로 들어가는 것 같이 보인다. 또한, 왼쪽에서 나타나 입안으로 들어가 경우도 있으며 오른쪽에서 나타나 입안으로 들 어가는 경우도 있다. 이 혈색은 담천평단(曇天平旦)이라고 불리며 탁한 느낌에 윤이 나는 색이다. 어느 쪽이든 좋은 일이 찾아올 길상이다.

- 식록에 황윤(黃潤) 즉, 황색 윤기가 옆으로 나타날 때 주거 또는 가독(家督_장남, 상속)에 대한 일로 기쁜 일이 있다.

  황윤(黃潤)은 식록 위 콧구멍 가까이 옆에 나타나며, 손가락 끝으로 긁은 것처럼, 또는 흩어진 것 같은 느낌으로 보인다. 또한 황윤(黃潤)이 법령선 밖으로 나올 때는 기쁜 일이 가까워졌다는 것을 나타낸다. 어떤 형태로든 좋은 일이 찾아올 것이다.

- 식록에 붉은색이 나타날 때 가업 아니면 상속자의 지위를 잃는다.

  붉은색이라고 하지만 붉은색과 암회색이 섞인 것으로 검붉게 보인다. 또한, 상속자의 지위를 잃기 전까지는 붉은 기는 없고 암회색만이 나타나며 지위를 잃은 후에 검붉게 진한 색이 된다. 이 혈색은 식록 한 면에만 나타난다.

• 악색(惡色)이라고 하는 것은 일반적으로 말라서 떨어진 윤기가 없는 잎 느낌으로 식록이 말라비틀어진 것과 같다.

다시 말하면 악색(惡色)이란 가업이 기울거나 상속자의 지위를 잃는다. 만약, 어느 곳에 악색이 나타나도 우신 좌신에서 미색이 생겨 콧방울을 거쳐 아래로 향하고 있을 때는 함부로 악(惡)이라고 판단해서는 안 된다. 이 경우에 재난을 천우신조가 있어 벗어난다고 생각해도 좋다. 또한, 벗어나기 어려운 재난이 있어도 후에 그 나름의 좋은 일이 찾아올 것이다.

• 식록(食祿) 주변에 지저분한 색이 둘러싸고 입술까지 도달하고 아랫입술 안쪽으로 검은색 또는 청색이 튄 것처럼 나타나면 가까운 시일에 폐인(실업자)이 된다.

여기서 지저분한 색이란 말라버린 것 같은 쓸쓸하고 어두운색을 말한다. 담천일질(曇天日昳)이 끝나는 암회색이다. 또한 폐인의 상이라고 하는 것은 하늘로부터 받았던 식록이 말라비틀어져 그 자리를 잃은 모습이다. 그렇기 때문에 식록이 모자라서 폐인(실업자)이 되는 것이다. 그러나 실업자가 된 후 14 ~ 15일 정도 지나면 이 혈색은 없어지는 것이 일반적이다. 실업자로 결정이 되면 그 나름대로 먹을 꺼리는 얻을 수 있기 때문에 자연히 사라진다.

또한, 이 혈색이 나타나도 실업자가 되지 않을 때는 먹거리를 사람들에게 구걸하지 않으면 안 될 정도의 어려운 형편에 빠진다. 만약, 부유한 사람에게 나타날 때는 큰 재난이 찾아와 가업이 파산하며, 음식을 구걸하고 유랑하며 살게 된다. 신분, 귀천을 따지지 말고 잘 관찰해 보기 바란다. 폐인의 상이라고 하지만 따로 있는 것은 아니다. 내가 행하는 선악이 가져오는 결과이다. 그렇기 때문에 뼈 모양에는 나타나지 않으며 혈색에 나타나는 것이다.

10. 처첩(妻妾)부분

- 처첩궁(妻妾宮)에 청색이 나타나는 경우 이혼의 기운이 있다.

【그림23】 처첩

이 청색은 처첩부터 생겨서 눈썹꼬리 근처까지 뻗쳐 나타나며, 관골 쪽에 흩어지듯이 나타나는 경우도 있다. 단, 파란 힘줄과는 다르며, 청색이 나타날 때는 부부가 같이 이혼할 마음이 강하게 있으면 확실하게 나타나면 이혼하게 된다.

- 왼쪽의 처첩에 아름다운 미색(美色)이 있고, 오른쪽 처첩에도 편안한 수색(收色)이 있으면 부인의 마음은 안정되어 있지만 남편의 마음이 떠돌고 있다.

반대의 경우 남편의 마음은 안정되나 여자의 마음이 안정되지 못해 떠돈다. 여기서 편안한 수색(收色) 이란 미색(美色) 만큼은 아니지만 조용하고 안정된 느낌의 혈색이다.

- 처첩궁(妻妾宮)에 윤색(潤色)이 있으면 아직 정해진 처가 없다.

이 윤색은 옅은 홍색처럼 화려하게 보이나, 안정되지 않는 느낌이다.

- 처첩궁에 항상 편안한 수색(收色)이 있으면 결혼할 부인이 결정되어 있다.

편안한 색이란 앞서 말한 것처럼 조용하게 안정된 느낌이다. 새벽동이 틀 때, 평단(平旦)의 윤기라고 한다. 계속 보고 있으면 대단히 건강한 것처럼 보인다.

- 결혼한 남자의 처첩궁에 윤색이 있으면 부인과 이혼할 마음을 갖고 있다. 남자는 이혼 후 바로 다른 부인을 얻을 것이다. 모르는 곳에서 여러 가지 여자문제가 얽혀 있는 경우도 처첩궁에 윤색이 나타난다.

- 오른쪽 처첩궁에 청색을 띠면 부인이 남편에게 이혼을 요구하는 일이 생긴다.

  반대로 왼쪽 처첩궁에 청색을 띠면 남편이 부인에게 이혼을 요구한다고 생각하면 된다. 이 청색은 처첩에 흩어진 것처럼 나타나며, 관골까지 널리 퍼져 보일 때도 있다. 왼쪽의 처첩은 양(陽)으로 남편을, 오른쪽의 처첩은 음(陰)으로 부인을 나타낸다. 그리고 청색은 간(肝)의 기(氣), 즉 분노의 색으로 분노하여 판을 깬다는 의미다. 남녀 어느 쪽이든 똑같이 판단하면 된다.

- 처첩궁에 푸른빛(靑)을 띤 회색(灰色)이 있고, 코(土星) 좌우에 황색이 있으면 황달(黃疸) 증상이 있다.

  자세히 말하면 옅은 청색이 흐려진 색을 띠면, 간목(肝木)이 비토(鼻土)를 이기고 비장(脾臟), 간장(肝臟)의 기가 같이 약해져 생기는 병이 황달(黃疸)이다. 때문에 항상 마음이 무겁고 작은 일에도 걱정이 많다.

  또한, 처첩은 눈의 뒤쪽에 있어 간(肝)의 기(氣)가 지나는 곳이며, 토성의 좌우는 비토(鼻土)를 지킨다. 그래서 비(鼻), 간(肝)의 기운이 건전하지 않을 때는 반드시 처첩궁에 청색이 생겨나고 코 좌우에 황색이 나타난다. 또한, 코, 간의 기가 끊어지려고 할 때는 온몸에 청황색을 띠게 된다. 이 병을 가진 사람이 코 좌우에 짙게 황색이 나타나면 위중한 상태다.

11. 명문(命門)부분

- 명문(命門)에 미색(美色)이 있으면 반
  드시 첩(妾_애인)이 있다.

  명문의 미색이 만약, 옅은 홍색(紅色)
  으로 심하게 밝을 때 반드시 첩(妾)의
  문제로 말다툼이 일어나거나 고생한
  다. 보통 명문에 연한 홍색(薄紅色)이
  밝을 때 여난(女難)이 있다.

【그림24】 명문

- 명문(命門)에 윤색(潤色)이 있고 관
  골 뒤에 붉은 기운이 있으면 반드시
  여난이 있다.

  이 붉은 기운은 관골의 뒤부터 명문 쪽에 흩어진 것처럼 나타나며, 붉은색
  일 때도 있다.

- 병자가 명문(命門)에 살이 빠지고 어두운 기운이 나타나면 반드시 죽는다.
  보통 사람이라면 정력이 약해지는 신허(腎虛)의 전조(前兆)이다. 이경우 가
  까운 시간 내 병을 앓게 된다. 만약, 어두운 기운이 귀를 맴돌 때는 반드시
  죽는다. 다른 혈색도 잘 관찰해서 판단하는 것이 좋다.

- 명문의 살집이 두툼하고 튼튼하게 보이는 사람은 신기(腎氣)가 강해 장수
  한다.

  반대로 명문에 살집이 없고 쓸쓸하게 보이는 사람은 신기(腎氣)즉 정력이
  약하고, 건강관리를 잘하지 못하면 단명한다. 이러한 사람이 용모가 험하
  고 거칠어지면 병을 앓다 죽는다. 만약, 병이 회복돼도 오래 살지 못한다.

- 첩(妾_애인)도 없고 여난(女難)도 없는데 명문에 미색(美色)이 나타날 때는 부인이 반드시 딴 곳으로 떠난다.

  명문의 미색은 여난이 있는 사람과 똑같이 나타나지만, 젊고, 여자를 좋아하는 남자에게 많이 볼 수 있다. 또한, 부부관계가 없기 때문에 자연히 신기(腎氣)가 움직여서 이런 식으로 나타난다. 만약, 부인이 다시 집으로 돌아와서 14 ~ 15일 동안 부부관계가 있으면 이 혈색은 자연히 사라진다.

12. 눈(眼), 남녀관(男女官) 부위

- 안중백목(眼中白目), 눈의 흰자위에 푸른 기가 있으면 만사를 파탄으로
  이끌며 스스로를 망칠 것이고, 몸을 삼가지 아니하면 단명(短命) 한다.
  그렇지 않으면 난심(亂心) 즉, 미치거나 뜻하지 않은 죽음을 맞이하게 될지
  도 모른다. 그러나 언행과 행동을 조심하면 피해 갈 수 있다.

- 여자 백목에 푸른 기가 있으면 악녀의 상이며 언제 미칠지도 모른다.
  이런 여자는 남편을 제쳐 두고 모든 일에 나서며, 남편과 인연이 몇 번씩 바
  뀐다. 또한, 자식과의 인연도 약하며 몸 가짐 또한 조신하지 못하고, 늙어서
  남들 보기에 아주 흉할 것이다. 또한, 미치거나 횡사(橫死)할지도 모른다.

- 눈 아래에 붉은 점이 있으면 자신이 기댈 수 있는 사람을 만나게 된다.
  다시 말하면 눈 아래에 붉은 점이 있으면 의지할 수 있는 아랫사람이 생길
  수 있으며, 붉은 점이 생기고부터 아랫사람을 얻을 수도 있다. 아무튼 천군
  만마 힘이 되어줄 사람이 자신에게 있다는 것으로, 내 사업이 번창할 때는
  붉은 점에 윤기도 띈다. 그러나 사마귀나 여드름 같은 것은 아니다. 만약,
  힘이 되어주는 사람이 힘이 떨어질 때 붉은 점도 자연히 사라진다.

- 눈 밑 남녀궁(男女宮)에 푸른색 윤기 청윤(靑潤)이 있으면 임신(姙娠)한
  상태이다.
  남녀 모두에게 나타난다. 청윤(靑潤)은 원래 청기에 약간 홍기가 섞여서 나
  타나는 것으로서 윤기 있는 청색으로 보인다. 아니면 옅은 보라색처럼 보
  일 때도 있다. 그리고 이 혈색이 건강할 때는 순산(順産)할 것이고, 힘이 부
  족할 때는 난산(難産)이 예상된다. 또한, 혈색이 건강해도 조금이라도 나쁜
  색이 섞이면 난산할 것이며, 아이가 태어나도 죽는 경우도 있다. 출산 후
  아이의 수명이 길고 짧음은 이것에 준하여 판단한다.

- 눈 밑 남녀궁(男女宮)에 푸른색 청윤(靑潤)이 왼쪽에 강하게 나타나고 건강하면 남아(男兒), 오른쪽에 나타나면 여아(女兒)를 출산한다.

【그림25】 남여궁

만약 이 혈색이 비정상적으로 강해 보이면 유산(流産)이 의심된다. 만약, 태어나도 단명할 수 있다.

그러나 사람에 따라서는 청윤(靑潤)이 진하게 보이는데 이경우 일반적으로 얼굴 피부색이 하얀 사람의 경우다.

- 임신 중 삼음삼양(三陰三陽)에 평단동방명(平旦東方明)의 윤택한 기운이 나타나면 반드시 똑똑한 자식을 낳아 세상에 이름을 떨친다.

【그림26】 삼음삼양(三陰三陽)

삼음삼양이라고 하는 것은 눈의 위아래 좌우 머리카락이 나기 시작하는 곳 까지를 말하고, 평단동방명(平旦東方明)의 윤기라는 것은 불윤(不潤), 불명(不明), 불암(不暗)이 면서 건강하며 대양발달(大陽發達)의 기가 보이는 것을 말한다.

13. 어미(魚尾)그리고 간문(奸門)부분

• 눈꼬리 어미(魚尾)에 붉은색이 띄면 부인에게 병이 있거나 아니면 부부간에 말다툼이 끊이지 않는다.

보통 붉은색은 약 1,2촌(寸_3 ~ 6cm) 정도의 넓이로 흩어진 것처럼 나타난다. 눈을 감았을 때는 숨겨지고, 눈을 떴을 때는 나타나는 것으로 눈꼬리부터 눈 안쪽에 들어간 곳까지 걸쳐서 보인다. 붉은색이라고 하지만 약간 검은색이 섞여 검붉게 보이며 연홍색으로 보이기도 한다. 부인이 없는 사람에게는 여자 문제를 일으킬 수 있다.

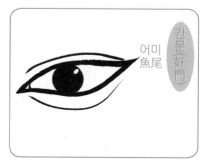

【그림27】 어미, 간문

• 눈꼬리 어미(魚尾)에 흑색(黑色)이 있으면 부부 싸움이 끊이지 않으며 부인과 인연이 없어 해어진다.

만약, 흑색이 있어도 인연이 바뀌지 않으면 반드시 부인이 병약하든가 어떻든 간에 여자문제로 고생한다. 또한, 이 흑색은 앞서 말한 것과 같이 눈꼬리부터 눈 안쪽의 들어간 곳까지 걸쳐서 나타나며 눌어붙은 것 같은 느낌이다. 또한, 눈을 꼭 감으면 잘 보이지 않으며 뜨면 확실하게 보인다.

• 눈꼬리 어미(魚尾)에 붉은색의 점이 있으면, 이사 또는 집 문제로 고생한다.

자세히 말하면 좁쌀 크기 정도의 붉은색으로 붉은 점이라고 할 정도의 것은 아니며, 여드름과는 다르다. 많이 있을 때는 문제가 되지 않으나, 하나가 생길 때에 문제가 된다. 눈초리의 가장자리 또는 위, 아래에 나타난다.

- 간문(奸門)에 붉은색이 나타나면 큰 고생을 하는데 특히 여자문제로 고 생한다.

  간문 주변 머리카락이 자라기 시작하는 곳에 붉은색이 진하게 나타나는 데, 눌어붙은 것 같이 검붉다. 간문의 위치는 얼굴 옆에서 볼 때는 뒤쪽에 있어 음(陰)이다. 그리고 검붉은색은 물과 불이 싸우는 수화상전(水火相戰) 격이다. 따라서 이 원리에 따라 판단해야 한다. 간문(奸門)은 음(陰)인 여 자를 상징한다.

- 간문(奸門)에 붉은색 점이 있으면 여난(女難) 아니면 여자 문제로 싸운다.

  붉은색 점이라는 것은 좁쌀 또는 쌀 부스러기 크기 정도의 붉은 점이며, 많 이 있는 것은 문제가 안되며, 단 하나 있을 때 문제를 일으킨다. 이것은 간 문 주변 머리카락이 조금 안쪽에 걸쳐 나타나지만, 간문는 처첩 뒤에 위치 하여 음(陰)의 여자를 상징한다.

  또한, 붉은색은 재난(災難)을 상징하는 색으로 음의 여자로 인한 재난을 의 미한다. 그리고 붉은색이 머리카락에 나타날 때에는 재난이 가족에까지 영 향을 미친다. 머리카락은 내 피(血)가 남은 것이기에 몸 안을 의미하기 때 문이다.

14. 천중(天中)그리고 관록(官祿)부분

• 천중(天中)부터 관록(官祿)까지 청색이 퍼질 때는 윗사람에게 질책을 듣는다.

이 청색은 천중에서부터 두 가닥의 선이 관록까지 내려오는데, 흩어지는 것 같은 느낌으로 한 가닥만 내려오는 경우도 있다. 갓난아이의 새끼손가락 굵기 정도 넓이로 나타난다.

그러나 눈에 띄는 것은 아니며 확실한 청색도 아니다. 또한, 파란 힘줄과는 전혀 별개다.

【그림28】천중

• 천중부터 관록까지 붉은 기운이 퍼지면 윗사람으로 인해 재난(災難)을 당한다.

이 붉은 기운은 천중부터 시작해서 관록 근처까지 흩어지는 것같이 나타나는데, 어린아이 손가락으로 선을 그은 것 같은 넓이로 나타나거나, 불(火)의 심지가 물결치는 것처럼 보이기도 한다. 특히 붉은 기운 끝이 가늘어질 때 큰 재난이 가까운 시일 내 닥친다.

• 관록의 혈색이 쇠약해 쓸쓸하게 보일 때, 운이 나빠 고생이 클 것이다.

관록에 이 혈색이 나타나면 어떤 일을 원해도 이루어지는 일이 없고, 색이 쇠약해 쓸쓸하다는 것은 암회색 기가 섞여서 나타나는 것을 말한다. 이경우 반드시 집을 망하게 하든가, 그 자리를 잃는다. 그렇지 않으면 세상을 향해 얼굴을 들 수 없게 된다.

- 남편이 없는 여자는 관록의 혈색이 좋지 않고, 남편이 있는 여자는 관록의 혈색이 좋다.

  이 혈색은 몸을 파는 창녀, 몸가짐이 나쁜 여자, 정조 관념이 없이 천리(天理)를 따르지 않는 사람에게는 나타나지 않지만, 남편을 잃은 미망인이나 아직 결혼하지 않은 미혼 여성에게 나타난다.

- 관록(官祿)부터 인당(印堂)까지 청기가 나타나면 근심이 있거나, 놀랄 일이 일어난다.

  이 청기는 관록부터 인당까지 흩어진 것처럼 옅게 나타나지만, 흐린 것 같은 회색으로 보일 때도 있다. 청기는 근심, 놀랐을 때의 색이다.

15. 일월(日月), 인당(印堂)

• 가업을 상속할 적자(嫡子)를 잃으면 일월(日月)의 혈색이 쇠약 해져 자연 스럽게 살이 빠진 것처럼 보인다. 이것은 많은 자식 중 한 명이 아닌 외 동의 죽음을 말한다.

• 일월(日月)에 미색(美色)이 나타날 때 기댈 수 있는 윗사람이 있다.

또한, 부모가 있는 사람은 자신의 힘 보다 부모의 세력이 강하다. 일월의 관(官)에 엽전 크기 정도로 엷고 희미 하게 나타나는 것으로서 결코 눈에 띄게 보이지 않는다. 미색이란 윤이 나는 기운을 말하는 것이지만 사람에 따라 진하게 나타나므로 아름답다.

【그림29】일, 월

• 인당(印堂)에 붉은 기운이 올라올 때 반드시 공난(公亂)으로 어려운 일 이 있다.

이 붉은 기운은 두 종류로 흩어지는 것처럼 올라오는가 하며, 엷으며 희미 하게 올라가는 것처럼 보이기도 한다. 붉은 기운은 희미하게 나타나지만 사람에 따라 약간 진하게 보이기도 한다. 만약, 붉은색이 유달리 진할 때 는 주의 깊게 관찰해야 된다. 또, 이러한 붉은색을 띠는 동시에 파산(破産) 의 혈색이 있거나, 세상과 격리되는 혈색이 나타날 때는 작은 일이 아니고 큰일로 어려움을 겪는다.

- 인당이 넓으며 항상 홍기(紅氣)처럼 항상 적(赤)색을 띄고 있으면, 어리석은 사람이다.

  이 붉은색은 두 종류가 있는데 항상 마음에 희열을 간직하고 있기 때문에 인당에 붉은색이 나타나거나 또, 한 가지는 간(肝)의 기(氣)가 강하고, 마음 고생이 있을 때 흥분하기 때문에 인당에 붉은색이 생긴다.

- 인당(印堂)부터 관록(官祿)까지 미색(美色)이 있으면 현재 모든 일이 순조롭다.

  이런 사람은 마음속으로 기세(勢)를 품으며 이제부터 운이 열릴 것이라고 스스로가 그렇게 생각하고 있다. 미색이라고 하는 것은 원래 홍윤(紅潤)의 기색으로서 마음의 화(火)가 건전할 때에 나타나는 혈색이다. 때문에 심중에 기쁨을 머금는 색이다. 보통 마음의 화(火)가 건전한 때는 어떤 일도 막히지 않고 순조롭게 풀려나간다. 단, 이 혈색은 음덕(陰德)을 행한 사람의 혈색과 착각할 때가 있으니 두 가지 모두 잘 관찰해야 한다.

- 인당에 붉은색의 점이 있으면 반드시 다투는 일이 생기거나 재난이 발생한다.

  이 붉은색의 점은 앞서 말한 것처럼 좁쌀, 양귀비 씨 정도의 크기로 인당의 약간 위 또는 아래에 나타난다. 수가 많을 때는 별개이며 하나 만 있을 때 문제가 발생한다. 또 희미하여 쉽게 보이지 않기 때문에 주의해서 관찰해야 한다.

- 인당부터 청기가 시작해서 변지(边地)를 향하고 있을 때 현재의 지위를 버리고 멀리 도망갈 생각을 하고 있다.

  그러나 결국 못 도망간다. 간(肝)의 기가 약해져서 저절로 음기무상(陰氣無常)의 마음이 생겨 현실을 등지고 멀리 떠나려고 생각을 할 때에 나타난다. 간의 기가 어느 정도 가라앉았으면 금방 없어진다. 그렇기 때문에 이 혈색은 변화나 흐트러짐이 많아서 판단하기가 정말 어렵다. 진실로 모든 것을 버리고 멀리 떠나려고 마음먹을 때는 인당이 아니고 음면(陰面) 24혈의 변지(边地), 역마(驛馬)에 나타나게 된다.

16. 입술(脣) 승장(承漿)

• 입술이 검붉은 사람은 운이 강하며, 나름의 출세를 도하고, 정력도 강하다.
예를 들면 붉은 동전처럼 검붉으며 윤이 나고, 아랫입술 안쪽이 홍색이며
얼굴색은 희지 않고 다소 검붉은 느낌이다. 만약, 얼굴색이 희다면 대흉상
이다.

• 입술이 홍색처럼 붉다면 길상이나, 색이 나빠지면 운도 자연히 나빠진다.
입술 색이 변하여 나빠지면 어떤 일을 해도 장애가 생겨 성공하기 어렵다.
그러나 노인은 기혈이 약해지기 때문에 입술색이 변하여 나빠지는 것은 당
연하다. 즉, 노인은 일반적인 상색(常色)이고, 젊은 사람은 기혈이 활발하
기 때문에 입술색이 좋은 것은 자연스러운 것이다.

• 입술이 흐리고 검은 반점이 있는 사람은 운이 약해져, 재난이 자주 일어
나며 원하는 일을 이루기가 힘들다.
검은 반점이라고 하는 것은 쌀알 정
도의 크기로 검푸르며, 입술에 얼룩
처럼 나타나고, 싸라기를 뿌린 것처
럼 얼룩진 색으로 보이기도 한다. 단,
이 검은 반점이 옅어지는 정도에 따

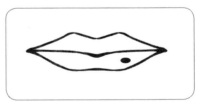

【그림30】입술

라 운도 자연스럽게 좋아진다. 또한, 검은 반점이 아니어도 비슷한 것이 생
겨날 때는 동일하게 판단하면 된다.

• 입술이 희게 보일 때는 비장(脾臟)에 병이 있기 때문에 우울하다.
사소한 일에도 신경이 쓰이기 때문에 병에 의해 운세가 눌린다. 만약에 병
이 안이라도 기분이 우울해지면 될 일도 안되고 만사가 막혀버린다.

• 환자의 승장(承漿)에 나쁜 색이 있으면, 몸에 맞지 않는 약을 쓰고 있다.

이 혈색은 뭐라고 딱 꼬집어 얘기할 수 없지만 나쁜 느낌의 색이다. 상태에 따라 연기가 낀 것처럼 보이기도 하고, 보라색처럼 보이기도 하며 검푸르게 보이기도 한다. 아무튼 이런 식으로 나쁜 색이 나타날 때에는 환자에게 약이 잘못된 처방된 것이라고 생각하라. 단, 이 혈색은 승장(承漿)의 일부분에 나타난다.

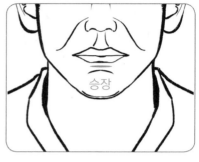

【그림31】 승장

• 보통 사람이 승장(承漿)에 나쁜 색이 나타날 때는 식중독이라고 할 수 있다. 만약, 식중독이라고 생각되어도 승장의 색이 변하지 않으면 식중독이 아니다. 또한, 몸에 약이 맞지 않아도, 색이 변하지 않으면 약이 잘못된 것이 아니다.

17. 역마(駅馬) 부분

• 역마(驛馬)부터 변지(辺地)까지 미색(美色)이 있으면 집을 짓거나, 이사를 한다.
  집에 관한 일로 기쁜 일이 있을 때도 이 혈색이 생기는데, 역마부터 생겨서 변지 쪽으로 퍼져 나가 홍윤(紅潤)이 교차되는 미색이다.

• 역마에 암기(暗氣)가 있으면 집과 관련한 고민이나 집안일로 고생한다.
  이 암기는 흐린 것처럼 보이며 일질(日昳_해가 지는 어둠)이라고 한다. 잘 보이지 않지만 2 ~ 3척(60 ~ 90cm) 정도 떨어져 보면 자연스럽게 보인다. 또, 역마부터 시작해 산림(山林) 쪽에 새끼손가락 끝으로 긁은 정도의 넓이로 나타나지만 눈에 띄게 보이지 않는다.

【그림32】역마

18. 면색(面色)

- 얼굴이 붉은 적동(赤銅)처럼 검붉은 사람은 운이 강하고 상응하는 복운이 있다.

  이런 얼굴을 철면(鐵面)이라고 말하는데, 검붉으며 윤기가 있다. 신분의 귀천(貴賤)과 관계없이 똑같이 나타나는 길상(吉相)으로 기력이 왕성하며 세력이 강하다. 빈상이라도 결코 가난하거나 궁핍하지 않다. 또한, 고독한 상(相)이어도 적어도 자식 한 명 쯤은 있다. 또한, 친인척 사이에서 중하게 대접받는다. 철면(鐵面)은 이(泥_진흙)면, 예(穢_더러운)면과 혼돈되는 색이지만, 이면(泥面), 예면(穢面)은 윤기가 전혀 없으며 지저분한 때가 쌓인 것 같은 느낌 또는 연기가 낀 것처럼 보인다.

- 얼굴에 예면(穢面)색 또는 이면(泥面)색이 항상 있는 사람은 좋은 상이 있어도 일생 궁핍하며 출세하지 못한다.

  이러한 얼굴색은 앞서 말했듯이 더러운 때가 낀 것처럼 지저분하고 더러운 느낌이다. 단, 이것은 안면의 일부분에 나타나는 것으로서 갑자기 나타나는 것이 아니고 선천적인 색이다. 평생 주거가 불안정하고, 어떤 일을 해도 고생만 하고 공이 없다. 그러나 신심(信心)을 다하여 음덕(陰德)을 행하면 반드시 변화한다.

- 얼굴 한쪽면에 예면(穢面)색 나타날 때는 피해 갈 수 없는 궁위(窮危)가 온다.

  앞서 말했듯이 더럽혀진 것 같으며 연기가 낀 것 같은 느낌이다. 궁위(窮危)라고 하는 것은 재난, 가업의 파산, 가난한 사람은 먹거리가 떨어지는 것 어느 쪽이든 나쁘다. 단, 다른 관상도 보고 종합적으로 판단하여야 한다. 특히, 환자의 경우 주의해서 관찰하여야 한다.

- 얼굴 한쪽면에 진흙색 이면(泥面)이 나타날 때 현재 나쁜 상황에 놓여있다.

  진 흙색이 나타날 때는 재난을 겪은 후거나 아니면 가업 또는 상속자로 큰 손실을 입은 다음이다. 이 혈색은 처음에는 더러운 색이 생기고, 다음에는 진흙 색으로 변하고 운기가 강한 사람이라면 더러운 색인 상태로 지낸다. 그렇지만 더러운 색과 진흙색은 주의해서 보지 않으면 안 된다. 이 혈색은 보통 때 보는 얼굴색이 아니고 그 당시 흉한 운에 때문에 나타난다.

- 나이가 어려도 집안의 최고 어른(竈主_조주)이 되면 얼굴 양면(陽面) 혈색이 좋다.

  만약 집의 주인일지라도 조주(竈主)가 아닐 때는 양(陽)면의 혈색이 좋지 않다. 양면이란 얼굴 정면은 세상을 상징하고, 옆면은 음(陰)을 의미한다. 때문에 나이가 어려도 조주가 되면 가족들 앞에 서기 때문에 정면의 혈색이 자연히 좋아진다. 또한 집 주인이라 해도 조주가 아니면, 식솔들 앞에 서지 못하기 때문에 정면 혈색이 자연히 좋지 않다. 이것은 신분 귀천에 관계없이 똑같이 판단하면 된다.

- 얼굴색이 쉽게 변하지 않는 사람은 기(氣)가 강하고 운(運)도 좋아 출세한다.

  안색을 살피는 동안 처음에는 좋게 보여도, 보고 있는 동안에 뭐라고 표현할 수 없지만 얼굴색이 물든 것처럼 변해 보이는 사람은 기가 약하고 끈기도 없기 때문에 큰 출세를 할 수 없다. 또한, 기력이 강해도 신체가 강하지 않는 사람은 앞면 혈색이 보고 있는 동안에 물든 것처럼 변한다. 하지만 정신력은 강하다. 또한, 기력이 약해도 마음속 기쁨이 있을 때 얼굴색이 좋아 보이며 변하지 않는다. 그러나 이 경우는 정신력이 약하다. 그런데 이경우 기력이 강할 때와 닮았다. 그러나 성곽은 단단하지만 주군이 없는 성과 같다.

- 얼굴에 청색 기운을 띨 때는 이혼의 가능성이 높다.

  얼굴이 파랗게 질린 것처럼 보일 때 청기라 하지만 원래는 회색(灰色)이다. 청기라고 생각하면 보기 쉽기 때문이다. 강한 간(肝)의 기가 가라앉을 때는 얼굴색이 파랗게 질린 것처럼 보이기 때문이다. 남녀 모두 보는 방법이 같다.

- 난심(亂心)의 상(相)이 라도 얼굴에 체기(滯氣)가 있으면 결코 미치지 않는다.

  체기(滯氣)라는 것은 보통 간의 기가 강한 사람이 간의 기를 누를 때에 그 기가 막혀서 얼굴색이 어두워지는 모양을 가리켜 하는 말이다. 즉, 간의 기를 눌러 안으로 고여 표면에 나타나지 않는 것이다. 그렇기 때문에 미치광이까지는 되지 않는다.

- 귀인(貴人)은 얼굴색이 하얀 것이 길상이며, 하천(下賤)한 사람은 얼굴색이 붉은 것을 길상(吉相)이다.

  하지만 귀천(貴賤)에 관계없이 얼굴색이 붉은 것이 일반적이다. 귀인은 하늘의 덕을 받은 사람으로 희면서 붉은 것을 길하다. 하늘은 물을 만들고 만물을 키운다. 이것은 하늘의 덕이다. 한편, 하천한 사람은 땅의 덕을 받은 사람이다. 그렇기에 적황(赤黃)이 길하다. 땅은 만물을 키우며 하늘의 덕을 받든다. 이것은 땅의 덕인 것이다.

- 얼굴색이 흐려져 나빠져도 법령에 윤택한 색이 있으면 결코 나쁘다고 판단해 서는 안 된다. 오히려 가업이 번창할 상이라고 보아야 할 것이다.

역주譯註 조주(竈主)

한자 조(竈)의 의미에서 말하듯이 부엌 조, 조광 신(부엌을 시키는 신) 농경사회에서는 단순한 호주가 아니고 집안, 마을의 중요한 결정상황에 참가할 수 있는 지위를 가진 사람을 의미한다.

19. 풍당(風当), 지고(地庫), 턱(頤), 가슴(胸), 도관(盜官)

- 풍당(風当)에 윤색이 있으면 반드시 가까운 시일내 좋은 소식을 듣는다.

풍당(風当)이란 귓구멍 입구 볼에 붙은 쪽 돌출 부분으로 이곳에 윤색이 강하게 나타났을 때는 가까운 시일내 좋은 일이 있을 것이다. 만약에 조금이라도 나쁜 색이 섞여 있을 때는 길사가 있어도 장애가 있어 힘들고 나쁜 소식을 듣게 된다.

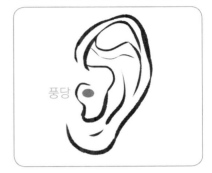

【그림33】 풍당

- 지고(地庫)에 앙금 색이 있으면 가족에게 재난이 있거나, 만약, 주군(성주)라면 아랫사람으로부터 공난(公難)이 있다.

앙금 색이라고 하는 것은 침전물이 가라앉은 것 같은 느낌을 말하는데 암기(暗氣), 회색(灰色), 붉은 것 같은 것이며 흐린 색으로 나타난다. 하여간 퇴색한 색이 앙금 색일 때 가족에게 재난이 발생하거나, 아랫사람으로부터 난이 발생한다. 이 혈색은 지고(地庫) 근처에 흩어진 것처럼 나타난다.

【그림34】 지고

- 피부병이 있는 사람은 턱이 흐리다. 턱이 흐린 사람은 배꼽 아래가 똑같이 흐리다.

이 경우 병이 차도에 따라서 턱에 흐린 것도 자연히 밝아진다. 일반적으로 해안, 강변 물기가 많은 곳에 거주하는 사람의 경우 턱이 밝지 않다.

- 가슴에 연홍색처럼 나타나면 운이 강하고 상응한 복운이 있다.

가슴에 옅은 홍색(博紅色)색에 윤기가 있으면 경제적인 면이나, 그 외 일도 순조롭다. 하지만, 붉은 껍데기 홍각(紅殼)처럼 진한 붉은색일 경우는 반드시 하상(下相)이며 길상이라고 보면 안 되고, 가슴이 하얀 사람은 기력이 약하며 단명한다. 또한, 여자의 가슴이 붉은 것은 남편을 이기는 대단한 악녀다.

- 코 옆 좌우 도관(盜官)에 암점(暗点)이 있으면 물건이나 재물을 도난을 당하거나, 잃어버린 물건이 있다.

자세히 말하면 암점(暗点)이라 하는 것은 쌀알이나 보리쌀 정도 크기로 좀 어두운 것이며, 바늘로 찌른 정도의 붉은색이 나타내기도 한다. 어느 쪽이든 도관에 특이한 색이나 장애가 있을 때는 도난이나 분실이 있다.

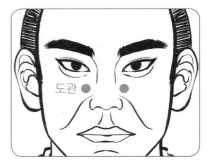

【그림35】 도적

그리고 이 암점(暗点)은 도난을 당할 때 가지는 관골부터 암기가 생겨 도관 쪽으로 뻗쳐, 도난을 당한 후에는 암점(暗点)이 된 후 도관에 멈춘다. 단, 도난을 당하기까지의 암기는 알기 어렵기 때문에 도난을 당한 후 경험을 쓴 것이다. 관골은 세상을 상징하고, 코는 내 신체를 의미한다. 또 코의 좌우는 나의 성곽이며 암기는 어두움을 감추는 색이다. 즉, 세상으로부터 나의 성곽을 감추는 모양새이기에 도난을 당한다고 한다.

20. 기색(氣色) 위치(位)

　대음(大陰)의 기색을 가진 사람은 타인에게 베푸는 일없이 오로지 탐한다. 다른 사람의 명덕(明德)을 감추고 약점을 들추기를 즐긴다. 만월중야(滿月中夜) 즉 보름 달이 뜬 한밤과 같다.

대양(大陽)의 기색을 가진 사람은 의욕이 넘쳐 모든 일이 순조롭지만 성공하면 반드시 힘이 떨어져 쇠약해진다. 이것은 자연의 이치다. 천상중정 (天上中正) 즉, 태양이 하늘 중앙에 걸려 것과 같다.

소음(小陰)의 기색을 가진 사람은 타인의 힘이 약해지는 것을 좋아하며, 감추고 탐하는 것을 즐긴다. 일질황혼(日昳黃昏) 즉, 한낮 후 황혼이 질 무렵과 같다.

소양(小陽)의 기색을 가진 사람은 마음이 관대하며 뜻이 크다. 욕심이 없으며 사람을 잘 인도하여 일을 할 수 있도록 한다. 평단현상(平旦現上) 즉, 새벽 동틀 녘과 같다.

南北相法　後篇二卷

정신이 형태이며 마음은 그림자다.

상(相)의 변화는 마음의 움직임에 따라 생겨나는 것이므로

상(相)의 변화를 보고 길흉을 판단하여야 한다.

1. 혈색(血色)부분 논변(論弁)

- 관상을 볼 때 혈색을 잘 보려고 한다면 조석(潮汐)으로 관찰해야 한다.

사람의 기혈은 조석(潮汐) 즉, 밀물과 썰물과 같아서 넘치고 빠지고 한다. 다시 말하면 밀물이 들어올 때는 사람의 기혈 또한 가득하며, 그때에 맞추어 관상을 보면 혈색도 자연히 좋다. 관상을 보는 사람도 또한 자신의 기혈이 충만할 때 관상을 보면 마음도 편안하여 관찰하기가 좋을 것이다. 반대로 썰물 때는 마음이 음(陰)의 상태로 기혈도 가라앉아 후퇴하기 때문에 관상을 보는 사람 또한 정확하게 판단하기가 어려워진다. 그리고 기혈이 약해 혈색이 나쁜 사람이라도 밀물 때는 혈색이 자연히 올라오기 때문에 잘 관찰할 수 있다. 또한, 항상 혈색이 좋은 사람의 경우에도 위와 같이 생각하면 좋지만, 대음(大陰)인 사람은 간조(썰물) 때에 혈색이 좋으며 만조(밀물) 때에 혈색이 나빠진다.

- 남녀(男女) 관에 보라색이 나타날 때는 자식이 태어난다.

자연의 이치가 음양(陰陽)이 화합할 때는 자손을 만든다. 남녀관은 얼굴 천지음양(天地陰陽) 안에 있고, 삼음삼양(三陰三陽_눈 주변)의 관(官) 위치에 있어 남녀의 관이라고 부르기 때문에 자손의 관이라고도 한다.

남녀관

또한, 보라색에는 두 종류가 있는데 청색과 붉은색이 합쳐 보라색이 될 때는 청은 목(木), 적은 화(火)로 목생화(木生火) 상생(相生)의 색으로 순산(順産)한다. 또한 적(赤)과 흑(黑)이 합쳐져서 보라색이 될 때는 적은 아버지 양(陽), 흑은 어머니 음(陰)으로 음양이 화합하여 자식을 낳는다. 그러나 적과 흑을 합쳐서 보라색이 될 때에는 적색은 화(火), 흑색은 물(水)의 색이므로 수극화(水克火) 상극(相剋)되어 난산(難産)이 예상된다.

- 비록 신분이 낮고 가난해도 남편이 있는 여자는 관록(官祿)의 혈색이 좋고 부귀 가 있지만, 남편이 없는 여자는 관록의 혈색이 좋지 않다.

관록의 관은 이마의 중앙에 위치해 있어 군주를 의미하며, 여자에게는 남편의 관(官)이다. 때문에 남편이 정해져 있는 여자는 군주를 얻은 것과 같아서 관록에 빛과 윤이 난다. 이것은 남편의 빛을 머리에 받고 있는 것과 같다. 하지만, 지조가 없는 여자는 남편이 있어도 군주를 얻었다고 할 수 없다. 남편의 빛 그늘 안에 있는

줄 모르고 자신만 똑똑하다고 생각해 남편을 제쳐 두고 무슨 일이든 참견한다. 이런 여자를 부인으로 얻으면 집을 망친다. 마치 물로 불을 끄는 것과 같기 때문에 집안에 항상 다툼이 끊이지 않으며 재난이 생긴다. 그리고 여자의 복운과 의식주는 남편으로부터 얻는 것이므로 여자의 관상이 아무리 좋아도 보잘것없다. 그러나 남편을 군주처럼 존경하며, 정조를 지키는 여자는 남편의 운이 나쁘더라도 여자의 선한 행동의 결과로 조금은 남편을 도울 수 있다. 이것은 음이 양을 도와 화합하여 번창하는 이치다.

- 좋은 일이 많은 관상이라도 관록의 혈색이 나쁠 때는 어떤 일도 성사되기 어렵다.

앞에서 말했듯이 관록은 이마의 중앙에 있으며 군주와 같고, 일의 길흉(吉凶)이 나타나며, 세상의 청탁(清濁)은 군주의 덕(德) 유무에 있다. 그래서 관록의 혈색이 탁할 때는 군주가 덕이 없어 백성에게 베풀 것도 없고 존경도 받지 못한다. 따라서 모든 일이 성사되기 어렵다고 하는 것이다.

- 이마의 좌우에 윤기 없는 황색이 나타날 때 반드시 친족에게 근심이 있다.

몸은 흙(土)의 기를 받아 성장하기 때문에 신체는 토기(土氣)에 해당한다. 또한, 흙은 오행의 중앙과 황색을 의미하고 친족 중 사망자가 발생할 때, 내 몸도 똑같이 공감하여 힘이 떨어진다. 때문에 윤기 없는 황색이 나타나는 것이다. 본래 황색은 기쁨의 색이기는 하나 인생에는 성쇠(盛衰)가 있고, 색은 청탁이 있기 때문에 함부로 말할 수가 없다. 자신도 모르는 사이에 좋은 일이 찾아왔을 때에는 이미 토기가 수분을 얻어 황색을 띠고 윤이 난다. 즉, 내 몸의 토기(土氣)가 왕성해지기 때문이다.

- 일월의 관에 흑색(黑色)이 나타날 때 반드시 자식을 잃는다.

일(日) 월(月)은 부모, 선조의 관이다. 자손이라는 것은 부모, 조상의 피(혈맥)를 물려받아 태어났으므로 자식이 죽었을 때는 혈맥도 같이 감응하여 일 월에 흑색이 나타나는 것이다. 흑색은 죽음의 색이다. 또한, 일월의 살이 말라 쇠약해질 때는 조상의 힘이 쇠약해져 자손이 오래 살지 못한다. 자손이 명(命)이 긴 사람은 일(日) 월(月)의 살집이 좋으며 건강하게 보이고, 살이 빠지면 자연히 혈색도 자연히 나빠진다. 그러나 자식이 많은 경우는 일월에 흑색이 나타나지 않으며, 단 하나의 혈육을 잃어버릴 때 나타난다.

- 이마에 구름이 낀 것처럼 흐리고 머리카락 굵기 붉은 힘줄이 나타나면 검난(劍難)이 있다.

이 붉은 힘줄은 피(血)와 재앙(災殃)의 색이며 살을 가르고 들어간 것처럼 나타나고 온몸의 살을 짖어버리는 것 같아서 검난(劍難)이 있다고 한다.

또한, 검난이 있을 때는 일월의 관에 혈색이 나빠진다. 신체발부는 부모, 조상으로부터 받은 것이므로 몸에 상처를 입히거나 상하게 하는 것은 부모, 조상의 신체를 다치게 하는 것과 같기 때문에 일월의 관에 혈색이 나빠지는 것이다. 일월의 관은 부모, 조상 관이다.

- 신체 하부의 습기를 머금은 사람은 턱 주위가 흐리고, 턱이 흐린 사람은 배꼽 아래가 좋지 못하다.

이마는 얼굴에서 남쪽에 위치하며, 심화(心火)에 속하고 신체의 상부(上部)로 통한다. 코, 관골은 중앙에 위치하며 비토(脾土)에 속하고 신체의 중부 (中部)로 통한다. 턱은 북쪽에 위치하며, 신장의 수(水)에 속하고 신체의 하부로 통한다. 그러므로 하부에 습기를 머금은 사람은 턱 주위가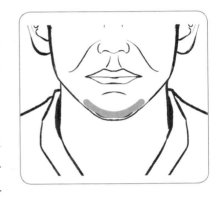

자연히 어둡다. 또한, 물기가 많은 곳에 사는 사람은 물기가 자연히 하부에 머금기 때문에 배꼽 아래, 턱 주위가 자연히 흐리다. 그러나 건강하고 무병한 사람은 물기도 머금지 않으며 흐린 곳도 없다. 하지만 많은 사람이 몸 하부에 물기를 머금고 있다.

- 남녀(男女)의 관(官)부터 기색이 나와 변지(边地)로 뻗쳐 말라버린 것 같이 하얗게 될 때 반드시 자손이 타국(먼 타지)에서 죽는다.

남녀의 관은 자손의 관이므로 자손의 관부터 기색이 나와 변지까지 뻗쳐는 있어 자손이 타국(먼 타지)에 간다. 또한 이 기색이 변지 쪽에서 말라버린 것 같이 하얗게 될 때 먼 타지에서 죽는다. 또한 흰색은 근심의 색이다.

- 손바닥에 윤기 있는 홍색이 나타날 때 몸은 건강하며 모든 일이 성공한다.
그러나 홍윤(紅潤)이 사라질 때 일도 어려워진다. 기혈이 건강할 때 몸도 마음도 건강하고 손바닥에 윤기 있는 홍색이 나타난다. 또한, 마음이 건강하면 몸도 건강하여 하는 일이 자연히 순조롭다. 손, 발 또한 몸과 같은 것이다. 기혈이 불순할 때 사지(팔, 다리)에 윤기를 잃어버리는 것도, 흡사 초목의 뿌리가 튼튼하지 않아 가지와 잎이 말라버리는 것과 같다. 손바닥 윤기가 없으면 신체가 건강하지 못한 것도 마찬가지다. 이런 경우 무슨 일을 한다 해도 때가 되지 않았기 때문에 성공하기 어려운 것이다. 또한, 사람은 기혈이 불순할 때 병이 발생하고, 기혈의 순환이 순조로우면 병도 침범하지 못한다. 즉 환자의 병이 차도가 보이기 시작하면 먼저 손바닥에 자연스럽게 윤기가 생긴다. 또한, 손바닥에 항상 홍윤(紅潤)을 있는 사람은 홍윤이 사라지려 할 때 먼저 윤기를 잃고 그 후에 붉은색이 사라진다. 반대로 항상 말라서 건조한 손 바닥에 홍윤이 생길 때는 먼저 윤기가 나타나고 그 후에 홍색이 나타난다. 얼굴에 나타나는 혈색도 마찬가지다. 좋은 혈색이 나타나기 전에 윤기가 생기고, 나쁜 혈색이 나타나기 전에 윤기를 잃어버린다. 따라서 홍색이 나타날 때는 손바닥 이 말라서 건조한지 윤기가 있는지 주의하여 잘 살펴야 한다.

- 눈에 핏발이 서고, 눈동자가 적색으로 덮여 있으며, 눈에 힘이 없고 정신이 깃들어 있지 않을 때 반드시 검난(劍難)을 당해 죽을 상이다.
검난을 당해 죽을 사람에게는 죽을 상이 나타나지 않는다. 애초부터 멸(滅), 죽음이라고 하는 것은 하늘로부터 받은 것이다. 질병에 의해 자연히 죽는 사람은 천명을 다하여 심(心), 비(脾), 신(腎)이 기능이 떨어져 오행(五行)이 원래의 곳으로 돌아가는 것이다. 오행이 원래로 자리로 돌아가기 때문에 죽음의 상이 나타난다. 그렇기에 병사(病死)는 확실하게 판별이 가능하다. 그러나 검난에 의해 죽는 사람은 죽을 때까지 신체도 건강하고 오장에 병이 없다. 하여 죽음의 상이 나타나지 않는다 하지만, 자신의 앞날은 눈을 통해 비추기 때 문에 검사(劍死)의 상은 눈에 나타나는 것이다.

- 안면 혈색 전체가 나빠도 일률적으로 악상이라고 판단하면 안 된다.

가업이 번창하여 힘들 때는 몸도 마음도 피곤하여 얼굴색이 자연히 회색 (灰色)으로 흐려진다. 관상을 볼 때는 가업(家業)의 관(官)을 잘 살펴야 한 다. 가업이 번창하고 잘 될 때는 그만큼 마음고생도 많기 때문에 자연히 얼굴색이 나쁘지만, 가업관 만은 혈색이 좋다. 가업관 이란 법령(法令)을 말한다.

- 일질(日昳_석양) 윤색이 나타나면 공난(公難)이 있다.

이 경우 얼굴 상정(上停)으로 판단하기 어렵기 때문에 관골로 보는 것이 좋 다. 관골은 세상 일을 담당하는 곳이므로 관골에 어두운색이 나타날 때는 일이 분명하지 않고 사람들과 관계도 단절되어 공난이 있다고 한다. 이 색 은 본래는 상정에 나타나지만 해 질 무렵 석양과 비슷하여 구분하기가 어 렵다. 또한, 일질(日昳)이란 태양이 서쪽으로 기울어 그 빛이 동쪽에 비치 는 것을 말한다.

- 지금은 어려워 궁해 보여도 얼굴색이 좋으며 살집이 좋은 사람이 있고, 고생을 하지 않았는데도 살이 없고 말라 보이는 사람이 있다.

마음이 약하고 야무지지 못한 사람은 얼굴살이 자연히 처진다. 이경우 안 면에 윤기가 있고 살이 찐 것처럼 보이지 만 사실은 살찐 것이 아니다. 탁한 살, 탁육(濁肉)이라고 한다. 반대로 마음이 강하고 야무진 사람은 기혈에 흩 어짐이 없고 혈색도 온화하며 살도 단단하다. 또, 살이 빠지고 말라 보이지 만 정말로 마른 것이 아니라, 육체(肉締)라고 하여 대길상이다.

그리고 기력이 약한 사람은 기색이 쇠진하여 나타나는 혈색 또한 힘이 없 고, 살집도 단단하지 않기 때문에 자연히 약하다. 이것을 얇은 살, 박육(薄 肉)이라고, 빈한(貧寒) 상(相)이다. 반대로 기력이 강한 사람은 기색이 좋고 혈색 또한 힘이 넘친다. 살집도 좋으며 단단하고 두텁다고 후육(厚肉)이라 고 한다. 즉 부귀한 사람에게 보이는 상이다.

또, 오랫동안 궁핍한 생활을 하여 얼굴색이 거칠어진 사람이 운이 들어왔을 때 얼굴부터 살쪄 보인다. 그러나 이것을 정말로 살이 찐 것이 아니고, 기력이 충만해졌기 때문에 얼굴에 살이 찐 것처럼 보이는 것뿐이다. 이것을 육색(肉色)이라고 한다. 원래 사람의 살은 기력에서 생기는 것이므로, 기력이 떨어지면 기색이 떨어지고, 기색이 떨어지면 혈색이 나빠지고, 혈색이 나빠지면 살도 자연히 처진다. 처진 살은 당연히 윤기가 없다. 또한, 탁한 살은 윤기는 있으나 정신(精神)이 들어있지 않다. 두터운 살이 건강하고 윤기가 있을 때에는 정신도 충만해져 있는 것이다. 이 모든 것이 기력에서 오는 것이다. 기력은 소천지의 중심이며 만사의 길흉이 기력에서 생기는 것이다.

• 긴 세월동안 운이 나쁜 사람은 얼굴에 어두운 암기(暗氣)가 덮여 있다.
암기가 흑색(黑色)으로 변할 때 대길(大吉) 하여 운(運)이 좋아진다. 암기라고 하는 것은 옅은 어두운 색이며, 흑색은 매우 어두운 색을 말한다. 사람의 기색은 천지의 기(氣)에 순응하여, 해가 동 쪽에서 뜨기 전에는 천지는 몽롱하게 어두운 현상과 같이 평단일이(平旦一二) 즉, 새벽 녘을 보여주는 것과 같다. 또한, 해가 이제 막 나오려고 하기 전 어두운 것을 평단삼((平旦三)의 어둠이라 고 한다. 음기(陰氣)가 다하여 양기(陽氣)로 바뀌는 것을 말한다. 즉 암기가 흑색으로 변할 때 서서히 양기(陽氣)가 차올라 대길(大吉)하여 운이 좋아지는 것이다.

• 관록의 좌우로부터 회색(灰色)이 생겨 관록의 혈소(穴所)를 덮을 때는 상속권(家督)을 빼앗기는 일이 발생한다.
관록의 혈소는 귀천에 관계없이 장자로써 상속자의 신분을 가리킨다. 그런데 관록 좌 우로부터 회색(灰色)이 생겨 혈소를 덮을 때 상속권을 빼앗으려고 하는 것이다. 만약, 가독(家督)이 깨지는 상(相)이라도 관록 좌우부터 윤색이 생겨 혈소와 어울릴 때는 결코 상속의 권리가 깨지는 일은 없다. 주위에서 상속권(家督_가독)을 지킬 수 있게 도와주는 사람이 나타날 것이다.

- 얼굴 상정(上停)이 밝으며 기름을 바른 것처럼 빛나고 있는 사람은 대흉
  (大凶) 상이며, 어떤 일도 성공하기 어렵다.

마음이 충족하지 못할 때 부족한 기
운이 얼굴로 떠올라 안면이 기름을
바른 것처럼 빛난다. 이것을 '심기면
상(心氣面上)을 벗어나 만사(萬事)가
다한다.'라고 하며, 일질(日昳) 즉 해
가지는 석양의 윤색이라고 하여 어
떤 일도 성공하기 힘든 대흉상이다.
반대로 심기가 단전에 넘칠 때는 얼
굴에 해가 동쪽으로 떠오를 때와 같

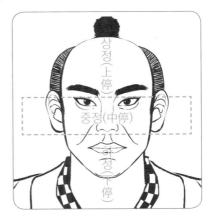

이 얼굴색이 풍부하며 용장(勇壯)의 기가 넘친다. 이것을 '심기단전(心氣丹
田)에 의해 만사를 이룬다.'라고 한다.

- 지각(地閣)에 윤색이 생기고 좌우로 나누어질 때 좋은 일로 집이 두 채
  가 된다.

지각은 집을 수호하는 관이며 윤색은
기쁨을 의미한다. 그러나 청색(靑色)
은 간(肝)의 기에서 생기는 분노 색이
다. 그래서 지각에 나타나 좌우로 갈
라질 때는 집안에 다툼이 생겨 집이
둘로 쪼개진다. 그리고 암회색(暗灰
色)은 멸망의 색이다. 지각에 나타나
서 좌우로 갈라질 때는 집안이 망하
려고 둘로 갈라질 것이다.

- 이마 좌우가 검은 경우 흉이 아니다. 상응하는 복운(福運)이 있다.

젊고 직업(가업)이 아직 정해져 있지 않은 사람은 당연히 세상 경험이 별로 없어 고생을 모른다. 즉 삶에 대해 고민 없이 무사태평하게 살아가는 것은, 하늘이 아직 고민거리를 주지 않은 것과 같다. 그러니 이마가 밝을 수밖에 없다. 그러나 가업(직업)이 정해지고 사회생활을 하면서 사람을 대할 때 조심해야 하고, 어려워하게 되며 문제가 발생하면 상대를 먼저 배려해야 한다.

그 배려하는 마음이 얼굴 상정(上停)에 나타나 이마가 눌어붙은 것처럼 흑색이 나타난다. 결코 흉이 아니다. 일이 잘되고 있다는 것을 나타낸다. 그리고 이 흑색은 간의 기가 뜨거워져서 초조한 가람에게 많이 나타난다.

고서(古書)에서는 '이마의 좌우에 흑색이 나타날 때에는 큰 어려움을 만난다.'라고 쓰여 있는 것은 이 흑색과는 별개다. 고서에서 말하는 흑색이라고 하는 것은 윤기가 없고 흡사 떼구름이 절벽에서 뿜어져 나오는 것처럼 보이는 것이다. 또한, 큰 어려움은 당장 그 당시에 찾아오는 악사(惡事)이므로 이 흑색은 이마 위에 덧칠한 것처럼 보인다. 앞서 말한 흑색은 일시적인 것이 아니기 때문에 이마가 눌어붙은 것처럼 보인다. 원래 좋은 색이므로 윤기가 뿜어져 나온다. 이것을 평단(平旦)의 윤색(潤色)이라고 한다. 태양의 빛이 동방에 비추는 뜻에서 가져온 것이다.

- 주골(主骨)에서 시작한 청(靑)기가 관록으로 내려올 때는 반드시 주인(주군)에게 질책을 받거나 분노를 산다.

주골부터 청기가 내려와 관록에 회색(灰色)으로 변하면 가까 운 시일에 주인에게 질책을 받는다. 반대로 주골부터 미색(美色)이 생겨나 관록의 방향으로 내려갈 때 주인에게 칭찬을 받는다. 또한, 관록에 윤색이 나타나면 가까운 시일 내 좋은 일이 있을 것이다. 다시 한번 더 말하면 관록은 내 몸(자신), 주골은 주군, 청색은 분노의 색, 회색(灰色)은 놀라움의 색, 미색(美色)은 기쁨의 색이라고 생각하면 이해가 쉬울 것이다.

- 피부병이 있는 사람은 이마가 구름이 낀 것처럼 흐린다. 만약, 투병 중인 환자의 흐린 이마가 갑자기 밝게 개이면 반드시 죽는다.

사람의 생명은 양화(陽火)를 근원으로 하고, 이마는 모든 양(陽)이 모이는 곳으로 양명(陽明)에 속하며 양화(陽火)를 담 당한다. 피부병이라고 하는 것은 원래 수기(水氣)에서 발생하는데, 몸에 습기를 많을 때 수기가 몸의 양화를 덮여 이마가 흐려지는 것이다. 만약, 투병 중인 환자 이마의 흐린 것이 밝게 개이면, 물(水)기가 극단적으로 많아져서 몸의 양화가 꺼진 것이다. 처음부터 이것은 구름이 걷힌 것이 아니라 천명이 다 할 때가 왔기에 몸의 양화가 하늘로 돌아가 이마가 밝아지는 것이다. 즉, 천명이 다했기 때문이다. 이러한 이치를 깨우치면 피부병이 안이더라도 임종이 가까워지면 이마가 밝아진다는 것을 알 수 있다.

- 산림(山林)의 주변의 피부가 거칠어지고 살이 빠져 어슴푸레한 황색이 나타날 때는 산림을 베어버리고 논밭을 만든 것과 같다.

산림(山林)의 관(官)은 조상으로부터 물려받은 수목을 담당하는 곳이다. 나무를 베어버리고 논밭으로 만들 때는 흙(土)이 움직인다. 즉, 흙(土)의 기가 움직여서 산림의 관이 어슴푸레한 황색을 띄게 된다. 산림이라고 하는 것은 천지자연에서 생겨난 것으로 수목을 베어버리고 논밭으로 만드는 것은 사람의 의지다. 그때 기운이 서로 감응하는 것이다. 그리고 논밭은 지고(地庫)의 관을 지키는 곳으로 토지조성 후 지고에 자연스럽게 윤기 가 생기고 살이 붙는다. 즉, 땅의 창고가 넘친다.

- 형제(눈썹)의 관에서 회색이 생겨 관록의 혈소를 덮을 때는 친족 중 누군 가 상속재산(家督)을 가로채려고 공격할 것이다.

  형제관은 친족을 의미하므로 회색이 눈썹에서 시작해 관록의 혈 소에서 서로 만날 때는 반드시 친족이 이권(利權)을 보고 자신을 공격한다. 상정에서는 관록의 혈소, 중정에 있어서는 코, 하정에서는 입을 자신으로 보면 된다.

- 눈썹 안부터 붉은 기가 생겨 눈을 덮고 눈꼬리로 내려올 때 가까운 시일 내 큰 어려움을 겪게 될 것이다.

  이 혈색이 나타날 때는 작은 재난일지라도 큰 피해를 입는다. 눈은 일신의 일월이고 좌우의 눈썹은 나후성과 계도성을 가리킨다. 그런 연유로 눈썹 안에서부터 붉은 기가 생겨 눈을 덮을 때 두개의 별(나후성, 계도성)이 일월을 덮는 것을 의미한다.

- 상모(相貌_얼굴)가 모양이 바르고 깨끗한데도 불구하고 형죄(刑罪)를 받는 사람이 있다.

  사람은 마음은 하늘로부터 받으며, 몸은 땅으로부터 받아 태어난다. 즉, 천지로부터 마음과 몸이 태어난 것이므로 사람은 죽을 때에는 혼(魂)은 하늘로 돌려주고 몸(體)은 땅으로 돌아가는 것이다. 사람은 서로 다른 모양의 얼굴을 하고 있지만, 천지로부터 받은 몸과 마음은 처 음부터 선한 얼굴과 악한 얼굴로 태어나지는 않았다. 사람의 상(相)은 정신과 마음 구분이 되며, 정신(情神)의 상(相)은 불변(不變)이지만 성장하는 환경에 따라 마음의 상은 변한다. 단, 이것은 일반적인 사람의 경우이다.

  그런데 마음이 나쁘고 뻔뻔스러운 사람은 겉모습을 꾸며 악(惡)을 겉으로 드러내지 않기 때문에 속기전에는 눈치채지 못한다. 그래서 상모(相貌)가 바르고 깨끗한데 왜 형벌을 받는지 이상하게 생각한다. 이것은 마음속에 대악(大惡)이 있기 때문이다. 상모가 건전하지 않아도 마음이 건전한 사람은 저절로 천지신명이 보살펴 늙어서도 형편이 어렵지 않다.

- 명궁(命宮)으로 향하는 날카로운 붉은색이 관골(官骨)에 나타나고, 명궁에도 붉은색이 나타날 때는 외부의 변란이 자신까지 피해를 준다.

이 붉은색은 날카로우며 결렬한 색으로 검난(劍難)을 의미한다. 또한, 관골은 세상 문밖의 일, 명궁은 문안(門內)의 일을 의미한다. 관골에 머리카락 굵기의 붉은 색이 항상 있는 사람은 별개이며, 위에서 말한 붉은색은 가늘고 밝지는 않지만 날카롭고 눈에 띄는 것으로서 구분이 힘든 색이다.

- 오른쪽 처첩에 홍윤이 없으며 색이 안정되면 부인의 마음이 안정된 가정이고, 왼쪽 처첩에 홍윤이 있으면 남편의 마음이 안정되지 못하고 밖으로 돈다.

왼쪽은 양(陽)으로 남편이고, 색에 홍윤이 있는 것은 남편이 부인을 만족하지 못하기 때문에 마음에 움직임이 생기는 것이다. 그리고 오른쪽은 음(陰)은 부인으로 색이 안정되어 홍윤이 없는 것은 부인이 남편을 만족하기 때문에 마음이 움직이지 않는다. 다시 말하면 모든 것이 마음이 움직일 때는 자연스럽게 혈색에 나타나며 마음이 동요하지 않을 때는 단전에 가라앉아 있기 때문에 얼굴에는 나타나지 않는 것이다.

- 처첩에 푸른 힘줄이 나타나 있는 사람은 부인과 사이가 좋지 않다.

처첩은 부부관계를 보는 곳이다. 청색은 간(肝)의 기에서 일어나는 분노의 색으로 부부 사이가 좋지 않음을 짐작할 수 있다. 부부가 항상 노여움을 품고 있으면 자연히 인연이 바뀌는 것이다.

• 처첩(妻妾) 관에 홍윤(紅潤)이 있는 것은 아직 정해진 부인이 없다.

처첩(妻妾) 관(官)에 홍윤이 없고 색이 안정돼 있으면 이미 처(妻)가 정해진 사람이고, 부인과 인연을 지킨다. 처첩관은 간(肝)의 기, 신장(腎臟)의 기가 모이는 곳으로 부인이 이미 정해져 있으면 신(腎), 간(肝)의 기는 안정되어 처첩관의 혈색도 안정된다.

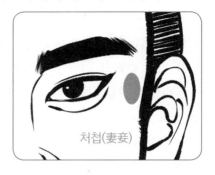

처첩(妻妾)

그러나 부인이 아직 정해지지 않은 사람은 간, 신장의 기 또한 안정되지 않고 색정이 일어나기 쉽기 때문에 처첩의 혈색이 저절로 움직여 홍윤을 만든다. 만약, 노인이라고 해도 아직 부인이 없고 색욕이 많은 사람은 윤색이 나타낸다. 어쨌든 부인이 없는 사람은 평생이 처첩관에 윤색이 없어지지 않는다.

• 식록(食祿)에 암회색(暗灰色)이 있으면 가족의 최고 결정권자(家督_가독)가 큰 고생을 하고, 홍윤(紅潤)이 있으면 마음속 기쁜 일이 있다.

사람의 얼굴을 산과 바다로 비유한다면, 코는 산으로, 입은 바다로, 인중은 백성을 의미한다. 백성은 임금에게 조공을 바쳐야 하므로 인중의 좌우를 식록(食祿)이라 한다. 조공의 임무는 가족의 최고 결정권자(家督_가독)이 담당한다. 그런 연유로 가독(家督)이 힘이 없어 쇠퇴하면 식록(食祿)에 나쁜 색이 나타나고, 기쁠 때는 윤색이 나타난다.

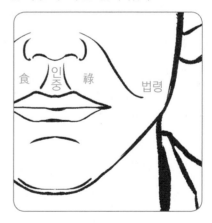

食 인중 祿   법령

또한, 법령(法令) 안쪽을 식록의 관이라 하는데, 식록 안쪽은 집안 일을, 바깥쪽은 세상 일을 관장한다. 그래서 식록에서 혈색이 시작되어 법령선 밖으로 나올 때는 마음속에 생각하고 있는 일이 세상에 알려지게 되는 것이다.

• 정신은 약하고 욕심은 많으며, 간의 기가 강하고 항상 초조한 경우 또는 간의 기가 강하고 기운이 음(陰)으로 가득한 경우, 병에 걸리면 길게 앓지 않고 급사한다.

급사(急死)의 상이라고 하는 것은 밖으로 나타나지 않고 정신이 약하며 간의 기가 강한 사람에게 많이 보인다. 심(心), 비(脾), 신(腎)이 약해져 몸이 건강하지 않은 데도 간의 기가 강한 사람은 보통 때와 같이 일상의 변화가 없다. 그러나 얼굴을 보면 정신이 빠져 있어 '그림자가 없는 사람'이라고 한다. 이러한 사람은 긴 병으로 죽은 일이 없다. 환자가 죽기 직전까지 말이 정확하며 목소리도 잘 들린다.

• 얼굴 삼정(三停)에 3곳의 변지(辺地)가 있다.

상정(上停)의 변지란 관자놀이와 귀 사이로 눈썹꼬리까지 말한다. 또한, 눈썹꼬리부터 귓불까지의 사이를 중정(中停)의 변지라고 하고, 귓불부터 횡골(橫骨)까지 사이를 하정(下停)의 변지라고 한다. 다시 말하면 코는 얼굴 중앙에 위치해 도읍지에 비유하고, 얼굴 주변을 변지(辺地)라고 한다. 얼굴 주변부터 중앙을 향하는 혈

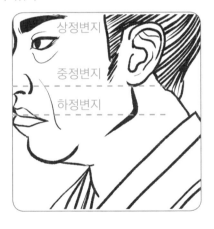

색은 변지 아니면 외부로부터 오는 것이다. 그러나 명문(命門), 간문(奸門)은 여자에 관한 일 또는, 음욕을 관장하므로 중앙으로 향하는 혈색이라도 변지라고 생각해서는 안 된다. 음욕과 여색은 대체적으로 외부로부터 오는 것이다. 그리고 상정의 삼혈(三穴), 즉, 천중 (天中), 천양(天陽), 고광(高広)은 하늘에 해당하므로 결코 변지라고 생각해서는 안된다. 또한, 하정의 삼혈(三穴) 즉, 지각(池閣), 노복(奴僕), 횡골(橫骨)은 땅에 해당하므로 변지라고 생각해서는 안 된다.

- 유녀(遊女_창녀)는 찾는 손님이 많아 장사가 잘 될 때 관골(觀骨)부터 명문(命門)에 걸쳐 윤색이 퍼져 있다. 관골은 세상 일을 담당 곳이므로 손님을 의미하고, 명문은 신장의 기를 지키 곳이므로 유녀 자신을 의미한다.

유녀라고 하는 것은 모든 손님에게 꽃을 파는 사람이다. 자신을 찾는 손님이 많은 유녀는 세간의 인기를 얻는다. 인기는 색(色)에서부터 생겨난 것이므로 관골부터 명문에 걸쳐 윤색이 퍼지는 것이다. 간혹 유녀가 빚을 갚고 기적에서 몸을 빼서 신분이 안정되는 경우 보통 한 사람에게만 사

랑받기 때문에 많은 손님을 받지 않는다. 그러면 그곳의 혈색은 저절로 흐려져 보인다. 또한, 명문은 신장의 기가 집중되는 곳으로 음욕 탐하면 신장의 기가 움직여서 명문의 혈색이 된다.

- 검은색(黑色)이 콧방울 끝을 감싸고, 입주위에 검은색이 입술로 들어가는 것이 보 일 때 물난리(水難)을 당한다.

코는 중앙에 있으며 인체오행 중 흙(土)에 속하고, 물은 오행에서 검은색(黑色)이다. 때문에 검은색이 코를 감싸는 것은 물(水)이 흙(土)을 극(剋)하는 것이므로 수난 (水難)을 당한다고 한다. 일반적으로 토극수(土克水)가 맞으나, 이경우는 역전현상이 일어난 경우다. 또한, 입술은 비(脾) 토(土)에 속하며, 검은색이 입술에 들어갈 때도 역시 수극토(水剋土)의 이치에 따 라 수난을 당한다. 또한, 입은 대해(大海)로 검은색이 입 바깥쪽에서 입 안쪽으로 들어갈 때 물이 넘쳐서 물길이 없는 곳에 물길이 생기는 형국이 된다. 이 또한 수난(水難)의 이유가 된다.

• 입주위에 파형(巴型)을 그리며 흑색이 나타날 때는 물에 빠진다.

파형(巴型) 이란 와상(渦狀) 즉, 소용 돌이 무늬라고도 한다. 물이 역류하 는 곳에는 반드시 소용돌이가 하나가 아니면 세개의 소용돌이가 발생한다. 입 주위 소용돌이 무늬에 검색이 나 타날 때는 물에 빠진다. 또 어두운 暗 灰色(암회색) 소용돌이가 나타날 때 는 반드시 불(火)에 의해 피해 입는 다. 이것은 맹화염염(猛火炎炎)이라

하여 불꽃이 말아 올라가는 소용돌이이기 때문이다. 다시 말하면 어두운 암 회색 소용돌이라고 하는 것은 불이 불타오르기 직전은 반드시 연기가 올라 가는데 그때 암회색 소용돌이무늬를 만들어 내기 때문이다. 적, 흑, 암회색 3가지 색이 함께 소용돌이 형태의 혈색이 나타날 때는 물(水), 불(火) 2가지 모두 조심해야 한다. 그리고 불(火)에 3개의 숫자가 있으며 물(水)에도 3개 의 숫자가 있다. 다시 말하면 양(陽) 3가지 음(陰) 3가지가 합하는 것이 주 역의 육효(六爻)와 같다. 음기가 넘쳐서 위험할 때는 양화(陽火)로 화(化)하 며, 양기가 넘쳐서 위험할 때는 음 수(陰水)로 바뀌는 이치다. 그렇기 때문 에 수재(水災)와 화재(火災)에 의한 피해는 음색(陰色), 양색(陽色)다 같이 살펴보아야 한다.

• 가슴이 연붉은 색(薄赤)의 사람은 기가 강하다. 그러나 홍각(紅殼)처럼 붉 은 경우는 그렇지 않으나 거칠고 난폭한 성격의 하상(下相)이다.

가슴은 군화(君火)이며 마음을 지키고, 마음의 색은 적색이다. 사람은 기력 을 근원으로 한다. 때문에 기가 강한 사람은 자연히 가슴이 붉어 군화(君 火)의 빛이 나타난다. 또한, 기력이 건전하고 왕성하다면 정신도 자연히 맑 아 운이 들어오는 것도 좋다. 이러한 때는 붉은색에 저절로 윤기가 생긴다.

- 왼쪽 주골(主骨)에 회색(灰色) 있고, 오른쪽 주골(主骨)에 윤색(潤色)이 있을 때는 2명의 주군을 모시게 된다.

윤색이 진하면 2명의 주군을 모시는 일이 길게 가지 않는다. 그러나 윤색이 열으면 오랫동안 모시게 된다. 윤색 안에 변색이 생기면 장애가 있어 일이 뜻대로 풀리지 않는다. 왼쪽 주골(主骨)은 양(陽)이며 먼저 받드는 주인을 나타내고, 오른쪽 주골은 음(陰)으로 나중에 섬기는 주인을 의미한다. 현재 섬기는 주인(주군)을 소홀히 하고 전주인을 따르는 사람이 가끔 있다. 이런 사람은 왼 쪽은 회색 오른쪽은 윤색이 나타나지만 윤색 속에 약간의 어두운 회색을 띠게 된다.

- 나쁜 일, 악사(惡事)는 발생하기 전에 혈색에 먼저 나타난다.

길흉화복(吉凶禍福)이란 선한 행동을 하면 좋은 결과가 찾아오고, 나쁜 짓을 하면 당연히 나쁜 결과가 따른다. 인과응보인 것이다. 하늘의 보응(報應) 즉 착한 일은 착한 대로, 악(惡)한 일은 악(惡)한 대로 선악(善惡)으로 돌려주는 것이니 어찌 두려워하지 않을 수 있겠는가? 간혹, 자신도 모르게 나쁜 일을 할 경우가 있거나, 좋은 일이라고 생각해서한 행동이 반대로 나쁜 결과를 가져오는 경우 있다. 그런 경우 하늘은 그 사람에게 악색(惡色)을 나타내어 경고한다. 그런데도 불구하고 행동을 고치지 않으면 결국 악사가 찾아오는 것이다. 그러나 무념무상의 사람은 하늘에 구름 한점 없는 것처럼 비, 바람에 변화가 없다. 계절이 바뀔 때 지나가는 비, 바람과 같다. 반면에 마음에 악념(惡念) 즉, 나쁜 마음이 생길 때는 하늘에 떼구름이 일어나는 것처럼 악색(惡色)이 나 타나 금방이라도 흉사가 발생한다. 또한, 착한 일을 행하면 그 덕(德)이 하늘창고에 쌓여 천복(天福)의 관에 윤색을 만들고 가까운 시일내 좋은 일이 찾아온다. 또한 나쁜 짓을 행하면 흉사(凶事) 즉 나쁜 일과 인연이 되어 일생 떠나지 않는다. 하늘이 인연이 있는 악사를 자신에게 되돌려준다. 이것이 천명(天命)이다. 또 한, 착한 일을 행할 때도 인연이 되어 사는 동안에 떠나는 일이 없기 때문에 마음이 편안하다. 하늘은 그 대답으로 인연이 있는 선사(善事)로 한번은 내려 주신다. 이처럼 길흉은 자신이 행한 선악의 행동 의해 생기는 것으로서 밖에서 오는 것이 아니다.

• 귀신(鬼神)에 홀린 사람은 산림(山林)의 관(官)에 암회색(暗灰色)이 나타나고, 살이 부은 것처럼 응어리가 있다. 것에 대한 변론(辯論)

산림의 관은 양명(陽明)에 속하며 고귀한 곳이며, 귀신(요괴)는 음(陰)에 속한다. 그런데 왜 요괴의 기가 양명의 귀한 곳에 머물 수 있을까? 사람은 만물의 영(靈)인데 요괴 따위의 저주를 받을 수 있는 것인가? 그러나 병때문에 귀신이 들린 것처럼 미친 경우가 가끔 있다. 이것은 귀신이 들린 것이 아니고 발광이다.

산림(山林)

발광이라는 것은 간(肝)의 기에 의한 것으로, 간은 오행 중 목(木)에 속하고 위로 자라는 속성을 갖고 있다. 그런데 눌러 막아버리면 자라지 못하게 되어 간의 기가 안에 틀어박혀서 미치는 것이다. 그때 마음은 어지러운 난심(亂心)으로 말도 안되는 소리로 떠들어 댄다. 이것을 사람들은 귀신이 들린 것이라고 한다. 점점 귀신이 들린 것이라고 믿어버려 발광이라는 것을 모른다. 그리고 귀신에 씐 것이라고 하여 신당에 기도하고 빌면 금방 조용해져 정신없이 잠들어 버리는 사람이 있다. 이것을 보고 귀신이 떨어졌다 하지만 과연 그럴까? 신은 정직하기 때문에 몸은 안정되며 마음과 하나가 된다. 당에서 기원할 때는 허령(虛靈) 즉, 잡된 생각이 없이 마음속 흩어 짐을 가라앉혀 원래의 마음으로 돌려보기 때문에 간(肝)의 기가 안정되어 정신없이 잠드는 것이다. 이것은 귀신이 떨어진 것이 아니고 간의 기가 편안해져 발광을 멈추는 것이다. 산림의 관에 암회색(暗灰色)이 나타나고, 살이 부은 것처럼 응어리가 있다고 하여도 반드시 믿어서는 안된다.

또한, 고서(古書)에 의하면 깊은 산속에 들어가 귀신에 홀리거나, 빙의 될 때는 산림의 관에 나타난다지만 이 또한 잘못된 이야기다.

이것은 옛사람의 말이 아니고 후세의 사람들이 잘못 전한 것이 안인가 싶다. 본래 산림(山林)의 관(官)이라고 하는 것은 부모, 조상으로부터 물려받은 논, 밭을 관장하는 곳으로 길흉존망(吉凶存亡)을 보는 것뿐, 심산유 곡의 영매귀신을 보는 혈소는 아니다.

- 인명(人命)에는 장수(長壽)와 단명(短命)이 있다.

원래 목숨이라 하는 것은 천명(天命)이라, 장수를 하든, 단명을 하든 자신의 생활습관, 행동에 의해 결정이 되고, 사람은 양화(陽火)라는 기력에 의해 살아간다. 만약, 양화를 줄이거나 상처를 입으면 젊어서 죽고, 잘 건사하여 보존하면 장수할 수 있다. 자세히 말하면 양화를 감(減)하거나 상(傷)하게 하는 원인은 먹고 마시는 것을 조절하지 못하고 도를 넘어서 외견상 건강한 것처럼 보여도 간(肝)의 기(氣)가 흥분하여 있기 때문에 결코 건강하다고 할 수 없다. 또한, 술(酒), 고기(肉)를 지나치게 많이 먹으면 간의 기가 흥분하여 비장(脾臟)을 상하게 하기 때문이다.

비장(脾臟)은 오행 중 토(土) 흙에 속하고, 간(肝)은 오행 중 목(木)에 속한다. 즉, 나무가 무성 하면 흙에 상처 입힌다. 흙이 상처 입으면 나무 또한 말라 버린다. 즉, 간목(肝木) 이 비토(脾土)를 이겨서 나무가 무성해져 간의 기가 흥분하는 것이다. 또한, 목(木)은 화(火)를 키우고 유지해주어야 하는데, 나무(木)이 말라버릴 때는 양화(陽火)또한 같이 꺼져버려 오래 살지 못한다. 비교하자면 등잔에 등심을 많이 넣어 심지를 돋우는 것과 같다. 불은 밝아지지만 기름이 빨리 타버려 불이 금방 꺼져버리는 것과 같은 이치다. 그런 이유로 마시고 먹는 것이 과도한 사람은 외견상 건강한 것 같아도 마치 등잔이 활활 타는 것과 같다. 또한, 태어나면서 양화가 부족한 사람도 삼백제청(三白諸靑_쌀, 소금, 무를 삼백이라 하고, 채소를 제청이라고 한다)을 잘 섭취하고 비장(脾臟)의 기운을 잘 관리하면 등불의 등심을 작게 하여

긴 밤을 지키는 것과 같이, 일신의 양화가 다하는 일 없이 기력이 없는 것처럼 보여도 천명을 잘 보존하여 오래 살수 있다. 또한, 태어날 때부터 선천적으로 양화가 왕성한 사람이 삼백제청을 섭취하고 양생(養生)하면 장수한다는 것을 의심할 여지가 없다. 또한, 시골 농촌에 사는 사람이 술과 고기 섭취가 부족해도 건강한 것은 삼백제청을 즐겨 먹기 때문에 일신의 양화를 온전히 돌볼 수 있기 때문이다. 그리하면 신체는 돌과 같고 얼굴색은 구리와 같으며, 피부는 탄탄해지고 살은 단단해진다. 고서(古書)에도 신체의 살이 단단한 사람은 무병장수한다고 하였다. 양화가 약한 사람이 술(酒), 고기(肉)를 욕심내 도를 넘어 섭취하면 비장(脾臟)기능이 재역할을 못해 먹은 것을 소화시키지 못하고 오장을 상하게 하여 결국은 젊어서 죽는 원인이 된다. 보통은 술과 고기를 많이 섭취하면 신체가 저절로 열이나 곧바로 양화를 태워버린다.

이경우 얼굴색은 윤이 나고 살찐 것같이 보이지만 양화는 줄어들어 색은 탁해지고 살은 늘어 진다. 이것은 체구가 좋아진 것도 아니고 윤색 또한 아니다. 또한, 살이 단단하지 않으며 처져 젊어서 죽을 상이라고 하여 단명한다. 그리고 술과 고기를 즐겨도 자신의 몸을 잘 관리하는 사람은 살이 처지는 일이 없다. 그렇기에 명(命)은 음식에 달려 있다고 말하는 것이다.

• 관상은 있는 그대로 보여주는데, 젊은 시절 실력을 과신하여 오판 한적이 있었다.

젊은 시절 어떤 사람의 관상을 본적이 있다. 상정(上停)을 보니 변지(边地)에 팥처럼 살이 튀어나와 있고 그 위에 붉은 색이 실처럼 아래로 늘어져서 그늘진 곳에 흩어진 것처럼 퍼져 보였다. "당신은 먼(타국)타지에서 반드시 높은 곳에서 떨어져 큰 부상을 입을 것이다." "나는 지금까지 타국에 갔던 적이 한 번도 없다. 가지 않으면 다치는 일도 없겠군요."하고 나를 비난하고 돌아갔다. 그리고 삼일 후에 그 남자는 지붕에서 떨어져 큰 부상을 당했다. 사실 남자는 지붕을 얻는 일을 하는 사람이며, 타국에 가는 일은 생각도 할 수 없는 사람이었다. 생각해보면 관상을 볼 때 먼저 그 사람의 직업을 물어본 후 판단해도 늦지 않았다.

단지 다친다고만 말하여도 충분했을 것이다. 그러나 내 실력을 과신하여 실수를 저질렀던 것이다.

관상으로 길흉화복을 정확히 맞추어 사람들의 눈과 귀를 놀라게 하려는 생각을 한다면, 이미 마음은 흥분하고 안정되지 않아 변화를 알아채지 못하고 실수를 저지른다. 관상을 볼 때는 자아를 떠나 천지와 하나가 된 마음으로 관상을 보아야 한다.

또한, 관상은 사람의 외모만 보는 것이 아니고, 마음 속까지 보아야 한다. 마음을 잘 살피면 관상으로 길흉을 맞추는 것은 땅을 두들기는 것보다 쉽다. 또한, 관상을 좀 아는 것처럼 떠드는 사람은 자신을 모르는 어리석은 자이며 사람을 속여서 돈을 훔치려는 도둑질과 같다.

• 몸에는 두 눈 외에 제 삼의 눈이 있다. 이것을 삼단전(三丹田)이라고 한다. 양쪽 눈썹 사이를 상단전(上丹田)이라고 하고, 이것을 신의(臣意) 회(會)의 유견(幽見)이라 한다.(신하의 마음을 읽을 수 있는 눈) 이것이 제1의 눈이다. 가슴을 중단전(中丹田)이라고 하고, 이것을 장의(將意) 회(會)의 유찰(幽察)이라 한다.(계략을 꾀하되 깊이 생각하는 눈) 이것이 제2의 눈이다. 배꼽아래를 하단전(下丹田)이라 하고, 이것을 군심(君心) 회(會)의 지관(止觀)이라 한다.(마음을 비우고 잡념을 없애는 눈) 이것이 제3의 눈이다.

그럼 무엇을 신의(臣意)라고 말하는가?
신(臣)이란 군주(君主)의 명령에 움직이는 것이 신하다. 그럼 무엇을 유견(幽見)이라 말하는가? 사람은 볼 수 없는 것을 볼 때는 두 눈을 감고 눈썹의 사이에 마음을 집중하여 생각한다. 그러면 세상 건너편 저쪽까지 볼 수 있다. 어두운 밤에 물건을 찾을 때에 양쪽 눈을 감고 마음을 집중하여 찾아내 듯이 마음을 담아 유명(幽冥)을 보기 때문에 유견 (幽見)이라고 하는 것이다.

그럼 무엇을 장의(將意)라고 하는 것인가?

장수가 전장에서 전략을 꾀하는 것을 말한다. 그럼 무엇을 유찰(幽察)이라고 말하는가? 신하는 유명(幽瞑)으로 천리 저쪽을 보는 일은 있어도 이것을 생각하여 꾀하지는 못한다. 그 때 마음속 깊이 생각하여 꾀한다면 천리 저쪽의 일도 생각할 수 있을 것이다. 이것을 유찰(幽察)이라고 한다.

그럼 무엇을 군심(君心)이라 하는가?

배꼽 아래의 단전은 천지만유(天地萬有)의 기가 모이는 곳으로서, 군주의 직무실에서 신하가 군주를 접견하는 것과 같다. 그럼 무엇을 지관(止觀)이라 하는가? 유(有)에 있어 유(有), 무(無)에 있어 무(無), 유무(有無) 사이의 호연(浩然)과 같은 것으로 확실히 설명하기가 어렵다.

• 사주에 검난(劍難)이 있는 해(年)에는 자신과 상극인 상과 교류하면 안 된다.

상극(相剋)이라고 하는 것은 자신은 수(水)형의 상인데 토(土)형의 상의 사람과 교류하면 토극수(土克水)로 나를 눌러버린다. 또, 자신은 화(火)형의 상이 있는데 상대가 수(水)형의 상이면 이경우도 수극화(水克火)로 나를 누른다. 또, 상대가 나를 이기는 상이며, 악사(惡死) 상이 섞여 있다면 반드시 그 사람에게 검난을 당하게 될 것이다. 검난이 있는 해(年)에는 상극(相剋), 횡사(橫死)의 상을 가진 사람과 만나는 것을 피해야 한다.

나는 수년에 걸쳐 검난을 당한 사람의 상을 연구한 결과, 상극(相剋)하며 횡사(橫死)의 상이 있는 사람은 전부 검난을 당했다. 나 자신 또한 사주에 의하면 두 번의 검난이 있었다. 한 번은 젊은 시절 말다툼으로 왼쪽 손에 상처를 입었고, 한 번은 검사(劍死)가 있는 해(年)에 자중하고 삼가며 음덕을 쌓았기 때문에 죽음은 비켜갔지만 오른쪽 손에 상처를 입었다. 모두 상극, 횡사의 사람에게 해를 당한 것이다.

이후 나는 큰 깨달음을 얻었다. 음덕은 쌓으면 비켜가지 못한다 해도 큰 어려움은 작은 어려움으로 바뀌고, 작은 어려움은 자잘한 일로 바뀔 것이다. 또한, 지금까지 사주에 칼에 의해 죽는 사람의 관상을 보면 정확하게 적중하였다. 그러니 검난 이 안이더라도 상극의 이치를 생각하여 사주가 좋지 않은 년(年)에는 자신을 이기는 상이 있는 사람은 특히 조심하는 것이 좋다.

南北相法 後篇三卷

계절의 순서에 따라 생기는 기색을 천시(天時)의 혈색이라 하고

자신으로부터 생기는 혈색을 아욕(我欲)의 혈색이라 한다.

1. 혈색(血色) 8가지

관상을 볼 때는 먼저 혈색부터 살핀다. 눈으로 봐도 청색이고 마음도 청색이라고 생각되면 그것은 청색이다. 그리고 눈으로 봐도 백색이고, 마음도 백색이라고 생각되면 그것은 백색이다. 청(靑), 황(黃), 적(赤), 백(白), 흑(黑), 미(美), 자(紫), 홍(紅) 모두 같은 방법으로 색을 살펴야 한다. 혈색은 청(靑), 황(黃), 적(赤), 백(白), 흑(黑), 홍(紅), 자(紫), 암(暗), 체(滯), 몽(蒙)이라고 하지만 사실은 오색(五色_청(靑), 황(黃), 적(赤), 백(白), 흑(黑))밖에 없다.

- 청색은 간(肝)의 기에서 생기고
- 황색은 비장(脾臟)의 기에서 생긴다.
- 적색은 마음(心)의 기에서 생긴다.
- 백색은 폐(肺)의 기로부터 생긴다.
- 흑색은 신장(腎臟)의 기에서부터 생긴다.
위의 혈색은 오장(五臟)으로부터 생기는 것으로 5색(五色)밖에 없다.

- 암색(暗灰色_암회색)은 흑색에 닮아 있기에 신장(腎臟)의 기로부터 생긴다.
- 몽색(蒙色) 회색(灰色)은 청색에 닮아 있기에 간(肝)의 기로부터 생긴다.
- 홍색(紅色)은 심기(心氣)가 건강한 곳부터 생긴다.
- 자색(紫色)은 신장에서 생기지만 마음, 간에서 생기는 일도 있다.
- 체색(滯色)이라고 하는 것은 원래 없는 색이다.

혈색은 천지의 기운에 따라 저절로 생기는 것이므로, 피부 표면에 나타나기 전에는 피육(皮肉) 안에 막혀 있는 상태로 혈색을 확실하게 정하기 어려울 때 체색(滯色)이라 한다. 또한, 5색(五色)모두 표면에 나타나기 전에는 모두 체색(滯色)이라고 한다.

예를 들면 얼굴에 청색이 나타나기 전에는 푸른색을 체색(滯色)이라 하고, 황색이 나타나기 전에는 누른색을 체색(滯色)이라고 한다.

위의 5색, 8색 모두 나타나기 전에는 피육(皮肉) 안에 막혀 있기 때문에 체기(滯氣), 체색(滯色)이라고 한다. 체색은 반드시 있으며 알아보는 것이 중요하다. 보통은 혈색으로 몇 년 앞의 일은 알 수가 없고, 그 당시의 길흉만 알 수 있다.

2. 안면 21혈(穴)

1) 천중(天中), 2) 천양(天陽), 3) 고광(高広)의 관은 예상할 수 없는 길흉을 본다.

4) 주골(主骨)의 관은 주인, 윗사람과 관련된 일을 살핀다.

5) 일월(日月)의 관은 부모, 윗사람과 관련된 일을 살핀다

6) 형제(兄弟)의 관은 친족(가족)의 일을 살핀다

7) 제우(諸友)의 관은 친구의 길흉을 일을 살핀다

8) 산림(山林)의 관은 조상의 유산, 가독(家督_장남, 상속자)의 성쇠(盛衰)를 본다.

9) 복당(福堂)의 관은 금전과 관련된 일을 살핀다

10) 변지(边地)의 관은 여행의 길흉이나, 먼 곳의 소식을 살핀다.

11) 토성(土星)의 관은 자신의 몸에 해당하므로 자신의 길흉을 살핀다.

12) 명궁(命宮)의 관은 병의 유무 그리고 집의 관한 일을 살핀다.

13) 처첩(妻妾)의 관은 부인 그리고 여자의 일을 살핀다.

14) 남녀(男女)의 관은 자손, 아랫사람의 관한 일을 살핀다.

15) 관골(觀骨)의 관은 세상, 타인에 관련된 일을 살핀다.

16) 간문(奸門)의 관은 여자와 관련된 일을 살핀다.

17) 식록(食祿)의 관은 당시 가독(유산, 상속자)의 길흉을 살핀다.

18) 법령(法令)의 관은 당시의 가업의 길흉을 살핀다.

19) 승장(承奬)의 관은 병에 맞는 약인지 그렇지 않는지, 식중독에 관련된 것을 살핀다.

20) 지각(地閣)의 관은 집(가정)과 관련된 일을 본다.

21) 노복(奴僕)의 관은 부하, 아랫사람의 일을 살핀다.

이상 혈소에 관하여 보는 법은 전편(前篇) 골격 편에서 자세히 설명하였으니 참고 바란다.

【그림 1】 안면 21혈도(二一穴圖)

1)천중(天中)　　2)천양(天陽)　　3)고광(高廣)　　4)주골(主骨)　　5)일월(日月)

6)형제(兄弟)　　7)제우(諸友)　　8)산림(山林)　　9)복당(福堂)　　10)변지(边地)

11)토성(土星)　　12)명궁(命宮)　　13)처첩(妻妾)　　14)남녀(男女)　　15)관골(觀骨)

16) 간문(奸門)　17)식록(食祿)　18)법령(法令)　19)승장(承奬)　20)지각(地閣)

21)노복(奴僕)

3. 팔색(八色)

청(靑), 백(白), 자(紫) 이 3색은 어느 것이든 근심, 놀람, 고생을 의미한다.
적색(赤色)은 재난(災難)에 관한 일을 의미한다.
흑색(黑色)은 손실, 파탄을 의미한다.
황(黃), 홍(紅), 미(美)이 3색은 어느 것이든 기쁨, 좋은 일을 관한 것을 의미한다.

- 청색, 백색에 윤기가 없을 때는 근심, 놀람, 고생의 가능성이 크고, 윤기가 있을 때는 즐거운 일이 있다.
- 자색은 윤기가 있어도 근심을 면하기 어렵다.
- 흑색은 윤기가 없을 때는 이별, 손실, 파탄이 가까이 다가와 있고, 윤기가 있을 때는 고생이 있다고 생각하라.
- 적색에 윤기가 없을 때는 재난이 찾아올 가능성이 점점 커지고, 윤기가 있을 때는 기쁨, 좋은 일이 있다고 생각하라.
- 황, 미색에 윤기가 있을 때는 기쁨이나 좋은 일이 생길 것이 확실해지고, 윤기가 없을 때는 근심, 고생이 있다고 생각하라.
- 청색으로 보여도 윤기가 있을 때는 황색으로 판단하고, 황색으로 보여도 윤기가 없을 때는 청색이라 생각하라.
- 적색으로 보여도 윤기가 있을 때는 홍색으로 판단하고, 홍색으로 보여도 윤기가 없을 때는 적색이라고 생각하라.
- 백색으로 보여도 윤기가 있을 때는 미색으로 판단하고, 미색으로 보여도 윤기가 없을 때는 백색이라고 생각하라.
- 흑색으로 보여도 윤기가 있을 때는 자색으로 판단하고, 자색으로 보여도 윤기가 없을 때는 흑색이라고 생각하라.

위에 말한 것은 윤기의 유무(有無)를 기준으로 혈색을 판단해야 한다는 것을 강조한 것이다.

4. 안면 21혈(穴) 혈색의 윤기의 유무(有無)에 관하여

윤기가 없는 혈색은 보고 있으면 서산에 해가 지는 것처럼 쓸쓸하게 보인다. 반면에 윤기 있는 혈색은 처음에는 나쁘게 보이지만, 보고 있으면 태양이 동쪽에서 떠오르는 때처럼 생기가 있고 건강하게 보인다. 다시 말하면 윤기가 있는 혈색은 보면 처음에는 흐려 보이지만 맑고, 윤기가 없는 혈색은 시야가 흐려지고 탁해 보인다.

1) 천중(天中), 2) 천양(天陽), 3) 고광(高広) 관은 예상할 수 없는 길흉을 본다.

청(靑), 백(白), 자(紫) 삼색 중 어느 색이든 나타날 때는 예상치도 못한 근심할 일이 있거나, 아니면 고생할 일이 생긴다.

적색(赤色)이 나타날 때는 뜻밖의 재난을 만난다.

흑색(黑色)이 나타날 때는 예상치도 못한 손실, 아니면 파탄을 당한다.

황(黃), 홍(紅), 미(美)의 삼색이 나타날 때는 예상치 못한 기쁜 일이 생긴다.

4) 주골(主骨)의 관은 주인, 윗사람과 관련된 일을 살핀다

청(靑), 백(白), 자(紫) 삼색 중 어느 색이든 나타날 때 주인, 윗사람의 일로 근심거리가 있거나, 그렇지 않으면 윗사람의 문제로 고생할 일이 생긴다.

적색(赤色)이 나타날 때는 주인, 윗사람의 일로 재앙이 있거나, 주인, 윗사람으로부터 자신에게 재앙이 내려온다.

흑색(黑色)이 나타날 때는 주인, 윗사람과 해어지거나, 윗사람의 신상에 문제가 발생한다. 황(黃), 홍(紅), 미(美)의 삼색 중 어느 색이든 나타날 때 주인, 윗사람에게 기쁜 일이 생기거나, 윗사람이 나에게 기쁨을 주는 일이 생긴다.

5) 일월(日月)의 관은 부모, 윗사람과 관련된 일을 살핀다.

청(靑), 백(白), 자(紫) 삼색 중 어느 색이든 나타날 때 부모, 윗사람 일로 근심이 있거나, 윗사람의 문제로 고생할 일이 생긴다.

적색(赤色)이 나타날 때는 부모, 윗사람의 일로 재앙이 있거나, 윗사람이 나에게 재앙을 안겨준다.

흑색(黑色)이 나타날 때는 부모, 윗사람과 이별을 하거나, 윗사람의 신상에 문제가 생기거나 손실이 발생한다.

황(黃), 홍(紅), 미(美) 삼색 중 어느 색이든 나타날 때 윗사람에게 기쁜 일이 생기거나, 그렇지 않으면 윗사람이 나에게 기쁨을 주는 일이 생긴다.

6) 형제(兄弟)의 관은 친족(가족)의 일을 살핀다.

청(靑), 백(白), 자(紫) 색 중 어느 색이든 나타날 때 친족의 일로 근심이 있거나, 친족으로 인하여 큰 고생할 일이 생긴다.

적색(赤色)이 나타날 때는 친족의 일로 재앙이 있거나, 친족의 재난이 자신에 게 미치게 된다. 흑색(黑色)이 나타날 때는 친족과 이별을 하거나, 친족의 신상에 문제가 있거나 손실이 있다. 황(黃), 홍(紅), 미(美) 삼색 중 어느 색이든 나타날 때 친족에게 좋은 일이 있거나, 친족에게 원조를 받는다.

7) 제우(諸友)의 관은 친구의 길흉을 일을 살핀다.

청(靑), 백(白), 자(紫) 삼색 중 어느 색이든 나타날 때 친구와 관련된 근심이 있거나, 고생할 일이 생긴다.

적색(赤色)이 나타날 때는 친구에게 재앙이 있거나 그렇지 않으면 친구의 재앙이 자신을 덮친다.

흑색(黑色)이 나타날 때는 신뢰할 수 있는 친구와 절교를 하거나, 그렇지 않으면 친구의 문제로 손실을 입게 된다.

황(黃), 홍(紅), 미(美) 삼색 중 어느 색이든 나타날 때는 친구의 일로 기쁜 일이 있거나, 그렇지 않으면 의지할 수 있는 친구를 얻게 된다.

8) 산림(山林)의 관은 조상의 유산, 가독(家督_장남. 상속자)의 성쇠(盛衰)를 본다.

청(青), 백(白), 자(紫) 삼색 중 어느 색이든 나타날 때 가독이 고생한다.

적색(赤色)이 나타날 때는 가독에게 재앙이 있다.

흑색(黑色)이 나타날 때는 가독이 떠나거나, 유산으로 받은 재산에 손실이 발생한다.

황(黃), 홍(紅), 미(美) 삼색 중 어느 색이든 나타날 때는 가독에게 기쁨이 있다. 즉, 물려받은 재산이 넉넉해진다.

9) 복당(福堂)의 관은 금전과 관련된 일을 살핀다.

청(青), 백(白), 자(紫) 삼색 중 어느 색이든 나타날 때 금전 문제로 고생한다.

적색(赤色)이 나타날 때는 금전 문제로 큰 재앙이 있다.

흑색(黑色)이 나타날 때는 금전에 손실이 있거나 금전 문제로 큰 피해가 발생한다.

황(黃), 홍(紅), 미(美) 삼색 중 어느 색이든 나타날 때 금전 때문에 큰 기쁨이 있다.

10) 변지(边地)의 관은 여행의 길흉이나, 먼 곳의 소식을 살핀다.

청(青), 백(白), 자(紫) 삼색 중 어느 색이든 나타날 때 여행 문제로 근심이 있거나, 먼 곳과 거래 문제로 고생을 한다.

적색(赤色)이 나타날 때는 여행, 먼 곳과 관계 모두가 재앙이 생길 것이다.

흑색(黑色)이 나타날 때는 여행, 먼 곳과 거래로 손실이 있을 것이다.

황(黃), 홍(紅), 미(美) 삼색 중 어느 색이든 나타날 때 여행이나, 먼 곳으로부터 즐거움이 있고, 기쁜 소식도 있다.

11) 토성(土星)의 관은 자신의 몸에 해당하므로 자신의 길흉을 살핀다.

청(靑), 백(白), 자(紫) 삼색 중 어느 색이든 나타날 때 몸이 고생하고, 신분이 안정되지 않는다. 적색(赤色)이 나타날 때는 신상에 문제가 생기고, 적색이 항상 있는 사람은 스스로 재앙을 부른다.

흑색(黑色)이 나타날 때는 신분상 문제가 생기고, 또한 흑색이 항상 있는 사람은 손실이 많다.

황(黃), 홍(紅), 미(美) 삼색 중 어느 색이든 나타날 때 신분상의 기쁨이 있다. 우선은 신분이 안정될 것이다.

12) 명궁(命宮)의 관은 병의 유무 그리고 집의 관한 일을 살핀다.

청(靑), 백(白), 자(紫) 삼색 중 어느 색이든 나타날 때 병에 걸리거나, 집안 근심거리로 고생할 일이 생길지도 모른다.

적색(赤色)이 나타날 때는 부상을 당하는데, 재앙 또는 병에 의한 것이다. 그렇지 않으면 집안에 재난이 발생하거나 다툼이 생길지도 모른다.

흑색(黑色)이 나타날 때는 반드시 죽는다. 그렇지 않으면 집을 떠나거나, 집안이 파탄 한다. 황(黃), 홍(紅), 미(美) 삼색 중 어느 색이든 나타날 때 병이 회복되고 집안에 기쁜 일이 있다.

13) 처첩(妻妾)의 관은 부인 및 여자 일을 살핀다.

청(靑), 백(白), 자(紫) 삼색 중 어느 색이든 나타날 때 부인 및 여자 문제로 고생한다.

적색(赤色)이 나타날 때는 부인 및 여자의 문제로 재앙이 있다.

흑색(黑色)이 나타날 때는 부인 또는 여자와 해어지거나, 여자 문제로 손실을 볼 것이다.

황(黃), 홍(紅), 미(美)의 삼색이 나타날 때는 부인으로 인해 기쁨이 있거나, 여자와 관련해 좋은 일이 있다.

14) 남녀(男女)의 관은 자손, 아랫사람의 관련한 일을 살핀다.

청(靑), 백(白), 자(紫) 삼색 중 어느 색이든 나타날 때 자손이나 아랫사람의 일로 근심이 생기거나, 아니면 아랫사람 일로 고생한다.

적색(赤色)이 나타날 때는 자손에게 재난이 있거나, 아랫사람에게 재난이 있다.

흑색(黑色)이 나타날 때는 자손이나 아랫사람과 헤어지거나, 자손 또는 아랫사람에 관한 일로 손실을 입는다.

황(黃), 홍(紅), 미(美) 삼색 중 어느 색이든 나타날 때 자손 또는 아랫사람에 관련한 기쁜 일이 있다.

15) 관골(觀骨)의 관은 세상, 타인에 관련된 일을 살핀다.

청(靑), 백(白), 자(紫) 삼색 중 어느 색이든 나타날 때 사람문제로 근심이 생기고, 다른 사람의 고민을 내가 떠맡게 된다.

적색(赤色)이 나타날 때는 세상에 재앙이 덮치거나, 그렇지 않으면 다른 사람의 재앙이 나에게 온다.

흑색(黑色)이 나타날 때는 세상과 통로가 막혀 길을 잃어버린다. 반드시 파탄이 일어난다.

황(黃), 홍(紅), 미(美) 삼색 중 어느 색이든 나타날 때 세상과 소통이 좋아지며 평판도 좋아 사람들로부터 관심을 받게 된다.

16) 간문(奸門)의 관은 여자와 관련된 일을 살핀다.

청(靑), 백(白), 자(紫) 삼색 중 어느 색이든 나타날 때 여자 문제로 고생을 하거나 그렇지 않으면 여자에게 원망을 사게 된다.

적색(赤色)이 나타날 때는 여자 문제로 재앙이 있다.

흑색(黑色)이 나타날 때는 여자와 헤어지거나 여자 문제로 손실을 입게 된다.

황(黃), 홍(紅), 미(美) 삼색 중 어느 색이든 나타날 때 여자와 관련한 기쁜 일이 생긴다.

17) 식록(食祿)의 관은 당시 가독(유산, 상속자)의 길흉을 살핀다.

청(靑), 백(白), 자(紫) 삼색 중 어느 색이든 나타날 때 상속재산 문제로 고생하거나 그렇지 않으면 물려받은 가업이 쇠퇴할지도 모른다.

적색(赤色)이 나타날 때는 상속받은 재산 관련하여 재앙이 있다.

흑색(黑色)이 나타날 때는 물려받은 집을 떠나거나 그렇지 않으면 가업에 손실이 있다.

황(黃), 홍(紅), 미(美) 삼색 중 어느 색이든 나타날 때 상속자에게 기쁜 일이 있다

18) 법령(法令)의 관은 당시의 가업의 길흉을 살핀다.

청(靑), 백(白), 자(紫) 삼색 중 어느 색이든 나타날 때 상속자가 고생하거나 그렇지 않으면 물려 받은 가업이 망할지도 모른다.

적색(赤色)이 나타날 때는 가업에 재앙이 있을 것이다.

흑색(黑色)이 나타날 때는 물려 받은 가업을 그만 두거나 손실을 입는다.

황(黃), 홍(紅), 미(美)의 삼색이 나타날 때는 가업이 번창하거나 기쁜 일이 있다.

19) 승장(承奬)의 관은 병에 맞게 처방된 약인지 또는 식중독과 관련된 것을 살핀다.

청(靑), 백(白), 자(紫) 삼색 중 어느 색이든 나타날 때 식중독에 걸리거나, 환자가 잘 못된 약 처방을 받은 경우다.

적색(赤色)이 나타날 때는 음식의 재앙 즉, 식중독이 겹쳐서 나타난다. 또 환자가 잘 못된 약 처방을 받은 경우다.

흑색(黑色)이 나타날 때는 환자가 음식을 끊고 죽음에 이른다. 보통 사람은 독을 먹고 죽는다.

황(黃), 홍(紅), 미(美) 삼색이 삼색 중 어느 색이든 나타날 때 환자가 식욕이 생기고, 희귀한 음식을 요구한다.

20) 지각(地閣)의 관은 집(가정)과 관련된 일을 본다.

청(靑), 백(白), 자(紫) 삼색 중 어느 색이든 나타날 때 집 문제로 고생하거나, 가정에 근심이 있다.

적색(赤色)이 나타날 때는 집에 문제가 있어 재앙이 있거나, 가정에 재앙이 있다.

흑색(黑色)이 나타날 때는 집을 떠나거나 그렇지 않으면 집 문제로 손해를 입는다.

황(黃), 홍(紅), 미(美) 삼색 중 어느 색이든 나타날 때 집과 관해서 기쁜 일이 있거나 그렇지 않으면 가정에 기쁜 일이 찾아온다.

21) 노복(奴僕)의 관은 부하, 아랫사람의 일을 살핀다.

청(靑), 백(白), 자(紫) 삼색 중 어느 색이든 나타날 때 부하, 아랫사람과 관련해서 근심이 있거나 아랫사람의 일로 고생한다.

적색(赤色)이 나타날 때는 부하, 아랫사람의 일로 재앙이 있다.

흑색(黑色)이 나타날 때는 부하, 아랫사람이 떠나거나 손실이 있다.

황(黃), 홍(紅), 미(美) 삼색 중 어느 색이든 나타날 때 부하, 아랫사람의 일로 기쁜 일이 있다.

위에서 말한 혈색은 168종류가 있으며, 윤기의 유무를 포함하면 336종류가 된다. 여기에 쓴 것은 '팔색일구(八色一口)'이라 하여 혈색이 세로 가로 움직이는 것을 파악한 것이 제일 중요하며, 먼저 혈소를 파악한 뒤 혈소의 의미를 이해하고, 다음 8색과 8색이 담당하는 의미를 알고, 마지막으로 윤기의 유무를 파악한다.

그렇게 하면 안면에 있는 336종류 혈색의 움직임을 자연스럽게 알게 될 것이다. 그러나 청(靑), 황(黃), 적(赤), 백(白), 흑(黑), 자(紫), 미(美), 홍(紅) 색을 판단하기 어렵다. 충분히 공부하여 깨우치지 못한 사람은 8색 이론을 적용하지 말고, 선악의 색 만 이용해서 길흉의 판단을 해야 한다.

5. 안면 7혈(穴)

1) 신광(神光)의 관은 신불(神佛)을 대하는 신앙의 유무를 살피는 곳이다.

2) 관록(官祿)의 관은 당시 운세의 길흉을 살피는 곳이다.

3) 인당(印堂)의 관은 원하는 일의 성공, 실패를 살피는 곳이다.

4) 역마(驛馬)의 관은 집 수리, 이사를 살피는 곳이다.

5) 어미(魚尾)와 6)가속(家續)의 관은 당시의 심기(心氣)의 길흉을 살피는 곳
   이다.

7) 우신좌신(右身左身)의 관은 도난 및 분실물에 대해 살피는 곳이다.

위의 7혈(穴)에 대해서는 청(靑), 황(黃), 적(赤), 백(白), 흑(黑), 자(紫), 미(美),
홍(紅) 색은 선악 혈색으로만 길흉을 판단하고, 앞의 21혈(穴)은 합하면 28
혈(穴)이 된다.

그리고 다음 장에서 28혈(穴)의 선색(善色) 악색(惡色)에 대해 설명하겠다.

【그림 2】 안면 7혈도(七穴圖)

1)신광(神光)　　　2)관록(官祿)　　　3)인당(印堂)　　　4)역마(驛馬)

5)어미(魚尾)　　　6)가속(家績)　　　7) 우신좌신(右身左身)

6. 안면 28혈(穴)의 선색(善色) 악색(惡色)에 관하여

1) 천중, 2) 천양, 3) 고광의 관에서는 생각지도 못한 길흉을 본다.
선색(善色)이 나타날 때는 생각지도 못한 좋은 일이 찾아온다.
악색(惡色)이 나타날 때는 생각지도 않은 나쁜 일이 찾아온다.

4) 주골의 관은 주인, 윗사람과 관련된 일을 살피는 곳이다.
선색(善色)이 나타날 때는 주인이나 윗사람에게 좋는 일이 있거나 또는, 윗
사람이 나에게 은혜를 베푼다.
악색(惡色)이 나타날 때는 주인이나 윗사람에게 나쁜 일이 발생하거나 또
는, 나쁜 영향이 내까지 미친다.

5) 일월의 관은 부모, 윗사람의 일을 살피는 곳이다.
선색(善色)이 나타날 때는 부모나 윗사람에게 기쁨이 있던지 또는, 의지할
부모나 윗사람이 있다.
악색(惡色)이 나타날 때는 부모나 윗사람에게 발생한 나쁜 일이 내까지 영
향을 미친다.

6) 형제의 관은 친족의 일을 살피는 곳이다.
선색(善色)이 나타날 때는 친족에게 기쁨이 있거나, 또는 친족의 도움을
받게 된다.
악색(惡色)이 나타날 때는 친족에게 나쁜 일이 생기거나, 혹은 친족의 나
쁜 일이 내까지 영향을 미친다.

7) 제우(諸友)의 관은 친구의 길흉을 살피는 곳이다.
선색(善色)이 나타날 때는 친구에게 기쁜 일이 있거나, 친구가 나에게 기
쁜 소식을 전해준다.

악색(惡色)이 나타날 때는 친구에게 나쁜 일이 일어나든가, 친구에게 발생한 나쁜 일이 내까지 영향을 미친다.

8) 산림의 관은 선조의 가업의 성쇠를 본다.
선색(善色)이 나타날 때는 조상으로 물려받은 가업이 잘 운영되고 있다.
악색(惡色)이 나타날 때는 조상으로 물려받은 가업이 쇠퇴하고 있다.

9) 복당의 관은 금(金), 은(銀)의 일을 살피는 곳이다.
선색(善色)이 나타날 때는 금, 은(재산)에 관한 기쁜 일이 있다. 즉, 금, 은이 손에 들어오게 된다.
악색(惡色)이 나타날 때는 재산으로 인한 고생이 있거나 재산의 손실이 있다.

10) 변지의 관은 여행의 길흉 및 먼 곳과 거래를 살피는 곳이다.
선색(善色)이 나타날 때는 여행은 길하며, 협상에 반드시 이익이 있다.
악색(惡色)이 나타날 때는 여행은 흉하며, 협상이 불리하며 이익이 없다.

11) 토성의 관은 자신의 몸이며 나의 길흉을 살피는 곳이다.
선색(善色)이 나타날 때는 신분이 안정되고 외부의 방해가 없다.
악색(惡色)이 나타날 때는 신상에 고생이 따르며 신분이 불안정하다.

12) 명궁의 관은 병의 유무 및 집안 일과 관련된 일을 살피는 곳이다.
선색(善色)이 나타날 때는 병자는 회복기에 들어서며, 장사를 하는 사람은 하는 일 또는 집안에 좋은 일이 있을 것이다.
악색(惡色)이 나타날 때는 병이 발병하거나, 집안 일로 고생할 것이다.

13) 처첩의 관은 부인 또는 여자와 관련된 일을 살피는 곳이다.

선색(善色)이 나타날 때는 어느 쪽이든 간에 부인 또는 여자의 일로 좋은 일이 있다.

악색(惡色)이 나타날 때는 부인 또는 여자 일로 고생한다. 보통은 여자와 관련해서 문제가 발생한다.

14) 남녀의 관은 자손 및 아랫사람과 관련된 일을 살피는 곳이다.

선색(善色)이 나타날 때는 자손이나 아랫사람의 일로 기쁨이 있다.

악색(惡色)이 나타날 때는 자손이나 아랫사람의 일로 고생이 있다.

15) 관골의 관은 세상 및 타인의 일을 살피는 곳이다.

선색(善色)이 나타날 때는 세상의 평판이 좋으며 자연히 인기가 집중된다.

악색(惡色)이 나타날 때는 일이 잘 풀리지 않고, 사람들의 평판 또한 좋지 않다.

16) 간문의 관은 여자의 일을 살피는 곳이다.

선색(善色)이 나타날 때는 여자와 관련된 일로 기쁨이 있다.

악색(惡色)이 나타날 때는 여자와 관련된 일로 고생이 있다.

17) 식록의 관은 당시 가독(가업, 상속자)의 길흉을 살피는 곳이다.

선색(善色)이 나타날 때는 상속자에게 기쁨이 있거나, 물려받은 가업이 번성할 것이다.

악색(惡色)이 나타날 때는 물려받은 가업으로 고생하거나, 쇠퇴할 것이다.

18) 법령의 관은 가업의 길흉을 살피는 곳이다.

선색(善色)이 나타날 때는 가업이 번창하거나, 기쁜 일이 있을 것이다.

악색(惡色)이 나타날 때는 가업 관련해서 고생하거나, 쇠퇴할 것이다.

19) 승장의 관은 약의 복용이나, 식중독과 관련된 일을 살피는 곳이다.

선색(善色)이 나타날 때는 병자는 식욕이 생기거나, 몸에 좋은 진귀한 것을 맛본다. 악색(惡色)이 나타날 때는 식중독에 걸리거나 병자라면 약이 몸에 맞지 않는다.

20) 지각의 관은 집의 일을 살피는 곳이다.

선색(善色)이 나타날 때는 집(주거) 일로 기쁨이 있거나, 집안에 기쁜 일이 있다.

악색(惡色)이 나타날 때는 집(주거) 문제로 고생하거나, 집안 일로 고생이 있다.

21) 노복의 관은 부하 및 아랫사람의 일을 본다.

선색(善色)이 나타날 때는 아랫사람의 일로 기쁨이 있거나, 아니면 충직한 아랫사람을 얻게 된다.

악색(惡色)이 나타날 때는 아랫사람의 일로 고생하거나, 아니면 마음에 드는 아랫사람을 두지 못한다.

22) 신광의 관은 신불, 신앙의 유무를 살피는 곳이다.

선색(善色)이 나타날 때는 신앙심이 있는 사람이므로, 신불에게 기도하면 일이 잘 풀린다.

악색(惡色)이 나타날 때는 신앙심이 부족하거나 없는 사람이다.

23) 관록의 관은 당시의 운의 길흉을 살피는 곳이다.

선색(善色)이 나타날 때는 그 당시의 운세가 좋으며 무슨 일이든 잘 풀린다.

악색(惡色)이 나타날 때는 그 당시의 운세가 나쁘며 고생이 많다.

24) 인당의 관은 원하는 일의 성공 유무를 살피는 곳이다.

선색(善色)이 나타날 때는 원하는 일이 성취될 것이다. 단, 악색이 섞여 있는지 아닌지 살피는 것이 중요하다.

악색(惡色)이 나타날 때는 원하는 일이 하나도 이루어지는 것이 없을 것이다.

25) 역마의 관은 집 수리, 증축 및 이사를 살피는 곳이다.

선색(善色)이 나타날 때는 집 증축, 또는 좋은 집으로 이사를 한다.

악색(惡色)이 나타날 때는 집의 파손 또는 집과 관련해서 고생한다.

26) 어미, 27) 가속의 관은 그 당시의 심기(心氣)의 길흉을 관찰하는 곳이다.

선색(善色)이 나타날 때는 그 당시 심기가 건전하고 강하다.

악색(惡色)이 나타날 때는 심기가 기력이 떨어져 약해져 있을 것이다.

28) 우신좌신의 관은 도난, 분실물을 본다.

선색(善色)이 나타날 때는 물건의 도난이나 분실이 있어도 다시 내 손에 돌아온다.

악색(惡色)이 나타날 때는 물건의 도난이나 분실이 있다.

이상은 이십팔혈(28穴)의 선색(善色) 악색(惡色) 색에 대하여 이야기하였다. 그 밖에도 설명하지 못한부분에 대해서 추가로 설명하겠다.

• 남녀의 관에 검은색이 있으면 자손이나 아랫사람과 이별을 한다. 이것은 눈 아래가 항상 검은 사람을 말하는 것이 아니다. 남녀관에 밝은 중에 검은색이 어슴푸레하게 나타나는 경우를 말하는 것이다.

- 관골에 붉은색이 있으면 세상, 타인의 재앙이 나에게 영향을 미치지만, 관골이 항상 붉은 사람을 가리키는 것이 아니다. 바늘 끝으로 찌른 것같은 붉은 점 같으며 많이 있는 것이 아니고 단 하나 있는 경우를 말한다. 또한, 여드름이나 뾰루지 같은 것이라고 생각해서도 안된다.
- 간문의 관에 붉은색이 있으면 여자의 일로 재앙이 있지만, 간문이 항상 붉은 사람을 말하는 것은 아니다.
- 승장의 관에 붉은색이 있는 것은 음식이 체하거나 약이 몸에 맞지 않을 때 나타내지만 비장에 열이 있을 때도 붉게 변하기 때문에 주의해서 관찰하여야 한다.
- 처첩에 악색(惡色)이 나타날 때는 여자문제로 고생하지만, 부인이 정해지고 오래된 사람은 처첩의 혈색이 저절로 나쁘게 보이기 때문에 주의해서 보아야 한다
- 신광의 관에 선색(善色)이 나타나면 신앙심이 깊은 사람이지만, 이마의 좌우가 항상 검은 사람은 조심해서 보아야 한다. 신앙심이 강한 사람은 검은색이 자연히 나타나기 때문이다.
- 역마의 관에 검은색이 있으면 집에 파손이 발생하지만, 역마가 항상 붉거나 검은 사람을 말하는 것은 아니다.
- 간문의 관에 선색(善色)이 있으면 여자와 관련하여 기쁨 일이 있지만, 보통 색정에 관계되는 일이며 만약, 색난(色難)이라 해도 윤기가 있고 미색이 나타나기 때문에 주의해서 관찰해야 한다.
- 토성의 관에 적색이 있으면 신상에 관계되는 재앙의 징조로, 석류 코 즉, 항상 코가 빨간 사람을 말하는 것은 아니다. 위에서 말하는 적색이란 밤알 색에 보리쌀 정도의 크기의 붉은색을 말하며, 붉은 점이나 여드름으로 생각해서는 안된다. 또한, 많이 있는 것이 아니고 단, 하나 만 있을 경우에 해당한다.

7. 혈색(血色)의 출생(出生)에 관하여

- 혈색의 모든 원인은 오장에서 원인을 찾을 수 있다. 즉, 간의 기가 건강할 대는 청색의 윤기를 띠며, 기가 약해질 때는 윤기를 잃는다.
- 비장의 기가 건강할 때는 황색에 윤기를 띠며, 기가 약해질 때는 윤기를 잃는다.
- 폐의 기가 건강할 때는 백색에 윤기를 띠며, 기가 떨어질 때는 윤기를 잃는다.
- 검은색은 신장의 기에서 생기지만, 신장의 기가 튼튼할 때 얼굴에 윤색이 나타난다. 이것은 신명문음화(腎命門陰火)의 윤기이다. 반대로 신장의 기가 약해질 때 명문의 화가 저절로 흥분하여 안면에 불처럼 적색이 나타난다. 정력이 다하여 몸이 쇠약 증상을 나타낼 때 붉은색이 검은색으로 변화한다. 즉, 검은색은 신장의 기가 건강할 때는 생기지 않는 악색이다. 또한, 검은색은 원래로 돌아가는 색이다. 예를 들면 만물이 세상을 떠나서 무(無)로 돌아갈 때는 검은색이 된다. 그렇기에 이것은 만색(万色)의 끝이라고 한다.
- 적색은 심기(心氣)에서 생기는 것이지만 애초부터 이 색은 종류가 많다. 심기가 건강할 때에 생기는 적색은 연홍과 같은 색으로 자연히 윤기를 머금는다. 이것을 진정한 심열(心悅)의 적색이라 하여 홍색이라 한다. 또한 심기가 약해질 때는 저절로 음화(陰火)가 흥분하여 불처럼 붉은색이 나타난다. 이것을 재앙의 적색이라 한다. 심(心), 신(腎) 함께 건강할 때는 얼굴에 홍윤이 나타난다. 즉, 홍은 마음의 색이며, 윤기는 신장의 윤기인 것이다. 그런 연유로 이것을 미색(美色)이라 한다.
- 자색은 심(心), 간(肝)에서 생기는 경우도 있으며, 마음, 신장으로부터 생기는 경우도 있다. 그렇지만 이것은 마음, 간, 신장이 건강할 때는 생기는 것이 아니고, 마음, 간, 신장의 기가 약해졌을 때 자색이 생기는 것이다. 예를 들어 갑자기 돌연사를 할 때는 심(心), 간(肝)의 기가 극단적으로 약해져서 죽는다. 그때 입술에 자색이 나타낸다. 또한 독을 마셨을 때도 역시 심, 신장의 기가 극단적으로 약해져 입술에 자색이 나타낸다.

- 사람의 몸은 혈맥이 지나가므로 약간 붉으며 윤기가 있는 것이 일반적인 상식이다. 양기가 떨어질 때는 적색이 옅어지고, 음기가 떨어질 때면 윤기가 약해진다. 그런 이유로 사람은 음양의 교체가 좋을 때 길하다고 한다. 음양의 교체가 좋은 것은 오장육부가 건강하므로 몸도 건강하고 항상 윤색을 띄우고 있다. 윤색이란 즉 혈맥오기(血脈五氣)의 윤기인 것이다.
- 고서에서 얼굴의 색을 사계절로 다음과 같이 비유하였다.
  청색은 봄과 짝을 이루므로 봄은 얼굴색이 푸른 것을 길하다.
  적색은 여름과 짝을 이루므로 여름은 얼굴색이 붉은 것을 길하다.
  백색은 가을과 짝을 이루므로 가을은 얼굴색이 흰 것을 길하다.
  흑색은 겨울과 짝을 이루므로 겨울은 얼굴색이 검은 것을 길하다.
  단, 이것은 군자에게 나타나는 혈색으로 보통 사람에게 나타나는 것이 아니다. 즉, 군자는 천지에 순응하여 굽어지는 일없이 천지동체(天地同體)인 사람이다.
  또한, 천지 동체이기 때문에 사계절에 따른 혈색이 자연스럽게 나타난다. 그렇기 때문에 천지의 길흉은 군자의 혈색에 나타나는 것이다. 어리석은 자는 천지와 동체인 자신을 알지 못한다. 그래서 하늘을 원망하기 때문에 사계절에 따라 혈색이 나타나는 일이 없다. 사실 혈색에는 두 종류가 있다고 한다. 천지자연의 심기로부터 시후(時候) 즉, 계절의 순서에 따라 기색이 생긴다. 그때에 응하여 나타내는 혈색을 천시(天時)의 혈색이라 한다. 이것은 먼저 군자에게 나타나는 것으로 저절로 정돈되어 완전한 혈색이다. 이것에 반해 자신으로부터 생기는 혈색이 있는데 아욕(我欲)의 혈색이다. 즉, 스스로 나타나는 날카로운 혈색이다. 항상 마음에 깊이 생각하며 관상 공부에 임하여야 한다.

南北相法　後篇四卷

얼굴만으로 판단하지 못할 일은 없다.

1. 월할(月割)과 일할(日割)에 관하여

고서(古書)에 의하면 혈색을 보고 100일 이내에 선사(善事)가 찾아온다. 7일 이내에 악사(惡事)가 닥친다 말하지만, 아직 상법의 이치를 완전히 깨닫지 못해 우리가 사용할 수 있는 이론은 아니다. 처음부터 사람은 천지와 하나이며 기혈 또한 천지를 운행하는 기(氣)에 따라 돌고 있다. 천지에는 생각지도 못한 변화가 있고, 기후(氣候)는 예측할 수 없게 불안정하다. 인체의 혈색 또한 시간에 따라 변한다. 그렇다면 어떻게 일시적인 한때의 혈색만 보고 갖고 며칠 후에 선사가 온다. 악사가 온다 하는 것을 사전에 알 수 있겠는가? 나는 이 문제를 해결하기 위해 오랫동안 연구한 결과, 혈색에 의해 길흉이 발생할 때 혈색을 월할(月割), 일할(日割)로 구분하여 적용하면 된다는 것을 알게 되었다. 또한, 나는 100번 이면 100번 월할(月割), 일할(日割)을 구분하여 적용한 결과 모두 적중하였다.

옛날 관상가는 어째서 이것을 알아채지 못했을까?
모든 사물은 체(体)와 용(用) 2가지로 구분된다. 즉, 관상에서 혈색은 길흉의 징후를 찾기 위한 체(体)이고, 월할(月割), 일할(日割)은 길흉을 자세히 알기 위한 용(用)인 것이다. 옛날 관상가는 단지, 체(体)만 말하고 용(用)에 대해 알지 못해, 혈색만으로 길흉의 시간을 추측할 수 있다고 한 것은 잘못된 것이다. 나는 수년 동안 각고의 노력으로 천지자연의 이치를 연구하여 도(道)를 깨달았다. 마의선사, 달마대사도 알지 못한 새로운 방법을 생각해냈다. 혈색을 체(体)와 용(用)으로 나누고, 다시 월할(月割), 일할(日割)로 구분하는 방법이다. 이것이야말로 고금(古今)을 통틀어 관상법에 있어 나만의 독창적이며 상법에서 독립된 이론이다.

1) 월(月)을 나누는 방법

- 정월(正月_1월)과 9월은 콧방울의 근원부터 귓불의 하단 까지다.

  왼쪽을 1월(正月_정월), 오른쪽을 9월(九月)이다.
- 2월과 8월은 귀의 돌기의 앞에서 직선으로 콧방울의 조금 위에 까지다.

  왼쪽을 2월, 오른쪽을 8월이다.
- 3월과 7월은 역마의 관부터 눈 아래에 걸쳐 코까지의 사이다.

  왼쪽은 3월, 오른쪽은 7월이다.
- 4월과 6월은 이마의 양각부터 눈썹의 중간 정도 까지다.

  왼쪽을 4월, 오른쪽을 6월이다.
- 5월은 천중부터 인당 까지다
- 10월과 12월은 콧방울 가에부터 입 끝에 걸쳐서 턱의 변두리 까지다.

  왼쪽은 12월, 오른쪽은 10월로 한다.
- 11월은 코 아래부터 턱 변두리 까지다.

2) 월(月)의 길흉에 관하여

해당 월에 맞는 곳에 윤기가 있고, 미색이 나타날 때는 좋은 달이다. 반대로 윤기가 없고 쓸쓸한 것처럼 보일 때는 반드시 나쁜 달이다. 또한, 그 달에 해당하는 곳이 좋지도 나쁘지도 않게 보일 때는 아무 일도 없는 달이다. 자세한 것은 앞서 설명한 8색과 연결해 보면 어떠한 길흉이 있을지 생각해 판단하면 된다.

월을 나누는 곳에 밤알 정도의 적색이 나타날 때는 나쁜 달이다. 결코, 여드름과 같은 것이 아니다. 또한, 그 때에 맞춰 이상하게 맞아 떨어진것이라고 생각해서도 안된다. 흉, 검은 점 또는 사마귀, 피부병이라고 생각해서도 안된다.

【그림1】 월할(月割)

월할(月割)의 혈소(穴所)는 대략 곡척 2보(二步)정도의 폭으로 마음속에서 측정하여 한 글자를 관통하여 그 범위 내에서 길흉을 본다.

【곡척】

목수가 사용하는 'ㄱ자 모양의 (30cm) 자' 1보 3cm면, 2보 약 6cm 전후로 보면 된다.

2. 일(日)의 길흉에 관하여

하루의 길흉은 월할(月割)중에 미색 또는 악색이 뛴 것처럼 나타날 때는 나타난 곳이 며칠에 해당되는지 관찰하여 그날의 길흉을 판단하면 된다. 만약 미색이라면 길(吉)일이고 악색이라면 나쁜 날이다.

만약 좋은 달(月) 중 나쁜 날(日)이 있을 때는 그날에 해당되는 곳에 악색이 뛴 것처럼 나타나고, 나쁜 달이라도 길일이 있을 때는 그날에 맞는 곳에 미색이 뛴 것처럼 나타난다.

미색이 뛴 것처럼 이라는 것은 마치 나뭇잎에 얼룩이 생긴 것같은 느낌이고, 악색이 뛴 것처럼 이라는 것은 흔히 말하는 주근깨로 보이지만 때로는 흰 참깨의 껍질처럼 보이기도 한다. 그러나 당시 상황에 맞게 판단해야 할 때는 바늘 끝으로 찌른 것처럼 생긴 적색이나, 오늘 막 생긴 것 같은 흉터 외에 희미한 상처들도 모두 고려해서 판단해야 한다.

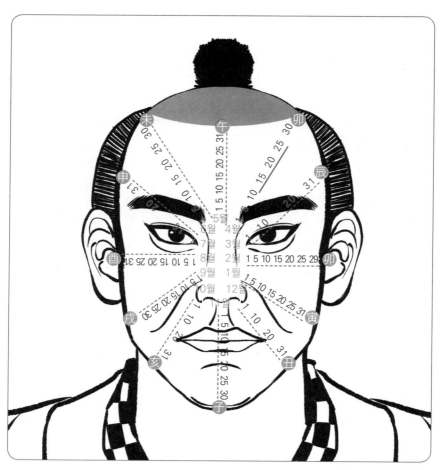

【그림2】 일할(日割)

일할(日割)의 혈소(穴所)는 코를 시작으로 1일로 하고 차례로 헤아려가면 된다. 끝나는
마지막을 말일로 정하고, 한달은 30일로 하고 나누는 것이다.

3. 사계(四季)에 관하여

　사계의 길흉을 자세히 보기 위해 가까이에서 관찰하면 오히려 판단에 착
오를 일으킬 수 있다. 그래서 3척(尺_1m) 정도 떨어져서 관찰하는 것이 좋다.
색이 아름다우며 건강한가, 약해져 있지 않은가를 관찰하고 사계의 길흉을 판
단하면 된다. 또한, 코는 중앙에 있어 사계의 토용(土用_간 절기)으로 나타낸
다. 한 번 더 말하지만 절대로 가까이 다가가서 보아서는 안된다. 그리고 고
서(古書)에서는 사계를 동서남북 방향으로 나타내지만 인용할 것은 못된다.

【그림3】 사계(四季)

【토용(土用)】

입춘, 입하, 입추, 입동 전(前) 18일을 겨울의 토용, 봄의 토용, 여름의 토용, 가을의 토
용이라고 한다.

4. 당시방각(當時方角)

　　방위는 머리털이 돋은 언저리부터 양쪽 눈썹까지의 사이를 일정한 규칙으로 그림과 같이 둥글 원을 그리고 원 안에 동서남북을 표시한다. 머리카락과 눈썹의 사이가 좁을 사람은 원이 작으며, 넓은 사람은 원이 커지지만 결코 원을 무시해서는 안 된다. 앞서 설명한 것처럼 미색이 있는 쪽을 좋은 방향, 악색이 있는 쪽을 나쁜 방향이라고 생각하면 된다. 그러나 시간의 변화에 따라서 밤알과 같은 적색 또는 당시에 생긴 희미한 흉터나 그 외 작은 상처 유무도 함께 관찰해야 한다. 단, 완전히 깨닫지 못한 사람은 성급하게 판단해서는 안 되며, 길흉 색만 보고 판단해야 한다.

【그림4】 당시방각(當時方角)

5. 방각십이지(方角 十二支)

자세히 방위를 알고 싶을 때는 12지의 그림을 활용해서 판단하면 된다.

【그림5】 방각십이지(方角十二支)

6. 만법방각(方角万法)

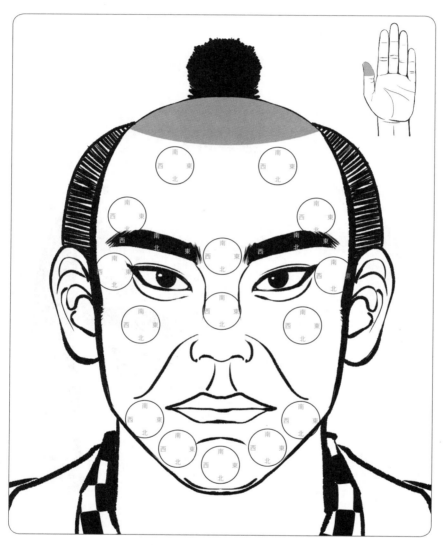

【그림 6】 만법방각(方角万法)

방위의 혈소의 넓이는 관상을 보려 온 손님의 엄지손가락의 넓이를 기준으로 하여
그림과 같이 원형으로 관찰한다.

7. 방각혈소(方角穴所)

- 주인, 윗사람의 일은 주골의 관에서 동서남북의 방향을 본다.
- 가족, 친척의 일은 형제의 관에서 그 방향을 본다.
- 희망하는 일은 인당의 관에서 그 방향을 본다.
- 여자의 일은 처첩의 관에서 그 방향을 본다.
- 세상의 일은 관골의 관에서 그 방향을 본다.
- 자손, 아랫사람의 일은 남녀의 관에서 그 방향을 본다.
- 가업(직업)의 일은 법령의 관에서 그 방향을 본다.
- 타지(이동, 여행)의 일은 변지의 관에서 그 방향을 본다.
- 집의 일은 지각의 관에서 그 방향을 본다.
- 아랫사람, 부하의 일은 노복의 관에서 그 방향을 본다.
- 의사(醫事)의 방향은 환자의 명궁의 관에서 본다.
- 금, 은의 일은 복당의 관에서 그 방향을 본다.
- 가독(상속자, 유산)의 일은 식록의 관에서 그 방향을 본다.

1) 방각(方角)의 길흉에 대하여

앞에서 설명한 것과 같이 미색이 뛴 것처럼 나타난 방향을 좋은 방향이라고 생각하고, 악색이 나타난 쪽을 나쁜 방향이라고 생각하면 된다. 그리고 상황에 따라 판단할 때는 희미한 표시라도 그 방향의 길흉 판단에 활용해야 한다. 물론, 완전히 깨닫지 못한 사람은 성급하게 판단해서는 안 되며, 길흉 색만 보고 판단해야 한다.

그리고 이 책에 말하는 방각혈소(方角穴所)의 의미를 대략 쓴 것에 지나지 않기 때문에 혈소(穴小)를 보려면 집중해서 신중하게 보지 않으면 안된다. 대충 보면 반드시 어긋날 것이다. 전편의 골격편을 참고하여 판단하기 바란다.

고서(古書)에는 얼굴에서 그 방향을 본다고 말하지만, 대략적이라 정확하게 판단하기 어렵다. 예를 들면 친척의 일로 동쪽에서 선사가 찾아오고, 자손의 일로 동쪽에서 악사가 찾아오고, 여자의 일로 동쪽에서 선사가 찾아오고, 집 안일로 동쪽에서 악사가 찾아온다고 한다면, 한 번에 동쪽에서 겹쳐서 좋은 일과 나쁜 일이 올 때는 얼굴의 동서남북 방향 만으로 알기 어렵다. 그래서 자세하게 표시하였다. 마음을 담아서 잘 익히기 바란다.

그리고 '얼굴만으로 판단하지 못하는 일이 없다'는 말이 있다. 그런 연유로 옛날 사람은 얼굴에 130혈소를 보고 만사의 판단했던 것이다. 나도 젊은 시절 관상공부에 미쳐 전국을 방황할 때, 동쪽 어느 낯선 사람을 만나 130부위에 따른 판단비법을 배웠다. 그러나 아직 절반 정도밖에 깨닫지 못했다. 여러분은 열심히 수련하여 130부위 전부로 판단할 수 있는 방법을 스스로 깨닫기 바란다.

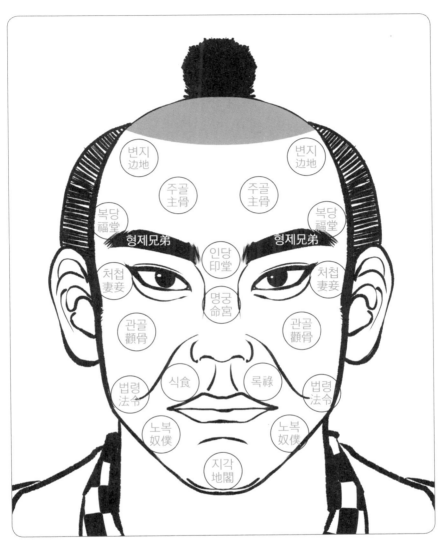

【그림 7】 방각혈소 方角穴所

8. 1월(正月), 5월(五月), 9월(九月)

1년을 3등분하면 1월(정월), 5월, 9월되고, 5번째 달(月)이다.
_ 1월1, 2, 3, 4, 5월 5, 6, 7, 8, 9월 9, 10, 11, 12 _
1년을 5로 분배가 되어는 숫자로 1월(正月), 5월, 9월은 천(天), 지(地), 인(人) 삼위(三位를)를 나타내고, 다시 삼위(三位) 위에 오행을 분배한다. 그래서 1월, 5월, 9월에 조심하면 재앙도 피할 수 있다. 그리고 운세가 나쁜 해는 반드시 1월, 5월, 9월에 장애가 있다고 생각하면 된다.

얼굴에서 1월과 9월은 광대뼈 아래, 턱의 상하가 만나는 선에 해당하며, 1월은 소양(小陽), 9월은 소음(小陰)이 된다. 5월은 대양(大陽)으로 얼굴의 중심에 위치하여 좌우가 만나는 선이다. 그러므로 이 3곳은 얼굴에서 무엇보다도 중요한 곳이며, 1월, 5월, 9월의 해당 부위에 혈색이 나쁠 때는 그 해(年)는 대흉이며, 살이 늘어져 허물거릴 때는 그 해(年) 안에 반드시 죽는다.

【그림8】1월(正月), 5월(五月), 9월(九月)

9. 2월(二月)과 8월(八月)

2월, 8월 이곳 혈색이 쇠약할 때는 그 해에 반드시 큰 재난이 있으며, 살이
말라서 빠질 때는 반드시 몸을 망친다. 2월, 8월은 12지(十二支)에서 동서(東
西)로 위치하고 삼음삼양(三陰三陽)에 해당한다.
얼굴 위쪽은 남방대양(南方大陽)으로 2, 3, 4, 5, 6, 7, 8월에 해당하고,
얼굴 아래쪽은 북방대음(北方大陰)으로 8, 9, 10, 11, 12, 1, 2월에 해당한다.
이것은 7(일곱)이라는 숫자를 포함한다.
즉, 7이라는 숫자는 음(陰), 양(陽)을 다 포함하고 있다.
아기가 태어나서 이레 째를 맞는 밤을 일칠야(一七夜)를 양(陽)의 7이며,
사람이 죽어 칠일이 지나면 일칠일(一七日)를 음(陰)의 7이다.
또한 7이라는 숫자는 선악 모두 성취할 때 숫자다.
또 어린아이가 어른이 되는 것은 얼굴 중앙부의 2월, 8월 관부터 천지가 열
려 위쪽으로 남방의 양(陽)으로 자란다는 의미가 있으며, 아래쪽은 북방의 음
(陰)으로 가라앉는다는 의미가 있다. 즉, 2월, 8월의 관은 음양의 중심으로 조
금만 좋은 일이 있어도 이곳에 윤기가 있을 때 큰 기쁨이 있으며, 또 약간의
악사라 해도 윤기가 없고 흐릴 때는 큰 사고로 몸을 망칠 정도의 나쁜 일이 찾
아온다. 그러나 이 이론은 진심을 다해 공부하여 깨우쳐야 적중하며 미숙하
다면 헷갈리게 하는 것이기 때문에 삼가야 한다.

八月三陰　　　　二月三陽

【그림9】 2월(二月)과 8월(八月)

10. 타신오장(他身五臟)의 길흉과 생사(生死)에 관하여

* 타신오장(他身五臟)이란, 예를 들면 부모의 상을 보고 자식의 병의 길흉을
  판단하는데, 오장 중에 어떤 장기에 병이 발생했는지, 어떤 장기가 건강한
  지, 어떤 장기가 약해져 있는지를 살피고 판단하는데 사용하는 방법이다.
* 가래(家来_家臣_가신, 하인, 부하)의 상을 보고 주인의 병을 알려고 할 때는
  가신의 주골관에 오장을 나누고, 가라앉은 색을 보고 어떤 장기가 기력이
  있는지 없는지 또 침전된 색의 길흉에 따라 병의 위중 정도와 생사(生死)
  를 판단한다.
* 친척의 상을 보고 가족의 병을 판단할 때는 친척의 형제관에 오장을 나누
  고 색이 침전된 곳을 보고 어느 장기에 해당하는지 파악 후 색의 길흉으로
  병의 위중정도와 생사(生死)를 판단한다.
* 남편의 상을 보고 부인의 병을 판단할 때는 남편의 처첩관에 오장을 나누
  고 색이 침전된 곳을 보고 어느 장기에 해당하는지 파악 후 색의 길흉으로
  병의 위중 정도와 생사(生死)를 판단한다.
* 자식의 상을 보고 부모의 병을 판단할 때는 자식의 일월관에 오장을 나누
  고 색이 침전된 곳을 보고 어느 장기에 해당하는지 파악 후 색의 길흉으로
  병의 위중 정도와 생사(生死)를 판단한다.
* 부인의 상을 보고 남편의 병을 판단할 때는 부인의 관록궁에 오장을 나누
  고 색이 침전된 곳을 보고 어느 장기에 해당하는지 파악 후 색의 길흉으로
  병의 위중 정도와 생사(生死)를 판단한다.

이상으로 말한 타신오장(他身五臟)이란 자신과 관련된 사람의 얼굴색을 보
고 병을 판단하는 방법으로 만약, 주인에게 병이 있을 때는 자신의 주골의 혈
색이 저절로 쇠약 해지며, 침전된 것 같은 색이 특정한 곳에 나타나면, 침전
된 색이 어떤 장기에 해당하는지 파악한 후 그 장기에 병이 발생했다고 판단
한다.

다른 것도 이 원리에 준하여 질병, 오장의 약해지는 것을 판단하면 된다. 그러나 타신오장(他身五臟)은 어려워 충분히 연구하고 이치를 깨우친 후 적용해야 한다.

환자가 병에서 회복이 될 때 그 혈소에 자연스럽게 윤기가 나며, 죽을 때는 그 혈소에 살이 말라버린 것 같이 보이며 윤기를 잃는다. 또한, 친척, 부부, 주종의 사이라 해도 환자와 진심인 사람에게는 분명히 나타나지만 그렇지 않은 경우는 나타나지 않기 때문에 신중해야 한다. 반면에 늙은 부모가 죽을 때는 자신의 일월의 관이 쇠퇴하지만, 윤기는 잃어버리지 않고 오히려 기쁨의 색이 생긴다. 병간호와 부양에서 벗어나기 자연스럽게 밝은 색이 나타난다.

또한, 부모, 자식, 형제, 부부라 해도 긴 병으로 죽을 때는 혈소의 살은 저절로 쇠퇴하지만 윤기는 잃어버리지 않고 오히려 기쁨의 색이 생긴다. 간호와 병마로부터 벗어나기 때문이다. 그런 연유로 오판해서는 안 된다.

그리고 사람과의 관계에서 모르는 사람일지라 진심으로 대해야 한다. 자신의 불성실한 행동이 다른 사람들은 모른다고 생각하지만, 하늘은 그 사람이 숨기고 있는 모든 것을 보고 있기 때문에 혈색에 자연스럽게 나타난다. 당연히 두려워하며 조심해야 할 것이다.

- 형제(兄弟)관은 눈썹의 상하 눈썹이 난 언저리를 보고 판단하고, 눈썹 안쪽에 비장(脾臟)이 있다. 또 남녀(男女)의 관은 눈 아래를 손가락으로 눌러서 뼈가 없는 곳을 남녀관이라고 한다.

타신오장의 혈소 넓이는 엄지손가락의 넓이로 크기로 하고, 동글게 판단한다.

【그림10】 타신오장(他身五臟)

338 / 관상의 힘

【그림11】 오장(五臟)의 혈소(穴所)

11. 가택(家宅)에 관하여

　가택(假宅)의 혈소(穴所)는 입의 좌우 끝을 기준으로 하고, 입 좌우의 끝에서 끝까지 일(一) 자로 긋고 아래쪽에 집 구조를 정한다. 아랫입술과 윗입술이 접하는 부분을 집의 용마루로 하고, 왼쪽 방향을 집의 출입문 쪽, 오른쪽 방향을 벽면으로 한다. 또한 집의 구조에서 바깥쪽은 지면을 나타내고, 집의 옆 지면은 도랑, 또는 처마로 한다.

집 뒤가 환한 집은 뒤쪽 구조가 자연히 밝고. 중앙에 있는 방이 어두운 집은 중앙구조가 자연히 어둡다. 또 집을 옮길 때는 이곳저곳을 살펴보고 어둡게 보이면 집 구조가 어둡다. 물기가 많은 곳의 집도 당연히 물기를 머금기 때문에 집 구조가 어둡다.

집을 옮길 때는 집안에 우물의 물이 좋은가 나쁜가, 새로운 우물을 파야 하는지, 집 정원에 인공 돌산 연 못 등이 있는지, 집의 파손, 집안의 병자(病人) 유무, 문 앞에 위험요소가 집까지 영향을 주는가, 인물이 나올 수 있는 집인가, 양기의 집인가 음기의 집인가, 지저분하고 더러운 집인가, 깔끔한 집인가, 집 마당에 비석(碑石) 같은 것이 있는지, 배수는 어떠 한지, 그 외에 집이나 땅에 눈에 띄게 방해가 되는 것은 없는지 집을 선택하기 전에 살펴본다면 확실해질 것이다.
이것은 집의 주인 이외에 나타나는 것이 아니며, 처, 자식이나 하인 등에 나타나지 않는다.
이상으로 말한 가택과 관상은 구전(口傳)도 포함되어 있지만, 관심을 갖고 연구하면 더 많은 것을 깨달을 수 있다.

용마루
벽면   출입문
도랑

【그림12】 가택(家宅)

12. 유년(流年) 1세부터 20세까지

그림과 같이 머리카락이 자라는 언저리부터 양 눈썹까지 사이를 20살로 정하고 양쪽 눈썹의 머리를 기준으로 위로 일자(一字)로 그어 안쪽을 보고 길흉을 판단한다. 단, 바깥쪽은 보지 않는다. 눈썹 털이 많아서 눈썹 머리를 정하기 어려울 때는 엄지손가락을 양 눈썹 사이에 세로로 대고 그 폭을 기준으로 한다.

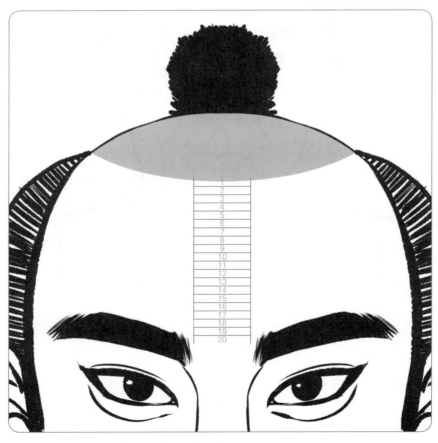

【그림13】 유년(流年) 1세부터 20세까지

13. 유년(流年) 21세부터 42세까지

그림과 같이 양 눈썹부터 코끝 까지를 40세로 정하고, 왼쪽의 콧방울을 41세, 오른쪽 콧방울을 42세로 정한다. 앞에 설명한 것처럼 양 눈썹부터 좌우의 콧방울 가장자리 까지를 일자(一字)로 그어 이것을 기준으로 안쪽을 보고 길흉을 판단한다. 단, 바깥쪽은 보지 않는다.

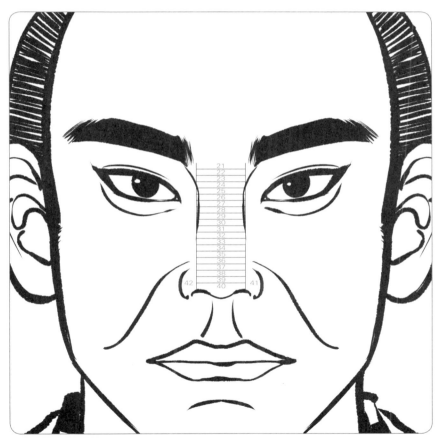

【그림14】 유년(流年) 21세부터 42세까지

14. 유년(流年) 43세부터 60세까지

  그림과 같이 코 아래 혈의 가장자리부터 턱 끝 까지를 60세로 정하고, 앞에
설명한 것처럼 좌우의 콧방울부터 입 양 끝 까지를 일자(一字)로 그어 이것을
기준으로 안쪽을 보고 길흉을 판단한다. 단, 바깥쪽은 보지 않는다.

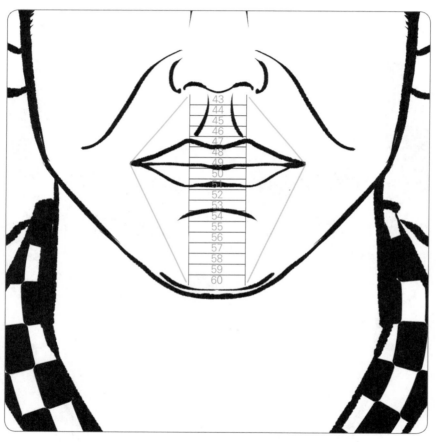

【그림15】유년(流年) 43세부터 60세까지

15. 유년(流年) 61세부터 80세 까지의 그림

그림과 같이 61세부터 80세 까지는 턱 좌우로 번 갈라가며 귓불 까지를 나누어 배정한다.

1세부터 생애 60세까지는 양인(陽人)이다. 때문에 상정(上停)에서 시작하여 양면(陽面)의 대양(大陽)에 나타난다. 하지만 60세 이후는 음인(陰人)으로 하정(下停)에 해당하기 때문에 맨 아래로부터 시작하여 음면(陰面)에 나타난다. 60세 이후는 원래의 1세로 돌아간다고 말하지만, 음인(陰人)이기에 절대로 양면(陽面)에는 나타나지 않는다. 그리고 80세 이후의 일은 나도 알지 못한다.

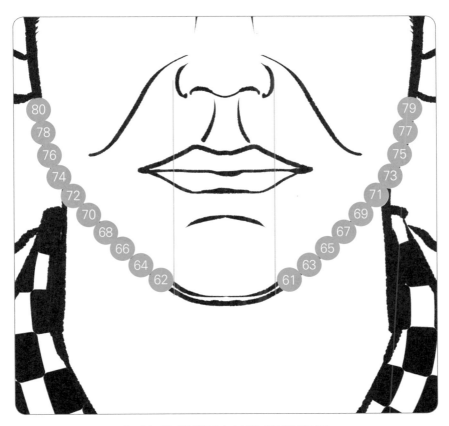

【그림16】 유년(流年) 61세부터 80세까지

16. 1세부터 20세까지의 사계(四季)

　앞에 설명한 것과 같이 그림과 같이 1세부터 20세까지 나누고, 1년을 다시 사계절로 나누고 길흉을 본다. 검은 점, 흉터, 방해물이 있는 곳을 흉(凶)으로 보고, 방해가 없고 살이 탄탄하면 길(吉)한 것으로 판단한다.

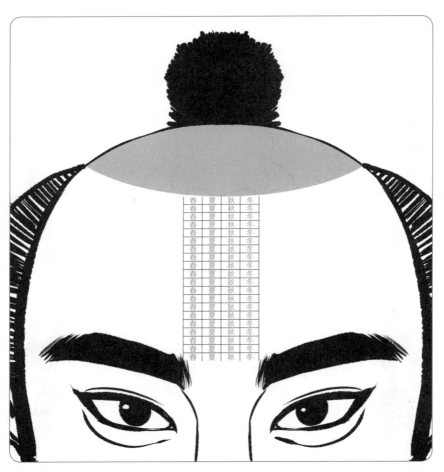

【그림17】 1세부터 20세까지의 사계(四季)

17. 21세부터 42세까지의 사계(四季)

앞에 설명한 것과 같이 21세부터 42까지나누고, 다시 1년을 4계절로 배분하여 길흉을 판단하면 된다.

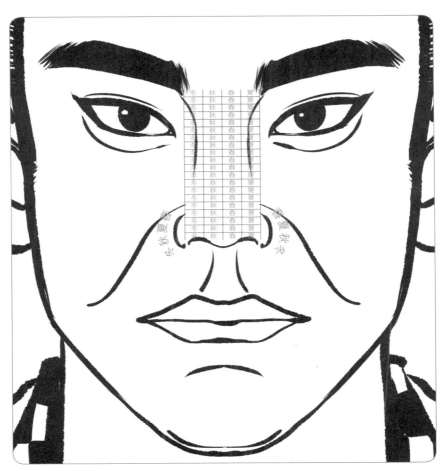

【그림18】 21세부터 42세까지의 사계(四季)

18. 43세부터 60세까지의 사계(四季)

앞에 설명한 것과 같이 43세부터 60까지나누고 다시 1년을 4계절로 배분하여 길흉을 판단하면 된다.

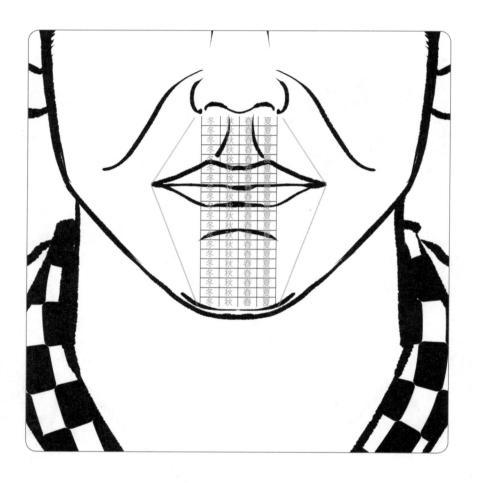

【그림19】 유년(流年) 43세부터 60세까지

19. 유년(流年) 12개월

1년을 12개월로 나누어 길흉을 보는 것은 상정(上停)만 그림과 함께 설명하기로 하고, 21세부터 33세까지는 중정(中停), 43세 이후는 하정(下停)을 같은 방법으로 나누고 판단하면 된다. 그러나 공부가 부족하여 깨우치지 못한 학생은 코의 끝을 12두 달을 정하기 어려우니 4계절의 길흉만으로 보는 것이 좋으며, 콧방울도 4계절만을 보는 것이 좋다. 앞에서 설명한 유년법을 좀더 자세하게 보려면, 1살부터 20살까지 중간을 10살로 정하고, 다시 1살부터 10살까지의 중간을 5살로 정한다. 이와 같은 방법으로 60살 까지를 나누어 관찰하면 보지 못한 것을 볼 수가 있으며, 실수가 없다. 결코 대충 나누면 안 된다.

또한 유년에서 1살의 혈소는 그림13과 같이 머리카락의 언저리를 보고, 양눈썹의 가운데를 20살로 보고 그 위를 19살, 아래를 21살로 보고. 또한, 40살은 그림14와 같이 코끝을 보지만 콧방울을 보지 않는다. 코끝이 아래로 숙이고 있는 사람은 경우 40살의 혈소가 각별히 넓다고 생각할 수 있지만 이것은 상관없다. 또한 좌우의 콧방울은 왼쪽을 41살, 오른쪽을 42살로 본다. 43살은 코 아래 인중을 보고 판단한다. 그리고 윗입술의 빨간 곳을 48살, 아랫입술의 붉은 곳을 49살, 아랫입술의 빨간 곳과 하얀 곳사이를 50살로 본다. 60살은 턱 끝부분, 61살부터 80살까지는 그림16과 같이 턱의 끝을 도는 모서리를 기준으로 좌우의 귓불 까지를 나누어 위로 올라가면서 판단한다.

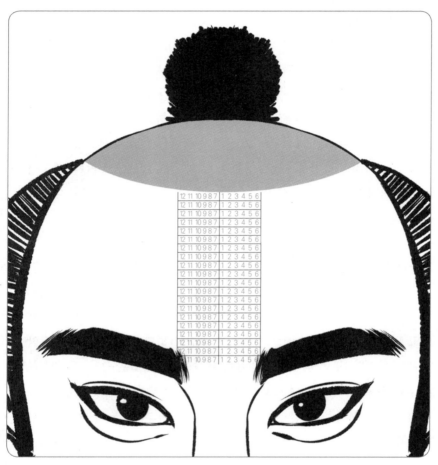

【그림20】유년(流年) 12개월

20. 유년(流年)의 길흉(吉凶)에 관하여

유년의 혈소에 검은 점이나 흉이 있으면 그 해(年) 운세는 좋지 않다고 생각하면 된다. 큰 흉터나 검은 점은 보는 것이 아니지만, 의심이나 느낌이 올 때는 봐도 상관없다. 그리고 베인 상처, 찔린 상처는 보지 않으며, 자연히 생긴 흉을 본다. 또한 천연두 자국도 보지 않는다. 보통은 검은 점이나 흉 중 작고 눈에 띄는 것을 보고 큰 것은 보지 않는다. 또한 유년의 혈소에 어슴푸레한 줄이 날카롭게 가로 줄이 생길 때는 운이 나쁜 해(年)라고 보면 된다.

그러나 줄이 2개, 3개 있을 때는 해당하는 해(年)를 정하기 어렵다. 이런 경우 줄의 중간정도를 보고 그 해(年)를 추측한다. 단, 유년에 있어서는 이마의 주름살은 보지 않는다. 위에서 말한 것처럼 검고 날카롭게 눈에 띄는 가로줄이 나타날 때 판단해야 한다. 유년의 혈소에 검은 점도 흉도 그 외에 어떠한 방해물도 없을 때는 무사한 해(年)라고 생각하고, 나쁜 일이 있어도 크게 잘 못되는 일은 없다. 또 유년의 혈소에 검은 점, 흉, 방해물이 없으며 살집도 탄탄하고 꽉 찬 것처럼 맑게 보일 때는 운이 좋은 해(年)라고 판단하면 된다. 그런데 유년의 혈소에 검은 점이나 흉, 방해가 없는데도 몇 년에 걸쳐 힘든 사람이 있다. 이경우는 유년의 혈소가 전부 말라 비틀어져 살집도 자연히 쓸쓸하게 보일 것이다. 이상은 유년의 길흉을 판단할 때 마음속 깊이 새기길 바란다. 유년의 검은 점은 근심할 일, 그렇지 않으면 어려운 일이 있을 징조라고 생각하고, 흉터는 재앙이 있지 않으면, 파탄이 일어날 징조라고 보면 된다. 유년의 살이 말라비틀어질 때는 그 해(年)에 큰 일이 있다고 생각하라. 그 외에 별거 아닌 장애가 있을 때는 작은 재난이 있는 해(年)라고 생각하고, 근심, 재앙, 파탄, 난사, 기쁜 일 등 너무 많은 것을 이야기하지 않는다. 단, 좋고, 나쁘고 이야기한다. 유년에 관해서도 다소의 구전(口傳)이 있지만 깊이 생각해보면 자연히 스스로 깨달을 수 있는 것이다. 만약, 유년의 살집의 변화가 보일 때는 그 해에 변사(變事)가 있을 것이다. 살고 있는 집, 이사, 가업 일수도 있고 그렇지 않으면 자신의 신상의 변화인지 모른다. 어느 쪽이든 변화가 있다.

21. 유년(流年)의 사계절(四季節)과 12달(月)에 관하여

1년을 4계절과 12달로 나누어 길흉을 말할 때는 검은 점, 흉터 그 외에 방해물의 유무를 보고, 몇 살, 몇 월에 발생할 것인지, 했는지 자세히 보고 흉악을 판단하고, 좋은 일도 똑같이 판단하면 된다. 만약, 12개월로 나누어 길흉을 판단하기 어려울 경우 4계절로 크게 나누어 보면 된다. 그러나 사람마다 대음(大陰), 대양(大陽), 소음(小陰), 소양(小揚)인으로 구분되며, 4계절, 12지(十二支)의 순환을 적용하는 방법이 다르다. 먼저 대양(大陽)인 사람은 왼쪽부터 시작하고, 대음(大陰)인 사람은 오른쪽부터 시작한다. 아직 공부가 부족한 사람은 유년의 4계절과 12지는 사용하여 판단하는 것은 어려울 수 있으니, 년중(年中)의 길흉만 보도록 한다. 그렇게 하면 유년으로 길흉을 볼 때 실수는 하지 않을 것이다.

그리고 골격이 악상 있어도, 유년이 좋은 때는 그 해(年)의 운(運)만 이야기하면 된다. 즉, 유년은 인생의 길흉을 보는 것이므로 운이 나쁜 해(年)은 운은 나쁠 것이고, 운이 좋은 해(年)는 자연히 운이 좋을 것이다. 또, 노년이 좋지 못한 사람은 노년의 유년이 자연히 나쁘다. 그러지만 유년이 사사건건 나쁘며 평생 궁핍한 상이라도 충효(忠孝), 음덕(陰德), 절검(節儉), 명리(明理)의 마음을 가진 사람이라면 반드시 천리(天理)에 맞추어 하늘의 도움을 얻게 될 것이다. 그러므로 음덕(陰德), 절검(節儉), 명리(明理)의 마음이 있는 사람에 대해서는 유년이 나빠도 함부로 판단해서는 안 된다.

또, 심기(心氣)가 강한 사람은 유년에 큰 재난이 있어도 작은 일로 끝날 것이다. 즉, 심기가 강한 것은 조상덕(祖上 德)이다. 유년이 좋은 사람 역시, 조상덕(祖上德)이다. 유년이 좋은데도 평생 궁핍한 사람이 있는데 이 것은 충효(忠孝), 절검(節儉), 명리(明理)를 가볍게 여겨 충효(忠孝), 조상공양(祖上供養)을 제대로 하지 않았기 때문이다.

이런 사람은 좋은 유년 일지라도 대악으로 판단해야 한다. 그러면 만의 하나라도 잘못 판단하는 일이 없을 것이다. 때문에 천리(天理)와 상법에 맞지 않는 사람은 말할 가치도 없다.

또, 평생 유년이 나쁘며, 현재 매우 궁핍한 상이라도 충효(忠孝), 음덕(陰德), 절검(節儉), 명리(明理)의 마음을 갖고 부모, 조상공양(祖上供養)을 중히 여긴다면, 반드시 3년 내에 나쁜 유년이 전부 좋은 운으로 바뀔 것이다. 이것을 결코 나 개인이 충효(忠孝), 음덕(陰德)을 중요하게 생각해서가 아니다. 나는 많은 상을 보았지만 충효(忠孝), 음덕(陰德), 절검(節儉), 명리(明理)는 알지 못해, 악상이 선(善)으로 변화하는 것을 의심스럽게 생각하여 한때는 관상공부를 그만 둘 생각까지 한 적이 있었다. 그런데 최근에 와서 겨우 충효(忠孝), 음덕(陰德), 절검(節儉), 명리(明理)에 의해 악상도 좋은 운으로 바뀔 수 있다는 것을 깨우쳐 여러분에게 말하는 것이다.

만약, 득도한 관상가가 있어 3년 후에 큰 재난이 찾아온다고 판단하여 알려주어도 충효, 명리의 마음 갖고 겸허히 생활한다면 관상가의 예언은 빗나갈 것이다. 또한, 좋은 상을 갖고 있는 사람에게 좋은 상을 갖고 태어났다고 말해주어도, 그 무렵부터 마음이 움직여 덕의(德義)를 잃어버리는 사람도 역시, 예언은 맞지 않을 것이다. 그러므로 관상을 볼 때 충효(忠孝), 음덕(陰德), 절검(節儉), 명리(明理)를 실천하는 사람은 선악길흉을 판단하기 어렵다. 이것은 맑은 하늘에 구름의 움직임을 보고 3일 후에 비가 내린다고 하는 것과 같은 것이다.

南北相法 後篇五卷

기색을 갖고 상(相)을 볼 때는 관상(觀相)이라 하고

혈색을 갖고 상(相)을 볼 때는 간상(看相)이라 하며

골격을 갖고 상(相)을 볼 때는 견상(見相)이라 하고

심기를 갖고 상(相)을 볼 때는 무상(無相)이라 한다

1. 기색(氣色)에 관하여

　사람의 머리는 대양(大陽)이 모이는 곳으로서 변화가 가장 활발한 곳이다. 그래서 신체 중 얼굴을 항구에 비교한다. 세상의 모든 길흉이 조수의 간만과 같이 밤낮으로 얼굴에 나타났다 사라지기 때문에 기색의 항구라 한다.

그런데 달마대사 이후 오늘날까지 혈색, 기색은 별 소용없었다. 기혈의 색을 알고 싶어도 마음만 있을 뿐 눈으로는 확인할 수 없기 때문이다. 혈색이 나타나도 기색의 주류(湊流_모이고 흐르는 곳)에 대해서 알기 어렵다. 내가 생각하기에는 기색의 항구라는 것은 결코 실타래처럼 끌어당긴다고 나타나는 것이 아니다. 예를 들면 관골부터 기색이 나타나 토성(코) 쪽으로 징조가 전해지는 것처럼 보일 때, 이것을 관골부터 토성(코)에 모이는 기색이라 한다. 그 형태가 지렁이가 기어가는 것처럼 보이기도 하고, 갓난아이의 새끼손가락 끝으로 긁은 것처럼 가늘게 나타나기도 한다. 또는, 등잔의 심(燈心)이 춤추는 것처럼 보일 때도 있다. 또 일자(一字)로 구불구불하게 뻗치는 일도 있다.

처음부터 기색이라고 해도 결코 단순하게 기(氣), 색(色)을 판별할 수 있는 것은 아니다. 단지 어딘가 모르게 기가 모이는 것처럼 보이고, 청(靑), 황(黃), 적(赤), 백(白), 흑(黑), 미(美), 자(紫), 홍(紅)의 색이 나타나는 것도 아니며, 그냥 윤기가 있는 것을 기색이라고 본다. 또, 이것 중 어둡고 윤기가 없는 기색도 있다. 즉, 기색(氣色)은 윤기의 유무에 따라 길흉(吉凶), 선악(善惡)을 판단한다.

2. 기색주류(氣色湊流)에 관하여

　　기색의 주류는 그림과 같이 모공처럼 두드러지게 나타나는 것은 아니다. 얼굴 앞면 피부에 나타나는 것을 대략적으로 표현한 것이다. 예를 들면 칼날 부분의 무늬와 흡사하다. 무늬의 모양이 위에서부터 내려오는 것 같은 것도 있으며, 옆에서부터 나오는 것도 있고, 아래서부터 올라오는 것도 있다. 또, 혈소에서 혈소로 뻗치거나, 혈소에서 혈소로 모이는 것같이 보여도 그렇지 않은 경우도 있다. 그러나 그 힘이 있으면 벌써 모인 것과 같다.

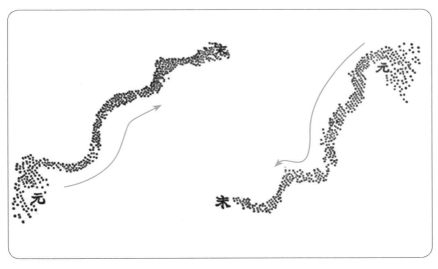

【그림1】기색주류(氣色湊流)

3. 교동기색(交同氣色)에 관하여

　교동의 기색은 그림과 같이 위쪽 혈소에서 기색이 나와 아래쪽 모이고 또 아래쪽 혈소에서 기색이 일어나 위쪽으로 혈소로 모이는 것을 교동기색이라고 부른다. 좋은 일이든 나쁜 일이든 동시에 서로 말을 맞추어 일을 꾸미는 표시다. 만약, 혈소를 벗어나 나타났을 경우 자신과는 아무 상관없이 누군가와 조를 짜서 일을 꾀하는 것으로 판단해도 무방하다.

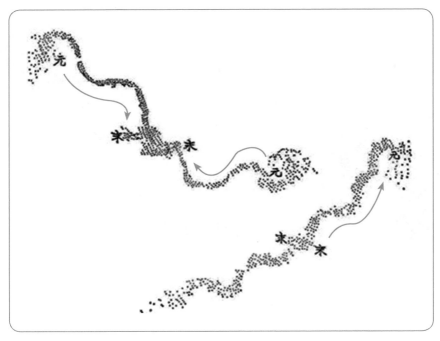

【그림2】 교동기색(交同氣色

4. 교어기색(交齬氣色)에 관하여

　교어기색은 위쪽 혈소부터 기색이 일어나 아래로 모인다. 만약, 아래쪽에서 일어나 위쪽으로 모여 서로 어울릴 경우, 기색이 시작하는 곳이 떨어져 있을 때는 일을 도모하여도 서로의 의견이 맞지 않아 성공하기가 어렵다.
그러나 절대로 성공하지 못하는 것이 아니고, 아래의 기색 말단이 휘어져 위쪽 기색과 만날 때는 성공할 수 있다. 단, 기색이 힘이 없을 때는 성공하기 힘들다고 판단한다. 【그림3-1】같이 여러 갈래로 흩어져 나온 기색은 나타나도 판단하지 않는다

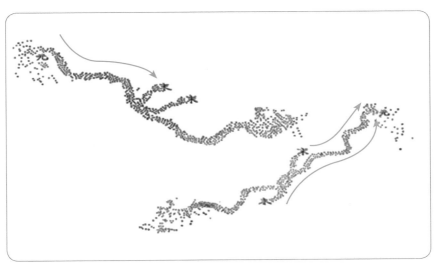

【그림3】교어기색(交齬氣色)

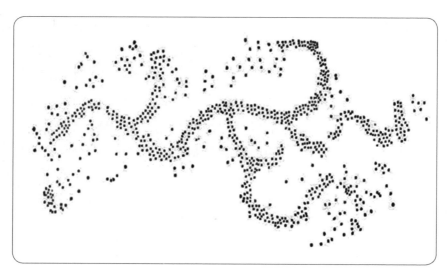

【그림3-1】교어기색(交齬氣色)

5. 라색(羅色)에 관하여

　라색(羅色)이라고 하는 것은 해중(海中)의 음화(陰火)와 같은 것이다. 해중의 음화는 천지의 순기에 따라 생기는 것으로서 대양(大陽)이 끝나는 부분 소음(小陰)에서 나타난다. 그러나 7월초에 라색(羅色) 나타나도 길흉을 판단해서는 안 된다. 예를 들면, 서한풍우(暑寒風雨)와 같이 처지자연의 순리를 거스르는 것이 있듯이, 저절로 해중에 음화가 나타나는 일이 있다. 사람도 천지자연과 마찬가지로 순간의 불통으로 병이 생기고, 그렇지 않으면 변동에 의해 희로애락을 만든다. 이것도 천지불순과 같은 것이다. 즉, 순간의 변동에 의해 선악의 혈색, 기색이 생겨난다. 만사의 길흉은 일기(一氣), 의식의 변동으로부터 생기는 것이다.

【그림4】와 같이 구부러지지 않고 줄지어 있는 것만 판단한다.
【그림4-1】과 같이 드문드문 많이 있는 것은 판단하지 않는다.
【그림4-2】와 같이 대소(大小)로 있어도, 구부러져 있지 않으면 판단한다.
【그림4-3】과 같이 기색이 생겨 모여 뻗치기 전 먼저 그림과 같이 나타난다.

이 기색의 앞이 어느 쪽 혈소로 향해 뻗치는가를 보고 판단한다.

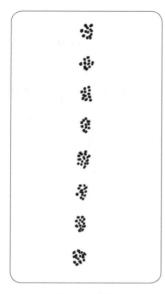

【그림4】 라색(羅色)

【그림4-1】 라색(羅色)

【그림4-2】 라색(羅色)

【그림4-3】 라색(羅色)

1) 천중(天中)의 라색

　천중에 라색이 있고 삼분(三分_1cm)간격으로 인당 쪽까지 이어져 나란히 있을 때 이것을 천중부터 인당으로 오는 라색이라 한다. 그러나 흐트러져 드문드문 나타날 때는 길흉을 판단해서는 안 된다. 만약, 어느 한 곳 혈소부터 시작해서 다른 쪽 혈소로 이어져 나란히 있어도 앞서 설명한 내용에 준하여 판단해야 한다.

또한, 기색(氣色)이 모여드는 경우 이상하게 보였을 때는 라색의 수에 따라 판단할 수도 있으나, 적색이 나타나 라색처럼 줄지어 나란히 있어도 이것을 라색이라고 판단하는 것은 맞지 않다. 즉, 라색의 수에 따라 판단할 때는 역술(易術)과 비슷하지만 이것은 관상가의 방식은 아니다.

라색이라고 하는 것은 원래는 기색이 모이는 것이지만, 부침(浮沈)이 있어 뜬 부분은 찾기가 쉽지만 가라앉는 부분은 알아차리기가 어렵다. 즉 드문드문 줄지어 있는 것처럼 보이는 것을 라색이라 한다. 보통 기색의 모여 있는 부분은 약간 구부려져 나타나지만, 라색은 그렇게 보면 안 된다. 단, 약간 구부러진 것은 라색으로 인정해도 된다. 때문에 기색이 모여 뻗치는 모양으로 판단해야 할 곳을 다음과 같이 (2)관골~13)지각) 자세히 설명하겠다.

2) 관골(顴骨)의 라색

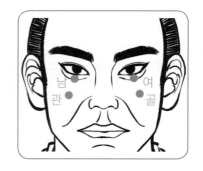

관골(顴骨)에서 기색이 생겨 남녀(男女)관 쪽으로 갈 때는 양자(養子)를 들이게 된다. 관골은 세상을 의미하고 남녀관은 자손을 상징한다. 그러므로 관골부터 기색이 생겨 남녀관 쪽으로 향할 때 세간(世間)으로부터 자손이 오는 모양이다. 기색에 윤기가 있을 때는 받아들인 양자가 길운(吉運)을 가져오고, 윤기가 없을 때는 흉운(凶運)을 초래한다. 또한, 양자를 누군가로 결정할 때에는 오른쪽 기색이 남녀관 안쪽부터 윤기가 생기고, 아직 양자를 누군가로 결정하지 못했 때는 기색이 남녀관 밖에 있다.

3) 남여관(男女官)의 라색

남녀관에서 기색이 생겨 관골(顴骨)쪽으로 갈 때 반드시 자손을 타지(他地)로 보내는 일이 있으며, 기색의 선악에 따라 길흉을 생각해 판단한다. 단, 늙고, 젊음 즉, 나이에 따라 판단할 때는 주의가 필요하다.

남녀관에서부터 기색이 생겨 관골 뒤로 일자(一字)로 움직일 때는 반드시 자손이 가출한다. 만약, 기색이 머리카락 안에까지 들어갈 때는 행방불명이 되며 돌아오는 것이 어렵다. 만약, 관골 뒤로 움직이는 기색이 남녀관을 떠나지 않을 때는 빨리 집으로 돌아올 것이고, 기색이 관골 뒤쪽 부분이 진하며 남녀관에서 희미하게 되어 있을 때는 집으로 돌아오는 것이 늦다.

4) 코(土星)의 라색(羅色)

남녀관에서부터 기색이 생겨 토성(土星)쪽으로 갈 때는 나를 그리워하는 자손이 있다. 남녀관은 자손을 담당하며 토성은 내 몸을 상징한다. 또한, 토성 쪽에서부터 기색이 시작해서 남녀 쪽으로 갈 때는 내가 자손을 그리워한다는 의미다.

관골부터 기색이 생겨 토성 쪽으로 갈 때는 물건 또는 일을 부탁받는다. 관골은 세상이며 토성은 자신을 의미하므로 반대로 토성 쪽으로부터 기색이 관골 쪽으로 갈 때는 내 쪽에서 다른 사람에게 물건 또는 일을 부탁하게 된다. 부탁하는 것에 대해서 성사 여부는 기색의 선악에 따라 길흉을 판단하면 된다.

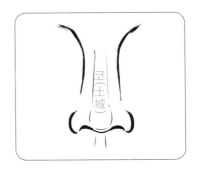

5) 노복(奴僕)의 라색

노복관부터 기색이 생겨 새골(鰓骨_아가미 뼈) 쪽으로 일자로 움직일 때는 반드시 하인, 아랫사람이 도망간다. 노복은 자신의 아랫사람, 신복을 나타내며 새골은 먼 곳을 나타낸다. 그러므로 노복의 관에서부터 기색이 시작해서 새골 쪽으로 완만하게 갈 때는 자신의 문제로 아랫사람 또는 신복을 먼 지방으로 보내게 된다.

노복관 밖에서부터 기색이 시작해서 지각을 지나 약간 넓게 윤기가 생길 때는 대단히 유능한 신복을 얻게 된다.

지각은 집을 담당한다. 따라서 집을 잘 지키는 집사라고 생각하라. 그러나 지각을 관통한 기색이 너무 멀리 퍼지고 윤기가 클 때는 유능한 신복을 얻어도 신복에게 배신당하게 된다. 차면 넘치는 이치다.

노복관에서부터 기색이 생겨 적색을 띨 때 아랫사람이 다른 곳에서 문제를 일으킬 것이다. 적색은 선악에 따라 길흉을 생각하면 알 수 있다. 적색이 진할 때는 큰 재난이 덮칠 것이다. 꼭, 아랫사람이 안이더라도 친척, 집사와 같이 집에 머무는 가솔(家率) 중 누군가 다른 곳에서 문제를 일으키면 노복관에 적색이 나타난다. 노복관에서부터 윤기나는 기색이 시작해 법령 선을 타고 올라갈 때는 반드시 힘이 되어줄 신복을 얻는다. 반대로 노복관에서부터 어두운 기색이 나타나 법령 선을 타고 올라갈 때는 힘이 되어 주는 것처럼 보이는 신복이 내 몸에 해가 될 것이다. 그렇지 않으면 가업을 망하게 할 것이다. 때문에 아랫사람을 많이 거느린 사람은 아랫사람의 선악의 관계없이 반드시 나타난다.

6) 법령(法令)의 라색

법령은 가업을 담당하는 곳이다. 법령이 시작하는 곳에서 윤기 있는 기색이 2줄로 내려갈 때 반드시 가업이 2개로 분리될 것이다. 이 기색은 법령선에 따라 2가닥으로 내려가면 가업의 귀천을 떠나 2가지 모두 대길할 것이다. 2줄 기색 중 어느 쪽도 청탁(淸濁)은 없다. 또한, 오래된 가업을 폐업하고, 새로운 사업을 시작할 때도 2줄의 기색이 나타나는 경우도 있지만, 이 경우에는 청탁이 나타난다. 즉, 윤기가 없는 기색은 오래된 가업이며, 윤기가 있는 기색을 새로 시작하는 사업이라고 생각하면

된다. 사업의 성공 여부는 윤기의 정도에 따라 판단하면 된다.

7) 일월(日月)의 라색

일월, 주골에서부터 윤기가 있는 기색이 생겨 복당 쪽으로 갈 때 윗사람으로부터 금전을 얻거나, 물질적으로 원조를 받는다. 또, 금전이 손에 들어오면 곧바로 복당에 윤색이 생긴다. 즉, 일월과 주골은 윗사람의 관이며 복당은 나의 복운(福運)으로 금전을 의미한다. 따라서 복당의 관에서 기색이 생겨 일월, 주골 쪽으로 갈 때는 윗사람

에게 조공을 바치고 있다고 판단하면 된다. 이 기색은 처음이 진하고 끝이 엷다. 자치 잘못하면 반대로 판단하기 쉬우므로 잘 관찰하여야 한다.

일월, 주골 근처로부터 윤기나는 기색이 생겨 인당 쪽으로 움직일 때는 반드시 윗사람으로부터 좋은 일이 있다. 반대로 어두운색이 내려올 때는 윗사람 때문에 큰 피해를 입는다. 그리고 이 기색이 명궁을 관통할 때는 반드시 주군에게 목숨을 걸 정도의 강한 질책을 받는다.

8) 처첩(妻妾)의 라색

관골에서부터 어두운 기색이 넘실거리면서 처첩관으로 향할 때 부인에게 질척거리는 남자가 있다. 만약, 부인의 마음이 움직여 흔들린다면 처첩관에 홍기(紅氣)와 같은 윤기가 나타난다. 반대로 부인의 마음이 변함이 없을 때는 처첩관의 혈색도 움직이지 않고 평소와 같이 변하지 않는다. 즉 처첩관은 부인을 의미하고, 관골은 세상을 의미한다.

만약, 여자가 외간 남자가 있다면 마음이 흐트러지므로 처첩관도 흐트러져 홍기난색(紅氣難色)이 나타난다. 즉, 자신의 천군이라 할 수 있는 남편을 속이는 것이므로 천정(天庭), 관록(官祿)의 혈색이 좋지 않고 얼굴의 중심선이 되어야 할 독맥(督脈_기혈의 통하는 길)도 바르지 않고 굽으며 피부도 자연히 나빠진다. 즉, 외간 남자가 있다는 증거다. 또, 외간 남자 역시 도리가 아닌 짓을 하고 있기 때문에 천리(天理)가 등을 돌려 상정(上停)에 몽색(蒙色) 즉, 어두운색이 나타나고, 처첩관에 붉은색 얼룩이 생긴다. 또한, 독맥(督脈)이 바르지 않고 굽어 몸무게도 빠진다. 사람은 본래 천지정직(天地正直)의 기에 따라서 태어나기 때문에 독맥 또한 똑바로 여야 하는 것이다. 그런데 내 마음이 굽어 남편에게 등을 돌렸기 때문에 정직해야 할 독맥이 굽어 살이 빠지는 것이다. 또, 독맥은 일신의 음양 봉목(縫目_이불을 지을 때 폭을 맞대고 꿰맨 줄)에 해당한다. 그러므로 평생운세를 관장한다.

그러므로 독맥의 봉목(縫目)이 똑바른 사람은 평생운세도 좋으며 충족함을 아는 사람이다. 독맥이 바르지 않은 사람은 운수가 자연히 좋지 않다. 때문에 정상적인 남녀관계가 아닌 것에 대해 삼가야 하며, 독맥이 바른 사람은 군자의 상을 갖추었다 하여 대길(大吉)하다고 본다.

9) 변지(边地)의 라색

눈 꼬리에서부터 기색이 시작해 변지 쪽으로 뻗쳐 변지 근처에서 정체된 것처럼 보이며, 다시 밖으로 향할 때는 타향에서 잠시 머물다, 다시 다른 곳으로 옮긴다. 눈(眼)은 일신의 일월이며, 자신의 마음에 속하고, 변지는 타향을 나타낸다. 길 흉은 기색의 선악에 따라 판단한다.

변지로부터 기색이 처첩 쪽으로 움직일 때는 먼 곳에서 처(妻)를 맞아들이며, 기색의 선악에 따라 혼담의 길흉을 판단한다. 변지관에 변색이 나타날 때는 상대편에 문제가 생겨 결혼이 성사되지 않는다. 또 처첩관에 장애가 나타나면, 자신에게 문제가 생긴다.

10) 간문(奸門)의 라색

간문에서부터 기색이 생겨 눈 꼬리 쪽으로 움직일 때 반드시 나를 좋아하는 여자가 있다. 반대로 눈꼬리부터 기색이 나타나 간문으로 움직일 때 내가 좋아하는 여자가 있다. 눈은 자신을 의미하고, 간문은 음(陰)이므로 여자를 나타낸다.

- 여자가 관골에서 기색이 나타나 처첩으로 움직일 때 나를 사모하는 남자가 있다. 만약, 그 남자와 부부가 되었다면 관골로부터 기색이 사라지고, 상정에서 별도의 기색이 생겨 처첩 쪽으로 통할 것이다. 관골은 세상을 의미하며, 상정은 하늘이고 남편의 지위와 같은 것이다. 또한, 처첩은 부인의 지위다. 그러므로 부부가 되면 남편은 하늘이며, 여자는 남편을 얻어 몸이 안정되어 지위가 결정되는 것이다.

- 딸을 낳아, 밖에서 데릴사위를 맞을 경우에 관골에서 처첩 쪽으로 기색이 움직일 것이다. 만약, 인연이 결정되었다면 상정에서 기색이 생겨 처첩 쪽으로 통과할 것이다. 또한, 이미 부부가 되었다면 관록궁(官祿宮)에 홍윤(紅潤)이 나타난다. 즉, 남편을 얻어 관록이 결정되었기 때문에 자연히 홍윤의 덕을 얻는 것이다.

그리고 이혼하였는데 아직 남편을 그리워하는 여자는 처첩에서 기색이 생겨 상정으로 움직인다. 하지만, 남편에게 도움을 받지 못하므로 관록에 홍윤은 나타나지 않는다. 위의 모든 것은 기색의 선악에 따라 혼인의 길흉을 생각하고 어떻게 할지 판단한다.

- 토성(코)에서부터 기색이 생겨 관골 아래를 돌아 간문 쪽으로 움직일 때 세상의 눈을 피해 여자와 만나고 있다. 간문은 처첩 뒤에 있어 여자를 의미하고, 토성(코)는 자신을 관골은 세상을 나타낸다. 그러므로 세상에 떳떳하게 여자와 정을 나눌 때는 관골을 가로질 간문으로 뻗친다.

- 부인이 있는 남자가 다른 여자와 불륜을 일으킬 때 간문과 명문 2곳에 기색이 나타나고, 아직 미혼인 남자는 결혼할 상대와 관계없이 여자에 관한 모든 일은 처첩관에 나타난다.

- 관골에서부터 기색이 시작해 처첩으로 향할 때 반드시 부인을 얻는다. 자세히 말하면 인연이 정해질 즘에는 기색이 처첩관에 들어가 홍윤이 되어 진하게 나타나고, 완전히 결정이 되면 홍윤이 가라앉아 혈색도 자연히 온화해진다. 만약, 관골에서부터 처첩관으로 향하는 기색이 처첩관 속으로 들어가지 않을 경우 부부의 인연이 없다.

- 새파랗게 질린 것 같은 기색이 처첩에서 시작해 처첩 뒤로 돌아서 머리카락 안으로 들어갈 때 부부 싸움으로 부인이 행방불명 된다. 푸른 기색 즉, 청기(靑氣)이라고 하는 것은 간의 기이며 분노의 색으로 다툼을 의미한다. 또한, 머리카락 안은 비어 있어 정하지 않는 곳이므로 부인이 행방불명이 된다고 판단한다.

- 만약, 부부 사이가 좋으며 부인이 먼 타지로 갈 때 처첩관에서부터 윤기 있는 기색이 생겨나와 변지, 역마 쪽으로 천천히 움직인다. 또 처첩관에서 나와서 관골로 움직일 때는 가까운 곳에 간다고 판단한다. 즉, 관골은 세상을 의미하고 변화한 도시로 가는 것을 의미한다. 그러나 앞에서 말한 기색이 관골을 관통할 때는 그 곳에서부터 다시 다른 타지로 간다.

- 간문에서 기색이 생겨나와 복당으로 움직일 때는 외간 여자(애인)가 돈을 빌려 달라고 한다. 또, 복당에서 간문으로 기색이 통하는 경우 반드시 외간 여자에게 돈이 흘러간다. 간문는 처첩관의 뒤에 있어 외간 여자를 나타내며 복당은 나의 복운, 재산을 의미한다.

- 간문에서부터 기색이 생겨나와 지각으로 움직일 때 몰래 정을 통하는 여자가 내 집에 들어와 앉게 된다. 만약 내 집에 들어와 살게 된다면, 간문에서부터 처첩관에 걸쳐 윤색이 나타난다. 또, 지각에도 똑같이 윤기가 생긴다. 이러한 기색이 집 주인에게 나타날 때는 여자(애인)의 요구로 새집을 구하게 될 것이다. 이 기색은 간문에서부터 나와 관골 뒤를 돌아서 지각 쪽으로 내려간다. 즉 간문은 비정상적으로 만나는 여자, 관골은 세상 눈, 지각은 집을 각각 의미한다.

11) 형제관(兄弟官)의 라색

형제관(눈썹)에서부터 기색이 생겨나와 안중(眼中_눈 안) 들어갈 때는 반드시 친척 중 누군가와 같이 협력해서 일을 계획한다.

형제관은 친족을 나타내며 안중은 내 마음을 의미한다.

눈썹의 중간부터 기색이 변지 쪽으로 움직일 때 반드시 친족 중 누군가 먼 타지로 떠난다. 먼 친척이 나타나지 않으며, 가깝고 사이가 좋은 친족인 경우만 나타난다. 그러나 큰 재난이 있어 타지로 피난 가지 않으면 안 되는 경우는 멀고 가까운 사이와 상관없이 곧바로 나타나며, 기색의 선악에 따라갈 곳의 길흉을 판단한다.

12) 천중(天中), 천양(天陽), 고광(高廣)의 라색

천중, 천양, 고광 근처에서 윤기나는 기색이 생겨 관록으로 움직일 때는 생각지도 못한 좋은 일이 찾아온다.

천중, 천양, 고광의 관은 얼굴 상정에 있고 하늘을 나타낸다. 그리고 관록은 내 몸이며 자신의 신분을 의미한다. 반대로 천중, 천양, 고광 근처에서 나쁜 기색이 내려올 때는 하늘로부터 흉한 일이 발생한다는 전조다.

천중, 천양, 고광의 관은 하늘, 군주를 나타낸다. 군주가 있어 신하가 있는 것이므로 신하가 관록이 있는 것은 군주의 관록인 것이다.

그러므로 군주 입장에서 볼 때는 관록을 신하이며, 신하 입장에서 볼 때는 관록을 군주인 것이다. 보통은 신하의 관록궁에 있다. 또한, 천중, 천양, 고광의 혈소는 이마의 머리카락이 자란 언저리를 보지만, 나이가 젊을 때는 머리카락이 진하고 이마를 덮기 때문에 약간 아래에 위치하게 된다.

그리고 노년이 되면 머리카락이 옅어져 저절로 이마도 벗겨져 올라가기 때문에 3개의 혈소는 약간 위에 위치하게 되는 것이다. 그래서 천중, 천양, 고광의 혈소는 일정하지 않다. 머리카락이 진한 사람은 머리카락이 자란 언저리를 보고 정하는 것은 좋다.

그러나 50살도 안되는데 불구하고 머리 꼭대기까지 벗겨져 올라간 사람이 있다. 이런 경우는 혈소를 정하는 것이 어렵다. 이런 사람은 흔히 올려다보는 주름이라고 하여 위를 볼 때 이마에 여러 개의 주름이 지는데 이때 맨 아래 주름을 기준으로 3개를 혈소로 본다.

13) 지각(地閣)의 기색

좌우에서부터 기색이 생겨 지각으로 모여 나타날 때 반드시 집에 사람이 모인다.

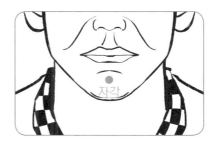

이 기색은 좌우 지고(地庫) 근처에서 생겨 지각으로 모인다. 추운 겨울 숨을 내뱉았을 때와 같이 좌우에서 모인다. 지각은 즉 집을 의미하므로 집안에 경사가 있어 사람이 모일 때는 지각의 기색이 저절로 풍부하며 윤기를 띄게 된다.

반대로 흉사로 사람이 모일 때는 기색이 저절로 어두워진다.

6. 기다리는 사람에 관하여

변지에서 기색이 생겨 눈썹 눈꼬리 쪽으로 움직일 때 반드시 기다리는 사람이 있다.

이 기색은 변지 쪽에서 일어나 눈썹 눈꼬리 쪽으로 뻗치는 것처럼 보인다. 마치 등잔의 심지가 넘실거리는 것처럼 뻗치거나, 갓난아이의 새끼손가락 끝으로 긁은 것처럼 모여서 뻗치는 것 같이 보이기도 한다.

* 변지부터 일어나 눈썹 눈꼬리 쪽으로 움직이는 기색이 있고, 그 힘이 강할 때 기다리는 사람이 오는 것이 빠르며, 힘이 약할 때 오는 것이 늦다.
* 기색이 일어나 움직이는 힘이 없을 때는, 오기 힘든 상황이 있든가, 온다고 해도 늦어진다.
* 기다리는 사람이 오고 싶은 마음이 생기거나, 급하게 오는 경우에는 기색에 힘이 있어 일자로 보인다.
* 오고 싶은 마음이 생기지 않거나 서두르지 않고 올 경우에는 기색에 힘이 없고 늘 어진 것처럼 보인다.

위에서 말한 기색 중에 변색이나 장애가 있을 때는 오늘 길에 문재가 발생한다. 또 기색의 시작 부분에 변색이나 잡티가 있을 때는 상대편에게 재난이 있다. 위에서 말한 기색은 상대편도 오는 것을 원하고, 나 또한 기다리는 마음이 있을 때 서로 생각이 통하여 생기는 것이다. 즉 먼 곳에 자식이 있어 항상 기다리는 것은 부모의 마음이다.

그러나 자식이 가는 것을 원하지 않으면 서로가 생각이 통하지 않아 기색은 나타나지 않는다. 하지만 못난 자식이라도 때로는 부모를 생각해 오고 싶어 할 때 생각이 통하여 금세 기색으로 나타난다.

- 지고(地庫)의 근처에서부터 기색이 일어나 지각(地閣)으로 움직일 때 집에서 며칠 묵을 손님이 찾아온다.

생각지도 않은 먼 곳에서 사람이 오는 경우에도 나타난다. 그러나 오늘 안에 돌아갈 손님이라면 기색이 나타나지 않는다. 이것은 신분의 귀천 구애받지 않으며 기색의 선악에 따라 머무는 손님의 길흉을 판단하면 된다.

7. 여행(旅行), 도중(道中), 행선(行先)의 길흉에 관하여

여행의 기색은 기다리는 사람의 기색과 겉과 속이 다르다.

여행의 기색은 앞서 말한 것처럼 등잔심이 물결치같이 보이며, 갓난아이의 새 끼손가락 끝으로 긁은 것처럼 엷은 청기(靑氣)가 있다. 그리고 일반적으로 기 다리는 사람의 기색으로 착각한다. 또 이것은 청기(靑氣)는 아니다. 그냥 푸 른 기색처럼 보이므로 청기(靑氣)라고 부르는 것이다.

눈썹 눈 꼬리 쪽으로부터 청기(靑氣)가 일어나 변지 쪽으로 모일 때는 여행을 떠난다. 사람에 따라서는 변지 쪽에서 청기가 강하게 나와서 눈썹 눈 꼬리 쪽 으로 향하는 것 같이 보이지만, 원래는 눈썹 눈 꼬리 쪽에서 변지 쪽으로 향 하는 것이다. 길흉에 대해서는 청기 안에 조금이라도 장애(변색, 잡티)가 있을 때는 여행 중 문재가 발생하고, 장애도 없고 깨끗할 때는 여행이 순조롭다.

변지관(辺地官)을 보고 여행 행선지지의 길흉을 판단할 때 변지관에 변색이 보일 때는 행선지에 사고가 있으며, 미색이 보일 때는 행선지가 길하다. 또한 위에서 말한 청색이 일어나 모인다고 하는 것은, 눈썹 눈꼬리에서 일어나 변 지 쪽으로 향하는 것으로 이것을 변지(辺地)에 모이는 청기라고 한다. 넘실거 리는 것처럼 보이며 도달하는 것도 있으며, 또, 도달하지 않더라도 청기가 일 어나는 힘을 보고 도달한다고 판단하는 경우도 있다. 또한, 타지에 가지 않아 도 먼 곳에 마음이 향하고 있을 때는 위에 말한 것처럼 똑같이 눈썹 눈꼬리 쪽 부터 기색이 일어나 변지로 향하는 경우도 있다.

원래 기색이라고 하는 것은 마음의 움직임이 겉으로 형체가 되어 나타나는 것으로, 있는 같기도 하고 없는 것 같기도 하여 일반적으로 범인(凡人)의 눈 으로는 볼 수 없다.

보였다 생각해도 다음에는 보이지 않으며, 멀리서 보였다 가까이 다가가면 보이지 않고, 집중해서 보면 보이지 않고, 마음을 비우면 오히려 잘 보인다. 그러한 것이다. 게다가 보여도 잘 판단할 수 있는 것이 아니다.

유(有)는 무(無)이며 무(無)는 유(有)인 것이다. 그러므로 기색을 본다고 하는 것은 상대를 관찰하기 전 '나' 자신부터 살펴야 한다. 즉 내 마음이 청량(淸亮)하다면 천지, 우주를 봐도 분명하게 알 수 있다. 인체는 소천지(小天地)이므로 말할 것도 없다. 만약, 관상을 보는 사람이 마음을 다스리지 않고 기색이 탁해져 흩어져 있으면 100일을 보아도 진실을 볼 수 없는 것이다.

즉, 유상(有相)의 관상가는 관상을 볼 때 청천(晴天)을 좋아하지만 무상(無相)의 관상가는 담천암야(曇天暗夜)라 해도 천지의 심기를 꿰뚫어보는 정법(正法) 눈으로 관상을 보기 때문에 손바닥에 붉은색 비단을 덮어놓아도 훤하게 볼 수 있다.

• 하늘에는 대양(大陽)의 일기(一氣)가 있고, 사람은 이것을 받아서 일원기(一元氣)가 있다. 이것이 마음이다. 그러므로 심기(心氣)라고 하는 것은 대양(大陽)의 일기(一氣)이며 일원기이다. 이것은 모든 기운의 근원이며, 사람의 길흉을 정하는 근원이다. 이것을 관상에서 대극(大極)이라고 한다. 하늘의 대양(大陽)의 일기는 아버지의 맥이며, 땅은 대음(大陰)의 물은 조수(潮)며, 조수(潮)는 음중(陰中)의 양화이기에 어머니의 피라고 한다. 이것을 부모의 혈맥(血脈)이라 한다.

피(血)는 음(陰)이며, 맥(脈)은 양(陽)인 것이다. 사람은 대양의 기에 따라서 태어나 대음의 기에 따라서 죽는 것이다. 즉, 죽고 사는 것이 음양혈맥의 이치를 벗어나지 않는다. 그러므로 사람이 두려워해야 하는 것은 하늘이며, 공경할 것은 부모이며, 조심하고 삼가야 할 것은 자신이다.

또한, 피는 대양의 기에 따라서 돈다. 따라서 기가 건전할 때는 피도 건강하고 혈색도 자연히 좋다.

그리고 대음인 땅이 쇠퇴할 때는 기(氣) 또한 쇠퇴하여 혈색이 저절로 나빠지고, 음양의 기가 건전할 때 혈기왕성(血氣旺盛)하다고 한다. 이것은 마음이다. 또, 사람은 오미(五味_달고, 시고, 짜고, 쓰고, 매운)를 느끼며 몸을 키우며, 남자는 정액이 생겨난다. 정액은 피이며 피는 북방의 음화(陰火)이고 남방에 있다. 이것은 즉 마음의 용(用)이다. 따라서 정액이 쇠퇴할 때는 피가 탁해지고, 피가 탁할 때 신장도 나빠진다. 신장이 나빠질 때 생각과 판단이 건전하지 않다. 또, 정력이 강한 사람은 신장이 강하고 신장이 강한 사람은 피가 깨끗하고, 피가 맑고 깨끗한 사람은 마음도 강하다. 따라서 사람은 심신의 순환이 좋은 것을 길(吉)하다고 한다. 또한, 심(心), 신장(腎臟)의 좋을 때는 대음(大陰), 대양(大陽)의 기가 자연히 건전하기 때문에 혈색도 당연히 좋다. 또한 대양의 기가 강하고 건전할 때는 신체 또한 왕성하다. 이것을 마음이 강하다고 한다.

마음은 기(氣)다. 이것을 심기(心氣)라고 한다. 심기가 건전할 때는 기색(氣色)이 좋다. 그러므로 심기의 모양을 기색이라 하고, 기색이 안면에 생기는 것을 혈색이라 한다. 이러한 연유로 심(心), 기(氣), 색(色)은 대양의 일기(一氣)로부터 생겨나는 것이기에 대양의 기가 건전하면 오기(五氣) 모두 건전하다. 애초부터 만물은 각각의 음양의 기가 통하여 여러가지의 상을 만드는 것이다. 예를 들어 음양의 기가 잘 통하지 않는 땅에 초목은 아름드리 나무로 자라지 못하는 것과 같이, 사람도 음양의 기가 엷으면 심기가 약해 마음이 약하고, 심기가 강한 사람은 곧고 바르게 성장한다.

또한 심기(心氣)라고 하는 것은 수레바퀴와 같다. 바퀴가 단단하면 자갈이 많은 험한 길도 손상없이 천리길도 달릴 수 있는 것처럼, 사람도 심기가 강하면 험하고 큰 산도 뚫고 넘어가는 힘이 있다. 반면에 바퀴가 부실한 수레는 평지라도 십리도 불안하다. 사람도 심기가 약하면 될 일도 안되며 자연히 만사가 막힘이 많다. 그래서 관상에서 심기로 상을 보는 것을 9분(九分), 용모보고 상을 판단하는 것을 1분(一分)이라고 한다.

심기가 강한 사람의 용모는 큰 집에 사람이 많이 살고 있는 느낌이며, 심기가 약한 사람은 큰 집에 사람이 몇명 살지 않는 느낌이다. 또 심기가 강한 사람은 반응이 혈색이 나타나는 것이 늦으며, 심기가 약한 사람은 혈색이 곧바로 나타난다.

심기가 강한 사람은 사소한 일에 혈색에 나타나지 않고. 좋은 혈색은 길게 가고 나쁜 혈색은 빨리 사라진다. 반대로 심기가 약한 사람은 작은 일에도 혈색이 빨리 반응하고, 놀란 것 같이 눈의 중심이 흔들린다. 심기가 약한 사람은 혈색의 변화로 판단하기 어렵다.

기색을 갖고 상을 볼 때는 이것을 관상(觀相)이라고 하며, 혈색을 갖고 상을 볼 때는 이것을 간상(看相)이라 한다. 골격을 갖고 상을 볼 때는 이것을 견상(見相)이라 한다. 심기를 갖고 상을 볼 때는 이것을 무상(無相)이라 한다.

골격(骨格)은 입문하여 바로 볼 수가 있으며, 혈색(血色)은 어느 정도 지나 면 간단하게 볼 수가 있게 되며, 기색(氣色)은 한참이 지나도 좀처럼 볼 수가 없다. 심기(心氣)는 긴 세월이 지나도 보지 못한다. 심기를 보고자 할 욕심이라면 철풍(銕風)을 배우지 않으면 안된다.

8. 살벌(殺伐)한 기색(氣色)에 관하여

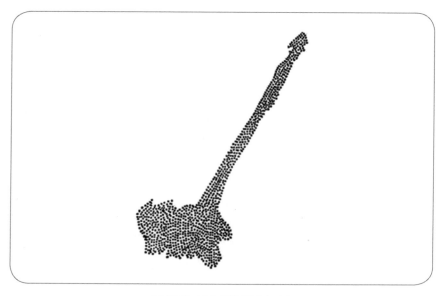

【그림5】 살벌기색(殺伐氣色)

살벌 기색 이란? 앞서 말한 것처럼 검(劍)날의 물결 무늬와 검의 냄새를 말하는데, 이와 같이 크게 나타나는 것이 아니며, 기색의 모양만을 대충 그린 것이며, 살벌(殺伐)을 당하는 사람에게 나타난다.

이 기색이 나타날 때는 살벌에서 벗어나기 어려우며 반드시 가독(家督_장남, 책임자, 재산)을 잃는다. 또 많은 적과 싸우는 경우에도 나타나는데, 전쟁터에서 이 기색을 보았다는 구전(口傳)이 있다. 살벌 기색은 앞서 말 한 것처럼 검의 잔무늬나 검의 냄새가 나지만 그림처럼 기색의 처음이 크며 앞이 짧고 숨어 있는 것처럼 힘을 머금고 있을 때는 살벌의 난(難)이 가까운 시일의 내 발생해도 곧바로 당하는 것은 아니다. 만약, 이 기색이 나타났을 무렵부터 좋게 조치하면 자연히 피해 갈 수 있다.

9. 기노골(起怒骨)에 관해서

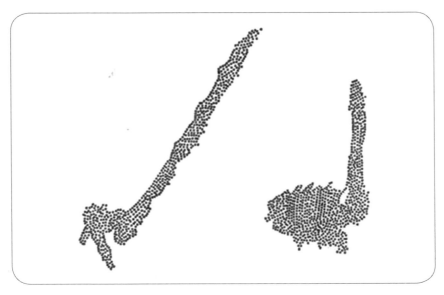

【 그림6】 기노골기색(起怒骨氣色)

기노골(起怒骨)은 두개골의 일부로 좌우의 귀 아래 새골(鰓骨)에서 나타난
다. 이것은 음식 때문에 일어나 노여움이라고 전해 내려오는 말이 있다.

또 이것을 필사(必死)의 기색(氣色)이라고도 한다. 앞서 말한 것과 같이 검의
잔무늬나 냄새와 같은 것으로서 그림과 같이 처음이 가늘고 흐트러짐이 없
고 힘을 갖고 있다.
나를 죽이려는 적(敵)이 있어 반드시 그 적(敵) 때문에 목숨을 잃는다.
기노골(起怒骨)기색, 살벌(殺伐)기색, 필사(必死)기색은 나만의 비밀스러운 관
상 법이며, 아직 관상 공부를 학생들에게 전하지 않았지만, 여기서 10분의 1
정도만 알려준다.

修身錄

우리는 무엇을 가지고 태어났는가? 유일하게 가져온 것은
음식 하늘이 준 녹(禄) 뿐이다.
가져온 것을 베푸는 것이 진정한 음덕(陰德)이다.

남북상법극의발수자서(南北相法極意抜粹子序)

"사람은 음식을 먹어야 살 수 있다." 아무리 좋은 약을 먹어도, 음식을 먹지 않고는 살 수 없다. 그래서 사람에게 가장 좋은 보약은 음식이다.

나는 오랫동안 관상을 보는 것을 직업으로 삼고 살아 왔지만, 음식의 중요한 함을 몰랐다.

빈궁단명(貧窮短命)의 관상이라도 부귀장수(富貴長壽)하는 사람이 있었고, 부귀장수(富貴長壽)의 관상이지만 오히려 빈궁단명하는 사람도 있었다. 관상을 보고 사람의 운명의 길흉(吉凶)을 정확히 알 수 없다. 그러나 음식을 절제하는 사람과 절제하지 못하는 사람 사이에 길흉의 차이가 있다는 것을 깨닫게 된 후 관상을 볼 때 잘못 판단하는 실수를 바로잡을 수 있었다.

나는 지난 몇 년 동안 사람들에게 음식을 절제하는 방법을 가르쳤다. 그 중에는 1년 후에 큰 재난을 당할 관상이었지만, 음식을 절제하고 삼가한 결과 난(亂)을 면하고 오히려 뜻하지 않은 경사(慶事)를 맞는 일도 있었다. 어쩌면 평생 빈궁한 삶일지라고, 음식을 절제하는 것을 실천하는 사람은 하늘이 상응하는 복을 내려 세상사람이 다 알정도의 부자가 되는 경우도 있었다. 또한, 오랫동안 질병으로 앓아 단명할 상(相)이라도, 식사를 절제하고 삼가는 것으로 심신이 건강 해져 노년에 이르는 일도 많았다. 부귀빈천(富貴貧賤), 수요절

(壽夭絶), 궁락(窮樂), 입신출세(立身出世) 등 예를 들자면 끝이 없겠지만, 모든 것은 음식을 절제하고 삼가는 데 있었다. 또한, 이 책을 보는 세상 사람들은 음식을 삼가고 절제해 주시기를 바란다.

음식을 절제하고 삼가하면 흉운(凶運)도 길운(吉運)으로 바뀔 수 있다는 것을 알리기 위해, 나 자신부터 평생 쌀밥을 먹지 않았으며, 또한 쌀로 된 것은 떡도 먹지 않았다. 하루에 보리 1홉 5작(1/2)하고, 술은 많이 즐기지만 1홉만 마셨다. 모든 것이 나 자신을 위해서이지만, 세상 사람들에게 음식을 절제하는 모범을 보이기 위해서이다. 그러니 마음이 있는 사람은 하루만이라도 음식을 삼가해 주길 바란다.

나는 신분이 미천하여 남 앞에 나설 만한 사람은 못 되지만, 음식을 절제하고 조심하여 간신히 관상쟁이의 반열에 올라 나의 유파(流派)를 만들 수 있었다. 그리고 이번 책에서는 음식과 관련해서 집필하였다. 하지만 나는 우둔하고 어리석어 독단적인 표현이 많다. 이것에 너무 얽매이지 말고 3번이상 읽어 주시기를 바라며, 아무렇거나 읽고 비웃더라도 버려만 말아 주길 바란다. 선비나 학자는 이 책을 읽고 조롱하며 웃을지도 모르지만, 이런 사람들은 선도(善導)에 반하는 사람들이니, 천리(天理)에 어긋나 평생 자신의 이름을 세상에 떨칠 일이 없을 것이다. 또, 이런 사람들은 자신만 영리하다고 생각하기 때문에 세상사람이 알아주지도 않으며, 소중히 여겨질 것도 없을 것이다. 선도(善導)를 어기는 사람은 하늘이 응당한 처분을 내릴 것이다. 마지막으로 한번더 나의 얼굴을 보아서라도 버리는 것 만은 자제해 주길 바란다.

文化九壬申年
水野南北居士識

修身錄 一卷

하늘이 자신의 분수에 맞게 내려준 음식량을 천록(天祿)이라 한다.

하늘이 자신의 분수에 맞게 내려준 음식량을
천록(天祿)이라 한다.

　여기서 말하는 내용은 평소 육체적 노동을 많이 하지 않는 사람을 말한다. 덧붙여 몸을 많이 사용하는 사람과 쓰지 않은 사람의 식사량의 차이가 있으며 또한, 몸이 크고, 작고, 노동의 강약에 따라서도 식사량의 차이가 있다. 그러나 젊은 사람 중에 아직 집안을 책임지지 않는 사람은 해당되지 않는다. 다만, 젊은 사람이라고 집안을 책임지고 있는 사람은 식사량이 많고 적음에 따라 그 집안의 길흉(吉凶)을 판단할 수 있다. 무가(武家_무사)의 식사에 대해서는 따로 이야기하겠다.

　옛 선인들이 가로되, "하늘에 녹(祿)이 없는 사람은 태어나지도 않는다"
　귀천(貴賤)마다 그 사람의 그릇에 따라 하늘이 주는 음식의 양이 있는데, 이것을 "녹(祿)"이라 하고, 녹(祿)은 자신의 분수에 맞는 식사량이므로 천록(天祿)을 받았다고 한다. 하지만 이걸 함부로 먹어 치우는 사람은 하늘이 정해 놓은 규칙을 어기는 것이다.

생명이 있는 모든 것에는 하늘이 내려준 식사량(食事量)이 정해져 있기 때문이다. 그리고 생명을 유지하기 위해서는 반드시 음식이 있어야 한다. 즉, 생명이 있으면 음식(飮食) 있고, 음식에 있으면 생명이 있는 것이다. 그래서 생명은 음식에 있다고 할 수 있다. 음식은 생명을 유지하는 근본이며, 인생에서 길흉은 음식에 의해 생겨나니 두려워할 것도 음식(飮食)이며, 삼가야 할 것도 음식(飮食)이다.

• 식사량이 하늘이 정해준 천록(天祿)보다 적게 먹는 사람은 관상이 좋지 않아도 길(吉) 하고, 그 나름의 운(運)이 있어 단명하지 않으며, 노년에 들어서도 길(吉) 하다.

• 식사량이 하늘이 정해준 천록(天祿) 보다 많이 먹는 사람은 관상이 좋아도 모든 일이 순탄치 않고, 일이 손이 엉키는 등 장애가 많아 평생 마음고생이 끊이지 않으며, 노년이 흉(凶) 하다.

• 식사량 항상 적당한 사람은 관상에서 나타나는 대로 좋고 나쁨은 없다. 그러나 식사량이 많고 폭식을 하는 사람은 아무리 관상이 좋아도 사회적 신분이 정해지지 않으며, 가난한 자는 더욱 궁핍 해지고, 부유한 사람은 집안이 몰락한다.

• 항상 미식을 즐기는 사람은 아무리 관상이 좋아도 운세는 흉(凶)하다. 만약, 먹는 것을 절제하지 않으면 집안을 망치고, 평생 출세나 성공할 수 없으며, 가난한 자는 노력하여도 그 공(功)을 보지 못함으로 평생 고생하게 된다.

• 제철 음식을 즐겨 먹는 사람은 아무리 부유한 상(相)이라고 재산을 탕진하고, 집안 망하게 한다. 또, 가난한 자가 따라서 하면 덕(德)이 다하여 행방불명이 될 수 있다.

- 항상 조식(粗食_소박한 식사)을 하는 사람은 비록 빈상이라도 복(福)이 있어 장수하며 노년에는 길(吉)하다.

- 조식(粗食)으로 소식(小食)을 실천하는 사람은 비록 극악 빈궁(貧窮) 상이라 할지라도 장수하여 자손에게 가독(家督_가업)을 물려주고 사후에 존경을 받는다. 하지만, 조식(粗食)을 하면서 가끔씩 폭식으로 불규칙한 식사를 할 경우 운(運)은 흉(凶)해질 수 있다. 단, 시골에서 사는 사람은 해당되지 않는다.

- 식성(食性_식사의 양과 질)이 규칙적인 사람은 비록 외모가 나쁘더라도 사회적 위치에 맞는 출세의 기회가 있다. 가독(家督_가업)에 변동이 없으며 노년에도 길(吉)하다.

- 소식하고 식성이 규칙적인 사람은 비록 빈악(貧惡)의 상일지라도, 걸맞은 수복(壽福) 있어 장수하고, 모든 일이 순조롭게 풀려가며, 노년에도 운이 좋아 몸이 약해 보여도 병에 걸려 고생하지 않는다.

- 식사 양도 시간도 불규칙한 사람은 아무리 용모가 좋아도 운이 좋지 못하다. 겉보기에는 일이 잘 풀리는 것 같지만 풀리지 않고 평생 불안정하며 노후가 불안합니다. 또, 가난한 자는 일이 잘 풀리지 않아 거의 성공한 일도 실패하는 경우가 많다. 복분(福分)이 적어 고생이 끊이지 않고 마음고생이 많다.

- 많이 먹는 대식가나 식사시간이 불규칙한 사람은 말할 것도 없으며, 음식을 절제하지 않으면 사회에서 자리를 잡지 못한다. 설령, 입지를 쌓아도 제대로 아랫사람을 지휘할 수 없고, 집안을 망치고 병을 얻게 된다. 만약, 용모가 나쁘면 서서히 대흉운(大凶運)이 들어 죽을 곳조차 없다.

- 규칙적인 식사를 하여도 한 번씩 식사량이 바뀌면 복분(福分)도 그에 따라 달라진다. 식사가 일정해야 녹(祿)도 일정하다. 이것을 "식록(食祿)이 충실함"이라고 한다. 절도 있는 식사를 해야 모든 일이 순조롭게 진행되고, 음식을 절제하지 않으면 아무리 용모가 좋아도 흉운이 들고, 인생 파란으로 떠도는 사람이 된다. 반대로 식성이 규칙적인 사람은 사회적 위치가 확립되어 마음이 평온 해지고, 모든 일이 순조롭게 풀리게 된다.

- 부자가 대식(大食), 폭식(暴食)을 할 경우 재산을 오랫동안 유지할 수 없다. 재력가라 할지라도 가운(家運)이 다하고 식록(食祿)을 다 먹어 치우게 된다. 만약, 하인까지 대식을 한다면 집안이 빨라 몰락할 것이다. 또한, 성품이 훌륭하고 건강한 생활을 하는 것처럼 보이는 사람도 세끼 식사가 불규칙하면 녹(복분, 재화)이 안정되지 못하고, 심신도 평온하지 못하게 된다. "녹(祿)"은 식성을 따른다. 식사량과 시간이 불규칙하면 녹도 불안정해지고, 생활도 안정되지 않아 미래 또한 불투명해진다.

- 하늘이 정해준 천록(天祿)보다 적게 먹는 사람은 흉한 일이 없으며, 남자보다 소식하는 여자는 또한 흉한 일은 없다. 대식(大食) 하는 사람은 강하게 보이기 위해 많이 먹기 때문에 주위 사람들이 경계심을 가지게 됩니다. 그래서 그 사람에게는 인망(人望)이 없다. 반면에 식사량을 일정하게 지키는 사람은 주위 사람들로부터 성실하게 비쳐 자연스럽게 인망(人望)과 덕(德)을 갖추게 된다. 그러나 불규칙적으로 함부로 먹는 사람은 불성실하고 덕도 없습니다.

- 부인이 대식(大食)가 이면 남편을 이겨 인연이 바뀌게 된다. 여자가 남자처럼 많이 먹으면 성미(性味)가 격렬해져서 남편을 이기려고 한다. 그런데 남편이 더 강하면 이기는 게 아니라 이혼(離婚)을 당한다. 만약, 소식을 하여도 남편을 이기는 여자라면 몰래 바람을 피우며 남편을 괴롭히는 악녀다.

- 항상 식사량이 일정한 사람이 갑자기 불규칙해졌다면 이변이 생긴다는 전조(前兆)다. 예전처럼 규칙적인 상태로 돌아가는 것이 좋다. 이미 가정이 혼란스럽고 마음이 안정되지 않을 때는 분명 식사도 불규칙하다. 만약, 아직 아무런 문제가 없는데도 불규칙한 식사를 한다면 재난이 있을 전조다.

- 가독(家督_가업, 상속자, 장남)이 그에 걸맞게 안정된 사람이라도 매일 모임을 갖고 미식(美食)을 즐기며 음식을 절제하지 못한다면, 패가망신(敗家亡身)을 당하거나 은퇴가 빨라질 전조다.

- 엄격하게 절제된 생활을 하고 있는 것처럼 보이는 사람도 식사가 불규칙하다면, 겉으로만 그럴 뿐 허영심 많은 사람입니다. 반면에 식사가 규칙적인 사람은 마음을 다스릴 줄 알며, 자기 자신에게 엄격하다. 하지만, 외모나 형식에만 중요시한다면 겉모습만 신경 쓰는 사람이다.

- 젊어서부터 규칙적인 식사를 실천한 사람은 평생 병에 걸리는 일도 없고 고생하지 않을 뿐 아니라, 운이 강하여 자기 분수에 맞는 출세를 할 수 있다. 비록, 얼굴이 못생겼더라도 운이 나쁜 건 아니다. 노년에 한결 더 좋아질 수 있다.

- 아무리 좋은 외모를 가졌더라도 욕심껏 먹고 불규칙한 식사를 하는 사람은 행동이 좋지 못하다. "귀인무식(貴人無食), 소인유식(小人有食)"이라는 말이 있다. 귀인은 음식에 욕심부리지 않으며, 소인은 욕심부리고 절제하지 못한다는 뜻이다. 그래서 귀인은 음식을 통해 천명(天命)을 알고, 소인은 먹어서 스스로를 망친다. 소식(小食)을 하면 스스로가 귀인(貴人)이 되는 것이다.

- 항상 규칙적으로 소식을 하는 사람은 노환(老患)으로 식사량이 줄어도 맥박과 혈색이 좋으며 고통 없이 곧 임종을 맞는다. 즉 천수(天壽)를 다하여 돌아가시기 때문에 주위 사람들에게 폐를 끼치지 않고 질병으로 고생하지도 않는 것이다.

- 지위가 높은 사람 중 하천(下賤)한 자는 먹는 것을 좋아하고 많이 먹어 마음이 비천(卑賤)하여 세상을 하직하는 것도 빠르다. 사람에게는 자기 분수에 맞는 음식이 있다. 하천(下賤_신분이 낮은 사람) 한 사람은 조식(粗食_거친 음식)으로 한 끼가 상식이다.

- 귀인은 조식(粗食)을 하는 사람이 아니다. 그러나 조심성을 갖고 조식(粗食) 하며 적게 먹고 규칙적인 식사를 할 때 집안이 오랫동안 번창할 것이다. 자연히 집안의 식록(食祿)이 늘어나고, 평생 한 가지 공(功)은 세워 후손들에게 물려줄 수 있다.

- 아직 50세도 안된 환자가 죽을 상(相)이라고 규칙적으로 소식(小食) 한 사람이라면 죽는다고 판단해서는 안 된다. 반드시 살 수 있다. 이것은 병이 아니라, 방재(方災_방향에 따른 액)가 원인이다. 사람의 생명은 음식을 근본으로 하기 때문에 항상 소식하고 규칙적으로 먹는 사람은 병에 걸리는 일이 없다. 하지만 방재(方災)경우 환자에게 따로 약이 없다. 또한, 소식하는 사람은 곡식을 먹는 양도 적어 낭비하는 법이 없어, 천지(天地)의 덕(德)을 쌓아 방재(方災)가 있어도 죽는 경우가 없다. 이와 같은 관상을 여러 번 경험한 적이 있다.

역주譯註
방재(方災)
12지간(띠)를 동서남북으로 정하고 1달 동안 찾아 오는 귀신이 가져오는 질병을 말한다. 예를 들면 자일(子日)병 - 3,4전에 구토를 하는데, 북방으로부터 술과 고기를 가져온 자에게 귀(鬼)가 붙어온 것이다.

- 보통 57세, 58세가 된 사람이 큰 병에 걸렸을 경우, 장수(長壽)할 상(相)으로 혈색이 좋아도, 불규칙한 식사를 하는 사람은 일찍 죽지 않는다고 말할 수 없다. 수명(壽命)이 남아 있어도 이미 평생 먹을 것을 다 먹었기 때문에 일찍 죽을 수밖에 없다. 수명(壽命)이 길고 짧음을 관상만 보고 판단하기 어렵다. 그래서 평소 식사량과 습관을 물어보고 판단하면 틀림이 없다. 특히, 환자의 관상을 볼 때 먼저 식사습관이 어떻게 되는지 물어보는 것이 우선이다.

- 무병(無病)의 관상이라도 젊어서부터 미식(美食)을 즐기면, 소화기 질환을 앓게 되어 늙어서 병을 얻게 된다. 병이 완치가 되어도 노년(老年)이 좋지 못하다. 그리고 덕(德)이 없는 사람은 중년에 집안을 망치게 된다. 또한, 관상의 길흉(吉凶)과 관계없이 젊어서부터 매일 맛있는 음식을 먹는 사람은 늙어서 식사하기 어려운 병에 걸리게 된다. 하천(下賤)한 사람이 맛있는 음식을 3년간 먹으면 노년에는 하늘이 내려준 복분(福分)이 줄어 수명이 짧아진다.

- 관상이 좋아도 젊어서부터 음식에 욕심을 내면 노년에 굶주리게 된다. 관상이 좋다고 운(運)이 까지 좋을 수 없다. 많으면 부족한 것만 못한 것이 천지(天地)의 이치다. 가독(家督_가업, 상속자) 또는 재산을 잃지 않으면 후손이 없을 것입니다. 항상 대식(大食), 폭식(暴食)으로 음식을 절제하지 않으면 평생 출세를 할 수 없으며, 떠돌다 죽을 곳조차 없을 것이다. 단, 육체노동을 하는 사람은 해당되지 않는다. 만약, 복분(福分)이 있어 생(生)을 마칠 곳이 있더라도 오랜 병으로 주위 사람을 괴롭히고 또한 가난하고 관상마저 나쁘면 병(病) 수발을 받아줄 사람 없이 홀로 외롭게 임종을 맞게 된다.

- 중년을 지나 노년에 접어들었을 때까지도 식생활이 불규칙하면, 노년에 재산의 손실이나 재난으로 마음고생이 끊이지 않는다. 나름 관상에 복(福)이 있는 사람이라도 집안이 쇠퇴하며 다시 번성하기 힘들다. 이것은 음식이 "기(氣)"에 준하기 때문이다. 식생활이 불규칙적이면 마음을 다스릴 수가

없기 때문에 일이 순조롭게 풀리지 않고 손실이나 재난이 일어난다. 그래서 식사는 적당량을 규칙적으로 먹는 것이 기본이며, 바르게 먹을 때는 마음이 안정되는 것이다. 그러면 자연히 마음이 평온해지고 재앙도 일어나지 않으며, 당연히 집안도 잘 다스릴 수 있다.

- 노년(老年) 관상이 나쁘더라도 젊어서부터 음식을 절제하고 삼가며 스스로를 다스렸다면 늙어서 반드시 풍족해지고 흉운(凶運)을 면하게 된다. 노인(老人)의 경우 3년 동안 음식을 절제하면 굶어 죽을 상(相)이라도 흉운(凶運)을 피할 수 있으며, 노년에 관상이 좋지 않을 경우 음식을 절제하고 조심하면 노후를 편하게 보낼 수 있다.

- 아이를 갖지 못하는 상(相)이라도 젊어서부터 음식을 절재하고 삼가면 반드시 양자를 맞이한다. 즉 젊어서부터 음식을 절제하면 하늘에 쌓여 노년에 이르러 자손이 돼서 돌아온다. 그리고 죽은 후에도 공양(供養)을 해주는 사람이 있다. 만약, 돈 많은 부자라고 후손이 없으면 늙어서 빈곤하게 된다. 자손은 노년의 식록(食祿)이기 때문이다.

- 부유한 상(相)이라도 음식을 절제할 줄 모르면 평생 부유하다고는 할 수 없다. 과식하면 녹(祿)은 알지 못한 사이에 어딘가로 떨어진다. 그래서 부유한 상이라도 가난한 사람처럼 음식을 삼간다면 녹(祿)을 지킬 수 있다. 즉 가득할 때는 부족함을 알지 못하는 교만한 자는 오래가지 않는 것과 같은 이치다.

- 장수(長壽) 할 상(相)이라도 식사량이 많고 불규칙하면 오래 살수 없다. 사람은 음식을 통해 생명을 유지하기 때문이다. 식량이 불규칙하면 생명을 유지하는 것이 불안정해 장수할 수 없다. 그러나 먹는 양(量)과 질(質)이 규칙적인 사람은 자연히 천수(天壽)를 누릴 수 있기 때문에 장수할 수 있다. 이것을 보명(保命)이라 하며, 보수(保壽)라고도 합니다.

- 빈궁(貧窮)의 상(相)으로 단명(短命)할 운(運)이라고 몸가짐이 조신(操身)하고 소식(小食)을 한다면 단명, 궁핍하지 않게 살수 있다. 음식과 물건을 쓸데없이 낭비하지 않고 자기 분수를 넘지 않기 때문이다. 즉, 음식과 물건은 천지(天地)에 순환하므로 수명(壽命)과 복분(福分)을 축적된다. 그래서 비록 빈궁, 단명 상(相)일지라도 검약하는 사람은 마땅한 위상(位相)과 기회가 있어 장수할 수 있는 것이다.

- 크게 성공할 상(相)을 갖고 태어나도 성정(性情)이 약삭빠르고, 술과 고기를 즐기며, 맡은 일을 열심히 하지 않으면 성공할 수 없다. 이것은 난봉꾼 상(相)으로 자신의 명록(命祿)을 먹어 치우는 인간이다. 하지만, 크게 될 구석이 없어도 '나는 잘할 수 있다' 생각하고, 자신이 하고자 하는 일에 최선을 다하며 매일 규칙적인 식사를 하고 절제하면, 그 덕(德)이 자신을 둘러싸 성공할 수 있다. 그러나 음식을 즐기는 천한 마음을 가지면 발전할 수 없다. 음식은 자기 자신의 발전을 위한 씨앗이다. 함부로 먹어 치우면 발전의 씨앗을 잃게 된다. 무서울 정도로 중요한 것이므로 가볍게 생각해서는 안 된다. 금은보화가 소중하지만 오곡(五穀_곡식)보다 중요한 것은 아니다. 물가가 오르면 나라는 어지러워져도 망하지는 않습니다. 그러나 곡식이 부족하면 민란(民亂)이 일어나고 나라를 망하게 하는 원인이 될 수 있다. 그래서 임금(天皇)도 풍년을 기원하는 것이다.

- 많이 먹는 사람이 병(病)에 걸리면 예전처럼 먹지 못하지만, 소식(小食) 하는 사람은 병에 걸려도 못 먹는 일은 없다. 그러나 많이 먹는 사람은 많이 먹어야 생명을 유지할 수 있기 때문에 먹지 못하면 괴로워하다 죽게 된다. 마치 굶어 죽는 것 같은 고통을 겪게 된다. 또한, 대식(大食) 하는 사람이 아프면 음식이 항상 뱃속이 비여 있다고 생각이 들어 아파도 먹고 싶어도 먹을 수 없지만, 소식(小食)을 하는 사람은 음식이 뱃속이 비여 있기 때문에 아파도 먹을 수 있어 회복이 빠르고, 큰 병을 앓지 않는다. 소식(小食) 하는

사람은 하늘이 내려준 녹(祿)이 쌓여 있기 때문에 생명이 끝난다고 해도 자신에게 주어진 음식이 없어지지는 않는다. 음식은 생명이므로 하늘이 내려준 녹(祿)이 없어질 때 목숨도 다하는 것이다. 그래서 소식하는 사람은 죽을 때 고통이 없고, 오래 앓지도 않는다. 하지만, 소식(小食)을 하드라고 불규칙적으로 먹는 사람은 질병을 갖게 된다.

- 녹(祿_직업, 월급)이 정해져 있는 사람은 하루 세 끼 식사를 한다. 그러나 녹(祿)정해져 있지 않은 사람은 하루 식사가 불투명하다. 즉 녹이 정해지지 않은 사람은 신분이 낮거나, 집에만 있는 육체노동자다. 보통 이런 사람은 식사가 엉망이다. 녹을 안정시키고 싶으면 먼저 식사를 규칙적으로 하고 소식(小食)을 3년간 실천하면 덕(德)이 쌓여, 비록 녹이 없는 상이라도 녹이 자연이 정해진다. 즉, 음식이 녹(祿)의 근본이기 때문이다. 식사가 정해지지 않으면 녹(祿)도 정해지지 않는다. 그래서 식사가 규칙적인 것을 식록(食祿)을 정한다고 한다. 원래 상(相)에는 길흉은 없다. 다만, 식생활이 규칙적으로 실천하는 사람을 선상(善相)이라 하고 그렇지 못한 사람을 악상(惡相)이라고 한다. 배가 적당히 부르면 수저를 내려놓아야 한다. 하지만, 무가(武家)의 식사는 이와는 다르다.

- 무가(武家)의 사람이 억지로 많이 먹는 것을 나쁘다고 단언할 수 없다. 평화로울 때는 신(神) 유(儒) 불(佛) 삼도(三道)로 세상을 다스리지만, 난세에는 아수라(阿修羅)의 악귀(惡鬼)를 물리치고 천하를 다스려야 한다. 무가는 곧 아수라 도(道)에 속하기 때문입니다.
세상이 어지러워져 천하의 패권을 잡기 위해 싸울 때는 먹지 못하는 경우가 종종 있기 때문에 그때를 대비해서 위장을 넓히고 넉넉하게 먹어 두어야 한다. 그래서 많이 먹는 것이 허용된다. 하지만, 무사는 식사에 신중해야 한다. 필요에 따라 많이 먹어야 하기 때문이다.

• 높은 계급의 무사라도 강식(强食)하고 불규칙한 식사를 하는 경우, 살벌한 기운이 강해 한 번은 위험에 빠지거나 큰 피해를 입게 된다. 무가(武家)의 사람으로 건강과 출세를 원한다면 먼저 식사를 규칙적으로 하고, 한 달에 1,2회 정도는 소박한 식사로 위장을 넓히는 훈련하여 유사시를 대비해야 한다. 이런 마음가짐이면 모든 일이 순조로울 것이다.

또한, 충효를 게을리하지 않으며, 주군(主君)나 조상(祖上)의 아수라(阿修 羅_굶주림과 기근, 혼돈)가 심했다는 것을 생각한다면, 현재의 평온함은 너무나 과분하고 송구스러운 일이다. 이 점을 잊지 않으면 순리에 따라 출세할 수 있을 것이다.

• 장래가 보장되는 무가(武家)의 집안에서 태어났다 하더라도, 음식을 가볍게 여기고 함부로 먹는 사람은 출세할 수 없다. 그러나 음식을 절제하고 중요하게 생각하면 출세하여 높은 직위까지 오를 수 있다.

무사(武士)가 무도(武道)에 통달하는 것은 당연하지만, 단지 그것만으로 성공을 하는 것은 아니다. 무사의 세끼 식사는 주군으로부터 받은 식록(食祿)이기 때문이다. 그런데 소중히 여기지 않고 마구 먹어 치우는 것은 녹(祿)을 가볍게 여기는 것으로 주군(主君)에게 불경이 되므로 무사의 도(道)가 아니다. 음식을 아끼고 바르게 먹는 것은 주군의 덕을 중히 여기는 것으로, 이런 무사는 충성심이 깊어 반드시 출세한다. 때문에 관상이 문제가 아니라, 일의 근본을 아는 사람을 최고의 상(相)이라고 할 수 있다.

• 육체노동하는 사람은 식사량이 많은 것은 당연하다. 매일 육체노동을 하는 것은 자신을 위해서 일하는 것 같지만 세상 모든 사람을 위해서이기도 하다. 그래서 많이 먹지 않으면 안 되며, 그들의 덕으로 처자(妻子)를 먹여 살릴 수 있는 것이다. 그 은혜를 마음에 두고 식사를 하는 것이 올바른 예절이다. 노동의 강도에 따라 많이 먹는 것은 나쁘지 않다. 하지만 일하지 않을 때는 소식을 하고, 맛있는 것을 먹더라도 절제하고 적게 먹어야 한다.

이렇게 하면 오래가지 않아 노동에서 벗어날 수 있다.

이렇게 출세한 노동자는 모두 음식을 절제할 줄 아는 사람들이었다.

* 복(福) 있는 상(相)이라고 재물을 가볍게 여기는 사람은 복이 있다고 할 수 없으며, 반드시 재산을 탕진한다. 또한, 효자(孝子)의 상(相)이라도 효도하지 않으며 불효자다. 금(金) 은(銀) 전(錢) 3가지는 나라를 운영하는 도구로써, 천하의 삼법삼덕(三法三德)으로 정(鼎)과 같다. 때문에 삼덕(三德)이 부족할 때는 가정경제가 파탄이 난다. 따라서 한 푼이라도 모자라면 천관(千貫)이 될 수 없으며, 단돈 한 푼이라도 그 덕은 천관(千貫)과 같은 것이다. 또한, 돈은 세상을 돌고 돌며, 부모가 자식을 생각하는 것과 같이 귀하기 때문에 그 소중함을 깨닫지 못하는 것은 돈을 소홀히 여겨 부모를 저버리는 것과 같아 마침내 집안을 망치게 된다. 재산을 모으려면 항상 아끼고, 군주(君主)처럼 받들고, 단 한 푼이라도 가볍게 다루지 말아야 한다. 또한, 재물을 내놓을 때는 마음속으로 두 손을 모으고 다시 자기에게 돌아와 주기를 바라고, 재물이 돌아왔을 때는 두 손을 모으고 마음속으로 오래 머물기를 바라면, 비록 궁핍할지라도 천리(天理)에 합당한 재물을 얻을 것이다. 재물이란 누구에게 가든지 자신을 아껴주는 쪽에 모래 머물고, 함부로 거칠게 다루면 오래 머물지 않는 법이다. 인생사 사람이나 물건이나 돈이나 원리는 다 마찬가지다. 가난한 사람이나 몰락한 집안은 모두 돈을 가볍게 취급한 사람들이다. 반면에 대대로 부자 집안의 사람이 돈을 대하는 모습을 보면 소중히 하는 것을 알 수 있다.

역주譯註

정(鼎)

중국 고대 왕조 제사 때 사용하는 다리 3개의 솥(향로)으로, 덕(德)이 있는 왕조만 소유할 수 있다고 여겨 권력의 상징물 되었다.

- 광기(狂氣)를 일으키는 상(相)이라도 매일 규칙적으로 식사를 하면 광기를 멈출 수 있다. 광기는 끝없이 마구 먹기 때문에 미쳐버리는 것이다. 마치 여우와 너구리의 혼이 달라붙은 것 같이 행동하게 되는데, 100일 동안 3끼 식사 외에는 먹을 것을 주지 않으면 여우, 너구리 같은 행동은 하지 않을 것이다. 오랫동안 광기를 앓은 사람은 이 방법으로 3년간 실천하면 완쾌할 수 있다. 이것은 마귀가 떠났기 때문이 아니라, 식사를 규칙적으로 하게 되면, 성심(性心) 바르게 되고 건강 해져 간기(肝氣)가 가라앉아 병이 치료된 것이다. 만약 광기가 있는 사람에게 아무 음식이나 함부로 먹이면 간기(肝氣)가 더 강해지므로 치료할 수 없다. 음식은 성심을 기르는 근본이다. 그 근본이 흐트러지면 마음도 흐트러지기 때문이다.

- 신분에 맞게 음식량이 정해져 있다 하더라도, 매일 먹는 음식이 사치스러운 사람은 비록 출세할 상(相)을 갖고 태어나도 출세할 수 없고, 높은 임금 받을 수 있는 상이라도 받을 수가 없다. 매일 먹는 식사량은 자신의 수입, 녹(祿)이다. 군주에게는 군주의 식사가 있고, 고급관료는 그 직급 맞는 식사가 있으며, 하급 관료는 그 신분에 걸맞은 맞는 식사가 있다. 그런데 아직 벼슬이 없는 사람이 벼슬아치처럼 식사를 하면 식(食)으로 관(官)을 채워 버리기 때문에 관직에 오를 수가 없다.

  때문에 아무리 관상이 좋아도 맛있는 것을 즐겨먹고 사치하는 사람은 출세할 수가 없는 것이다. 만약, 중(中)급 관료가 하(下)급 계급의 식사를 하면 식사량이 충분하지 않기 때문에 녹(祿)이 조금씩 차올라 상(上)급으로 출세할 수 있다. 이와 같이 음식을 삼가고 사치를 하지 않는 사람은 입신(立身) 출세를 할 수 있다.

  그러나 중간계급의 관료가 신분에 맞지 않게 과하게 식사를 하면, 식록(食祿)이 자기 분수에 맞지 않기 때문에 발전이 없다. 만약, 출세 원한다면 밥 한 그릇에 나물 하나 찬으로 정하고 엄격히 식사량을 지킨다면 반드시 출세를 할 것이다. 그러나 가난한 사람이 채소로 끼니를 때우는 것은 좋지만,

음식이 있으면 많이 먹기 때문에 점점 더 가난해진다. 이경우 스스로 자신의 처지를 가난하게 만들기 때문에 삼가는 것이 복(福)이다.

- 육체노동자는 많이 벌지만, 항상 많이 먹기 때문에 매일 천지(天地_세상)에 음식을 빚지고 있는 것과 같다. 그렇기 때문에 평생 일만 하다가 생이 끝날 수 있다. 세상에 빚이 있기 때문에 일을 하지 않으면 식사가 곤란하게 되는 것이다. 가난한 자가 매일 빚을 갚지 않으면 빌려줄 사람이 없는 것과 같은 이치다. 그래서 천지인(天地人)이 하나인 것이다. 자기 신분보다 많이 먹는 사람은 평생 출세를 하지 못하고. 죽는 날까지 노동을 하게 된다. 그러나 많이 먹더라도 검약하는 사람은 자기 스스로 자신의 록(祿)을 하늘에 창고에 쌓아 여록(余禄)이 생겨 여생을 편히 보낼 수 있게 된다. 매일매일 일하여 버는 것만으로는 입신출세하기는 힘들다. 검약을 해서 비록 얼마 안 되는 돈이지만 저축해서 여록(余禄)을 발판삼아 출세를 할 수 있는 것이다. 먹고 싶은 것, 입고 싶은 것을 다하고 출세를 바라는 것은 어리석은 생각이다. 한 번 더 강조하지만 음식을 절제하는데 전념해야 한다. 물건이 부족하고 필요해서 일하는 것이지, 충족된다면 일할 필요가 없을 것이다. 물건도 충족하고 일도 충족되는 경우는 세상에 없다.

- 사람의 인품(人品)은 음식을 어떻게 대하는가에 따라 결정된다. 지혜 높은 고승(高僧)들이 존경받는 것도 음식을 절제하고 삼가할 줄 알기 때문이다. 아무리 지식이 많은 스승이라도 음식을 절제하지 않고 먹고 싶은 데로 먹으면 천한 마음을 가지기 때문에 존경할 마음이 들지 않을 것이다.

- 자기 분수보다 많이 먹는 사람은 운(運)이 좋다 해도 사실 그렇지 않다. 일을 해도 생각한 대로 되지 않고 생각지 못한 손실이 발생한다. 이건 하늘이 싫어하는 행동이기 때문이다. 하늘이 내려준 밥상에는 일정량 정해져 있다. 그럼에도 불구하고 자신에게 주어진 양보다 많이 먹는 것은 하늘에 빚

을 지는 행동이다. 먹은 음식은 변으로 배출되면 다시 세상으로 순환되지 않는다. 어떻게 이 빚을 하늘에 다 갚을 수 있겠는가? 만약, 친구에게 받을 것이 있다면, 갚으라 재촉하면 되지만, 하늘은 시간과 장소에 구애받지 않고 징수한다. 자신 대(代)에서 갚지 못하면 자손 대(代)에 거둬드릴 것이다. 만약, 자손이 갚지 못하면 그 집안을 멸망시켜 집안의 대를 끊어 놓고 만다. 빌린 것을 갚는 것은 세상 이치다. 그래서 자신의 분수보다 많이 먹는 사람은 불운하고, 재난이나 손실이 있는 것이다. 이것은 하늘이 우리를 훈계하기 위한 것임을 깨달아야 한다.

• 액년(厄年_재앙 있는 해)에 큰 어려움이 있는 상(相)이라도 사치스러운 음식을 먹지 않고 절제하는 사람은 큰 어려움을 면할 수 있다. 하지만 많이 먹고 식사량이 불규칙한 사람은 반드시 액년(厄年)에 문제가 발생한다. 사람은 태어나서 3살까지, 41살부터 43살까지를 액년이라 한다. 액년의 난을 벗어나기 위해서는 액년에 들어가기 3년 전부터 자신이 믿는 신불(神佛)에게 기도를 올리고, 자신이 먹는 음식의 절반을 줄여 신불에게 바치고 태어난 후 3년 동안 죄를 참회하는 것이다. 그리고 신불(神佛)에게 매일 세끼 식사 때 마음속으로 먹고 싶어도 절제하고 결코 먹지 않으며, 3년간 동안 음식의 종류와 관계없이 모두 반으로 나누어 신불에게 바쳐야 한다. 이렇게 음식 수행을 지속하면 반드시 재난을 면할 수 있습니다. 그리고 단명(短命)의 상은 장수할 수 있고, 빈곤한 상은 부자의 상으로 변하게 된다. 큰 녹(祿)을 받을 상(相)이나, 좋은 일이 일어날 상(相)이라도 음식을 절제하지 않고 식사량이 불규칙한 사람은 좋은 일이 생기지도 않으며 망칠 수 있다. 자신이 먹는 식사량이 불규칙한데, 자손에게 상속할 재산이 안정될 수 있겠는가? 또, 녹(祿)은 식사에 준하기 때문에 식사가 올바르게 안정되지 않으면 녹(祿)도 안정될 수 없다. 식사를 많이 불규칙하게 먹는 사람에게 좋은 일을 예견하는 혈색이 나타나도 실현되는 것이 없고, 단지 아욕(我慾)의 혈색일 뿐이다. 음식을 절제하지 않는 사람은 하늘에서 알려주는 혈색이 나타나지 않는다.

- 술과 고기를 좋아하고 많이 먹어 뚱뚱한 사람은 평생 발전이 없으며, 절제하지 않으면 노년이 편치 못하다. 또, 육식을 많이 하는 사람은 근육이 단단해지는 것이 아니라 피부가 단지 팽창해질 뿐, 육식을 위주로 한 식사 때문에 혈액이 늘어나 마음이 해이해지고 살쪄 있을 뿐이다.
심기(心気)는 사람의 근본이다. 따라서 심기가 골수(骨髄)에 있는 사람은 기가 움직이지 않기 때문에 몸이 안정되고 자연스럽게 발전한다. 또한, 심기(心気)가 해이해져 있는 사람이 출세한 경우는 본적이 없다.

- 술과 고기를 먹지 않더라도 맛있는 것만 고집하며 많이 먹는 사람은 온전히 자기 몸이 되는 것이 아니라 모두 탁한 살이 되어 평생 발전이 없다. 많이 먹고 배가 부르면 마음이 무거워지고 졸음이 몰려온다. 잠에서 깬 후에도 몸은 나른하고 머리가 움직이지 않는 것은 심기(心気)가 느슨해져 몸이 풀려 있기 때문이다. 따라서 자신의 분수 이상으로 많이 먹으면 육체를 둔하게 만들기 때문에 평생 일을 제대로 해낼 수 없다. 또, 먹어도 살이 빠지는 사람이 있는데 이는 음식으로 생긴 병으로 죽음을 기다리는 사람이다. 간혹, 선천적으로 심기(心氣)가 강한 사람이 있는데 술과 음식을 많이 먹어도 근육이 풀리지 않는 경우가 있다. 그러나 혈색(血色)은 점차 나빠지고 생기(生氣)도 사라진다. 여위고 많이 먹는 사람치고 성공하는 경우는 세상에 없다.

- 자기 분량보다 많이 먹어도 장수하는 사람이 있는데, 이 경우 하늘이 내려준 녹(禄)이 많은 사람이다. 반면에 가난한 상(相)이 하늘의 녹(禄)을 탐하며 평생을 먹어 치우면 죽을 때까지 불안정하고, 입신출세를 막아 자멸하게 된다. 그런데 자기 분량 이상으로 음식은 절제하고 삼가면 바라는 것 이상으로 크게 출세하여 노년이 더욱 풍요로워진다.

• 나이가 많아지면 몸이 쇠약 해지므로 육식을 통해 노쇠한 원기를 보충해야 한다. 즉 노목(老木)에 거름을 주어야 하는 것과 같다. 그런데 젊었을 때부터 사치스러운 음식을 즐기면 고령이 될 때까지 생명을 유지할 수 없다. 그래서 젊었을 때부터 음식을 절제하는 것을 본분으로 하면, 식록(食禄)을 축적하여 장수하는 것으로 효(孝)다 하는 것이다.

• 육식을 좋아하고 많이 먹는 사람 중 육식을 잘못 이해하여 장수하지 못하는 경우가 있는데, 그것은 도시생활이 미식, 육식이 잦기 때문이다. 맛있는 음식을 위해 생물(生物)을 죽이고, 고기를 먹는 사람은 자의식(自意識)이 지나쳐 못된 마음을 키우게 된다. 반면에, 항상 조식(粗食)하는 사람은 마음에 거짓이 없고 악한 마음이 없다. 때문에 시골, 산촌에는 악인(惡人)이 적고 도시에 많은 것이다. 새와 물고기는 비록 음식이지만, 그 생명을 먹음으로 장수(長壽)할 상(相)도 단명(短命)할 수 있다. 때문에 도시생활을 하는 사람이 일찍 죽는 경우가 많고, 시골생활을 하는 사람이 장수하는 이유다. 또, 도시생활을 하는 사람은 맛있는 것을 먹지만 근심이 많고, 시골 생활을 하는 사람은 조식(粗食)을 하기 때문에 마음에 근심이 없는 이유이기도 하다. 모든 것은 음식에 따라 궁락장단(窮樂長短)이 결정된다. 육식을 한다 하더라도 규칙적으로 조금 먹을 때는 장수할 수 있다. 새, 물고기는 사람에게 먹기가 되므로 그 역할을 다한다. 자비로운 행위지만, 사람은 육식을 많이 하면 병을 얻게 된다. 그런데 자신의 잘 못된 식생활을 반성하지 않고 새와 물고기를 탓한다. 새와 물고기는 자신의 목숨을 버리고 사람의 생명을 지키는 역할을 하지 못하면 원래 있었든 세상으로 돌아가지 못하고 방황하게 된다. 즉 살생(殺生)의 계(戒)를 어기는 것이다. 출가자(出家者)도 올바르게 고기를 조금 먹을 때는 몸을 보양하므로 더욱 불도에 전념할 수 있다. 이것은 살생의 계를 어기는 일은 안이다. 다만, 불법(佛法)을 잊고 함부로 먹으면 계율을 어겨 마침내 속인 이하의 사람으로 전략하게 되는 것이다.

- 가난하고 악한 상(相)의 아이라도 부모가 음식을 삼가고 절제하면 불운(不運)을 피할 수 있다. 즉 자식의 관상(觀相)은 부모의 행동에 따라 악한 상으로, 선한 상으로도 바뀔 수 있다. 부모는 자식의 근원이므로 그 근원이 올바르면 자식도 바르게 되는 것이다. 그리고 전생의 인연(因緣)을 소멸시키는 것도 부모의 일이다. 부모가 인연을 소멸시키지 못하면 자식이 성장한 후 스스로 전생의 업을 소멸시켜야 하는데, 악연을 소멸시키기 위해서는 음덕(陰德)을 쌓아야만 한다. 보통 사람들은 자선사업이나 방생(放生)으로 음덕을 쌓는 것이라고 생각하지만 음덕이라 할 수 없다. 진정한 음덕은 다른 사람이 보지 않아도 매일 먹는 음식을 절반은 천지(天地)에 돌려보내는 것으로 자신 이외는 할 수 있는 없기 때문이다. 설령, 한 입(口)이라도 매일 실천할 때 자손의 악연을 소멸시킬 뿐만 아니라 자신의 악인연도 소멸시킬 수 있다.

- 아무리 극악빈궁(極惡貧窮)의 상이라도 검약(儉約)을 실천하면 복(福)있는 상으로 변하는 경우가 많다. 섣불리 외모만으로 길흉(吉凶)을 판단해서는 안 된다. 오사카에 스미요시라는 남자는 젊었을 때 도박으로 먹고사는 방탕하고 무뢰한 사람이었다. 관상은 극악빈궁의 상으로, 몸이 불구가 되는 상이 있었지만, 젊었을 때부터 물건을 소홀히 하는 것을 싫어했다. 도박으로 돈을 많이 벌어도 음식에 대해 사치하지 않고 소식을 하며 죽을 즐겼다. 또, 강에 흐리 내려온 물건이나, 땅에 버려진 물건들을 주워 모았다. 비록 배운 것은 없었지만 자신의 행동이 만물의 덕을 쌓아 노년에는 부유하게 된 것이다. 이것은 곧 극악빈궁(極惡貧窮)의 상이라도 만물을 낭비하지 않고 검약하면 잘 살수 있다는 것이다.

- 항상 많이 먹는 사람은 불효하는 사람이다. 효성이 지극할지라도 대식 폭식을 하면 결국 병을 얻어 부모로부터 물려받은 몸을 상하게 한다. 이보다 더한 불효는 없다. 효(孝)를 모른다고 하여도 음식을 삼가고 절제하는 것만

으로 효도하는 것이다. 세상에 효(孝)을 가르치는 사람은 많지만, 많이 먹으면 병을 얻는다는 것은 알지 못한다. 음식을 절제함으로써 효행(孝行)를 실천하는 것이다.

• 관상으로 길흉을 논하지 않고, 입신출세를 알고 싶다면 먼저 식사량을 줄이고, 매일 규칙적으로 식사를 하라. 규칙을 잘 지키는 사람은 입신출세를 할 수 있을 것이고, 지키지 못하는 사람은 어려울 것이다. 음식을 삼가고 절제하는 의지는 몸과 마음을 정화시키는 근본이다. 이 진리를 깨달은 사람은 실천할 수 있지만, 모르는 사람은 실천하기가 어렵다. 음식에 마음이 끌려 미련을 끊지 못하면 짐승처럼 생을 마감하게 된다.

• 가운(家運)이 다하여 집안이 기울어도 당주(주인)가 음식을 절제하고 엄중히 실천한다면 집안은 다시 번창할 수 있다. 한 집안의 주인은 그 집안의 신(神)이다. 집안의 운이 다하여도 당주가 음식을 삼가고 절제하면 집안은 망하지 않는다. 당주가 사치를 부리기 때문에 가운이 다하여 망해가는 것이다. 또한, 가운(家運)이 다한다는 것은 그 집의 식(食)이 바닥나 것으로 녹(祿)이 바닥난 것과 같다. 집에서 녹(祿)이 다 떨어지면, 그 집안은 망하게 된다. 그래서 당주가 식사량을 줄이고 이를 천지(天地)에 바칠 때는 반드시 녹(祿)은 다시 쌓이게 되고, 식록(食祿)이 완전해지면 망하는 일은 절대 없다.

• 빈궁(貧窮)한 상(相)이라고 자신의 분수에 맞는 그릇과 처지에 맞게 조식(粗食)하고 절제하면 빈궁(貧窮)에서 벗어나고 상응한 재물을 얻게 된다. 이것을 "자복자덕(自福自德)"이라고 한다. 가난한 사람은 분수에 맞게 살아가면 후에 복(福)받을 기회가 생긴다. 그러나 자신의 처지를 증오하고 허세만 부린다면 더욱 가난해질 것이다. 눈앞에 복을 얻기보다 천지(天地)의 덕(德)을 얻기 위해 노력해야 한다. 그러다 보면 어느새 복덕(福德)이 찾아오고, 빈악

(貧惡)의 상이라도 음식을 삼가고 절제한다면 가난을 면하게 된다. 이 모든 것이 음식에 대한 미련 때문에 생겨난 자업자득이다. 음식을 삼가하는 중에도 채소를 먹는 것은 문제는 되지 않는다.

• 한 가지 재주를 갖고자 하는 사람은, 먼저 음식을 삼가하고 여자를 멀리해야 한다. 공부가 완성단계에 도달할 즘 여자를 가까이해도 되지만, 자신의 일을 이해하지도 못하고 순종하지 않는 여자는 필요가 없다. 이런 여자는 자신의 이름을 더럽히고 하고자 하는 일에 방해만 될 뿐이다. 남자는 소인우몽(小人愚蒙)이라도 사리분별을 할 줄 안다. 그러나 여자는 그렇지 못하다. 또한, 처(妻)와 인연이 없는 사람은 한 가지 재주에 도(道)가 통하게 된다. 이런 사람은 세상을 위해서 그 길을 닦는 것을 '자식을 얻었다' 생각하고, 부모에 대한 효를 다하는 것이다. 업적과 이름은 세상 사람들에게 영원히 기억될 것이다.

• 장수(長壽)할 상이라고 물(水)을 낭비하는 사람은 장수하지 못한다. 만약, 오래 산다고 하여도 점점 가난해져 노년이 흉운(凶運)해 지고, 자식과 인연이 멀어진다. 밝은 빛이 좋아 등잔에 함부로 기름을 많이 넣으면 오래가지 못하듯이, 사람도 마찬가지로 이것만 조심하면 명복(命福)을 누리게 된다. 물은 몸에 신장(腎臟)에 해당하며, 신장이 손상되면 생명을 위협하여 오래 살수 없다. 물은 나무를 키우고 생물을 양육하는 근본이다. 근본을 함부로 훼손하면 생명을 낳고 키울 수 없어 결국 아이를 갖지 못하게 된다. 또, 등불을 높이 태우는 사람은 격정(激情)적인 사람이다. 신장이 허한 사람은 어두운 걸 싫어한다. 등불을 계속 크게 밝히려 할 때 신장은 더 약해진다.

• 부귀(富貴)의 상(相)이라도 함부로 종이(紙)를 허투루 쓰는 사람은 부귀하지 못하고 천한 사람입니다. 또한, 덕자(德者)의 상(相)이라 할지라도 덕자라 할 수 없다. 가난한 자가 이와 같다면 평생 가난하여 아무것도 이룰 수 없다. 종이 또한 물로 만들기 때문이다. 옛날 사람들은 "종이로 물 한 말을

쓴다" 하였다. 한 장의 흰 종이를 만들기 위해 한 말의 물이 필요하기 때문이다. 종이는 신(神)이며, 바르고 맑은 것이다. 그래서 종이에 쓰는 것은 진실이요, 길흉(吉凶)을 밝히는 신(神)과 같기 때문에 함부로 사용하는 것은 신덕(神德)을 해치는 것과 같다. 하지만 거친 종이는 소량의 물을 사용하기 때문에 휴지나 화장실에서 사용하는 것은 죄가 되지 않는다. 또한, 백지(白紙)라 하더라도 중요한 용도로 사용하는 것은 잘못이 아니다. 하지만 함부로 사용하면 자신의 덕(德)을 잃게 된다. 조심성이 없는 사람은 백지를 휴지처럼 사용하고, 신중한 사람은 여러 번 사용한 후 화장실에 갈 때까지 사용하며, 사용한 종이를 변소에 떨어뜨리지 않고 바구니에 모아 공장에 보내 재생할 수 있도록 한다. 이 또한 음덕(陰德)을 쌓는 것이다.

• 새 물건을 소중히 다루면서 낡으면 소홀히 다루는 것은, 물건의 소중함을 모르는 사람이다. 매일 하인들에게 물건을 사용할 때 주의를 시키지만, 처음에는 소중하게 다루다, 낡고 오래되면 쉽게 버려 버린다. 토기는 땅을 묻어주고, 나무로 된 물건은 태워서 흙으로 돌려보내는 것이 순리다. 이는 가신(家臣)의 최후를 지켜보는 군주의 자비와 같은 것이다. 이 이치는 깨달은 사람은 관상과 상관없이 성실한 사람이다. 매일 하는 행동이나 물건을 취급하는 태도에서 그 사람의 심성을 알 수 있다. 사람의 상(相)은 천지만물 속에 있지 따로 형상(形相)이 있는 것은 아니다. 그것을 심상(心相)이라고 한다.

• 관상이 좋다 하더라도 바둑, 장기 등 잡기에 빠져 허송세월을 보내면 출세할수 없다. 이렇게 시간만 보내다 보면 점차 일은 밀리고 손은 엉켜 흉운(凶運)이 들어오게 된다. 진심으로 출세하고 싶다면 잡념을 버리고 오직 목표만 생각하고 노력하면 하늘과 통하여 자연히 성공하게 된다. 하지만 잠시라도 잡기의 즐거움에 빠져 목표를 잃으면 흉운(凶運)이 들게 된다. 가업(家業)이 바빠도 대망(大望)을 잊지는 않겠지만, 유희(遊戲)에 빠지면 넋을 잃어 대망(大望)을 잊고 만다. 원대한 꿈이 있는 사람은 잡기를 멀리하는 것이 좋다.

• 운 좋고 번성한 집안이라고 마당에 인공 연못, 동산을 만들면, 운(運)이 쇠퇴하거나 더 이상 번성은 없다. 산수(山水)를 집 마당으로 만들어 놓고 즐기는 것은 고관대작(高官大爵)들이 하는 놀이다. 그런데 신분이 낮은 사람이 고관대작의 흉내를 내는 것은 허영심이 극에 달하여 운을 스스로 갉아먹어 더 이상 발전할 수 없게 된다. 설령 재력가(資産家)라 할지라도 더 이상 부(富)가 쌓이지 않으며, 가운(家運)이 기울질 않는다면 집안에 환자가 끊이지 않을 것이다. 조상덕이 두텁고 가운(家運)이 좋으면 집안은 망하지는 않겠지만 더 이상 발전은 없다. 만약, 마당에 인공적으로 만든 동산, 연못이 있다면 하루빨리 철거하고 자신이 믿는 신불(神佛)을 모시고 자신이 먹는 음식을 줄여서 신에게 공양(供養)하고, 공양한 음식을 가난한 자에게 베풀어라. 그러면 집안이 다시 번창할 것이다. 그러나 자신은 배불리 먹고 신에게 바치면 집안은 번창하지 않는다. 오직 자신이 먹는 음식을 줄여 공양하고 보시(布施)할 때 집안이 번창하기를 신불에게 기원할 수 있다.

• 출세발전(出世発展)할 상(相)을 갖고 태어났더라도 정원과 화단을 가꾸고 즐기는 사람은 크게 성공할 수 없다. 자신에게 주어진 천지(天地)의 덕을 스스로 훼손하기 때문에 대성하지 못한다. 사업을 하는 사람이 고객 접대를 위해 만들었다면 이유가 있겠지만, 자신의 즐거움만을 위해서라면 용서받을 수 없다. 땅은 만물의 어머니다. 씨를 뿌리면 싹을 틔우고 만물을 자라게 한다.

마당에 채소를 심어 먹거리를 만들면 "천지에 덕"을 쌓는 것이라고 볼 수 있다. 사람을 기르고 자연이 만드는 것은 자신의 덕이 된다. 이 귀한 이치를 깨닫지 못하고 자기 즐거움만을 위해 마당을 가꾸는 것은 자신의 덕(德)을 스스로 해치기 때문에 발전이 없다. 그러나 세상에는 화단처럼 아름답게 채소로 가꾸는 사람이 있다. 이런 사람은 출세도 하고 집안도 번창하여 점점 가운(家運)이 좋아질 것이다.

- 타고난 관상(觀相)이 좋아도 불필요하게 불을 피우고, 불을 끌 때 발로 비벼 끄는 사람은 평생 입신출세(立身出世)하지 못하고, 모든 일이 실패한다. "불火"은 "태양日"이기 때문이다. 불을 밟는다는 것은 임금(王)을 자신의 발로 뭉개는 행위와 같다. 또한, 불은 음식을 조리하기 위해 하루도 사용하지 않으면 안 된다. 그래서 함부로 소홀히 다루면, 모든 일이 순조롭지 못하다. 불은 에너지를 만드는 기운이 있는데 함부로 사용하면 기운을 잃게 된다. 이런 사람은 음식을 절제하지도 않고, 불의 고귀함을 몰라, 상생(相生)하지 못하고 평생 상극(相剋)의 어려움을 겪게 될 것이다.

- 음식을 절제하고 삼가하는 사람은 혈색(血色)이 좋고 기백(気魄)이 느껴지지만, 무절제하게 폭식을 하는 사람에게는 찾아볼 수 없다. 기백이 있는 혈색은 변화가 없지만. 음식을 조심하지 않는 사람의 혈색은 안정적이지 못하고 변하기 쉬워, 운(運)이 좋아도 흉상(凶相)이다. 반면에 음식을 절제하고 삼가하는 사람의 근육은 단단하고 균형이 잡혀, 혈색에 기백이 있다. 체형은 마른 것 같지만, 심기(心気)가 살쪄 있다. 하지만, 음식을 조심하지 않고 많이 먹으면, 심기(心氣)가 말라버려 기백(気魄)을 찾을 수 없게 된다. 사람의 몸이 야위어 보인다는 것은 심,간,폐(心.肝.肺)를 혹사 시켜 비장이 약해져 살이 빠지고, 혈색이 탁해 얼굴이 그을린 것처럼 거무스름한 것이 진짜 야윈 모습이다. 그러나 음식을 삼가하고 절제하여 균형이 잡힌 사람은 마른 것처럼 보여도 얼굴에는 윤기가 있고, 심기(心氣)가 비옥한 상태임을 알 수 있다.

修身錄

修身錄 二卷

관상에는 길흉은 없으며 자신이 먹는 음식에 의해 정해진다.

관상에는 길흉은 없으며
자신이 먹는 음식에 의해 정해진다.

문 저는 한 길을 가려고 노력하지만, 처자식이 큰 방해가 됩니다. 특히 저희
아내는 악처로 사사건건 저를 괴롭혀, 뜻을 이루지 못하고 좌절을 하게 됩
니다. 어떻게 하면 좋을까요?

답 대인은 모르지만 평범한 소인이 한 길을 가려면, 부인 때문에 좌지우지되
지 말아야 한다. 자신의 의지가 태양과 같다면 어둠이 방해를 해도 빛은
천하에 비출 것이다. 그런데 양(陽)인 남자가 태양처럼 빛나지 못하면, 음
(陰)인 부인은 장애가 될 뿐입니다.

"남자는 양(陽)이고 여자는 음(陰)이다"

음인 아내가 양의 남편을 따르지 않으면 음양화합(陰陽和合) 되지 않아 남
자가 하고자 하는 일을 성공할 수 없다. 아내가 따르지 않는 한, 그 길을
개척하려 해도 세상 사람들은 당신을 주목하지 않을 것이다. 집안의 여
자 한 명도 따르지 않는데 어떻게 세상 사람들이 당신을 따르겠는가. 그
것이 세상의 이치다.

현모양처(賢母良妻)가 안주인인 집은 일이 저절로 잘 풀리고 집안도 점차 번성하게 된다. 가정이 어지러워지는 원인의 대부분은 부인에게 있다. "부인은 집안의 보배다." 하지만 보배인 부인이 불안하면 가정을 오래 유지할 수 없다. 또, 옛날 무가(武家)사회에서는 아내가 관리하는 곳을 정소(政所)라 하고, 여자는 음인 북쪽에 위치하여 남양(南陽)인 남편을 따르기에 집안의 중심이 되는 것이다. 또, 북방은 만물생양(万物生養)의 토대로 태소(台所_부엌)라 하였고, 부인은 음지이기 있고 안에서 나오는 일이 없기 때문에 안사람이라고 하였다. 아내는 남편을 따르고 내조하는 것으로 존귀하지만, 그렇지 못하면 악귀로 집안을 파멸 시킨다. 그래서 집안에 악처가 있으면 되는 일도 없고 자신의 뜻을 펼칠 수 없는 것이다.

불설(佛說)에 의하면 한 가지라도 재주가 뛰어난 사람은 반드시 악귀가 아내, 자식, 친구로 둔갑하여 가는 길을 방해한다고 했다. 만약 나를 방해하는 것이 부인이라면, 악귀이니 빨리 이혼하는 것이 좋다. 그렇지 않으면 계속해서 당신을 방해하고 체면을 구기게 할 것이다. 대반야경(大般若経)에 의하면 나를 방해하는 악귀와 인연을 끊어주면, 선신(善神)이 되어 나를 수호해 준다고 했다. 그러니 악처와 이혼을 해도 마음을 바르게 고쳐먹고 당신을 따를 때 다시 부인으로 맞이하여도 괜찮다. 하지만 악처라도 자식이 있는데 이혼하는 것을 죄를 짓는 일이다. 나 자신도 관상가로써 외길을 걷고 있지만 당신과 같은 아내가 있어서 무척 고생을 하였다. 옛 성인들도 중에도 악처로 인해 애를 먹었다는 이야기가 많다.

문 선생님께서는 음식을 절제하라는 말만 하시고 길흉에 대해서는 아무 말씀도 하지 않으십니다. 길흉을 말하지 않으면 관상가로서의 역할을 다하지 않았다고 생각합니다. 하루빨리 옛 선인들의 글씨를 배워서 길흉에 대해 말씀해 주십시오.

답 삼가 받겠습니다. 저는 어려서 부모님이 일찍 돌아가시고, 집안이 가난하여 글을 배울 형편이 못됐다. 또, 관상에 관심을 갖고 해상율사(海常律師)

님에게 관상수업을 받은 것은 사흘 밖에 안됐고, 옛 선인들이 남긴 것을 배우는 것은 싫어했다. 그런데 집안에 학자 한 분이 계셔 "대학망류(大学網類)"를 읽어주어 상법(相法)의 덕을 터득하는데 도움을 받았다. '자신의 몸을 다스리고 천하를 다스린다'는 큰 뜻이 담겨 있었다. 그래서 사람들을 모아 놓고 그 뜻을 설명하기 위해 길흉을 이야기하였는데, 요즘은 길흉을 이야기하는 일이 적어졌고, 음식을 기본으로 한 이야기만 하고 있다. 이것이 도(道)의 시작이기 때문이다. 그래서 음식에 대해서 많이 이야기를 하는 것입니다. 심신을 건강하게 하기 위한 것이다. 심신이 건강하지 않으면 자신의 위치가 확립될 수 없다. 기쁨도 음식, 슬픔도 음식, 선과 악 모두 음식을 근본으로 하기 때문이다.

문 음덕(陰德)이나 양덕(陽德)을 쌓기 위해 방생(放生)을 하거나, 음식이나 재물을 시주(施主)하는 것이 도움이 될까요.

답 이익을 기대하고 베푸는 것은 잘못된 일이다. 생명이 있는 것은 반드시 죽는다. 사람은 동물을 죽여야 할 때가 있는데, 이는 죄가 되지 않으며, 짐승의 목숨을 구해주어도 덕이 되지 않는다. 모든 생물의 생사는 하늘의 것으로 도와주려고 하는 것은 음덕이 되지 않는다. 하늘의 뜻인 것이다. 당신은 재물을 보시(布施)한다고 하지만, 재물은 세상의 것이지 당신의 것이 아니다. 우리는 무엇을 가지고 태어났는가? 유일하게 가져온 것은 음식 즉, 하늘이 준 녹(禄) 뿐이다. 가져온 것을 베푸는 것이 진정한 음덕(陰德)입니다. 충분히 먹고 난 후에 베푸는 것은 베푸는 것이 아니다. 자신의 식사량을 한 그릇에서 반으로 줄이고, 나머지 반을 베푸는 것이 음덕(陰德)이다. 이런 사람은 단명(短命)의 상(相)이어도 수명(壽命)이 있고, 가난해도 복분(福分)이 있어서 모든 흉악을 소멸시킨다.

또, 방생(放生)이라는 것은 살아있는 새나 물고기를 승려에게 다나리경(多羅尼俓)을 독경하게 한 후 풀어주는 의식이다. 이 또한 도리에 맞지 않는다. 무슨 도움이 되겠는가? 방사된 새, 물고기는 원래 보금자리를 떠났기 때문에 익숙하지 않은 물, 나뭇가지에서 불편을 겪게 될 것이다. 이것은 마치 먼 타지에서 생활하고 있는 사람을 교토의 시내에 데리고 와서 살라고 하는 것과 같다.

또, 쌀을 예로 들면 볍씨 한 알을 심으면, 그 해에는 천 알이 되고, 한 홉이 한 석이 된다. 다음 해에는 천석이 되고, 3년이면 백만석이 된다. 이것은 매일 방생하는 것과 같다. 물고기를 예로 들면 알을 밴 물고기는 3년이 지나면 셀 수 없을 정도로 많아질 것이다. 이것이 진정한 방생일 것이다.

문 선생님께서는 지금까지 음식 이야기만 하셨는데 음식은 창고에 가득 차 있고, 또한 음식은 사람의 생명을 부양하기 위한 것입니다. 그런데 충분히 먹지 않으면 먹고 싶은 마음이 생겨나 아귀도(餓鬼道_육도 중 하나)에 있는것과 같지 않겠습니까?

답 사람의 생명을 살리기 위한 음식이라도 대식, 폭식을 하면, 초목(草木)에 영양을 너무 많이 준 것처럼 오히려 생명을 해치게 된다. 조식(粗食)을 하고 삼가할 때 초목이 잘 자라듯이 사람도 마찬가지다. 이를 알면서도 대식(大食), 미식(美食)을 하는 사람은 자신의 목숨을 과녁에 놓고 화살을 쏘는 것과 같다. 이는 마음이 천하기 때문에 아귀(餓鬼), 인면수심(人面獸心)과 같은 것이다. 동물은 산을 밤낮으로 뛰어다니며 먹는 것을 찾는다. 사람이 이래서야 짐승과 다를 바가 어디 있겠는가.

문 주위 사람 중 제가 음식을 절제한다는 것을 말을 듣고, 당신과 같이 충분히 먹지 않는 사람이 보리나 잡곡조차도 충분히 먹지 않는다면, 아귀와 같이 슬픈 일이 아니겠습니까?라고 말합니다.

답 그 사람은 자신의 분수를 모르는 사람이라 설명을 해도 이해할 수 없겠지만, 다른 사람들이 듣고 있으니 도리에 대해 말하도록 하겠다. 우선 천자장군(天子将軍)께 드리는 음식은 정미(精米_쌀)다. 일반인이 먹는 것도 정미입니다. 얼마나 황공한 일이 아니겠는가. 세끼 식사를 매일 하는데도 불구하고 만족하지 않고, 보리를 먹는 것을 아귀라고 생각하는 것은 자신의 신분을 전혀 모르는 사람이다.

정미(精米) 다음으로 치는 것이 보리(麦)다. 천자장군(天子将軍)부터 자신까지 신분의 차이가 얼마만큼 차이가 난다고 생각하는가? 우리 같은 사람은 두부 찌꺼기를 먹어도 과분할 정도로 사치스러운 식사다. 그럼에도 불구하고 쌀과 보리를 먹을 수 있는 것은 더할 나위 없이 고마운 일이다. 이 의미를 잘 이해하고 적어도 보리만이라도 삼가해서 먹어야 한다. 어찌 됐든 감사하고 삼가해야 한다.

문 제가 대붕(大鵬_상상속의 큰 새) 이라면, 어찌 제비나 참새들이 먹는 식사량으로 생명을 부지할 수 있겠습니까?

답 대붕과 같은 큰 새나 참새, 제비와 같은 작은 새도 그 나름의 음식이 있다. 내가 보기엔 당신은 연작(燕_제비,雀_참새)과 같은 사람이다. 대붕은 만족할 정도로 먹지 않는다. 봉황은 찬 이슬만 마시고 다른 것은 먹지 않는다. 그러나 작은 새는 벌레나 나무 열매는 음식 찌꺽이 소와 말의 똥까지 뭐든지 먹어 치운다. 작은 새처럼 음식을 가리지 않고 마구 먹으면 현명하지 못한 사람이다. 말은 대붕(大鵬)처럼 하지만, 마음은 연작(燕雀)과 같다. 연작이 대붕의 뜻을 어찌 알겠는가?

문 저는 야망이 있어 고기와 술을 항시 먹고, 몸과 마음을 건강하게 만들어 세상에 뜻을 펼치고 싶습니다. 그런데 조식(粗食_검소한 식사)을 하면 기운이 없어 평안을 찾을 수가 없습니다. 어떻게 하면 좋을까요?

답 건강하다는 것은 하늘로부터 받은 가장 큰 만물창생(万物創生)의 뿌리가 되고 힘이 된다. 호연지기(浩然之氣)는 나를 풍성하게 해주지만 반드시 강한 것은 아니다. 또한, 음식을 통해 기(氣)를 키우려 하지만 강하게 할 수 없다. 흔히 "원기(元気)발랄"이라는 것은 강한 기운일 뿐, 이치에 맞지 않게 행동하는 사람을 일컫는 말이다.

때문에 술과 고기를 많이 먹어 기운이 것처럼 보여도, 무리무도(無理非道)하므로 이런 사람은 출세하여도 오래 유지하지 못한다. 하지만 절제할 줄 알면 출세하여도 오랫동안 자리를 유지할 수 있다. 당신의 출세하고 싶은 욕심만 있을 뿐, 어떠한 노력도 하지 않기 때문에 평생 발전이 없는 것이다. 만약 성공하기를 원한다면 스스로 절재하고 신중해야 한다. 열 사람 몫만큼 신중하다면 열 사람 몫만큼 출세를 할 것이고, 만 명의 몫만큼 신중하다면 만 명의 몫만큼 출세를 할 것이다.

음식은 몸을 기르기 위한 근본이지만 삼가고 절제하는 것이 최고 덕이다. 하지만 많은 사람이 실천하지 못한다. '절제'할 수 있는 사람은 의지가 강하기 때문에 발전할 수 있는 것이다.

문 신도(神道_신사)는 큰 절이라도 부자가 없지만, 스님은 부자가 많아 돈놀이하는 경우가 있습니다. 왜 그렇습니까?

답 신도(神道_신사)는 양(陽)의 마음으로 맑고 탁하지 않다. 또, 세상 이익과 섞이지 않아 몸과 마음이 깨끗해 청빈한 신도가 많다. 그러나 불법(佛法)은 음지에서 고요하고, 더러움, 부정을 마다하지 않기 때문에 시주(施主)가 모여 부유하다. 원래 승려는 마음속 욕망과 음색(淫色)을 누르고, 부인을 두지 않고 수도를 생활을 하는 것을 기본 계율로 하고 있다. 욕망을 끊으므로 채워지지 않는 것이 덕(德)이 되고 천지(天地)에 쌓여 돌아오기 때문에 가난해도 상응하는 복을 받게 되는데, 이것을 자연의 "덕복(德福)"이라 한다. 반면, 신사는 결혼도 하고 술과 고기를 마음대로 먹기 때문에 그 덕(德)을 잃게 된다. 그래서 큰 절(神社_신사)이라도 가난한 것은 당연한 것입니다.

수도(修道)생활을 오래한 고승(高僧)은 모르겠지만, 출가한지 얼마 되지 않은 승려가 하고 싶은 데로 행동한다면 고생하고 단명하는 것은 천지의 이치다. 신분의 귀천을 제쳐 두고라도 자기 마음대로 살아온 사람 치고 뜻을 이루고 성공한 사람은 없다.

문 저는 복록(福祿)과 수명을 다 누리고 출세하고 싶은데 어떻게 하면 될까요?

답 복록(福祿)을 누리면서 장수하고, 출세하고 싶다면 음식을 절제하여야 한다. 마음가짐을 엄격하게 하면 자연히 음식을 절제할 수 있다. 음식은 마음이요, 군주와 같은 것이다. 복.록.수(福.祿.壽)는 신하이므로, 군주를 명령에 따라야 하는데, 함부로 먹는 것은 나라에 난리가 일어나는 것과 같다. 복.록.수(福.祿.壽)의 신하들이 군주의 잘못된 지위에 따라 움직이기 때문에 피해를 보게 되는 것이다. 군주(君主)가 안정되면 나라도 안정되고, 신하인 복.록.수(福.祿.壽)도 자연히 평안(平安)하게 된다. 진심으로 복.록.수(福.祿.壽)를 누리고 싶다면 욕심을 버리고 만족할 줄 알아야 한다. 삼가하고 만족할 줄 알면 하늘이 주는 것은 당연한 이치다.

출세를 위해 금(金), 은(銀)을 써도 금, 은 천하(天下)의 것이라 없어지지는 않는다. 하지만, 음식은 불필요하게 많이 먹으면 변으로 나와 세상에 남는 것이 없어, 덕의 손실이다. 때문에 음식을 함부로 먹는 사람은 자기 수명을 스스로 단축시키고 복.록.수(福.祿.壽)를 잃어버릴 뿐만 아니라 어려움을 겪게 된다. 식사를 절제하여 조금이라도 삼가 하늘에 바치는 것에 전념하라. 매일 덕을 쌓다 보면 머지않아 출세할 것이다. 삼가하고 절제하여 하늘에 바친 음식은 자연히 천지에 가득 차고 입신출세의 발판이 되어 돌아온다. 그러므로 상법(相法)의 길흉과 관계가 없으며, 식사량을 절제하고 삼가하는 것만이 최선의 길이다.

문 저는 젊어서부터 운이 좋아 큰 재물을 손에 넣었습니다. 그런데 최근에 운이 나빠 매년 큰 손실을 보고 있습니다. 무엇을 해도 회복되지 않아 걱정입니다. 어떻게 하면 좋을까요?

답 당신은 젊었을 때부터 복분(福分)이 충만하기 때문에 최근 재산을 잃는 것은 지극히 당연하다. 욕심을 버리지 않으면 하늘이 빼앗아 간다. 하늘이 빼앗을 때는 고통이 크지만, 스스로 욕심을 버린다면 고통도 작고, 재기하는 것도 빠르다. 당신은 가난으로부터 독립하는 상(相)으로 원래부터 재물을 손에 쥐고 태어난 것은 아니다. 열심히 일해 부자가 된 것이다. 본래 모습 "가난"으로 돌아온 것일 뿐, 본 모습을 잊고 교만했기 때문에 어려움에 직면한 것이다. 자기 본문을 망각하면 결말이 좋지 않다. 본분을 잊지 않고 교만하지 않으면 몰락하지도 않는다. 부자는 가난을 알기 때문에 평안하다. 또한, 가난을 아는 부자는 본말(本末)을 알기 때문에 망하지 않는다. 부유하면서도 가난을 잊지 않는 사람들은 인자함을 갖추고 참된 군주처럼 군사를 부리기 때문에 집안이 쇠퇴하는 일은 없다. 부귀(富貴)란 여러 방면에서 빈천(貧賤)이 모여 쌓인 것이기 때문에 "빈(貧)"은 근원이며, "본(本)"되는 것이다. 가난한 자는 헤아릴 수 없을 만큼 많지만, 부자는 적다. 가난을 아는 것은 부귀의 근본이다.

군주(君主)라도 처음부터 군주였던 것이 아니라, 신하가 모여 군주라 불러주었기 때문에 존귀해진 것이다. 가난한 신하들이 모여 군주의 자리를 평안하게 한 것이다. 가난을 알고 신하를 부릴 줄 알면 저절로 부국(富國)해지는 법이다. 군주는 신하를 자식으로 여기고, 신하는 자식 된 도리로 군주를 섬긴다면 군주와 신하의 관계는 평안할 것이다. 이것을 "부귀(富貴)의 본(本)"이라고 하는 것이다.

마찬가지로 가솔(家率)을 위로할 때는 자신의 여동생처럼 대하고, 아플 때는 자기 자식처럼 배려하며, 세끼 식사도 위아래 구별 없이 직원과 같은 것을 먹고, 자신은 술을 마시지 못해도 한 달에 2,3번은 어깨를 나란히 하여 자리를 같이하고, 가업이 융성해지도록 도와 달라고 부탁해야 한다. 또, 당신이 해야 할 일은 버린 물건을 살펴보되, 물건을 버린 가솔(家率)을 꾸짖지 않아야 한다. 눈앞의 작은 이익에 사로잡히다 보면, 보이지 않는 곳에서 큰 낭비를 해도 알 수가 없기 때문이다. 식사량은 규칙적으로 먹고 가솔(家率)에게는 세끼 식사를 주어도 자신은 이외의 음식을 먹지 말아야 한다. 이렇게 3년간 계속하면 집안과 가업을 다시 세우고 부자가 될 것이 틀림없다.

문 저는 요즘 병(病)때문에 점점 생활 형편이 나빠지고 있습니다. 그런데 친척들은 모두 부유하게 살고 있지만, 누구 하나 저를 도와주지 않습니다. 그래서 공개적으로 도움을 요청하고자 합니다. 어떻게 생각하십니까?

답 사람에게 의지하려고 하는 것은 아주 나쁜 짓이다. 자신이 신중하지 못했기 때문에 생긴 길흉이지 친척과는 관계가 없다. 세상에는 당신을 지키고 도와주려는 사람이 많다. 천자(天子_왕)께서는 우리가 안전하게 살 수 있도록 보호해주고, 무사(武士)들은 우리를 해치는 사람으로부터 막아준다. 농부들은 오곡(五穀)을 만들고, 공장에서 일하는 직공은 우리가 사용할 물건을 만들며, 상인들은 필요한 물품을 갖추고 판매를 하고있다. 이렇게 천자(天子)부터 상인까지 모두가 당신을 보살펴 주고 있다. 그런데 신중하지 못하게 헛되이 세월을 보내며, 한가롭게 사치를 부리는 사람은 아무리 관상이 좋아도 하늘의 도리에 어긋나기 때문에 결국 당신처럼 내장이 썩어 가난과 병을 얻게 된다. 이 모든 것이 만물의 덕을 이해하지 못하고 검약하지 않았기 때문에 생긴 일이다. 태어날 때부터 가난하고, 아프게 태어난 사람은 없다. 모두 자기 행동의 결과다. 따라서 당신의 가난과 병을 다른 사람의 탓도 아니고, 하늘이 만든 것도 아니다. 신중하게 음식을 절제하고, 검약(儉約)하는 생활을 꾸준히 하면 자연히 생활도 풍요로워지고 병도 완쾌될 것이다.

문 저는 음식을 절제하는 것은 쉽게 할 수 있지만, 유곽(遊郭_기생이 있는 술집)에 가는 것은 조절하기가 힘듭니다.

답 큰 문제는 되지 않는다. 유곽에 가서 돈을 쓰고 방탕해도, 음식을 절제하고 삼가하면 집안이 망하거나 병에 얻는 일은 없다. 모든 일에 근본은 음식이다. 근본을 엄격하게 지키면, 나머지는 사소한 것은 문제 될 것이 없다. 또, 음식을 절제하면 여러가지 흉악한 일을 피해갈 수 있다. 신체의 대소(大小) 강약(强弱)에 따라 다소차이는 있지만, 셋 끼를 먹는다면 두 끼로 줄이고, 이외에는 음식을 먹지 말아야 한다. 또, 소금에 절인 생선 이외의 맛있는 음식이 있어도 먹지 말아야 한다. 유곽에 가서도 이것만 반드시 지키면 된다.

문 음식을 엄격하게 절제하면 가업(家業)을 게을리해도 출세를 할 수 있습니까? 보통 사람들은 가업을 중요시하고 음식은 나중에 생각합니다. 가업에 대해 가르쳐 주십시오.

답 천자를 비롯한 모든 백성이 먹고 살기 위해서 일하지 않느냐, 하물며 짐승도 먹을 것을 찾기 위해 매일 야산을 뛰어다니고 있다. 일하지 않는 사람이 어디 있겠는가? 그러니 일하지 않는 사람은 금수(禽獸)만도 못한 것이다. 그런데 일도 하지 않고 술과 고기를 즐기며 함부로 먹기 때문에 마음이 흐트러지고 교활 해져 오늘은 과식해서, 내일은 기분이 나쁘다고, 이런저런 핑계로 일을 하지 않으면, 결국 병을 얻게 된다. 모든 것이 음식을 절제하지 못하고 신중하지 못해 생긴 일이다. 음식을 삼가고 절제한다면, 자신에게도 엄격해 진다. 자신에게 엄격한 사람은 주위에서 "아무 것도 하지 않아도 괜찮다" 하여도 일하지 않고는 견딜 수 없다. 따라서 음식을 절제하면 가업도 일어나고 출세도 할 수 있다.

문 씨름꾼(스모선수)는 음식을 절제하지도 않고 좋아하는 씨름을 하다, 유명해지면 인생의 목적을 이룹니다. 무슨 이유에서 입니까?

답 유명한 씨름꾼은 역량(力量)이 뛰어나 이름을 천하에 떨친다. 그 분야에서 뛰어난 사람을 달인(達人)이라고 하여 유명해지긴 하지만, 진심으로 그 가치를 인정해주지는 않는다. 세상에 두각을 나타낸 존재라도, 살아 있는 동안 이름을 떨치지만, 죽고 30년이 지나면 이름을 기억하는 사람은 많지 않다. 하지만 절제할 줄 알고, 세상을 위해 일한 씨름꾼은 그 이름이 오래도록 기억하고, 감사하며 후손들에게 전해진다. 이런 사람은 국익(國益)에 도움이 된다.

문 입은 먹기 위해 있는데, 먹고 싶은 걸 못 먹으면 세상에 사는 즐거움이 없
습니다. 먹는 것이 유일한 낙(樂)인데, 먹지 못하면 즐거움을 어디에서 찾
을 수 있겠습니까?

답 사람의 즐거움은 천차만별(千差萬別)이다. 무사(武士)는 큰 공을 세우는 것
을 낙(樂)으로 삼고, 농부는 전답(田畓)을 늘려 부모보다 잘사는 것을 낙으
로 삼고, 장인은 자신의 기술을 최고로 인증해주는 것을 낙으로 삼고, 장
사꾼은 장사가 잘되 부자가 되는 것이 가장 큰 낙(樂)일 것이다. 그러나 이
즐거움을 원치 않는다면, 음식을 절제하지 않고 즐겨도 상관없다. 맛있는
음식만 즐기다 보면 평생 간난을 면치 못하고 출세의 즐거움을 알지 못할
것이다. 입신양명(立身揚名)을 하고, 상응하는 생활을 하면서 음식을 즐기
는 것이 순서 일 것이다. 처음부터 끝까지 먹는 즐거움을 쫓다 보면, 하늘
로부터 가난의 고통을 받게 된다. 입은 음식이 들러가는 입구인 동시에,
변소 입구입니다. 입으로 들어간 음식을 토해 내면 그 모양은 변하고 똥
처럼 구질구질해질 것이다. 음식을 먹고 싶을 때는 먼저 변소를 상상해보
라. 그래도 먹고 싶으면 밥 한 공기를 변소에 떨어뜨려보라. 인면수심의
사람이라도 음식을 변소에 버릴 수는 없을 것이다. 신중하지 못하는 사람
은 매일 음식을 변소에 버리는 것과 같은 무서운 일을 저지르는 것이다.
맛있는 음식을 배불리 먹는 것은 수명을 단축시킨다. 미식은 단명으로 하
고 조식(粗食)은 장수한다.

문 집 안에 숨어사는 쥐가 사람을 두려워하지 않고 낮부터 날뛰고 있습니다.
집안의 길흉과 관계가 있습니까?

답 쥐는 밤을 대표하는 음(陰)의 짐승으로 대낮에 날뛰는 것은 대흉(大凶)하
고, 가정불화 또는 재앙이 들고 집안이 망할 전조(前兆)다. 집 주인이 기세
가 있을 때는 집에 양기가 넘치므로 음(陰)의 짐승이 대낮부터 나오는 일
은 없다. 그러나 가운(家運)이 쇠퇴 할 때는 양기(陽氣)가 사라지고, 집안이
음기(陰氣)로 가득할 때 쥐가 사람을 두려워하지 않고 낮부터 나와 날뛰게

된다. 집안의 가운이 쇠약해지는 원인은 주인에게 있다. 집안이 번성하기를 바란다면 아침, 저녁으로 신불(神佛)앞에 등(燈)을 켜고 주인의 끼니를 빼서 매일 신불에게 바치고, 그것을 불쌍한 사람들에게 시주(施主)를 하라. 그리고 오늘 하루 힘껏 힘쓰고, 먹고 이익이 생기도록 고민하라. 그리고 매일 아침은 여섯시에 일어나 동쪽으로 향하고, 두 손을 모아 그 기운을 몸에 받아 가정(家庭)이 화목할 수 있게 기원하고, 가신(家臣)있는 사람은 신하가 일을 잘 일할 수 있도록 살펴야 하며, 아침은 아랫사람보다 일찍 일어나야 한다. 성실한 하지 못한 주인은 밤새워 놀면서 아랫사람은 일출보다 일찍 깨우고, 자신은 사치스러운 미식을 즐기면서 가족과 식솔에게는 검약을 강요한다. 이런 주인은 군신화순(君臣和順)이 되지 않아 결국 집안을 망하게 한다.

군주는 나라의 중심이며, 신하는 군주의 그림자와 같은 존재다. 먹을 때도 사이를 두지않고 군주가 즐거울 때는 신하와 나눌 수 있어야 군주다운 행동이다. 그러면 군주가 어려운 일이 생기면 신하가 자진해서 어려움을 짊어질 것이다. 그 근본을 모르는 군주는 군주다운 군주일 수 없고, 신하는 신하 다울 수가 없는 것이다. 또한, 군주가 인(仁)이 없으면 신하도 인(仁)이 없다. 군주가 어떻게 처신하는가에 따라 신하의 길흉이 결정된다. 모든 것이 마찬가지다. 그러므로 관상(觀相)만으로 길흉(吉凶)을 판단해서는 안 된다. 모든 원인은 자신에게 있다. 이것이 나의 상법(相法)의 비법이다, 그러니 관상을 봐 달리해도 할말이 없다. 집으로 가서 몸을 깨끗이하고 마음을 가다듬고 음식을 절제하며 신중하길 바란다.

문 요즘 저는 운(運)이 좋지않아 매우 곤란을 겪고있습니다. 그래서 이번에 신(神)께 기원을 드리려고 합니다. 소원이 이루어질까요?

답 그것은 매우 잘못된 생각이다. 신(神)은 어느 곳에나 있으며, 당신이 원하는 것이 이미 모두 신(神)이다. 진심으로 신과 감응할 수 있으면 성취되겠지만, 천일천야(千日千夜)를 기원해도 진심이 없다면 신명(神明)은 어디에도 없다. 진심으로 기도한다는 것은 목숨을 본존하기 위해 자신이 먹는 음식을 바치는 것입니다. 그래서 음식을 공양(供養)하는 것은 자신의 목숨을 신께 바치는 것과 같다. 만약, 한끼에 3그릇을 먹고 있다면 2그릇만 먹고, 한 그릇을 신에게 바쳐라. 그러면 따로 헌납할 필요가 없다. 매일 밥상에 앉아서 자기가 믿는 신(神)에게 마음속으로 '지금 세 그릇 중 한 그릇은 헌납 합니다'. 마음속으로 기원하라. 신은 정직한 사람의 마음에 깃든다. 더러운 것은 받지 않고, 오직 순수한 뜻만 받는다. 그런데 자기가 만족할 때까지 먹고 난 후 신께 바치면 신은 기뻐하지 않는다. 내가 먹는 음식을 나누어 바치겠다는 그 뜻을 받아들이는 것이다. 모든 음식을 이와 같이 공양하면 소원성취가 안될 일이 없다. 작은 소원은 1년~3년, 큰 소원은 7년, 유명해지고 싶으면 10년, 이렇게 신불(神佛)께 빌면 반드시 소원이 성취될 것이다.

천주건폐(泉州犬吠) 산에 영험(靈驗)한 불상이 있었는데, 공양제일(供養祭日)에 절에서 일하는 하인이 술을 사가지고 돌아오는 길에 술이 먹고 싶었다. 그래도 먼저 바위 석존(釋尊)께 첫 술을 올리고, 술을 마신 뒤 절반만 가져갔다. 이를 눈치챈 스님은 대단히 노하여 법당에 들어가 깨끗한 청주로 올리려고 하니 그때 허공에서 "술은 바위에서 이미 받았다" 큰 소리가 들렸다. 부처님도 이미 그 사람의 뜻을 받아 들인 것이었다.

문 선생님께서는 매일 음덕을 쌓기 위해 신(神)께 시주할 것을 가르쳤습니다. 조금 더 자세히 가르쳐 주십시오.

답 매일 먹는 음식은 변으로 배설한다. 그러니 자신의 식사량에서 조금이라도 좋으니 떼어놓고 자신이 믿는 신(神)에게 바치는 것이 살아 있는 생명에 베푸는 음덕(陰德)의 참 뜻이다. 설령 육식이라 해도 부정하다고 여기지 않고 진실된 마음만은 받아 주시며, 신도 기뻐하실 거다. 그릇 바닥에 있는 한 수저의 밥이 무슨 이익이 된다고 생각할지 모르겠지만, 굶주린 사람에게는 한 술의 밥이 생명을 베푸는 큰 자비이므로, 자신이 먹는 가운데

베푸는 것이 진정한 음덕이다. 또한, 식사 때마다 음식을 삼가하면 뱃속은 가볍고 마음은 상쾌해 병에 걸릴 염려가 없다. 이렇게 식사를 하면 하루 한 홉의 음덕(陰德)이 쌓이고, 1년이면 서 말 여섯 되, 10년이면 석 섬여섯 푼으로 음덕(陰德)이 쌓이는 것이다. 이것이 밑거름이 되어 입신출세(立身出世)를 할 수 있는 것이다. 이렇게 스스로 음덕을 쌓지 않으면 하늘의 복덕(福德)을 기대할 수 없다.

문 오곡(五穀)이 중요하지만, 땅에 떨어진 곡식을 줍지 않는 것이 음덕이라고 하셨는데, 한 톨의 곡식이라도 버리는 것은 천지(天地)의 덕을 잃어버린 것이 아니겠습니까?

답 오곡이란 것은 아무리 소중히 해도 인연에 의해 저절로 떨어진다. 땅에 떨어진 것은 주워 먹고 생명을 지탱하는 인연이 있기 때문에 떨어지는 것이다. 새들은 자연으로부터 먹을 것을 얻는데, 사람이 오곡을 탐하면 새와 다를 바 없습니다. 즉, 분수를 넘치는 음식은 귀인의 밥 그릇을 탐하는 것과 같기 때문에 병에 걸리고 마지막에는 먹을 수 조차 없게 된다. 다 자연의 섭리인 것이다.

문 저는 출세할 관상(觀相)이라고 하였는데 아직까지 가난하고 성공하지 못했습니다. 저는 상인이라 평상시 신분이 높은 사람들과 교류하고 있습니다. 그래서 출세하고 성공할 가능성이 높다고 생각하는데 아직 그 시기가 아닙니까?

답 출세할 상(相)을 가졌다 하여도, 고위직 있는 사람과 무리하게 교제하면 평생 출세할 수 없다. 신분이 낮은 사람이 신분이 높은 사람과 교제하면, 현재 당신의 인생에서 정점(頂点)있는 것과 같기 때문에 천덕(天德)을 잃게 된다. 아직 나는 성공하지 못했는데, 만나는 사람은 정점(頂点)에 있으므로 발전해 나갈 수가 없다. 만약, 쌓아 놓은 공적(功績)이 있으면 만나는 것을 두려워 할 것이 없겠지만, 공적도 없는데 욕심만 갖고 귀인과 만나다 보면 하늘이 준 덕을 잃게 된다. 진심으로 성공하고 싶다면 신분이 높은 사람과 만남을 끊고, 불쌍한 사람에게 자비(慈悲)를 베풀며, 자기 분수를 알고 교만하지 않는 것이다. 이렇게 실천한 후 관상가를 찾아가 관상을 봐 달라면, 당신은 이미 성공한 상(相)이라고 할 것이다.

만약, 재력가가 당신을 존경한다 하면, 그것은 당신이 신분이 높은 사람과 교제하기 때문에 그 세력을 두려워해서 일 것이다. 성실한 사람은 세력을 배경으로 하는 사람과 사귀는 것을 싫어한다. 여우가 호랑이의 위세를 빌려 흉내 내고 있기 때문이다.

문 사람들은 누구와 사귀는가에 따라 운명이 달라진다는 말이 있습니다. 그런데 신분이 높은 사람과 교류한기 때문에 발전이 없다고 하는 것은 이유가 되지 않습니다.

답 마음이라는 것은 어떤 뜻을 품고있느냐에 따라 그 모양도 변화하고 자신에게 이익 되는 쪽으로 생각한다. 좋은 사람과 사귀면 인격이 높아지고, 신분이 높은 살람과 사귀면 자신도 고관(高官)이나 된 줄 알고 착각한다. 만약, 장사꾼이 고위 공직자처럼 행세하면 장사에 전념할 수가 없다. 난세(亂世)라면 몰라고 평화로운 세상에서 자신의 본분을 소홀이 하고 신분이 높은 귀인과 교제한들 자기발전에 아무런 도움이 안된다. 자기분수를 모르는 어리석은 사람은 고위층과 교제하는 것이 영광이라고 착각을 해서 덕(德)을 잃게 된다. 하지만 인격이 높은 선생님을 모시고 예(禮)를 배우는 것은 해당하지 않는다. 석불(石佛) 앞을 지날 때에도 예(禮)가 없으면 덕(德)을 잃는다고 하지않느냐.

문 어느 관상가는 저를 부유한 상(相)이라고 말하지만, 아직도 가난하고 궁핍합니다. 원래 관상이라는 것이 현실과 이렇게 다른 것입니까?

답 상(相)은 진실을 근본(根本)으로 한다. 당신의 마음에 진실하지 않기 때문에 좋은 상을 갖고 있어도 나쁘게 변한 것이다. 사람의 상(相)은 살아 있는 생물과 같다. 복상(福相)이라도 조심성이 없으면 빈상(貧相)과 다를 바가 없다. 그래서 상(相)을 살아 있는 생물과 같다고 하는 것이다. 그러나 빈악(貧惡)한 상이라도 절제하고 삼가하면 부귀(富貴)한 상으로 변할 수 있고, 부귀(富貴)한 상이라도 진정성이 없는 사람은 만년(晩年)에 형벌을 받게 될 수 있다. 모든 것이 마음 가짐에 따라 상(相)이 바뀌기 때문이다. 그래서 나는 관상만으로 그 사람의 길흉(吉凶)을 말하지 않고, 명덕(明德)을 전하고 심신을 수련하는 일에 전념하는 것도 이런 이유에서 이다.

관상을 보고 '당신 운(運)이 좋다' 하면, 이 말을 들은 사람은 기뻐하며 안심하고 노력을 게을리하여 덕을 잃게 되고, 운(運)이 나쁘다고 하면 의욕을 잃게 될 것이다. 사람의 마음이란 것이 이런 것이다. 또, 나이가 많아도 운이 길(吉)하다는 말을 들으면 기분이 좋아지는 것은 인지상정(人之常情)입니다. 그러니 이제부터 관상가에게 길흉을 점치는 것은 하지 말아라. 비록 자신의 상이 극악빈궁(極惡貧窮)이라도 절제하고 삼가하는 생활을 실천한다면 천지(天地)에 덕(德)이 쌓여 부자(富者)상으로 변할 것이다. 그러므로 천지의 덕을 쌓는 것을 자신의 본분으로 하는 것이 가장 중요하다.

문 선생님께서는 우리에게 생명이나 음식 이야기 뿐, 오상(五常_인仁.의義.예禮.지智.신信)에 대한 말씀이 없으십니다. 우리 몸이 건강하고 음식을 절제하고 삼가한다 해도 오상(五常)을 알지 못하면 수신(修身)할 수가 없습니다.

답 오상은 나무가지에 불과하다. 천지의 덕을 근본으로 삼으면 오상(五常)은 저절로 갖춰진다. 생명은 하늘(天)의 덕이고, 이를 기르는 것은 땅(地)의 덕이다. 즉 사람을 키우는 것은 천지(天地)의 덕이다.

천지의 은혜를 아는 사람은 부모의 은혜에 감사하고, 음식을 절제할 줄 아는 사람은 오상(五常)을 저절로 갖추게 된다. 또한, 대인은 음식에 의해서 천명이 결정된다는 것을 알지만, 소인은 모르기 때문에 천명을 어기고 스스로를 곤궁(困窮)하게 만드는 것이다.

문 관상은 마음의 본연의 자세에 따라 변화한다고 하셨는데, 저는 궁극적으로 길흉을 분명히 아는 것이 최고의 관상이라고 생각합니다.어떻겠 생각하십니까?

답 관상이란 존재하기도 하며, 존재하지 않기도 한다. 그래서 나의 상법(相法)에는 길흉(吉凶)이 없다. 단지 음식을 근본으로 하여 하늘과 땅의 이치를 알고, 그 본질을 알고 길흉을 점 친다. 만물의 본질을 이해하지 못하면 음식이 정해지지 않으며, 음식이 정해지면 본질을 이해할 수 있다. 그러면 비로소 하늘의 도리(道理)의 알게 되고 마음도 바르게 서고 자신의 녹봉도 최고에 달하게 되며 식록(食祿)도 완전해 진다.

천지에는 오기(五気)가 있고, 사람에게는 오상(五常)이 있으며, 만물에는 그 역할이 있다. 평소 신중하지 못하고 이것을 이해할 수가 없는 사람을 격(格)에 미달 한다. 이런 사람은 어리석고 명덕을 해친다. 음식은 몸과 마음을 기르는 근본이다. 자신의 몸을 바르게 돌보지 않고는 하늘의 본질을 이해하지 못한다. 이는 어두운 밤 길을 등불없이 걷는 것과 같은 이치다.

문 선생님께서는 음덕(陰德)에 대해 가르치셨지만, 저는 우몽(愚蒙)하여 이해할 수 없습니다. 진정한 음덕에 대해 좀더 쉽게 말씀해 주십시오.

답 진정한 음덕이란 오곡(五穀)이 땅에 떨어져 있어도 개의치 않고, 배가 부르면 더이상 먹지 않으며, 아무리 사소한 것도 가볍게 여기지않고 매일 덕을 쌓는 것을 잊지 않아야 한다. 음덕을 이해하지 못하는 사람은 한 알의 곡식이 땅에 떨어져 있는 것을 보면 아쉬워하고, 맛있는 음식을 보면 또 먹는다.

더 먹는다고 무슨 이익이 있겠는가? 오히려 몸을 불편하게 하고 병을 얻게 될 뿐, 이런 사람들은 진심으로 음덕(陰德)을 이해하지 못하고 명덕을 손상시키는 사람으로 '분수도 모른다' 라고 한다. 생명이 있으면 음식이 있고, 음식이 없으면 목숨도 없다. 한 끼의 식사라도 헛되게 하면 비록 그것이 작다 하더라도 천명을 손상시키는 것이다. 자기 분수보다 많이 먹는 사람은 자기 명덕을 해치는 행위다. 이런 사람을 속된 말로 '눈 뜬 봉사'라 한다. 눈이 멀게 되면 명덕도 모르는 법이다.

문 선생님께서는 많이 먹지 말라고 훈계(訓戒)하시지만, 초대받아 간 집에서 나오는 음식을 먹지 않는 것은 예의가 아니라고 생각합니다. 어떻게 해야 하십니까?

답 손님으로 초대 받아가면 맛있는 많은 종류의 음식으로 대접받는다. 배가 불러도 음식을 남기면 아까워 전부 먹어 치우면, 뱃속에 들어가 모두 변이 될 것이다. 눈앞의 음식을 보고 식탐에 사로잡혀 아깝다고 생각하는 것은 큰 실수다. 먹지 않으며, 음덕(陰德)이 되어 큰 자비(慈悲)가 될 것이다. 남긴 음식은 생명이 있는 동물의 먹이가 되지만, 변이 되면 아무런 쓸모가 없다. 어떻게 보면 음식을 낭비하는 것처럼 보이지만 그렇지 않다. 남모른 음덕이요, 천지의 덕(德)이 되며, 자신에게 "득(得)"이 된다. 다시 말하면 베푸는 것을 "덕(德)"이요, 다시 돌아오는 것을 "득(得)" 이다. 한 입이라도 절제하면 천지(天地)에 음덕(陰德)을 쌓이고, 욕심껏 먹으면 변이 되어 덕(德)은 쌓이지 않는다. 이렇게 덕을 훼손하면, 출세(出世), 발전(發展)하는 사람은 적어지고 가난한 사람만 늘어날 것이다. 세상의 모든 것을 가볍게 여기지않으며 절제하고 삼가하므로 목숨이 있는 것을 구하는 것이 천지에 덕(德)을 쌓는 것이다. 다른 사람이 지켜보지 않아도 쌓는 덕(德)은 음덕(陰德)이 되고, 만년(晩年)에 좋은 일로 돌아올 것이 분명하다.

문 선생님 저는 길에서 횡사(橫死)할 상이라고 들었습니다. 걱정이 많이 됩니다. 정말로 길에서 죽을 상(相)인가요?

답 길에서 횡사(橫死)하는 것은 자신에게 원인이 있지, 관상과는 관계가 없다. 무엇보다 길에서 죽는 것은 사람 뿐만 아니라 만물(万物)과도 관계가 있다. 만물을 조심성 없이 만물을 소홀히 취급하면 인연(因緣)이 되어 돌아온다. 이것을 "전사(転死)"라 한다. 다시 말하면 초목이 재가 되어 흙으

로 되돌아 가는 것을 "성불(成佛)"이라 하고, 끝이 좋다고 한다. 그러나 초
목을 소홀히 취급하고 더럽다고 아무데나 버리면 본래의 모습으로 돌아갈
수 없다. 이것을 "전사(転死)"라 하며, 초목의 나쁜 끝이다. 만약, 더러운
초목은 있다면 불에 태워 자연으로 돌아갈 수 있도록 재로 만들어주면 음
덕(陰德)이 된다. 이와 같이 사람은 길에서 횡사(橫死)할 상이라도 피해가
며, 만년(晩年)에는 길운(吉運)으로 변하게 될 것이다. 그러나 이것을 소홀
히 취급하는 사람은 하늘은 업신여기는 것으로 천리에 맞지 않다. 그래서
만년에 고통을 겪으며 길에서 횡사(橫死)하는 것이다. 그렇지만 만물의 덕
을 이해하고, 매일 좋은 일을 행하면 음덕(陰德)이 쌓여 만년에 덕자(德者)
가 될 수 있다. 세상에 덕 있는 사람은 많지만 태어날 때부터 덕자(德者)는
없다. 덕(德)은 자기가 쌓은 것이지 저절로 생기나는 것이 아니다. 하늘의
덕은 자신이 쌓은 결과로 갖추어 지는 것이다. 그런데 어리석은 자는 덕이
없다고 하늘을 원망하고, 신세 탓 만하다 보면, 덕은 사라지고 결국, 조상
님이 쌓아 올린 덕까지 잃게 된다.

사람이 살아가는데 중요한 것은 의.식.주(衣.食.住) 3가지가 있는데, 세발
달린 솥과 같아서 복.록.수(福.禄.寿)로 지탱하고 있으며 가까운 친족 같
다. 그러나 의식주(衣食住)를 신중하지 못하게 함부로 하면 친족과 사이가
나빠지고 결국 빈궁(貧窮)하게 된다. 만약, 당신이 친족을 그리워하여도
사이가 멀어져 떠나게 될 것이다. 또, 음식을 절제하며 조식(粗食)을 하는
친척에게 나를 먹여 살리려 해도 당신의 잘못된 행동을 보고 밥상에 욕을
하며 떠날 것이다. 또, 부유한 친족 중 당신에게 검소한 생활을 할 것을 충
고하면, 무시한다고 생각해 잘 차려 입고 미식을 즐기는 사람들과 쾌락의
길로 들어설 것이다. 그리고 쾌락에 지친 당신은 함성을 지르며 스스로 몸
을 망가트릴 것이다. 처음에는 병을 얻고 나중에는 영혼까지 파괴하고 마
침내 빈궁(貧窮)하게 될 것이다. 말년에는 누더기를 걸치고 지팡이를 짚고
세상을 돌아다니며, 조상님 이름에 먹칠하게 될 것이다.

문 사람은 성선(性善_사람은 본디 착하게 태어난다는 성선설(性善說))하다고 하지
만 태어나자 마자 먹는 것을 찾으며, 젖을 먹는데 이것은 악(惡)이 아닐까
요? 정말 사람이 본디 착하게 태어났다면 먹을 원치 않고 절제하며, 초목
처럼 대자연에서 식(食)을 섭취해야 하지 않겠습니까? 상법(相法)에도 선
(善),악(惡)이 있습니까?

답 사람은 태어나자 마자 먹는 것은 초목이 물을 흡수하는 것과 같다. 꽃을
꺾어 물병에 꽂아 두면 자연스럽게 물을 빨아들이고 꽃을 피운다. 이것을
보면 먹는다는 것은 생명이 있는 동식물은 당연한 천성이지 선악(善惡)으
로 구분할 수 없다. 음식을 먹는 것은 오직 몸을 가누기 위한 것이다. 그래
서 조식(粗食)을 싫어하지 않고 자연(自然)의 것을 먹는 것은 성신(性善)의
음식을 먹는 것이다. 그러나 미식을 즐기는 것은 자기 뜻에 따라 먹는다고
하여 의식(意食) 또는 식식(識食)이라고 해서 성선(性善)을 사라지게 하여
악식(惡食)이 된다. 본디 성(性)은 악이 없고, 악은 자기 욕심과 행동에서
생겨 자신을 괴롭힌다. 처음에 음식에서 시작해서 집안 일을 망치고, 종
국(終局)에는 몸을 망친다. 그래서 나의 상법(相法)은 오로지 음식을 절제
하고 삼가는 것을 제일로 삼고있다.

문 선생님은 언젠가 마음을 묘법(妙法)이라고 말씀하셨습니다. 뭐가 묘(妙)하
고 뭐가 법(法)인가요?

답 만물에 묘법(妙法)하지 않은 것이 없으며, 관상에는 유상(有相)과 무상(無
相) 두가지로 구분된다. 무상(無相)은 모습이 없지만 분명한 것으로, 이것
을 묘(妙)하다 할 수 있다. 즉 마음이다. 유상(有相)은 모습이 있고, 모습
이 있는 것은 다 법(法)이 있다. 그리고 법이 있는 것은 분명 모습은 있지
만 반드시 사라진다. 이것이 상법의 도(道)다. 모든 성(性)은 "미묘"에서와
법경(法経)을 만든다. 자신의 몸과 마음은 묘법으로 천지를 감응(感応)하
고 있다. 나 또한 천지의 묘를 받지 않는 날이 하루도 없다. 그런 다음 하
늘의 법을 이용하고 있다.

문 축(丑)시 인(寅)시 사이를 왜 묘(妙)하다 하며, 왜 상법의 근원이라고 합니까?

답 상법(相法)은 음양(陰陽)의 조화로움을 중요하게 생각한다. 즉, 묘(妙)는 음양이 조화로움을 말로 형언할 수 없기 때문에 묘(妙)하다고 한다.

축(丑_새벽 1시부터 ~ 3시)시는 음(陰)으로 가득차 귀신이 활동하는 시간이며, 인(寅_새벽 3시에서 ~ 5시)시는 양(陽)의 시작으로 양기가 차오르고 귀신도 물러 간다. 그래서 축시에서 인시로 넘어가는 사이를 묘(妙)하다 하는 것이다. 이때 인(寅)의 기(気)인 소양(小陽)에 의해서 축(丑)의 음(陰)이 사라지고 기(気)가 출입하는 문으로 생멸지(生滅地)라 하며 묘법정토(妙法浄土)라 한다. 기(気)는 귀신(鬼神)에 속하는 귀문(鬼門)이라 하여 상법(相法)은 묘법(妙法)이라 한다.

그리고 개인적으로 나는 법화경(法華經)을 중요시 생각하며, 상법을 배움으로써 묘법의 귀함을 깨닫고 사람들은 인도하여 묘법의 공덕을 넓혀가야 한다. 상법의 비법은 모두 법화경에 있다. 스님에게 물어 보시면 더 자세히 알 수 있다.

문 선생님은 식물의 생멸(生滅)은 미(未_오후 1시~ 3시)시 신(申_오후 3시~ 5시)시에 있다고 말씀하셨습니다. 미시(未時) 신시(申時)을 뒷귀문(鬼門)이라 하는 것은 무슨 이유로 그렇게 말씀하신 것입니까?

답 미(未_오후 1시~ 3시)는 대양(大陽)으로 양(陽)으로 가득하고, 신(申_오후 3시~ 5시)은 대음(大陰)으로 그늘이 드리우며 음(陰)의 시작이다. 따라서 만물은 신(申)시에 기운을 머금고, 오(午) 시 (오전 11시부터 오후1시)의 양화(火)가 되어 다시 미(未)의 토(土)로 돌아가기 때문에 뒷귀문이라고 합니다. 이를 중심으로 초목이 생멸하기 때문에 미신(未申_뒷귀문)에 있다고 한다.

역주譯註

법화경(法華經)
묘법연화경(妙法蓮華經)을 줄인 말로 산스크리트어로 '삿다르마 뿐다리까 수뜨라(Saddharma Puṇḍarīka Sūtra)' '올바른 법(을 가르치는) 흰 연꽃(과 같은) 경전'으로 직역된다.
부처님 말씀에 '모든 중생이 부처가 될 수 있다' 하여 여자도 깨달음을 얻어 성불하면 부처가 될 수 있다는 것은 계급을 부정하고 신분의 높고 낮음을 구분하지 않고 모든 사람은 평등하다고 말하고 있다.

수신록 제 2장 修身錄 二卷 / 435

2권 맞음말

관상의 도(道)란 그 사람의 삶의 위치가 어디쯤 되는가를 보고, 마음이 움직이는 것을 관찰하여 그 사람의 명덕(明德_맑은 본성)을 알려주고, 분수에 맞게 행하며, 반석처럼 부동심(不動心)을 스스로 깨닫게 하는 것이다.

또한, 관상에는 생사가 있다. 선한 상을 길(吉)하고 악한 상은 흉(凶)하다 말하면, 그것은 잘못된 죽은 상법과 다름없다. 선상(善相)이면 더 조심해야할 것을 알려주고, 악상(惡相)이면 좋은 길로 인도하고 흉운(凶運)을 길운(吉運)으로 바뀌게 가르쳐주는 것이 상법의 중요한 역할이다. 이것을 알려주지 않고 관상만 보면 크게 다치게 할 수 있다. 관상을 볼 때는 사사로운 생각을 버리고 하늘과 자연의 이치에 맞게 보아야 한다. 자기 마음데로 관상을 보고 판단해버리면 하늘이 천벌이 내릴 것이다. 더욱이 하늘의 움직임 그 자체가 상(相)으로 나타나기 때문에 두려워하고 신중해야 한다.

불륜은 복분(福分)을 해친다. 정부(情夫)를 만들면 상(相) 나타나 삶에 엄청난 장애를 주고 복분(福分)을 해칠 것이다. 그리고 정부(情夫)의 상(相)은 과거의 일이라도 죽은 후에도 혈색으로 나타나 흔적을 남긴다. 수명이 다해 죽어 피(血)가 없어져도, 마직막까지 정부(情夫)의 혈색만은 끝까지 남는다. 땅에 매장하여도 흔적은 남아 정부(情夫)를 만들 죄는 죽어서 까지 가져가게 된다. 남자는 사음(邪淫_간사하고 음란한)의 상이 많으니, 여자 또한 정부(情夫)의 상이 어디 없겠는가?

그래서 나는 부인이 있지만 부인을 부인으로 생각하지 않고, 그저 인덕이 없는 친구로 여기며, 착할 때는 어머니 같지만 나쁠 때는 악마와 같다. 무서운 것은 부인이며 두려워하고 조심해야 한다.

修身錄 三卷

식(食) 안(內)의 음(陰)으로 소박한 것이 길(吉)하고
의(衣) 주(住)는 바깥(外)의 양(陽)이므로
조화로운 것이 길(吉)하다.

들어가며

병으로 고통받거나, 단명할 상은 매일 아침 태양을 향해 두 손을 모아 절을 하면 건강해지고 수명(壽命)을 다할 수 있다. 또한, "반혼불멸(反魂不滅)"을 실천하고 "황정석수(黃精石隨)를 마시며, 일출태양경배(日出太陽敬拜)도 있지만, 이 방법은 도인들의 행하는 선도(仙道)이므로 함부로 전달할 수 없다. 그러나 황정석수을 마시지 않아도 반혼불멸 법을 행하지 않더라도 매일 아침 떠오르는 태양을 향해 기도를 하면 선도에 부합된 의식이므로 수명을 다할 수 있다.

누누이 말하지만, 매일 아침에 떠오르는 태양을 향해 두 손을 모아 절하는 것은 내가 지어낸 비법이 아니다. 내 나이 25세쯤 상법을 배우기 위해 행각(行脚)을 할 때 동북쪽 이방인에게 배운 선도(仙道)로, 음덕(陰德)을 쌓기 위해 공개하겠다. 덧붙여, 병신(病身) 단명(短命)할 상(相)은 춘백일(春百日)동안 배우면 수명을 유지할 수 있다. 나 또한 단명할 상으로 30살까지 밖에 못 산하고 했지만, 일출태양경배 실천하므로 20년 더 수명을 연장하여 지금까지 살고 있다. 또한, 병들고 단명인 사람들에게 매일 아침 떠오르는 태양을 향해 합장하여 절을 하게 하였더니 무병장수하는 것을 보았다.

나는 젊은 시절 상법(相法)은 선술(仙術)이라고 들었습니다. 그런 이유로 21살부터 관상의 길에 들어서 선사(仙師)를 만나고 싶어 전국을 찾아 다녔지만 만날 수 없어 깊은 산속 당탑(堂塔), 사찰, 암자를 찾아 물어도 봤지만 소용이 없었다. 그러던 중 25살 때 오주금화산(奧州金華山)에서 선사를 만나 춘백일(春百日)동안 선술을 전수 받았다. 일반인도 이 방법으로 수행하면 100세까지 살 수 있으며 하늘과 쉽게 감응할 수 있다. 단, 선법을 실천 할 때는 오곡주육(五穀酒肉)을 먹어도 나무열매나 비자나무를 먹으면 안된다. 금기사항을 지키며 수행하면 수명을 다할 수 있다.

그리고 열선전(列仙伝)에는 선법(仙法)의 진수가 있다고 말하지만, 이해할 수 있는 사람 또한 많지 않다. 또, 일자상전(一子相伝) 법이라는 것이 있어 신사(仙師)께 그 법을 배웠지만, 일찍이 일자문류(一子門流)라 해서 이법을 전하는 사람이 있었지만, 결코 진실은 아니라 모두 거짓 이었다. 이것은 내 말이 아니고 신사(仙師)께서 하신 말씀이다.

그리고 나는 지금가지 다섯가지 과오를 저질렀다.

심산에 틀어박혀 관상을 깨닫고, 상(相)을 봐줄 때 상황산(相王山) 스스로 칭하였고, 길을 나설 때 남북당(南北堂) 남북암(南北庵) 남북사(南北寺)라고 스스로 칭하였다. 필요에 따라 상왕산 남북사하 하고 삼의를 걸치고 순례하기도 하였다. 사람은 내모습을 보고 "누에상자" "도깨비 상자" 라고 하는 비웃음 즐겼다. 별명으로 열쇠가게 쿠마타로, 미즈노슈케이 라고 불렸고, 그 후 남북(南北)이라고 스스로 칭하였다.

식(食) 안(內)의 음(陰)으로 소박한 것이 길(吉)하고
의(衣) 주(住)는 바깥(外)의 양(陽)이므로
조화로운 것이 길(吉)하다.

문 요즘 저는 기분이 좋지않고 식욕도 없습니다. 하지만 먹지 않으면 살수가 없는데 이러다 병이라도 생기지 않을까요?

답 식욕이 없으면 먹지않으면 된다. 그런데 당신은 항상 배가 부를 때까지 먹기 때문에 식욕이 없는 것이다. 만약, 한끼에 3그릇을 먹는다면, 2그릇으로, 1그릇으로 줄여보라. 그러면 비록 소박한 식사라 할 지라고 맛있게 먹을 수 있다. 음식을 절제하고 삼가하면 반찬이 없어도 맛있다. 그러나 음식을 조심성없이 절제하지않고 배부를 때까지 먹는 사람은 아무리 맛있는 음식도 맛없게 느껴질 것이다. 만약, 식욕이 없다면 하루만 이라도 단식해 보라. 그러면 반찬이 없이 소금만 있어도 맛있게 식사를 할 수 있다. 적당히 먹는 것이 가장 맛있는 법이다. 적당히 배부르면 기분도 좋다는 것은 모두가 다 알고있지만, 알면서도 대식, 폭식하는 사람은 분수를 모르고 불에 뛰어드는 여름 밤 날벌레와 같다.

문 저는 아직 아이가 없습니다. 음식을 절제하고 삼가하여 덕을 천지에 쌓아도 그 덕을 물려줄 자손이 없습니다. 그래서 저는 호사를 누리며 살다 죽어도 상관없다는 생각에 현재를 즐기며 살기로 했습니다. 선생님께서는 어떻게 생각하십니까?

답 그것은 매우 잘못된 생각이다. 사람의 영혼은 불생불멸(不生不滅)으로, 현세(現世)에 사람으로 태어났으면 내세(來世)에도 다시 사람으로 태어난다. 지금 일대(一代)가 아니라, 영원히 이어지는 것이다. 인간에게는 인연(因緣)과 인과(因果)가 있으며, 인(因)은 원인이 이고, 과(果)는 결과를 말한다. 이승에서 나쁜 짓을 한 사람은 저 세상가서도 사람으로 태어나 악연(惡緣)을 갚아야 하고, 선(善)을 쌓아서 저 세상으로 가면 평생 과보(果報)를 받는다. 즉, 자신이 이승에서 쌓은 덕(德)은 저승에 가서도 선덕(善德)으로 보상을 받게 되는 것이다. 이승에서 악연(惡緣)을 만들어 덕(德)을 해치면, 내세(來世)에 무슨 즐거움이 있겠는가? 당신 같은 사람은 사후(死後) 다시 사람으로 태어났다 하더라도 고작 자기 몸을 부양하는 것이 덕(德)이고 즐거움 따위는 없다. 전생(前生)도 현세(現世)도 내세(來世)모두 당신의 업(業)으로 결정된다. 평소 삼가하고 절제하는 사람은 부처님의 자비로 스스로 구원을 받고, 아무것도 하지않고 포기하면 구원받을 수 없다. 음식을 삼가고 물건을 낭비하지 않으며 덕을 쌓으면 현세(現世)뿐 아니라 내세(來世)에도 구원을 받을 수 있다. 이것은 부처님 말씀이다.

문 저는 젊었을 때부터 음식을 절제하고 삼가해 왔지만, 아직도 가난해 겨우 처자식만 먹여 살릴 정도 입니다. 과연 저에게 무슨 소용이 있나요?

답 상법(相法)을 모르는 사람은 어리석다. 당신의 상을 보면 하늘로부터 받은 녹봉(祿俸)이 얇고, 세상에 구걸할 상이다. 그러나 젊었을 때부터 식사를 절제하고 과식하지 않았기 때문에 천록(天祿)이 쌓여 남에게 밥을 구걸할 일이 없다. 그러나 당신과 같은 상(相)을 가진 사람이 많이 먹는다면 비록 돈 많은 부자라 할지라도 천록(天祿)이 다하여 노후에 끼니를 거르

는 신세가 될 것이 틀림없다. 또, 당신은 고독(孤獨)상이 있지만, 좋은 자
식이 있다. 자식은 노후에 되었을 때 식록(食祿)이다. 즉, 지금 유복한 삶
을 살고있다 하더라도, 자식이 없는 사람은 만년 빈궁해지는 것과 같다.
당신은 젊었을 때부터 음식을 절제하고 삼가하였기 때문에 늙어서 자식
에게 매달려 음식을 구걸하는 일은 없다. 그러니 지금 부유하지 않다고 한
탄하지 않아도 된다. 현재를 만족할 줄 알고 음식을 절제하여 하늘에 천
록(天祿)을 쌓도록 하라. 당신이 쌓은 덕은 당신의 것이요 자손을 위한 것
이다. 누구의 것도 아니다.

문 저는 막노동을 하지 않지만 식사량이 많고 양(量)이 규칙적이지 못합니다.
오늘부터 하루 식사량을 큰 밥 그릇을 2개로 정하고, 3년간 실천하면 부
유하고 장수할 수 있을까요?

답 매일 사용하는 그릇은 그 사람의 신분, 생활하는 장소에 따라 분수에 맞게
정해진다. 도시에 살며 정신노동을 하는 사람은 작은 그릇이 좋고, 농촌
에 살며 육체적 노동이 많은 사람은 큰 그릇을 사용하는 것이 맞다. 그릇
하나도 하늘이 그 사람 분수에 맞게 정해 주신다. 음식에 양이 있는 것은
하늘이 눈(目)으로 정한 것이므로 천목(天目)이라고 하고, 오완(吳椀_뚜껑
이 있는 밥 그릇)이라 한다.

문 음식 삼가하고 신중히 하다는 뜻으로 복팔분(腹八分), 복절(腹節) 이라는
말이 있는데, 배를 적당히 채운다는 의미로 알고 있습니다. 어느정도 먹
어야 할까요 ?

답 음식은 사람의 신체크기에 비례해서 알맞은 양(量)이 있다. 한끼에 2그릇,
3그릇이 적당한 사람이 있는가 하며, 4그릇, 5그릇을 먹어야 배가 부르는
사람도 있다. 따라서 3끼를 먹고 배가 부르는 사람은 2끼 반을 먹는 것을
복팔분 정도라고 하고, 복절이라고 보면 된다. 식사량을 줄이는 것은 매우
좋은 일이지만, 너무 과하게 줄이는 것도 몸에 좋지 않기 때문에 적당히 먹

는 것이 좋다. 배가 고프면 자연스럽게 위가 열려 음식을 받아들이고, 식사를 줄이다 보면 자연스럽게 배가 8할 정도로 만족하여 위의 입구가 닫히게 된다. 이것을 "천자연(天自然)의 절(節)" 또는 "복팔분(腹八分)"라 한다. 그러나 음식을 절제하지 못하는 사람은 위가 닫혀 적당한 상태라도 계속 먹기 때문에 위의 위가 닫히지 않고 많이 먹어도 만족하지 못해 소화불량을 일으키는데, 이것을 "숙식(宿食)"이라 하여 만병의 근원인 동시에 흉운의 원인이 된다. 분별 있는 사람이라도 불운하고, 병든 사람은 모두 음식을 절제할 줄 모르는 사람이다. 또한, 음식을 삼가고 신중하지 못하면 식견인(識見人)이라 할 수 없습니다. 물론 신중한 사람이라도 감기나 전염병에 걸릴 수 있지만, 그것은 불가항력적인 일이므로 걱정할 필요가 없다.

문 선생님께서는 전생(前生)에도 현세(現世)에도 내세(来世)에도 구원받는 방법은 음식을 삼가는데 있다고 말씀하셨습니다. 남쪽의 과식상인(菓食上人_풀, 괴일 등을 음식으로 먹으며 수행하는 승려) 스님께서 저에게 전생의 악연을 끊고 내세(来世)를 구원을 받고자 하면 염불삼매(念仏三昧)에 들어가라고 하셨습니다. 저도 그 말씀이 옳다고 생각 합니다 만, 왜 음식을 절제하고 삼가는 것이 삼세(三世_전생, 현세, 내세)게 도움이 되는지 이유를 모르겠습니다.

답 큰 절에 게시는 스님은 붉은 가사를 입고 돈 많은 신도를 위해 염불을 하지만 일반 불자와 마주할 일은 잘 없다. 하지만 과식상인(菓食上人)은 집도, 절도없이 거적때기 가사를 걸치고 길을 오가는 사람들에게 염불공양(念仏供養)한다. 하물며 끼니까지 거르면서 천지에 덕을 쌓아 불자로부터 존경을 받는 것이다.

모두 자기가 쌓은 식덕(食德)의 결과다. 그러나 열심히 염불하는 스님일지라도 배가 부를 때까지 먹으면 자기 스스로 덕을 손상시키고 헛되게 하여 존경하지 받지 못한다. 그러니 음식을 절제하는 것보다 고귀한 것은 없다. 또한, 이승에서 음식을 삼가고 절제하면 전생의 악연을 풀고 이승에서 수명과 복을 누리고 안락한 임종(臨終)을 할 수 있다. 사람은 임종 때의 마음가짐에 따라 내세(来世) 모습이 정해진다. 만약, 고통없이 임종을 맞는다면 내세(来世)에도 안락한 세상에서 태어날 것이고, 현세에서 음식을 삼가하면 현세(現世)와 내세(来世)에 구원받을 것이다.

문 선생님께서는 밤낮으로 염불한다 해도 음식을 삼가지 않으면 부처님 뜻에 어긋난다고 하십니다. 저는 불법이 높은 고승들의 설법을 들어 보았지만, 음식을 삼가하는 것이 불법수행에 도움이 된다는 말씀은 아직까지 들어본 적이 없습니다. 선생님 편향된 생각 아닐까요?

답 불도는 음(陰)에서 기(氣)를 수행하는 것을 본분으로 삼고, 음식을 삼가는 것부터 수행이 시작된다. 마음이 흐트러지는 원인은 중 하나는 음식이기 때문이다. 음식을 자제할 때는 마음도 평온하여 부동심(不動心)의 경지에 이르게 되어 불법(佛法) 깨우치게 된다. 그런데 술,고기를 많이 먹으면 의식(意識)이 왕성해져 마음이 흐트러지게 되고 과식을 하면 마음이 탁하고 무거워져 수행에 방해가 될 뿐이다. 그래서 수행자는 식사를 줄이기 위해서 오후 4시이후에는 음식을 먹지 않는다. 이 모든 것은 마음을 가라앉히고 마음을 다스리기 위함이다. 밤낮으로 아무리 염불을 외워도 마음이 움직이고 방황하면 어찌 깨우침을 얻겠는가? 진심으로 성불하고 싶다면, 셋끼 중 한 끼는 부처님께 공양하고 부처님 말씀을 독경해보라, 그러면 마음은 고요하고 부동심(不動心)의 경지에 도달해 부처님의 뜻에 따라 깨우침을 얻을 수 있을 것이다. 먹는 것을 줄여 공양하는 것은 다음 생을 위해 남겨 두는 것이니, 식음을 절제하고 삼가하면 다음 생을 구원 받을 수 있다. 불교경전에 있는 말씀이다. 육합경(六合経)을 읽어 보길 바란다.

문 저는 평소 음식은 절제하며 삼가하지만 천성적으로 술을 좋아해 자제하기 힘듭니다. 그래서 좋아하는 술은 마셔도 생명에 지장은 없는 같는데 선생님께서는 어떻게 생각 하십니까?

답 약간의 술은 활력을 북돋우고 혈색을 좋게 하지만 많이 마시면 목숨이 위험하다. 술을 많이 마시는 것은 신(神)께서도 싫어한다. 술자리에서 처음에는 조금만 마시면 맛있고 웃으며 대화할 수 있지만 많이 마시면 맛은 쓰고, 몸도 괴롭고, 고통스러운 표정으로 변하게 된다. 이것은 신이 고통스러워서 얼굴을 찡그리기 때문이다. 또, 술을 많이 마신 다음날은 하루종일 속이 쓰리고 고통스러워 약을 먹게 된다. 그때의 괴로움을 잊고 또 폭음을 한다면 자신의 천명(天命)도 잊고 술을 마시는 것이다. 이렇게 몇 년 동안 반복하면 아무리 장수(長壽)할 상이라도 단명(單名) 병신(病身)이 된다.

문 저는 만년(晩年)에 부유한 상(相)이라고 하지만 아직 가난합니다. 사람들의 말에 의하면 새를 좋아하고 오랫동안 길러 출세를 못하고 만년에는 불편한 생활을 할 거라고 합니다. 살생계(殺生界)를 깨뜨리려 노년이 흉운이 된 걸까요?

답 새를 키우고 즐기는 것은 신분이 높거나, 유복하여 생활걱정을 하지 않아도 되는 사람이 심심풀이로 기분전환을 위해 하는 취미생활이다. 그런데 생계가 우선인 사람이 그런 것을 즐기면 덕(德)을 훼손하게 된다. 그러니 상(相)이 좋아도 발전이 없는 것이다. 자신의 발전을 위해 노력도 하지않고, 새만 키우며 즐기고 싶은 사람 중 입신출세한 사람은 없다. 성실한 사람은 지금의 자신보다 조금이라도 발전을 위해 몸과 집안을 잘 다스리고, 조상의 가업이 대(代)를 이어 가기를 원하기 때문이다. 가난한 사람이 상류층 즐거움을 얻는 사람을 구빈(求貧)이라고 하며, 스스로 자신을 가난하게 만드는 자업빈곤(自業貧困)이다. 새를 키운 것이 비록 짧은 시간이지만, 집안 일까지 밀리면서 즐거움을 원한다면, 새장속에 갇힌 새처럼 자유 꿈꾸다 새장속에서 죽게 될 것이다. 눈 앞의 즐거움을 추구하면 반드시 고통이 뒤따르는 법이다. 그러니 즐거움만 쫓지 말고 가업을 낙으로 삼고 입신출세를 하길 바란다.

문 선생님께서는 비록 상(相)이 나쁘고 못생겨도 늦잠을 자지않고 일직 일어 나는 사람은 운이 점점 더 좋아진다고 하셨습니다. 하지만 저는 직공(職工)이라 항상 밤 늦게까지 일하느라 일찍 일어나지 못합니다. 어떻게 하면 좋겠습니까?

답 밤 늦게까지 일하는 한다는 것 자체가 대흉(大凶)이다. 보통 저녁 6시면 잠자리에 들어야 한다. 만약, 2시간 밤일을 해야 된다면, 2시간 일찍 아침에 먼저 일어나 일하라. 그렇게 하면 태양의 움직임과 같게 되므로 자연이 양운(良運)이 되고 부귀연명(富貴延命)이 되는 것은 천지의 이치다. 만약, 밤에 2시간 더 일하고 아침에 늦게 일어나면 몸상태도 개운하지 않아 손이 엉켜서 일도 쉽게 잡히지 않는다. 하지만 2시간 일찍 일어나면 좋은 기분으로 조용한 분위기에서 일이 진행되어 능률도 오르고 빠르게 진행 될 것이다. 이것은 태양의 기운(氣運)이 좋기 때문이다. 하지만 늦잠은 빈궁단명(貧窮短命)이 되므로 두려워해야 할 것이다.

문 석가모니 부처님께서는 설산에서 수행하실 때 좁쌀 6알로 하루 식사를 하셨다고 합니다. 아무리 부처님이라 하더라도 좁쌀 6알 만으로는 생명을 유지하기 힘들다고 봅니다. 선생님께서는 어떻게 생각하십니까?

답 생명을 가진 것 중 먹지않고 살수 있는 것은 없다. 비록 석존이라 해도 하루식사로 좁쌀 6알로는 목숨을 부지할 수 없다. 석존께서는 설산 수행 중 음식을 줄이고 천지에 공양한 것을 빗대어 말한 것이며, 고행 끝에 큰 깨달음을 얻었기 때문에 오늘날 불법이 널리 전파된 것이다. 결코 하루식사 양이 좁쌀 6알 뿐이었던 것은 아닐 것이다. 아마도 음식을 삼가고 절제하는 것을 가르치기 위함 일 것이다. 자신의 음식을 줄이고 천지에 공양한 위인음덕(偉人陰德)의 이야기이다. 그래서 불법은 음덕의 법이며, 음식을 삼가는 것을 제일로 한다. 음식을 절제하는 것은 불도(佛道)다. 만약, 소망(願望)이 있는 사람은 음식을 절제하고 삼가하여 북두칠성에 바치고 기도를 드리면 하늘이 소망케 하리라는 것을 의심할 여지가 없다.

문 저는 유명해지고 싶어 음식을 절제하고 신중히 하고 있지만, 운이 점점 나빠져 고생만 하고 있습니다. 그렇다면 운의 길흉은 음식의 절제나 신중함과 관계없는 것이 아닐까요? 운세가 강한사람은 음식을 절제하지도 삼가하지도 않아도 출세하는 것 아닐까요?

답 한 가지 재주가 뛰어난 사람은 음식을 절제하고 신중하여도 하늘이 더 많은 고통을 줄 수 있다. 그 사람이 갖고있는 기술의 도(道)를 완성시켜 주기 위함이다. 그릇이 큰 사람은 어려움이 있어도 잘 해쳐 나가 한분야에서 명성을 얻지만, 그릇이 작은 소인은 스스로 마음을 어지럽히고 하늘을 원망하다 포기하고 만다. 당신은 절제하고 있다고 말하고 있지만, 아직 음식을 절제하는 것을 이해하지 못한 것 같다. 설령, 소인배라 할지라도 음식을 삼가하고 규칙적이다면 마음이 흐트러지는 일은 없다. 마음에 망설임이 없다면 원하는 길로 들어서 관직에 오르게 될 것이다. 그래서 음식을 절제하고 엄중히 지키며 선행을 베풀고 천운을 기다리는 것이다.

운(運)은 "따르다(順)"와 같은 의미로, 모든 길흉(吉凶)은 자신의 행동의 결과다. 따라서 운은 "보답(報答)"의 의미이기도 하다. 백 가지 선행을 하면 좋은 보답으로 다시 자기에게 돌아오고, 자신만의 쾌락만 위한다면 고통의 보답한다.

또한 운(運)은 "옮기다", "벌다" 의미도 있다. 작은 선행이라도 스스로 한 일이면, 하나씩 옮기듯 쌓이고 천지의 큰 선행된다. 이것을 "선한 사람에게는 가난이라는 적은 없다"라 한다.

문 사람에게는 의식주(衣食住)의 3가지가 있는데, 음식을 절제하면 옷이나, 집은 화려해도 덕(德)에는 손상이가지 않을까요?

답 의.식.주는 자신의 분수에 적합한 것이 길(吉)한 법이다. 분수를 넘어서 사치를 하는 사람은 허세를 부리기 때문에 마음고생이 끊이지 않는다. 그러나 절제할 줄 알고 신분보다 검소한 사람은 마음이 풍요로워지므로 언뜻 보기에는 고생하는 것 같지만 평온하다. 사치를 부릴 수 있는 입장이라도 자제하는 것을 인덕(人德)이라고 한다. 즉, 덕은 마음속에 있기 때문에 겉으로 드러나지 않는 것이다. 진정한 덕자(德子)란 이런 사람이다.

또, 조심성이 없어 함부로 먹고, 겉만 꾸미면 눈을 멀게 한다. 하지만 음식을 절제하고 삼가는 사람은 자기 분수를 알기 때문에 사치하거나 겉모양을 꾸미지 않는다. 그래서 의식주 중에서 음식을 삼가는 것이 근본(根本)이다. 음식은 안(內)의 음(陰)으로, 사람의 몸속으로 들러가 힘을 발휘하므로 소박한 것이 길(吉)하고, 폭식은 흉(凶)하다. 또한, 의(衣)주(住)는 바깥(外)의 양(陽)이므로 조화로운 것을 길(吉)하고, 지나치면 흉(凶)하다.

문 저는 젊었을 때부터 운이 나빠 고생을 많이 했습니다. 태어날 때부터 천운은 없는 걸까요? 아니면 관상이 나빠서 그런 것인지 말씀해 주십시오.

답 당신 뿐만 아니라 세상의 많은 사람들이 운이 없다고 한탄하고 하늘을 원망하는 하지만, 운(運)없는 사람은 없고, 불운한 사람도 없다. 사람은 하늘의 빛(火)을 받아 몸이 생겨났고, 빛(火)은 끊임없이 순환하는데, 이것을 "운(運)"이라 하며, 운은 "목숨(命)"이므로 "운명(運命)"이라 한다. 그래서 사람은 천운(天運)을 받고 사는 것이다. 천운이 다하면 목숨도 끝나는 것이다. 사람이 살아있는 동안을 "인(人)"이라 하고, "인"은 하늘의 빛(火)의 백분(白分)에 끝나므로 "화지(火止)"라 한다. 또, 죽는다는 것은 하늘이 빛을 거두어가는 것이므로 화거(火去)"라 한다. 그리고 아직 목숨이 붙어있는 동안을 "화불거(火不去)"라 한다. 그러니 사람이 살아 있는 동안은 운이 없다고 말할 수 없다. 운을 좋게 하길 원한다면 천리(天理)를 따라야 한다.

태양(火_빛)은 새벽 4시에 동쪽에서 떠올라 잠시도 쉬지않고 돌고 있듯이 사람도 마찬가지로 인시(寅時_3시~5시)일어나 게으름을 피우지않고 가업에 힘쓰면 천리(天理)에 합당하므로 운(運)이 좋아지게 된다.

"운(運)"이라는 말에는 운전(運転), 운동, 옮기다, 벌다 라는 의미가 있다. 자기가 스스로 운을 벌어 운을 트는 것을 운성(運盛)이라고 한다.

문 아침 일찍 일어나면 운명(運命)이 좋아져 출세 발전할 수 있다고 합니다. 하지만 운명은 하늘이 내린 것이라면 한도가 있지 않을까요? 일찍 일어난다고 해서 운명이 좋아진다는 것은 이유가 될 수는 없다고 생각합니다. 어떻게 생각하십니까?

답 아침햇살은 소양발달(小陽発達)의 기운으로 일찍 일어나서 기운을 받으면 마음이 건강해지고, 마음이 건강해지면 운명도 강해지며, 방해(妨害)가 사라진다. 즉, 운은 기(氣)에 따라 순서가 바뀌기 때문에 운기(運氣)라 한다. 당연히 운명이 건강해지면 발전할 것이다. 그러나 아침에 일직 일어나지 않으면 소양발달(小陽発達)의 기를 받지 못하므로 아무리 관상이 좋아도 뜻대로 되지 않고 발전이 없다. 늦잠을 자는 사람을 보면 건강하지도 못하고 안색도 나쁘다. 아침햇살의 발달기운을 받지못해 하늘이 내려준 생명 빛(火)의 연료가 떨어지기 때문입니다. 당연히 건강하지 못하며, 일은 뜻대로 되지 않고 발전도 없다. 보통 이런 사람은 인생의 7할은 잠자고, 1할은 먹고, 1할은 물놀이를 하고 겨우 남은 1할정도 일을 하면서 어찌 입신출세를 할 수 있겠는가? 또, 늦잠을 자는 사람은 쓸데없이 밤에 일하고, 낮에는 늦게까지 자고, 거짓말을 하면서 밤놀이를 즐긴다. 태양이 중천에 떠있는 시간에 아직 한밤중으로 죽은 듯이 자고, 겨우 진시(辰時_오전 8시)에 눈을 떠 일을 시작하면 지체된 것을 만회하려고 하다 보니 실수가 많아 일이 제대로 될리가 없다. 하루 일과를 반나절에 해치우려 하니 일도 안되고 당연히 운이 나쁘다. 개운(開運)하고 싶다면 아침 일찍 일어나 일에 힘쓰고 음식을 절제하라. 이것을 지키지 못하면 발전은 커녕 집안을 망치는 날도 멀지 않았다.

문 근검절약(勤儉節約)을 시작 하고부터 이웃사람들이 저를 나쁘게 평하고 하인들도 못살겠다고 떠나버려 이제 검약(儉約)을 그만둘까 생각하고 있습니다. 어떻게 하면 좋을까요?

답 당신이 하고 있는 검약(儉約)은 단지 인색할 뿐 배려가 없다. 진정한 검약은 시작과 마무리를 중요시하고 낭비를 하지 않는데 있다. 그러나 소인배들은 검약한다면서 하인의 식사를 줄이고 이웃의 어려움을 보고도 외면하며 시주할 때에 시주를 하지 않는다. 이것은 검약이 아니라 단지 인색할 뿐이다. 이런 주인을 모시는 하인은 돈을 훔쳐 밖에서 사치를 부리고 맛있는 음식을 사 먹는다. 베풀어야 할 때 베풀지 않고 인색한 결과다. 당신 같은 사람은 다시는 검약한다고 하지 말고, 평소 음덕을 쌓고 하인들에게 강요하지 말며, 당신이 먹는 음식을 절제하고 삼가며 집안을 다스려라. 한 집안의 주인이 천지의 덕이 소중함을 알고 일깨워 주고 스스로 엄히 지키며 조용히 본보기를 보여준다면 집안은 다시 화목해지고 각자가 진심으로 검약을 할 것이다. 그러면 세상 사람들은 당신을 어질고 총명한 사람이라 칭송할 것이다.

문 단명(短命)할 상이라도 음식을 삼가고 절제하면 장수(長壽)하는 상으로 바뀐다고 하셔서 젊었을 때부터 폭식했지만, 가름침을 받고 지금은 음식을 엄격하게 자제하고 있습니다. 다시 한번 더 저의 상을 살펴봐 주십시오.

답 사람의 몸(身)은 집(家)에 속하고, 마음(心)은 집의 주인에 해당한다. 부모로부터 몸이라는 집을 건강하게 물려받아도, 주인인 마음이 천하여 음식을 절제하지 않으면 병을 얻고 결국에는 몸이라는 집을 훼손하게 된다. 이것은 집주인이 신중하지 못하여 조상대대로 내려오는 집을 망치는 것과 같다. 집이 낡고 구조가 나쁘면 빨리 붕괴되겠지만, 집주인이 신중하고 조심성이 있으면 낡고, 잘못된 곳을 보수하여 오랫동안 유지할 수 있다. 반대로 주인이 신중하지 못하고 거칠게 다루면, 기둥과 토대가 썩고 지붕이 부서져내려 한서(寒暑)와 비바람을 견디지 못하고 살 수는 없어 떠날 수 밖에 없게 된다. 즉, 조심성이 없어 병을 얻어 건강을 해치면, 마음이 몸에 머물 수 없어서 천상(天上)으로 돌아가야 한다. 또, 주인인 마음이 천하여 미식을 좋아하고 폭식하여 병신단명(病身短命)하면 마음이 머물 곳이 없어 하늘로 돌아 갈수 밖에 없다. 아무리 후회해도 다시는 소생(蘇生)하지 못한다. 이런 사실을 알면서도 폭식을 하는 사람은 자신이 살고있는 집을 원수처럼 생각하여 벽을 뚫고 지붕을 부수며 주춧돌을 빼내는 행위를 하는 것과 같다. 또한, 폭식과 폭음을 하면 건강을 해친다는 사실을 알고 있지만, 술에 취하면 몸이 상한다는 것을 잃어버리고 과음하는 것은 여름 밤 불에 뛰어드는 불나방과 같이 어리석고 아무짝에도 쓸모 없는 밥 벌레와 같다.

문 음식을 삼가하고 절제하면 혈색이 좋아져 개운(開運)할 수 있다고 하지만, 본래 음식이란 몸 조리를 위해 필요한 것이지 운(運)과는 관계없다고 생각합니다. 어떻게 생각하십니까?

답 음식은 몸을 건사하기 위한 근본이다. 그렇기 때문에 음식을 삼가하고 절제하면 오장육부(五臟六腑)가 건강해지고 위장도 좋아져, 몸은 튼튼해 지고 기(氣)도 저절로 열리게 된다. 기(氣)가 열리면 운도 열려 개운(開運)하기 때문에 운기(運気)라 한다. 만약, 과식을 하면 위장상태가 나빠져 기(氣)가 무거워지고, 기혈(気血)이 정체되어 혈색(血色)이 열리지 않아 안색이 나빠지게 된다. 그렇게 되면 운이 열릴 수가 없다. 어쨌든 3년 동안 음식을 절제하고 삼가 해보라. 그러면 혈색이 좋아져 운이 열리게 될 것이다. 만약, 운이 열리지 않으면 천지에 이치가 없고, 세상에는 신(神)도 없으며, 내가 한 말이 틀리면 나 미즈노남보쿠(水野南北)는 세상의 "적(賊)" 이다.

문 선생님의 상법은 수신제가(修身齊家)를 해야 한다는 것이 지론인데 성인의 도(道)를 배우지 못한 소인은 어떻게 몸을 다스리면 좋겠습니까?

답 상법은 모든 진리와 통하고 시종본말(始終本末) 검약(儉約)할 것을 가르치고 있다. 이것을 배우는 사람은 가업(家業)의 본말(本末)을 알고, 모든 것을 절약하는 방법을 알게 된다. 수신제가(修身齊家)방법은 먼저 가업(家業)을 파악하고 사치를 부리지 말며 삼가함으로써 자신의 몸부터 수양한 후 집안을 다스리야 한다. 즉, 다스리는 근본은 마음을 바르게 하는 것부터 시작이 된다. 사람의 마음은 본래 선하기 때문에 특별히 뭔가를 배우지 않아도 무엇이 옳고 그름을 알고 있다. 학문을 배우지 못해도 효도하고 심신을 수양하는 사람은 많지만, 많이 배워도 효도할 줄 모르고 심신을 수련하지 않고 헛된 삶을 사는 사람도 많다. 비록 많이 배웠다 할지라도 시말검약(始末儉約)을 깨닫지 못하고 가업을 게을리한다면 집안을 다스릴 수 없다. 그래서 평범한 서민은, 일기(日記)쓰기, 증거문서 작성, 거래할 때 필요한 것만 배우고 나머지 시간은 가업에 필요한 것을 배워 힘쓴다면 오상(五常_인.의.예.지.신)이 저절로 갖춰지게 된다. "지나침은 모자람과 같다" 말과 같이 평민이 너무 많은 것을 배우면 오히려 가업에 손해를 입힐 수 있어 배우지 못한 것만 못한 결과를 가져올 수 있다.

문 자비롭고 선한 사람일수록 일찍 죽고 악한 사람은 오래 산다고 하는데, 악(惡)이 강해져 선(善)을 멸하기 때문인가요?

답 그것은 모두 "심기(心氣)"에 따른 것이다. 심기가 약한 사람은 단명하고 강한 사람은 장수한다. 심기가 약한 사람은 끈기가 부족하기 때문에 다른 사람과 오랫동안 싸울 수 없고, 계략도 꾸미지 못한다. 그래서 선하게 보이는 사람은 단명하는 것 같지만 진짜 선한 사람도 아니다. 심기(心氣)가 충만한 사람은 끈기가 강하기 때문에 사람과의 관계에서도 주도권을 갖고 자신의 뜻대로 할 수 있다. 그래서 악인(惡人)으로 보이는 사람이 더 오래 산다는 것은 심기(心氣)가 강하기 때문이다. 진정으로 선(善)한 사람이란 매일 자신이 한일을 뒤돌아보고 반성하며, 겸손하고 어른을 공경하며, 약한 사람을 불쌍히 여기고 해로운 사람일지라도 미워하지 않는 사람을 말한다.

문 선생님께서는 천명(天命)을 연장해서 수명(壽命)를 누리기 위해서는 무엇이 중요하다고 생각 하십니까?

답 사람의 수명은 하늘이 내린 것으로 몸과 마음이 근원인데, 이것을 연장하는 것은 어려운 것이 아니다. 활력(活力)을 기르면 된다. 활력을 기르기 위해서는 음식을 절제하고 눈, 귀, 코, 혀, 마음, 몸, 생각(眼,耳,鼻,舌,心,身,意)을 평안하게 하여 활력을 키우면 수명을 연장시킬 수 있다. 이미 천지의 덕을 알고 있는 사람은 만물을 낭비하지 않고 음덕을 쌓으면 복(福),수(壽)로 돌아온다는 것을 알고 있다. 그래서 만물을 귀중하게 여기고 검약을 즐거움으로 삼는다. 그렇게 하면 마음이 평온해지고 활력이 길러지게 된다. 이것을 호연지기(浩然之氣)를 기른다고 한다. 그러나 주육미식(酒肉美食)을 즐기면 건강을 해치기 때문에 호연(浩然)의 기(氣)를 잃고 단명하게 된다. 비록 빈궁단명(貧窮短命) 상(相)일지라도 시말검약(始末儉約)하면 수명은 길어지고 분수에 맞는 복(福)이 찾아온다. 그래서 음식을 절제하고 삼가하면 천명(天命)을 연장해서 수명(壽命)를 누릴 수 있는 것이다.

문 저는 젊어서 나쁜 짓 하지 않고 남을 도우며 살아왔습니다. 그런데 사람들은 저를 알아주지도 않고, 함께하지도 않습니다.

답 그것은 당신이 조심성이 없기 때문에 사람으로부터 존중 받지못하고 버림받는 것이다. 아마도 원인은 당신은 뭐든 갖고 싶으면 가져다 쓰고 함부로 버리기 때문일 것이다. 그러면 사람 뿐만 아니라 만물에게도 버림받을 수 있다. 사람이나 만물이나 천리(天理)는 똑같기 때문이다. 물건은 마음이 없다고 하나 오래된 물건이라도 아껴 쓰고 고쳐서는 것은 방생(放生)하는 이치와 같다. 그러면 자연히 복고 들어오고, 수명이 늘어나면 사람들은 당신을 아끼고 함께하기를 원하게 될 것이다.

문 자식을 키울 때 좋은 옷을 입히고, 좋은 음식을 먹이면 바르고 재기(才氣) 있는 사람으로 성장하고, 때묻은 옷을 입히고, 좋은 음식을 먹이지 못하면 훌륭한 사람으로 성장하지 못한다고 합니다. 이게 사실인가요?

답 재기(才氣)는 신이 주시는 것이다. 예쁘게 꾸미고 잘 먹인다고 해서 얻어지는 것이 아니다. 결코 식복(食復)이 능사가 아니다. 신분에 맞지않는 옷을 입고 계절에 나지않는 음식을 구해 먹으면 생활이 파탄이 날 수 있다. 식복은 그 사람의 분수에 맞게 해야 한다. 검소한 옷을 입고 검소한 식사 때문에 재기를 발하지 않는 법은 없다. 생활이 가난해서 세상으로부터 소외 받고 자라는 사람은 다 어리석을까? 그렇지 않다. 재기(才氣)있고 성공한 사람 중에 가난한 집안에서 태어난 사람도 많다. 진흙 속에서 태어나도 옥(玉)구슬은 구슬이다. 모든 것은 자신의 행동여하에 따라 때가 되면 성공하고 변하는 것이다.

문 선생님께서는 단명(短命)할 상이라도 얼마든지 장수할 수 있다고 하십니다. 그러면 목숨은 신(神)의 뜻조차 미치지 않는데 어떻게 장수할 수 있습니까?

답 생명이라는 것은 불생불멸(不生不滅)하고 부증불감(不增不減)이니 길지도 짧지도 않으며 시작도 없고 끝고 없는 것이다. 또 사람은 하늘부터 양화(陽火)를 받아 살아가는데 이것을 심화(心火)라 하며, 심화가 하늘에 돌아가지 않고 머무는 동안 살아있는 것이다. 조심성 있는 사람의 단전(丹田)에는 심화(心火)가 머물기 좋기 때문에 장수하는 것이고, 절제할 줄 모르는 사람은 단전에는 심화가 오래 머물 수 없기 때문에 몸을 떠나 하늘로 돌아가는 것이다. 만약, 심화가 하늘로 되돌아가지 않는 방법을 터득할 수만 있다면, 단명의 상이라도 일찍 죽는 일은 없을 것이다. 선법(仙法)에 따르면, 선인(仙人)은 숨을 발꿈치로 내쉬었다고 한다. 발(足)등은 등(背)의 삼갑(三甲)에 따르고, 발꿈치는 배(腹)의 삼임(三壬)으로 단전에 해당한다. 즉, 심기가 단전에 잘 머물고 조용한 상태이기 때문에 발꿈치로 숨을 호흡 한다고 한다. 이렇게 항상 심기(心氣)가 단전에 잘 머물고있으면 놀랄 일이 있어도 심화

(心火)를 잃지 않고, 기운(氣運)을 잃지 않는다. 또, 단전(丹田)에 심기가 없는 사람은 높은 곳에서 떨어지면 "아악"하고 소리를 지른다. "아악"하는 숨소리과 함께 심화가 하늘로 되돌아가기 때문에 불러도 돌아와주지 않는다. 이것은 평소 조심성이 없고, 심기가 단전에 머물지 않기 때문에 뜻하지 않은 죽음을 맞게 되는 것이다. 그러나 평소 절제하는 사람은 심기가 단전에 머물고 있기 때문에 높은 곳에서 추락할 때 단전에서 바로 "후" 하는 숨을 쉬게 된다. 그러면 단전이 반석(磐石)같이 되어 심기가 몸 전체에 가득차 기절하지 않고, 심화(心火)가 하늘로 돌아가는 일도 없다. 그래서 심기가 단전에 머무는 것을 선수(仙壽) 한다. 또한 복록수(福禄壽)를 유지하는 비결은 단전에 있으며, 단전은 음식을 절제하고 신중히 하는데 있다.

문 우리가 먹는 음식 중 오곡(五穀)이외 귀한 것으로 무엇이 있겠습니까?

답 어떤 음식이라도 사람에게 중요하지 않은 것이 없고, 그 덕은 크고 작고를 비교할 수 없지만, 오곡 이외의 귀한 것으로는 소금이 있다. 소금은 세상의 사기(土氣)로써 바다에 있을 뿐만 아니라 대지에도 가득하고 소금을 품지않은 땅은 없다. 즉 음양(陰陽)의 기(氣)에 따라 만물에 포함되어 있어서 우리 몸을 단단하게 하는 것도 소금의 덕분이다. 또, 오곡은 음식에 포함되어 오미(五味_쓴맛, 단맛,신맛, 짠맛, 매운맛)를 근본으로 음양의 덕을 갖추고, 소금은 몸을 단단하게 하는 근본으로 그 덕은 오곡과 맞먹는다. 그래서 소금을 함부로 낭비하는 사람은 좋은 상(相)을 갖고있더라도 가난하고 단명하게 된다. 또한, 비록 복분(福分)이 있어도 병을 반복해서 얻게 되는 것은 자신 몸을 든든히 해주는 신(神)을 해치기 때문이며, 다병단명(多病短命)하는 것은 천지의 이치. 세상 만물에는 많은 신(神)이 존재하고 있지만, 그 중에서 오곡과 소금의 만큼 존귀한 신은 없습니다. 오슈(奥州)에 염부명신(塩釜明神)이라는 영험한 신사(神社)가 있다. 이곳 신사에서 부정한 짓을 하면 바로 신벌을 받는다고 한다. 소금을 함부로 소비하는 것은 염부명신을 모독하는 것과 같기 때문이다.

修身錄 四卷

사람은 위를 보지않고 멈춤 줄 알아야 한다.

사람은 위를 보지않고 멈출 줄 알아야 한다.

문 적생조래(荻生徂), 태재춘대(太宰春台)와 같은 학자는 덕(德)이 많은 인물로 생각하였으나, 사람들은 그렇게 말하지 않습니다. 유학자는 어째서 덕이 있는 사람이 아닐까요?

답 적생조래(荻生徂) 태재춘대(太宰春台)는 덕자(德者)는 아니다. 많은 사람이 심기가 강하고 학문(學問)의 깊이가 깊은 학자로 기억하기 때문이다. 그래서 유학자는 덕자(德者)라기 보다는 호걸대물(豪傑大物)이라고 하는 것이 맞을 것이다.

역주譯註

적생조래(荻生徂)
1666년 3월 21일 ~ 1728년 2월 28일 일본 에도 막부 시대의 유학자, 사상가. 본명은 오규 나베마츠(荻生雙松) 그의 사상의 특징은 주자학은 억측에 근거한 허망한 학설로 보고. 특히 주자학의 도덕, 윤리에 입각한 정치를 강하게 반대했고 정치는 도덕, 윤리와 분리되어야 한다고 주장했다.

그래서 차라리 덕자(德者)가 되는 것이 쉬울 수도 있다. 진정한 덕자는 글을 논하지 않고 잡념이 없으며 주변 사람들과 함께 도(道)을 행하고, 만물을 책으로 삼아 그 이치를 연구하는 사람이다. 이치를 연구하다 보면 만물의 덕의 무게를 깨우쳐 스스로 삼가하고 천지의 덕을 쌓게 되어 가난해도 복(福)과 수(壽)를 누리게 된다. 사람들은 그 덕을 따르며 천하의 덕자(德者)라 칭송한다. 어리석은 소인배일지라도 덕을 쌓다 보면 누구나 덕자가 될 수 있다. 그래서 세상에 호걸(豪傑)이라고 불리는 사람은 적고 덕자(德者)라 불리는 사람은 많은 것이다. 어떤 분야에서 호걸 외는 덕을 쌓는 것이 세상에 이름을 알리는 지름길일 수 있다.

모름지기 한 분야의 스승이 된 사람은 덕을 근본으로 해한다. 그렇지 않으면 천지의 이치를 규명해 나갈 수 없고 천지만물이 덕(德)이 궁극(窮極)임을 이해하지 못하고, 모든 것을 돈으로 살 수 있는 것으로 생각해 물건을 소홀히 하며, 아무렇지도 않게 낭비하고, 주육음욕(酒肉淫欲)에 빠져 간기(肝気)가 강해져서 다른 사람을 공격하게 된다. 또, 말솜씨로 지식이 있는 것처럼 사람을 현혹하고, 사람들이 잘 대해주면 자만하여 제멋대로 행동하게 된다. 이런 행동은 자신의 덕을 해치는 것은 물론이고, 스스로 자신을 군자로 착각하지만, 사람들은 광기 어린 사람으로 보고 경멸한다. 천지의 덕을 익히지 못하는 사람은 늙어서 그렇게 되는 것이다. 무서운 일이다. 할 수만 있다면 지금이라고 천지에 덕을 쌓아 만연에 공을 세우도록 하라. 덕을 근본으로 삼는 것이 시작이다.

역주譯註

국상립존(国常立尊)

일본서기에 건국신하 시작부분에 – 천지가 개벽할 때 땅이 떠돌아 다니는 것이 물고기가 자유로이 노니는 것 같았으며, 하늘과 땅 중간에 하나의 물체가 생겨나고, 그 형태는 갈대의 싹과 같았으며 이것이 신이 되었다. 바로 국상립존(国常立尊) 태어났고 그 다음 국협퇴존(國狹槌尊)이 태어났고, 다음 풍링정존(豊斟渟尊) 태어났다고 한다.

문 설화에 따르면 천지가 열려서 처음 생겨난 것이 국상립존(国常立尊)이란 신(神)이라고 하는데, 사실 만물이 먼저 생기고, 신이 탄생한 것이 순서가 아니겠습니까?

답 국상립존(国常立尊)은 형체가 있는 것이 아니라, 세상에 존재하는 만물의 덕이 귀하다는 의미에서 국상립존이라 하였다. 천지개벽할 때 신도 함께 생겨났다고 하지만, 세상에 만물이 존재하지 않는다면 신명(神命)을 키울 수 없으며, 신이 무슨 소용이 있겠는가? 그래서 만물이 바로 국상립존이며, 그 은덕은 크고 한이 없다. 만물의 덕을 이해하는 사람은 진리를 연구하고 만물을 숭상하고, 소홀히 하지 않으며 검약을 실천하므로 신으로부터 보호를 받는다. 그리고 진정한 관상가는 이 덕을 이해하고 자신이 먼저 덕을 쌓아 모범을 보이고, 세상 사람들도 자신의 몸을 수양(修養)할 수 있도록 역할을 해야 한다. 하지만 이 덕을 이해하지 못한 관상가는 세상의 이치를 규명할 수 없으며, 만물은 매일 새롭게 변하고 움직인다는 것을 알지 못한다. 그래서 관상을 봐도 관상을 보는 사람에게 해를 끼치게 되고 불안만 안겨줄 뿐이다.

문 우리나라의 신도(神道)가 넓다고 하지만, 중국의 유교는 학문이 넓고, 인도의 불교는 진리가 깊어 필요하다고 생각합니다. 선생님은 어떻게 생각하십니까?

답 그것은 큰 착각이다. 신도는 일본, 인도, 중국에도 있다. 신도(神道)는 성선(性善)이고 그 고귀함은 하늘을 비추고 있습니다. 그리고 유교나 불교도 종교 이전에 진리이며 우리나라도 섬기는 사람이 많다. 또한, 삼국 모두 태고부터 지금까지 신.유.불(神.儒.佛)이 없었던 적은 없다. 불교국가라도 자비(慈悲)만으로 나라를 다스릴 수 없고, 유교국가라고 해서 예(禮)로만 백성을 다스릴 수 없다. 그래서 삼국 모두 신.유.불의 가르침에 따라 천하를 다스리고 있다. 그리고 이세(伊勢), 하치만궁(大崎八幡宮), 카스(春日) 3곳 신사에서는 신.유.불의 가르침을 따르고 있다.

이세(伊勢)신궁에는 천조대신(天照大神)이 중앙에 위치하고, 하치만궁은 방생(放生)법회를 행하며 불법(佛法)을 대신하고, 8번대보살(八幡大菩薩)이라고 한다. 부처님이 백성을 불쌍히 여겨 천하를 다스리는 모습으로 불법(佛法)을 의미한다. 또, 카스(春日)신사에서는 유교적 의미로 새(鳥)그림과 모양을 높이 걸어 들과 밭을 황폐화시키는 들짐승을 잡는 행사를 하는데, 악귀를 쫓고 나라를 다스리는 것을 의미한다. 즉, 군주는 법으로 나라를 다스리고, 신하는 좌우에서 군주를 돕는 것이다. 백성들에게는 자비를 베풀고, 사악한 무리로부터 지키고 보호하는 것이다. 따라서 삼국 모두 백성을 다스리기 위해 신.유.불의 세가지 가르침을 근본으로 삼고 있다. 그리고 신도 이세(伊勢)신궁의 천조대신(天照大神)은 태양의 신(神)이므로 신중함을 근본으로 하고, 실천하는 사람에게는 자신의 몸을 편안하게 지켜준다. 카스(春日)신사의 신은 소양발달(小陽発達)의 기운으로 입신출세를 도와준다. 그래서 동지(冬至) 이후에 새 그림을 높이 걸어 놓는 것이다. 하치만궁(大崎八幡宮)은 마지막 끝의 양(陽)으로 다시 태어날 수 있도록 도와준다. 즉 가을의 마지막 양(陽)은 살벌한 기운으로 만물은 모두 멸하고 원래의 자리로 다시 돌아가게 한다. 이를 걱정하여 8월에 방생(放生)법회를 열어 만물이 홀대 받고 버려지는 것을 막고 위로한다. 그래서 신중하고, 만물을 소홀히 하지 않는 사람에게는 부귀연명(富貴延命)을 지켜주는 주시는 것이다. 신은 모두의 신으로 사람들 마음속에 살고있다. 그래서 신에게는 기득(奇得)은 없고, 모두 내 안에 기득이 있다.

문 음식을 함부로 하는 사람에게는 발전이 없다고 하지만 당(唐)나라 이백(李白)은 천하가 다 아는 술꾼입니다. 그러나 세상 모든 사람이 현인(賢人)이라고 칭송합니다. 큰 인물은 음식을 자제하는 것 따위는 상관없나요?

답 물론 일반인은 술을 많이 마시면 마음이 어지러워지고 판단이 흐려진다. 그러나 이백(李白)은 술을 아무리 마셔도 몸과 마음이 흐트러지지 않았기 때문에 현인(賢人)이라고 한다.

물론 소인배는 술을 많이 마시면 마음은 혼란해 몸은 뜻대로 움직여지지 않기 때문에 쓸모없는 인간이 되고 만다. 하지만, 이백은 누구에게도 지지 않았을 만큼 많은 술을 마시지만, 몸과 마음이 술을 마시기 전과 똑같이 자세가 흐트러지지 않기 때문에 천하의 호걸이 될 수 있었던 것이지, 이백이라 해도 많은 술을 마시고 정체불명(正體不明)되면 아미도 이백을 칭송하는 사람은 한 명도 없었을 것이다.

우리나라에도 고토마타베가(後藤又兵衛) 장군은 평소 술을 많이 마셨지만 역시 몸과 마음이 흐트러지지 않고 항상 위엄을 지켜 후대까지도 용맹함이 전해져 내려져 오고 있다. 또한, 이백은 술과 고기를 함부로 마시고 먹은 성품으로 알고 있지만 그렇지 않다. 술을 한잔 마실 때마다 시(詩) 한 수를 지었다고 한다. 아마도 이백은 어진 사람이기보다 자신이 좋아하는 일에 재능을 발휘한 사람이라고 생각이 된다. 좋아하는 공부를 잘한다고 하여 어진 사람이라고 말하지 않지만, 한 분야를 개척하고 천하를 밝혔기 때문에 현인이라고 불리는 것이다.

問 저는 최근 밤낮으로 배가 아파 몹시 고생을 하고 있습니다. 식사는 평소와 같이 세 네 끼를 먹고 일하지만, 생각대로 잘 났지 않습니다. 그동안 여러 가지 약도 먹고 신불(神佛)게도 기도했지만 전혀 차도가 없습니다.

答 당신은 병은 너무 많이 먹어서 생긴 것이다. 음식을 절제하지 않고, 식사량이 일정하지 않으며 불규칙한 사람은 무병(無病)의 상이라도 반드시 큰 병을 얻게 된다. 이것은 자신에게 원인이 있기 때문에 고통이 따르고 잘 났지 않는 것이다. 조심성이 없어서 병에 걸렸으니, 그때만 기도한다고 신불(神佛)이 감응(感應)할 리가 없다. 만약, 앞으로 신불에게 기도할 때는 단식을 했다고 생각하고 셋 끼 중 한 끼는 줄여 신불에게 바치고 백일 동안 기도하라 그렇게 하면 반드시 완치될 수 있다.

대부분의 병은 음식에 절제하지 않고 많이 먹기 때문에 생기는 것이다. 완치하기 어려운 난치병이라도 식사를 삼가하고 끼니 때 흰죽 두 공기로

100일 동안 먹으면 웬만한 병은 다 치료가 된다. 또한, 음식을 절제하고 삼가하는 사람은 질병이 없다. 간혹 서한(暑寒)은 있을지도 모르지만, 사흘 동안 몸져눕는 일은 없다.

문 저는 병이 달고 태어났습니다. 그래서 식욕이 없고, 음식 맛을 잘 모릅니다. 제가 어떻게 하면 음식의 맛을 느낄 수 있겠습니까?

답 그것은 병이 아닙니다. 숙식(宿食_소화되지 않고 위장에 음식물이 남아 있는 상태)이라고 한다. 먼저 식욕이 없으면, 세 끼 식사를 두 끼로, 두 끼가 많다면 한 끼의 식사로 줄여라. 공복(空腹) 상태에서 식사를 하면 맛을 느끼지 못한다든가 그런 일은 없다. 이렇게 절제해서 식사를 하면 맛도 있고, 숙식(宿食)이 될 일도 없으며, 숙식이 없으면 병에 걸릴 일도 없다.

문 저는 가업을 갖기 위해 여러 가지를 배우고 있지만 아직도 결정을 못해 3~4가지 기술을 더 배우고 있습니다. 저에게 맞는 일을 가르쳐 주십시오

답 당신의 관상을 보니 참을성이 부족하다. 가업이든 기술이든 처음부터 생각대로 되는 것은 없다. 몇 년 동안 하고자 하는 일에 힘을 쏟아 한 분야에 정통해질 때 될 비로소 번성하게 되는 것이다. 아마도 당신은 어떤 일도 아직 혼을 다 바쳐 노력하지 않았기 때문에 성공하지 못해, 결정을 못한 것이다. 당신처럼 마음이 쉽게 움직여 이곳저곳 쑤셔보는 사람은 마치 사방이 막힌 바구니에 넣은 두꺼비와 같다. 바구니 안에 들어간 두꺼비는 탈출하기 위해 이리저리 뛰어보지만, 출구를 찾지 못하고 결국에는 힘이 빠져 포기하고 만다. 아마도 당신도 두꺼비와 같이 평생 가업을 찾는다는 핑계로 계속 이직을 하다 괴로워 포기하게 될 것이다.
그러나 심지가 굳고 망설임이 없는 사람은 바구니 속 빛이 들어오는 구멍을 향해 계속 뛰기를 시도하여 결국 빠져나오고 말 것이다. 진정으로 노력한다면 큰 산도 뚫을 수 있다. 모든 일은 마음먹기에 달려있으며 성취하지 못할 것이 없다.

뜻을 성취하지 못하는 이유는 술과 고기를 즐기고 게으름만 피우고, 놀 시간은 있어도 노력할 시간은 없기 때문이다. 어렵고 힘든 일은 차일피일 미루다가, 또 직업을 바꿔보고 그렇게 평생 고통만 받고 끝난다.

무엇 하나 꿰뚫지 못하는 사람은 사회에 무익한 존재다. 이런 사람이 죽으면 그 이름을 기억하는 사람은 이웃 정도로 이것을 개죽음이라고 한다. 당신도 얼마든지 그렇게 될 수 있다. 걱정이 된다면 한가지 일에 전념하라. 그러면 길이 보인다.

사방으로 적군에게 둘러싸여 있을 때 아무 작전 없이 중구난방으로 방어하면 당신은 곧 죽게 될 것이다. 하지만 백만 대군에 둘러싸여도, 정신을 차리고 빈틈을 노려 한쪽만 공격한다면 적진을 뚫고 빠져나올 수 있다. 어떤 한 분야의 도(道) 이와 같으니 필사적으로 뚫어야 그 길을 갈 수 있는 것이다.

문 사람은 살아있는 동안은 상(相)이 있고, 죽으면 상(相)은 없습니다. 그래서 관상은 신도(神道)를 근본으로 삼고 있습니다. 하지만, 선생님은 항상 부처님을 존경하십니다. 이건 잘못된 것이 아닌가요?

답 내 생각과 신.유.불(神.儒.佛)의 가르침과 다르지 않다고 생각한다. 진리는 분명하고 하나로 통하게 되어있으며, 천지만물을 공경하는 데 있다. 신도(神道)에서는 "혼돈(渾沌)"이라고 하며, 유교에서는 "명덕(明德)"이라고 하고, 불법에서는 "아미타불(阿彌陀佛)"이라고 한다.

아미타불은 혼돈에서 생겨나고, 혼돈은 명덕에서 생겨나고, 명덕은 아미타불에서 생겨난 것으로 모두 하나로 구분이 없다.

아(阿)는 열방(十方)을 비추며 하늘에 속하고, 미(彌)는 일체가 부처님에게 속하며, 타(陀)는 팔만제업(八万諸業) 땅에 속하니, 천인지(天人地) 모두 아미타불 아미타불(阿彌陀佛)인 것이다.

즉, 아(阿)는 열방을 미추고, 미(彌)는 일체를 부여하며, 타(陀)는 팔만제업으로 백성을 이룬다. 또한, 중생만물은 아(阿) 하늘에서 받기 시작하여 타

(陀)에서 생겨나고 미(彌)에서 일체(一切)가 된다. 일체만물이 다 그렇다. 나의 상법에서는 이것을 정토(浄土), 지선(至善)이라 한다.

즉, 사람, 만물은 모두 아미타불(부처)이며, 혼돈이요, 명덕이다.

그래서 조심성 없이 건강을 해치고 만물을 헐뜯는 사람은 아미타불을 헐뜯는 것과 같다. 또, 만물을 존중하고 낭비하지 않는 사람은 모든 인연과 일체가 되어 스스로가 아미타불이 되는 것이다. 길흉은 모두 욕심에 따라서 생멸(生滅)하므로 "마음의 정토"라 한다.

스스로 아미타불을 느끼고, 불법을 깨닫고 진심으로 만물이 귀함을 이해하면 사치하지 않고 수수한 옷을 입고, 조식하여 날마다 덕을 쌓으니, 나중에는 그 덕이 하늘에 닿게 된다.

또한, 스스로 절제하고 삼가면 아미타불이 되어 그 빛을 열방에 비추고, 천지의 덕을 이해하지 못하고 만물을 함부로 낭비하는 사람은 겉모습을 아무리 꾸며도 다른 사람에게 존중받지 못한다. 또, 천지의 이치를 깨닫지 못하기 때문에 자기의 덕을 해치고 결국은 지옥에 떨어지게 될 것이다. 욕심을 버리고 만물의 이치를 깨달으면 스스로가 부처가 될 수 있다. 나의 상법에 있어서는 깨달음을 얻어 스스로가 부처가 되는 것을 근본으로 삼고 있으며, 그 도(道)를 설파(舌破)하는 것을 목적으로 삼고 있다.

문 고기를 즐겨 먹는 사람은 마음이 탁(濁)해진다고 합니다. 저는 항상 고기를 먹고 있지만, 마음이 탁하다고는 생각하지 않습니다. 고기를 먹으면 마음이 탁해지면, 세상 사람 모두 마음이 탁한 것 아닐까요?

답 육식(肉食)은 마음을 흐리게 하는 것이 맞다. 육식은 기분이 좋게 하지만, 채식(菜食)은 정신이 맑게 만들어 준다. 마음이 흐리면 얻고자 하는 도(道)를 얻을 수 없고, 몸도 다스릴 수 없다. 그래서 불가(佛家)의 승려(僧侶)에게는 육식을 금하고, 속세의 중생에게는 육식을 금하는 날을 정해 놓는 것이다. 마음이 맑으면 악행을 저지르는 일이 없고, 몸과 마음을 수행할 수 있기 때문이다.

만약, 육식을 즐긴다면 좀 자제하고 많이 먹지 않는 것이 좋다. 그렇게 하면 맑은 마음을 유지할 수 있다. 음식은 자제하는 것은 참 어렵다. 하지만 출가(出家)한 승려처럼 몸을 던질 각오로 음식을 절제하면, 몸과 마음을 다스릴 수 있고, 진실로 마음이 깨끗하면 잘 못된 행동을 하지 않아 스스로 부처가 되는 것이다. 또, 육식을 해도 자기 신분을 알고 분수에 맞게 먹는 사람은 본래보다 마음이 맑고, 분수도 모르고 마구 먹으면 마음이 탁해질 수밖에 없다. 또, 양을 정해 놓아도 과식을 하면, 역시 마음이 탁하게 된다.

문 저는 자손들을 위해 가독(家督_가업)과 큰 재산으로 남기고 싶습니다. 제가 살아생전에 소원이 이뤄질까요?

답 당신은 큰 착각을 하고 있다. 그건 자식에게 베푸는 것이 자비(慈悲)가 아니라 형제간에 큰 원수로 만들 것이다. 재산이 있으면 자식은 언제나 풍족한 줄 알고 허송세월을 보내고 가업을 게을리하여 집안이 몰락할 것이다. 만약, 자손이 번성하기를 원한다면 부모는 정직(正直)을 근본으로 삼고 엄격하게 지키며 자녀에게 항상 모범을 보여주어야 한다. 또, 후손을 위해 만물을 낭비하지 않고, 버릴 것을 재활용하여 매일 덕을 쌓는 것을 가훈(家訓)으로 자손에게 물려주어라. 이것이 만대(萬代)에 전하는 것이 조상의 공덕이며, 부모의 자비다.

문 초로(初老)에 접어든 지금, 몸은 병으로 고생하고 있습니다. 지금부터라도 몸을 잘 다스리면 복.록.수(福.祿.壽)를 누릴 수 있을까요?

답 만약에 당신의 목숨이 1년도 남지 않았다면, 연장할 수 없다. 하지만 수명이 1년 더 남아 있다면, 앞으로 1년 동안 음식을 절제하고 삼가는 것으로, 목숨을 1년 더 연장해서 살수 있다. 이렇게 10년 동안 실천한다면, 10년을 연장해서 살 수가 있고 복.록(福.祿)도 함께 따를 것이다.

하늘에는 생명(生命)이 있고, 땅에 식록(食祿)이 있으며 사람은 그것을 향

유함으로써 복.록.수(福.祿.壽)를 누린다. 복.록.수가 없는 사람은 없다. 누구든 태어날 때부터 갖고 있으며, 생명에는 양(量)이 없지만, 식록(食祿)은 있다. 또한, 사람에게는 신분에 맞게 음식 양(量) 있으며, 하루에 대략 3홉에서 5홉 정도로 정해져 있다. 이 양을 넘어 폭식을 하는 사람은 복.록.수를 해치기 때문에 입신출세(立身出世)하지 못하고 단명하게 되며, 그보다 적게 먹는 사람은 당연히 복.록.수를 누리게 된다. 그래서 소식하는 사람은 건강하고 따르는 복록(福祿)이 있어 병(病)때문에 고통받는 일이 없다. 그리고 복록(福祿)은 자신의 그릇에 따라 받지만, 수명은 자신이 스스로 양육함으로써 얻는 것이다. 그래서 식습관에 따라 수명의 길고, 짧음이 있는 것이지, 수명 자체는 장단(長短)이 없다. 결국 복록(福祿)을 유지하고 수명을 연장하는 것은 음식을 절제하고 삼가는 데 있다. 하지만 먹지 않고는 살 수가 없다. 따라서 음식을 절제하지 않고 먹는 양이 일정하지 않는 사람은 마음이 흐트러져서 몸도 안정되지 않는다. 그래서 배가 부를 때까지 먹으면 결국 근본을 잃기 때문에 복.록.수를 유지할 수 없다. 만약 복.록수.를 지키고자 한다면, 먼저 식사량을 엄격하게 정하고 절제하여, 남은 음식을 신(神)게 공양(供養)하고 복.록.수(福.祿.壽)를 누릴 수 있도록 기도하라.

문 그렇다면 선생님께서는 금은보화(金銀寶貨) 할지라도 음식보다 귀하지 않다고 생각하십니까?

답 세상에서 가장 귀한 것은 음식이다. 우리는 생명을 유지하기 위해서 음식을 먹어야 한다.
만약, 우리가 살아있지 않으면 어떻게 부모에게 효도를 할 수 있겠는가? 우리는 어머니 배속에서부터 어머니가 먹는 음식을 좋아하는데 이것을 '입덧'이라고 한다. 즉, 태아(胎兒)가 좋아하는 음식은 어머니가 즐겨먹던 음식이기 때문이다. 이렇게 태어나서 목숨이 끝나는 날까지 계속 먹고, 주어진 음식이 다 떨어지면 수명도 다하여 죽게 된다.

그래서 사람이 아파서 먹을 수 없는 상태가 되어도 죽을 때까지 좋아하는 음식을 먹으려고 한다. 이것은 태어날 때 자신에게 주어진 몫을 먹고, 원래의 곳으로 돌아가기 위함이다. 그런데 단, 입이라도 불필요하게 먹으면 그만큼 자신의 복.록.수를 해치게 된다. 관상에는 길흉은 없으며, 모두 자신이 먹는 음식으로 인해 정해지는 것입니다. 그리고 현재의 크고 작은 길흉이라도 혈색으로 나타나며, 모두 음식을 절제하고 삼가 하는데 달려있다. 한 번 더 음식에 신중을 기하고 복.록.수(福.祿.壽.)를 유지하라. 이것이 최고의 방법입니다.

문 관상을 명확히 규명하려면, 무엇이 중요할까요?

답 그 사람의 먹는 음식 상태 이외에는 판단할 방법이 없다. 아무리 책을 봐도 알 수 없다. 관상의 길흉을 정확하게 판단하고 싶다면, 늘 말했듯이 폭식하지 말고 정해진 양만 규칙적으로 먹어야 하며, 천명을 헛되이 하지 않도록 하고, 만물을 낭비하지 않아야 한다. 이렇게 3년 동안 실천하면 관상의 보고 잘못 판단하는 실수는 하지 않을 것이다. 나는 오랫동안 실천하여 천지자연의 길흉을 알게 된 후 관상을 보고 있으며, 이것이 관상가의 도(道)라고 생각한다. 그러나 아직도 이것을 실천하지 않은 관상가가 관상을 보고 길흉(吉凶)을 논하는 것은 "관상가의 적"이다. 아직도 그런 관상가가 대부분이다.

문 음식에 조심성도 없고, 인색해도 점점 부유해지는 것을 주위에서 본 적이 있습니다. 조심성은 관상과 상관없는 것이 아닐까요?

답 물론 조심성이 없어도 부자가 되는 사람이 더러 있다. 이런 사람은 스스로 식사량을 줄이고, 먹고 싶은 것도 안 먹고, 가족들에게도 충분한 음식을 주지 않는다. 이것은 검약(儉約)하다고 하기보다는 단순히 쩨쩨할 뿐이다. 이 경우는 자신이 먹지 않은 것은 하늘에 쌓여 자신도 모르게 천지에 덕(德)을 쌓아 득(得)으로 얻게 된 것이다.

즉 일립만배(一粒万倍)가 되어 자신에게 돌아와 유복해진 것이다. 인색한 마음으로 가족의 식사를 줄이는 것은 큰 죄다. 만약, 구두쇠라면 관상이 좋아도 평생 일하고 살 것이며, 재물을 손에 넣는다고 해도 얼마 되지 않을 것이다. 신중을 기해 덕을 쌓지 않으면 돌아오는 복분(福分)이 사라지므로 평생 유복할 수 없다.

맺음말

천지가 생겨날 때 음양(陰陽)의 "기(氣)"에 따라 사람은 생겨나고, 기(氣)을 근본으로 몸이 만들어졌다. 따라서 관상을 말하기 전에 먼저 기(氣) 대해 이야기 하고자 한다. 부.귀.빈.천.수.요.절.궁.락(富.貴.貧.賤.壽.夭.窮.樂)은 모두 자신의 기(氣)에 시작 되고, 만물 또한 기(氣)을 근본으로 생겨났으니, 음양 이기(二氣)를 관상의 명덕(明德)으로 삼고 있다.

천지에 존재하는 것은 모두 것은 기(氣)가 있다. 그래서 관상은 덕을 배우는 것을 시작하여 몸을 다스리는 것으로 끝맺는다. 관상가는 천지만물의 이치를 연구하고 실천하여 사람들이 덕을 쌓을 수 있도록 하여야 한다.
또한, 자신은 덕을 얻지 않고, 천지에 덕 쌓는 사람을 진정한 관상가라고 할수 있다. 덕(德)은 득(得)이다. 덕(德)은 천지의 덕(德)이고, 거기서 얻는 것은 자기의 득(得)이다. 천지의 덕(德)을 쌓지 않는데 어떻게 자신에게 득(得)이 있겠는가? 자기 득(得)을 버리고, 천지의 덕(德)을 쌓으면 자연히 얻어지고 천지의 덕(德)을 버리고, 자신의 몫의 득(得)을 챙기려면 하면 아무것도 얻을 수 없다. 이런 관상가는 "천지(天地)의 적(賊)" 이다.

사람은 "명덕(明德)"을 근본으로 삼아야 한다. 명(明)은 일월(日月)이고, 부모에 해당한다. 우리의 몸은 부모로부터 물려받아 명덕 그 자체이므로, 자신의 신체를 훼손하지 않은 것이 명덕이다. 하물며 만물은 일월의 덕으로 탄생하는 것이니, 명덕하지 않은 것이 없다. 또한, 명(明)은 음양(陰陽)으로 군신(君臣)에 해당한다. 음(陰)은 양(陽)을 따르며 신하는 임금을 따르고, 음의 아내는 양인 남편을 따르면 음양화합(陰陽和合)하는 천지모두가 명덕이다.
천하의 도(道)는 동남쪽으로 낮고 서북쪽으로 높고, 물은 높은 곳에서 낮은 곳으로 흐르는 것 또한 명덕이며, 산은 높아 백목(百木)이 생기고, 바다는 낮기 때문에 물이 모인다. 산과 바다는 스스로 기(氣)를 통하니 이 또한 천하의 명덕이다.

　　상법(相法)의 도(道)에는 기(奇)한 것이 없고, 기(奇)한 것은 도(道)가 아니다. 분명한 것을 관상의 도(道)을 삼아야 한다. 나의 상법(相法)에서는 만물을 백성(民)이라 하고, 신(新)이라 한다. "신(新)"사물의 시작이며 끝이다. 또한, 날마다 새로운 것이다. 여기서 그날의 길흉(吉凶)을 알고, 평생의 선악(善惡)을 점치며, 유(有)에서 무(無)를 알고, 무(無)로써 유(有)를 알며 신(新)은 멈추지 않는다.

피가 몸을 도는 것과 같이, 관상을 볼 때 안색을 살피는 이유도 바로 여기에 있다. 또, 신(新)은 서있는 나무를 도끼로 찍어 넘기는 것과 같다. 처음에는 생겨나고 끝에는 베는 것이다. 그럼 신(新)은 무엇인가? 사람은 의욕이 생겼을 때 일을 시작하고, 죽으면 흙으로 돌아가는 것을 끝을 맺는다. 그리고 다시 태어난다. 이 또한 신(新)이다. 모든 생물이 매일 태어나고 죽는 것을 이해하지 못하면 관상을 볼 수 없다.

사람은 상황과 환경에 따라 새로운 존재임을 알아야 한다. 또, 자신에게 맞는 분수가 있다. 천석꾼에게는 천석꾼 분수에 맞는 일꾼이 있고, 만석꾼에게는 만석꾼 분수에 맞는 일꾼이 있다. 마찬가지로 군주(君主)는 군주의 분수에 맞는 백성이 있다. 그래서 군주의 덕은 백성에 의해 결정되고, 군주는 백성의 부모가 되어서 자식을 생각하는 마음으로 다스려야 한다. 한결같은 마음으로 실천해야 백성을 새롭게 할 수 있다. 세상의 모든 만물이 백성이다. 위로는 천자(天子)로부터 아래로 일반 서민에 이르기까지 만물 중 가장 중요한 것이 백성이다. 그래서 사람이 만물의 주인이라 하는 것이다.

사람은 만물을 통해 몸과 마음을 기른다. 즉, 자신을 양육하는 것은 만물이라는 백성이다. 그래서 만물을 존중하고 소중히 여기는 것이 백성을 새롭게 하는 것이며, 날마다 새롭게 하는 것은 명덕(明德)을 밝힌다고 할 수 있다. 그러나 자신을 모르는 관상가는 만물을 백성으로 삼는 것을 이해하지 못하고 분수를 모르기 때문에 천하를 볼 수 없다. 만약, 천하를 보고자 한다면 명덕(明德)을 이해해야 한다. 이러한 이치를 깨우친 사람은 천하의 도(道)를 알고 자신의 분수에 맞는 위치에 멈춘다.

도(道)를 명확하게 하고 그 길에 머물게 하는 것을 "지선(至善)에 머문다" 한다. 그런데 자신은 지선(至善)에 머물지 못하는데, 어찌 사람들에게 도(道)를 설파하고 선도를 행할 수 있겠는가? 자신은 몽매(蒙昧)하여 다른 사람을 인도할 수 없으니, 오히려 남을 불행하게 만들 수 있다. 머문다는 것은 선(善)이다. 그 끝은 분명하며, 멈추지 못하면 악(惡)이 쌓여 그 끝은 어두울 뿐이다. 인생의 길흉을 점칠 때 이와 같은 이치를 깨달아야 비로소 모든 것이 분명해진다.

『상지정(上止正)』이란 책에 "사람은 위를 보지 않고 멈춤 줄 알아야 한다. 멈추지 않는 자는 옳지 않다. 고로 천운(天運)이 없다" 하였다. 멈출 때 천운이 내려와 옳고 바른 일을 시작할 수 있다. 때가 되면 태양을 지지만, 그 자리에 머물면 태양을 다시 찾아와 빛을 비추고 새롭게 시작된다. 그래서 어떤 일을 하든 한 우물을 파는 사람은 가업이 번창하고 집안을 다스릴 수 있다. 관상가는 지선(至善)에 있지 못하면 하늘의 이치를 이해할 수 없으며, 그런 관상가는 아무런 역할도 하지 못하고 대나무 숲 만도 못한 존재다.

나의 상법(相法)의 궁극적인 진리를 글로 다 표현할 수는 없지만, 첫 번째 덕목은 절제(節制)로 하고, 무상관(無相觀)을 시작으로 하여 천제(天帝)의 관(觀)에 이르기까지 심오한 비법이 담겨 있다. 하지만 문하생(門下生)이 아무리 많아도 나의 상법을 전수받을 수 있는 사람은 손에 꼽을 정도다. 한 번은 상법을 가볍게 알고 가름침을 청한 제자에게 전수하고자 하였으나 중도에 좌절하여 포기한 적이 있었다. 그래서 규칙을 정하고 수업료를 받고 가르쳤으나, 역시 대수롭지 않게 여기고 내 이름을 더럽히는 자가 있었다. 그 이후로 상법(相法)을 가르치지 않고 있다. 만약 마음을 수양하고자 하는 의지가 있는 사람이 있다면 먼저 음식을 절제하고 삼가며 세상 만물이 자신을 위해 쓰이고 있다는 진리를 먼저 깨달아야 한다. 그때가 되면 나의 상법의 비법과 뜻을 이해할 것이다. 나는 수십 년 동안 관상 공부를 해왔지만, 이것 외에 전할 말이 없다.

참고문헌

南北相法 - 緑書房

江戸時代の小食主義 - 花伝社

南北相法 修身録 全巻 - 東洋書院

南北相法秘伝書 - 八幡書店

南北相法極意修身録

少食開運論 - ロッキー山田　ダイエット出版

江戸時代の小食主義 - 花伝社

少食開運・健康法秘 - 慧文社

사주명리 완전정복 시리즈 각 25,000원

자평진전 25,000원
궁통보감 25,000원
적천수 25,000원
삼명명리(상)(하) 각 25,000원
삼명통회적요 27,500원
삼명통회비기 11권, 12권 25,000원
삼명통회벼리 7권, 10권 25,000원
연해자평정찰 25,000원
손에 잡히는 내 사주 내 팔자 12,000원
사주명리 실전 100구문완전정복 25,000원
쉽게 풀 수 있는 내 궁합 사주팔자 25,000원
띠, 혈액형, 별자리로 보는 사주팔자 25,000원
궁합이 맞습니까 20,000원
미래를 보여주는 주역점 25,000원
작명의 명인 17,000원
성공을 약속하는 이름 짓기 대사전 25,000원
내운명을 뒤바꾸는 부적 대백과 25,000원
손금해석의 정석 17,000원
손금 좀 볼까요 17,000원
손금이 사주팔자다 17,000원
관상으로 본 인생 이력서 22,000원
관상해석의 정석 17,000원
관상이 사주팔자다 30,000원
쉽게 풀어 쓴 마의관상법 25,000원
좋은 인상 좋은 관상 20,000원
쉽게 풀어 쓴 생활 속 삼재 20,000원
운명을 지배하는 조상공양 20,000원
복 받는 조상공양(상)(하) 각 15,000원
꿈해몽대백과 25,000원
미래를 보는 꿈해몽 집 25,000원
쉽게 이해하고 보기 편한 토정비결 15,000원
행운과 복을 부르는 토정비결 20,000원
바르게 해석하고 알기 쉽게 풀어 쓴 토정비결 25,000원
조금만 바꾸면 행복해지는 우리집 풍수 대백과 25,000원
돈이 들어오는 자리를 up시키는우리집풍수 15,000원

사람의 상(相)은 천지만물 속에 있지
따로 형상(形相)이 있는 것은 아니다.

기색을 갖고 상(相)을 볼 때는 관상(觀相)이라 하고

혈색을 갖고 상(相)을 볼 때는 간상(看相)이라 하며

골격을 갖고 상(相)을 볼 때는 견상(見相)이라 하고

심기를 갖고 상(相)을 볼 때는 무상(無相)이라 한다

03180

값 30,000 원

ISBN 978-89-7461-493-5

9 788974 614935